吕叔湘文集

第 六 卷

译 文 集

商务印书馆

图书在版编目(CIP)数据

吕叔湘文集.第6卷,译文集/吕叔湘著.—北京:商务印书馆,1993.6(2020.10重印)
ISBN 978-7-100-01466-3

Ⅰ.①吕… Ⅱ.①吕… Ⅲ.①吕叔湘(1904—1998)—文集②吕叔湘(1904—1998)—译文—文集 Ⅳ.①H1-53

中国版本图书馆CIP数据核字(2020)第176017号

权利保留,侵权必究。

LǓSHŪXIĀNG WÉNJÍ
吕 叔 湘 文 集
第 六 卷
译 文 集

商 务 印 书 馆 出 版
(北京王府井大街36号 邮政编码100710)
商 务 印 书 馆 发 行
北京艺辉伊航图文有限公司印刷
ISBN 978-7-100-01466-3

1993年6月第1版　　开本850×1168 1/32
2020年10月北京第3次印刷　印张16¾ 插页2

定价:49.00元

为稿件问题回信（1991年）

与长子
敏合影
(1992年)

1987年9月8日在叶圣陶寓所院中

出 版 说 明

遵从作者本人意见,本卷利用上海译文出版社纸型付印。

目　录

序 ·· 1

我叫阿拉木（威廉·萨洛扬）

自序 ·· 3
漂亮的白马 ··· 6
罕福之行 ··· 15
石榴树 ·· 25
未来的诗人 ··· 40
五十码赛跑 ··· 44
情诗 ·· 51
演说家 ·· 60
长老会的唱诗班 ·· 67
马戏班 ·· 79
三个泅水的和一个掌柜的 ·· 88
三十八号火车头 ·· 99
经验之谈 ··· 109
可怜的阿拉伯人 ·· 112
得救 ·· 121

妈妈的银行存款（选译）（凯思林·福布斯）

妈妈和她的银行存款 ··· 129
妈妈和医院 ··· 134
妈妈和毕业礼物 ·· 140

I

妈妈和伊利沙白舅舅 …………………………………… 146
　　妈妈和克利斯丁 ……………………………………… 152
　　妈妈和爸爸 …………………………………………… 157

飞行人(埃里克·奈特)
　　飞行人 ………………………………………………… 163

跟父亲一块儿过日子(选译)(克莱伦斯·戴)
　　父亲企图叫母亲喜欢数目字 …………………………… 229
　　父亲教我守时刻 ……………………………………… 236
　　父亲的旧裤子 ………………………………………… 241
　　父亲让电话进门 ……………………………………… 245
　　父亲钉钮子 …………………………………………… 251
　　父亲一夜没睡好 ……………………………………… 255

莫特一家在法国(选译)(唐纳德·莫法特)
　　寄包裹 ………………………………………………… 263
　　钓鱼 …………………………………………………… 271
　　"且慢!且慢!" ……………………………………… 278
　　盲点 …………………………………………………… 286

伊坦·弗洛美(华尔顿夫人)
　　自序 …………………………………………………… 295
　　伊坦·弗洛美 ………………………………………… 299

五个短篇小说
　　美丽的大海(西奥多·弗朗西斯·波伊斯) ………… 405
　　老太太(赛拉·温斯洛) ……………………………… 410
　　黄昏(佐纳·盖尔) …………………………………… 434
　　号外(罗伯特·舍伍德) ……………………………… 441
　　拿破仑的帽子(曼纽尔·科姆罗夫) ………………… 450

四个独幕剧

哥儿回来了(A.A.米尔恩) …………………………… 457

家教(乔治·米德尔顿) …………………………… 477

星期四晚上(克里斯托弗·莫利) …………………… 493

沈普生先生(查尔斯·李) ………………………… 512

我叫阿拉木

〔美〕威廉·萨洛扬

威廉·萨洛扬(William Saroyan,1908—1981)祖籍阿美尼亚,生于美国加州的弗雷斯诺城。少年时在他叔叔的葡萄园里做工,晚上学着写小说。1934年,《小说》杂志发表了他的小说《秋千架上的大胆青年》,一下子出了名。他是个多产的作家,先后出版短篇小说集多种,多取材于童年的回忆,《我叫阿拉木》(1940)和《人间喜剧》(1943)最有名。他也写剧本,1939年一年之内先后上演《我的心在高地》和《峥嵘岁月》(The Time of Your Life),都很成功。他写小说纯任自然,不事雕琢,语言活泼,人物生动。有的评论家说他写的不是小说,甚至不是英文。他说:"我是个说故事的,我只有一个故事——人。我要说的是这个简单的故事,我爱怎么说就怎么说。"剧评家说他的剧本结构松散,意义模糊。他说他的主题是"穷而有生气比富而死气沉沉好"。他相信:所有的人基本上都是好人,尤其是卑贱的人,纯朴的人;可贵的是诚实、纯洁、奋发向上,名和利没有意义。1961年他发表了他的回忆录《有一个你知道的人来了又去了》(Here Comes, There Goes You Know Who)。

序

我的翻译工作是从人类学著作开始的,时间是1928—1932年,一共译了三本书:马雷特(R.R. Marett)的《人类学》,罗伯特·路威(Robert Lowie)的《初民社会》和《我们文明吗?》(译本改题《文明与野蛮》)。回想起来,翻译这些书的过程只能说是在学习翻译的手艺。翻完第三本书,算是多少有点顺手了,又由于生活和工作的变动,把译书的事情搁下了。差不多十年之后,在抗日战争期间,旅居内地,应几种刊物的邀约,才开始译些文学作品。回到江南之后,给开明书店编了些译注读物,多数是一时性的"畅销书"之类,但也有够得上"文学"二字的。1949年以后,由于工作的忙迫,跟外国文学越来越疏远,虽然有时候也见猎心喜,却终于都成了虚愿。现在把这些译文编成一个集子,有些不值得重印的没有收在里边。

我是个业余翻译工作者,比专业翻译工作者有更多的挑挑拣拣的余地,因而可以给自己定下一条:译不好的不译。朋友们有时候说,"你译的东西念得下去,也听得懂。"其实没有什么别的秘密,能够借取舍以藏拙而已。有时候遇到不得不碰的硬钉子,也只好硬硬头皮往上碰。例如《伊坦·弗洛美》的作者自序,译是译出来了,念得下去吗?——也许。听得懂吗?很难相信有人听得完全懂。所以当我听到有些同志指摘某些翻译作品晦涩或者别扭的时候,我总有"事非经过不知难"之感。

收在这个集子里的,没有大作家、大作品,虽然其中有些位、有些篇也还有点小名气。呈现在这些作品里的是一些小人物的日常生活的片段。这些男、女、老、少,虽然他们的名字不像世界名著里的人物那么家喻户晓,却同样有他们自己的小小悲欢,他们的言谈行动同样能拨动读者的心弦,让他为他们高兴或者叹息。我没有尝试翻译大家名著,一则大块文章难于割取片段以适应一时的需要,再则也怕译不好对不起作者和读者。

这些作品里边最早翻译的是《我叫阿拉木》,是在叶圣陶先生的督促之下完成的,后来的翻译也常常得到他的鼓励。今年欣逢圣老九十初度,我把这个集子献给他做个小小的纪念。

吕叔湘
1982年10月

自　　序

　　作者在这些愉快的回忆中回到了从1915年到1925年，也就是从他七岁开始以个人的资格住在这个世界上的时候起，到他十七岁抛弃他的故乡到世界上另外一些地方去的这一段岁月，回到了那个时期的加利福尼亚州的弗雷斯诺城的世界，回到了在那个时期那个世界中他的家人的中间。这就是说，回到了那个包含着广大的喜剧世界的丑陋的小城，回到了那个包含着一切人间味的骄傲而愤怒的萨洛扬一家。这本书里的人物没有一个是活着的或者死了的真人的画像，可是这本书里也没有一个人是全然虚构。我家里人没有一个能在这本书里的任何一个人物身上找到他自己，可是也没有一个能发现书里的任何一个人物身上完全没有他自己。如果这句话适用于我们一家人，那末它大概也适用于所有一切人，这在作者看来是理所当然。

　　至于加利福尼亚州弗雷斯诺城的世界，如果说一部分已经消逝，那末作者的一些幼稚的不耐之情也已经跟着消逝了。事实上，它曾经是，也可能仍然是，作为一个作家的出生地，不比任何别的城市差，既不太大也不太小，不太繁华也不太冷落，不太进步也不太落后，不太迅猛也不太疲沓，不太聪明也不太笨，不太干旱也不太湿润，而是在这些方面以及在其他方面，乃至在某些与别的地方不同的方面，这么微妙地，这么细致地，这么可喜地平衡，足以给一个正在成长的作家的精神以严峻与热情、坚定与灵活的几乎完全正确的比例;给他的心灵以既有批评又有同情的理解;给他的写作的冲动以丰盛的素材,其中含有这么多的喜剧成分,以至于无须花气力去择尤记录。因此,作者写这本书比写任何一本别的书更少费劲,更少劳累,更少经受据说凡是跟本书作者同样,如果不是更加,亟亟于为不朽而立言的作家都要经受的种种苦难。

说真的,本书作者,甚至就在写这本书的时候,也是作者的成分少而读者的成分多,写着写着连自己也不知道底下将要写什么,至少不比读者您知道得多。作者不属于任何一个流派,也不相信这种写法是把他的"道"轰轰烈烈地传给后世的办法,但是同时他觉得,作为一种不那么宏伟的意图,这种写法也未可厚非,除了有一点:它将取消作者加入美国作家协会(注册)的资格,也许。

作者要感谢两位美国编辑,他们勉励作者鼓起劲来写这本书。这两位是《大西洋月报》的主编爱德华·威克斯先生和《最佳短篇小说选》和《美国短篇小说年鉴》的主编J.奥布里安。威克斯先生以作者最喜欢的方式完成他的促进任务,就是为《大西洋月报》采用作者的一篇小说,不久之后又采用一篇,不久之后又采用不止一篇,到最后一共用了六篇也不知是七篇。奥布里安先生只是说,再写些讲亚美尼亚人的。对于这个要求,如果不是他记错了的话,作者的回答是:遵命。

要问这是一本什么样的书,我只能说这是一本关于一个姓伽洛格兰宁、名字叫作阿拉木的小孩的故事。我不敢说这本书有什么"布局",我并且在这里预先警告读者,这本书里边没有什么不寻常的情节。

这个姓的念法是:伽尔,停,沃格兰,小停,宁。这是个亚美尼亚姓,由两个土耳其字组成:伽尔的意思是"黝黑",也可能是"黑";沃格兰的意思毫无疑问、不折不扣地是"儿子";至于宁,那自然是"某家的"的意思。简言之,伽洛格兰宁·阿拉木的意思是黝黑儿子或黑儿子人家的阿拉木。这,也许今年对任何人都无关紧要,可是也许将来会具有或多或少的重要性。至于作者本人是否阿拉木·伽洛格兰,作者说不好。可是他敢说他肯定不是不是阿拉木·伽洛格兰。

威廉·萨洛扬
旧金山　1940年6月30日

漂亮的白马

有一天——这句话可远了,那个时候我还只九岁,人世间还满是好东好西,人生还是一个可爱的神秘的梦境——有一天早晨四点钟的时候,我的堂兄摩拉德,除我以外谁都当他疯子的摩拉德,来到我的卧房的外面,敲敲窗户,把我闹醒。

"阿拉木,"他说。

我跳下床,朝窗户外边一看。

我简直信不过我的一双眼睛。

天还没有大亮,可是那时正是夏天,已有熹微的晨光,足够让我知道我不是在那儿做梦。

我的堂兄摩拉德骑在一匹漂亮的白马背上。

我把头伸出窗外,擦了擦我的眼睛。

"没错儿,"他说,说的是我们的亚美尼亚话。"这是马。你不是做梦。你要打算骑马,你就快点儿出来。"

我是知道摩拉德的为人的,他是那些不该到这世界上来而不幸掉在这个世界上的人们里头最能自得其乐的一个,可是眼前这件事情连我都难于相信。

第一,我的最早的回忆就是关于马,我的最早的欲望也就是想骑马。

这是令我快活的一面。

第二,我们家穷。

这是叫我不能相信我的眼睛的一面。

我们穷。我们没有钱。我们一族都是穷人。伽洛格兰一姓,不论哪一房,全都在世界上最神奇最滑稽的贫穷中过日子。谁也摸不透我们打哪儿弄钱来填饱我们的肚皮,连族里的老家儿们也不知道。可是,我们虽穷,却是出名的老实。我们以老实出名已有一千多年,甚至在我们这一姓还是当地首富的时代已经就出名的老实。我们第一是自尊,第二是老实,第三是相信世界上有是和非。我们伽洛格兰家没有一个人会讨别人的便宜,偷东西自然更不用说。

因此,虽然我看得见那匹马,那么壮实;虽然我听得见他喘气,那么令人兴奋;我不能相信这匹马跟我的堂兄摩拉德,或是跟我,或是跟我们家里随便哪一个,不管是睡着的还是醒着的,有什么关系,因为我知道我的堂兄摩拉德不会有钱买一匹马,既不是买来的,那就一定是偷来的,而我决不相信他会偷东西。

伽洛格兰家里的人不会做贼的。

我先看看我的堂兄,又看看那匹马。摩拉德的神情和马的姿态同样的肃静而幽默,这个一方面让我快活,一方面又叫我吃惊。

"摩拉德,"我说,"你哪儿偷来的这匹马?"

"跳出窗子来,"他说,"要是你想骑马的话。"

这是千真万确的了。他偷来的马。再也没有疑问。他是来邀我来了,爱骑不骑,全听我的便。

好吧,偷匹马来骑一骑,跟偷别的东西,比如说偷钱,似乎不能相提并论。偷马许是不算偷东西也说不定。要是你像摩拉德跟我一样的爱马爱得发疯,那就不能算是偷。除非我们把马拿去出卖。这,我知道,我们怎么样也不会。

"让我穿上件衣裳,"我说。

"使得,"他说,"可得快点儿。"

我跳进我的衣裳。

我打窗子上一跳跳到院子里,又一跳跳上马背,坐在我的堂兄摩拉德的背后。

那一年我们家住在城边,在核桃树街。我们的屋后就是乡下:葡萄田,果木园,水沟,泥路。要不了三分钟,我们已经到了橄榄树路,马放开了快步。清清新新的空气,闻了怪舒服的。坐在马背上,感觉着它的驰走,异样的痛快。我的堂兄摩拉德,公认是我们家的疯人之一,他唱起歌来了。不对,我该说他叫唤起来了。

谁家都有几个疯子,一代接着一代。我的堂兄摩拉德大家公认他是其中的一分子。在他上一代是我们的叔叔诃斯洛夫,大个儿,大脑袋,乌黑的头发,长着全区最大的胡须,急性子,一来就恼,最不耐烦听人说话,老是一句话就把别人的话打断,他这一句话是:"没什么,别理他。"

他就是这么一句,不管人家谈论的是什么。有一回,他在理发店里修胡须,他的儿子阿拉克跑过了八条街去告诉他家里失了火。诃斯洛夫把身子一挺坐直了,叫唤起来:"没什么,别理他。"理发师说,这个孩子说的是你府上失火。诃斯洛夫大声叫唤:"知道了,没什么。"

我的堂兄摩拉德大家认为就是这位叔叔的嫡系,虽然摩拉德的父亲是索拉伯,最是实事求是的一个人。我们家里就是这个样儿。这个人是那个人的骨肉父亲,可不一定就是他的精神父亲。我们家里的各种性格的分配,远祖以来就是这么参差错落。

我们两人骑马,摩拉德唱歌。我们仿佛还在我们的老家亚美尼亚,这个地方我们没见过,可是我们的邻居说我们还是亚美尼亚人。我们让马尽情的跑,它不爱跑我们不勉强它,它爱跑我们也不拦住它。

跑了一阵子,摩拉德说,"你下去。我要一个人骑。"

"待会儿是不是也让我一个人骑?"我说。

"那得看马的高兴,"我的堂兄说。"下去。"

"马一定让我骑,"我说。

"看吧,"他说。"别忘记,对付马,我有一手。"

"好吧,"我说,"你有一手,我也有一手。"

"为你的安全起见,"他说,"但愿如此。下去吧。"

"好,"我说,"可是你要记住,得让我一个人骑一阵子。"

我下了马,摩拉德脚跟朝马肚皮一踢,叫了声"跑"。那马后腿站直,提起前蹄,一声吼,亡命的奔驰而去,这真是我平生所见最美的景致。

我的堂兄摩拉德放马穿过一片干草田,直到一条水沟边,骑在马上跳过水沟,又过了五分钟回来了,满身是汗。

太阳上来了。

"这该轮到我了,"我说。

我的堂兄摩拉德跳下马。

"骑,"他说。

我跳上马背,怕得要命。那马一动也不动。

"踢它一脚,"我的堂兄摩拉德说。"你还等个什么?咱们得乘大家没起来把它送回去啊。"

我一踢马肚皮。它又站直了吼叫。然后一下子跑开了。我不知道怎么办。那马不穿过干草田往水沟跑去,却沿着土路跑进哈拉宾家葡萄田里,开始跳过一重重的葡萄藤。马跳过了七棵葡萄藤,我才摔在地下。马又继续往前跑去。

我的堂兄摩拉德沿了土路赶了来。

"我倒不为你发愁,"他叫唤说。"咱们得兜住那匹马。你打这条路追去,我打这边追去。要是你撞见它,好生招呼着。我就要到的。"

我沿路追下去,我的堂兄穿过田往水沟那边去。

他费了半个钟头把马找着,牵了回来。

"好了,"他说,"跳上去吧。这会儿是人人都起来了。"

"咱们怎么办呢?"我说。

"呃,"他说,"咱们要就送它回去,要不然就把它藏起来,藏到明天早晨。"

他仿佛并不着急,我知道他准是要把马藏起,不会送它回去。暂时不送回去,至少。

"把它藏在哪儿呢?"我说。

"我有个地方,"他说。

"你偷了这匹马有多久了?"我说。我忽然醒悟,他这跑早马的玩意儿已经不是一天的事情,今天来找我只是因为他知道我是多么的想骑马。

"谁说偷马?"他说。

"不管偷不偷,"我说,"你多会儿开始天天早晨骑马的?"

"今天,"他说。

"你这说的是实话吗?"我说。

"当然不是,"他说,"只是万一咱们的事情漏了,你就得照这个话说。我不愿意咱们两个都撒谎,你只知道咱们是今天开头骑马的就是了。"

"好，"我说。

他把马慢慢儿的牵到一所荒废的葡萄园的仓房，当初农夫费特瓦扬在的时候，这所葡萄园是盛极一时的。那仓房里头已经准备了一些雀麦和干苜蓿。

我们开始走回家去。

"很不容易呢，"他说，"把这匹马驯伏得这么听话。开头它只是乱跑。我不对你说过吗，对付马，我有一手。我能让它愿意做我要它做的事。凡是马都懂得我的意思。"

"你是怎么个法子？"我说。

"我跟马有谅解，"他说。

"怎么样的个谅解？"我说。

"一个简单而诚实的谅解，"他说。

"好吧，"我说，"但愿我也知道怎么样跟马成立这么一个谅解。"

"你还小呢，"他说。"赶你十三岁的时候你就会知道怎么成立这类谅解。"

我回到家里，饱饱的吃了一餐早饭。

那天下午，我的叔叔诃斯洛夫到我们家里来喝咖啡抽烟卷。他坐在客堂里，喝着咖啡，抽着烟，回忆着老家。一会儿又来了一位客，一个姓比罗多约翰的农人。他是亚述利亚人，为了太孤零了，学会了说亚美尼亚话。我的母亲拿出咖啡和烟草来奉敬这位孤零的客人。他卷了支烟，喝着咖啡，抽着烟，过了好一会儿，长长的叹口气，说，"我的白马上个月让人偷走，直到今天还没有影子。我不懂。"

我的叔叔诃斯洛夫恼了，叫唤起来，说，"没什么。丢一匹马算个什么？咱们大家全都把家乡丢了不是？丢了一匹马也值得长吁短叹!"

"这句话你们城里人可以说,"约翰·比罗说,"可是我的马车怎么办呢?没有马的马车还有什么用?"

"别理他,"我的叔叔诃斯洛夫咆哮着说。

"我步行三十英里才到了这里的,"约翰·比罗说。

"天生你两条腿,"我的叔叔诃斯洛夫叫唤着说。

"我的左腿走疼了,"那个农人说。

"别理他,"我的叔叔诃斯洛夫咆哮着说。

"那匹马我花了二百元买的,"那个农人说。

"我最恨的就是钱,"我的叔叔诃斯洛夫说。

他站了起来,昂然走出屋子,砰的一声把门带上。

我的母亲给约翰·比罗解说。

"他倒是个软心肠儿,"她说。"他只是想念老家想得颠颠倒倒,而且是这么大的个人啊。"

那个农人走了,我跑到我的堂兄摩拉德家里。

他坐在一棵桃树底下,手上拿着个知更鸟在那儿给它修理受伤的翅膀儿。他在跟那知更鸟谈心呢。

"什么事?"他说。

"农夫约翰·比罗,"我说。"他来到我们家。他要他的马。你占了他的马已经有一个月。我要你跟我说个定,非等我学会了骑马不送还给他。"

"你要学会骑马得有一年,"我的堂兄摩拉德说。

"咱们可以把这匹马养它一年,"我说。

我的堂兄摩拉德跳起身来。

"什么话?"他咆哮着说。"你要叫一个伽洛格兰家的人做贼吗?非把马送回原主不可。"

"哪一天?"我说。

"最晚不过六个月,"他说。

他把知更鸟向空中一抛。那个鸟竭力挣扎,两回差点儿没掉了下来,可是到底飞走了,高高的,一直的。

有两个星期,每天一大早我的堂兄摩拉德跟我俩人从荒废的葡萄园的仓房里把马牵出来骑。回回轮到我一个人骑的时候,这马一定是翻藤跳树,把我摔下来,然后跑走。然而我不灰心,我希望能赶送回以前学会骑马,像我的堂兄摩拉德一样的会骑。

有一天早晨,我们把马牵回费特瓦扬的荒废的葡萄园去的时候,半路上撞见约翰·比罗,他往城里去。

"让我说话,"我的堂兄摩拉德说。"对付农人们,我有一手。"

"你早啊,约翰·比罗,"我的堂兄摩拉德说。

那农人目不转睛的端详那匹马。

"你们早,我的朋友们的儿子,"他说。"你们这匹马叫什么名字?"

"我的心",我的堂兄摩拉德用亚美尼亚话说。

"好个漂亮名字,"约翰·比罗,"配这匹漂亮马正合式。我敢赌咒这是我一个半月头里丢了的那匹马。你们肯不肯让我看一看它的牙齿?"

"当然可以,"摩拉德说。

那个农人在马的嘴里看了看。

"一个牙不多,一个牙不少,"他说。"我敢赌咒这是我的马,要是我不认识你们父母的话。你们一家的老实的名声,我素来知道。可是这匹马跟我那匹真是一对双生。要是遇到个多心的人,他就要信他的眼,不信他的心。年轻的朋友们,再见。"

"再见,约翰·比罗,"我的堂兄摩拉德说。

第二天一大早我们把马牵回约翰·比罗的葡萄园,送进仓房。那几条狗跟定了我们不作声。

"那些狗,"我悄悄儿的跟我的堂兄摩拉德说。"我只当是它们要叫唤呢。"

"要是别人,准要叫唤,"他说。"对付狗,我有一手。"

我的堂兄抱住马脖子,拿他的鼻子蹭马鼻子,一只手拍拍它,这才走了出来。

那天下午约翰·比罗坐了马车来到我们家里,把偷走了又送回来的那匹马指给我的母亲看。

"我真有点儿不懂,"他说。"这匹马反倒比早先还要壮实些。脾气也好了些。谢谢上帝。"

我的叔叔河斯洛夫在客堂里,恼了,叫唤起来,"放安静些,你这个人,放安静些。你的马已经送回来了。别理他了。"

罕 福 之 行

一年夏天,我的多愁的叔叔卓尔基又该收拾收拾他的脚踏车到二十七英里外的罕福镇去一趟,那儿好像有个做工的机会。派我陪了他同去,虽然最初有派我的堂兄发斯克之说。

一家之中有卓尔基这么一个傻瓜,也不能怨天尤人,可是埋怨虽不必埋怨,一年里头能有个机会把他忘记一阵子也好。要是他能离开家,到罕福镇西瓜田里找个事儿混一两个月,那就大家全都合适。卓尔基可以挣点钱,家里也可以清静些。主要的目的还是要让家里清静些。

"他的人跟他的琴,"我的祖父说,"全给我滚蛋。要是你在哪本书上看到,一个人成天价坐在一棵树底下弹琴唱歌,你相信我的话,那做书的准是个不通世故的家伙。钱,要紧的是钱。让他太阳底下去出一身汗。他的人跟他的琴。"

"你现在说这个话,"我的祖母说,"你等一个星期看。等到你又想听听音乐的时候再说。"

"废话,"我的祖父说。"要是你在哪本书上看到,说唱歌的人是快乐的人,那做书的是个梦想者,活上一千年也不会成个商人。让他去走一趟。二十七英里到罕福。这段路程足够让他醒一醒。"

"你现在说这个话,"我的祖母说,"过三天你又要愁闷起来。我又要看见你走来走去像一只大虫。这只有我一个人看见。看见了,只有我一个人好笑。"

"你是一个女人,"我的祖父说。"要是你看到哪本书,密行小字几百面,说女人比男子聪明,那做书的准是忘记了他的老婆,在那儿说梦话。让他去走一趟。"

"这无非是因为你已经不是年轻人,"我的祖母说。"因此上你要咆哮如雷。"

"堵住你的嘴,"我的祖父说。"把嘴堵上,要不然我的手背就来了。"

我的祖父四下里看看他的儿女跟孙儿孙女。

"我要他骑脚踏车去罕福,"他说。"你们看怎么样?"

谁也不作声。

"那就定规了,"我的祖父说。"现在咱们来看,派谁跟他去?看哪个淘气的孩子该得罚他跟卓尔基去罕福?要是你们在哪本书上看到,说旅行对于年轻人是个有趣味的经验,那个做书的准是个八十九十的老头子,他在年轻时曾经坐着牛车出门两英里。咱们罚谁去?发斯克?是不是该派发斯克?孩子,你到我跟前来。"

我的堂兄发斯克从地下爬起,站到老头子跟前,老头子挣眉努目看着他,捻捻他的大胡须,咳了声嗽,一只手摩着那孩子的脸。他的手不差什么把发斯克的脑袋全部都盖住。发斯克不动。

"你跟卓尔基叔叔到罕福去一趟吧?"我的祖父说。

"爷爷要我去,我就去,"发斯克说。

老头子脸上做个怪样子,想了一想。

"让我想想看,"他说。"卓尔基是咱们家里的一个傻子。你又是个傻子。让两个傻子一路,这件事情聪明不聪明?"他回过头来看看大家。

"你们大家发表意见,"他说。"把一个大傻瓜跟一个小傻瓜,一个家门出来的,加在一处,这件事情聪明不聪明?有什么好处没有?你们发表意见,让我来考虑。"

"我想这是最合适的办法,"我的伯伯索拉伯说。"傻瓜配傻瓜。大的做工,小的看家,做饭。"

"这个话也对,"我的祖父说。"咱们想想看。大的做工,小的看家,做饭。你会不会做饭,孩子?"

"做饭他会的,"我的祖母说。"至少会做米饭。"

"你会做米饭,孩子?"我的祖父说。"四碗水,一碗米,一茶匙盐。懂得诀窍的做出来的是饭,不懂诀窍的做出来的是泔水,你懂得这个诀窍不懂?"

"米饭他会做的,"我的祖母说。

"我的手背就要往你嘴上来了,"我的祖父说。"你让这个孩子自己说话。他鼻子底下长着嘴呢。你会做不会,孩子?要是你在哪本书上看到,说有个孩子回答老人的话颇有道理,那个做书的大概是个犹太人,一味的言过其实。你能做出来象个饭不象泔水吗?"

"我做过米饭的,"发斯克说。"做出来象个饭。"

"搁的盐够吗?"我的祖父说。"你要是撒谎,记住我的手。"

发斯克迟疑了一下。

"我知道,"我的祖父说。"提起米饭来,你有点儿局促不安。是哪点儿不对?我最爱人说老实话。大着胆子说出来。只要你说的是实话,谁也不能再说你什么。你到底是为什么局促不安?"

"太咸了点儿,"发斯克说。"弄得我们喝了一天又一晚的水,太咸了点儿。"

"不必多说废话，"我的祖父说。"只要老实话。饭太咸。那自然得成天成晚的喝水了。这种饭我们都吃过的。别因为你喝了一天一晚的水，就当是你是第一个亚美尼亚人喝过一天一晚的水。你只该说，饭太咸。无须告诉我喝水不喝水。我知道。你只要说饭做咸了，让我来决定该不该派你去。"

我的祖父回过身来看看大家。他的脸上又做起怪样子来。

"我想该派这个孩子去，"他说，"可是你们要是有意见也尽管发表。做的太咸还比做成泔水好些。松不松呢，孩子？"

"松的，"发斯克说。

"我想就派他去也使得，"我的祖父说。"多喝点儿水于肠胃有益。就派发斯克·伽洛格兰这个孩子去吧？还是派谁？"

"转念一想，"我的伯伯索拉伯说，"两个傻子，傻上加傻，也许不大好，尽管米饭不至于煮成泔水。我提议派阿拉木。也许是该派他去。他应该受罚。"

个个人都对我看。

"阿拉木？"我的祖父说。"你说的是那个爱打哈哈儿的孩子吗？你说的是那个高声大笑的阿拉木·伽洛格兰吗？"

"不是他还有谁呢？"我的祖母说。"你当然知道他说的是谁。"

我的祖父慢慢儿的回过头来，对我的祖母看了看。

"要是你在哪本书上看到，有个人爱上了一个女孩子，娶她为妻，那个做书的准是说的一个少不更事的家伙，他万万没想到娶了个长舌妇，直到九十七岁，一只脚已经伸进坟墓了，还是改不了插嘴的脾气。"

"你说的是阿拉木吗？"他说。"阿拉木·伽洛格兰？"

"是的，"我的伯伯索拉伯说。

"他犯了什么过,应该受这个重罚?"我的祖父说。

"他自己知道,"我的伯伯索拉伯说。

"阿拉木·伽洛格兰,"我的祖父说。

我站起身来,走到我的祖父跟前。他把一只大手放在我的脸上,摩挲我的脸。我知道他没有生气。

"你做了什么事情了,孩子?"他说。

我想起我做过的许多事情,我笑了起来。我的祖父听我笑了一阵,他也笑了起来。

只有他和我两个人笑。别人不敢笑。我的祖父交代过他们,他们要是不能象他那么笑,就不必笑。只有我是伽洛格兰家能象他一样笑法儿的一个。

"阿拉木·伽洛格兰,"我的祖父说,"说给我听,你做了什么事情?"

"哪一件事情?"我说。

我的祖父回过头来,望着我的伯伯索拉伯。

"哪一件事情?"他说。"说给这个孩子,要他招认哪一桩罪案?好像不止一桩呢。"

"他自己知道哪一件,"我的伯伯索拉伯说。

"是指我逢人便说你疯疯癫癫这件事吗?"我说。

我的伯伯不肯说是与不是。

"还是指我学你的样子说话?"我说。

"这是应该派了去跟卓尔基的孩子,"我的伯伯索拉伯说。

"你会做米饭吗?"我的祖父说。

他不去追究我跟我的伯伯索拉伯开玩笑的经过。要是我会做饭,就要我跟卓尔基到罕福去。如此而已。我当然要去,不管那个说旅行对于年轻人是个有趣味的经验的人究竟是何许人。

傻瓜也罢,骗子也罢,我要去。

"我会做饭,"我说。

"咸吗？稀吗？还是怎么样？"我的祖父说。

"有时候啊咸,"我说。"有时候啊稀。有时候啊挺美。"

"咱们想想看,"我的祖父说。

他背靠着墙,想。

"来三大杯水,"我的祖父对我的祖母说。

我的祖母走进厨房,一刻儿托着一个茶盘出来,上面放着三大杯水。我的祖父一杯又一杯喝完,这才又回转身对着大家,脸上做出许多想心事的样子。

"有时候啊咸,"他说。"有时候啊稀。有时候啊挺美。这是不是该派到罕福去的孩子？"

"是的,"我的伯伯索拉伯说。"只有他该去。"

"也罢,"我的祖父说。"就是这么着。我要一个人静一静。"

我抬腿要走。我的祖父一把抓住我的脖子。

"等一等儿,"他说。

人走了只剩我们两个。我的祖父说,"把你的伯伯索拉伯说话的样子学给我看。"

我学那样子说了,我的祖父暴雷也似的笑了起来。

"到罕福去,"我的祖父说。"跟着卓尔基傻瓜去,做些咸的,做些稀的,做些好吃的。"

就是这样,我奉命充当我的叔叔卓尔基罕福之行的伴当。

第二天天没大亮,我们就出发了。我坐在脚踏车横档上,我的叔叔坐在车座上；我坐累了就跳下来步行,过了一会儿,我的叔叔卓尔基跳下来步行,我骑上去。到太阳下山才到了罕福镇。

我们的差使是住在罕福住到工作完毕,就是等到西瓜收完。我们在镇上走了一转,找个可住的房子,要有个炉灶,有煤气管道,有自来水。我们不一定要有电气设备,我们要煤气跟自来水。我们看了六七处房子,后来找到一处,我的叔叔卓尔基喜欢,我们当天晚上就搬了进去。这所房子有十一间屋子,有一个煤气炉,一个自来水带水槽,有一间屋子里面有一张床跟一个睡椅。别的屋子全是空的。我的叔叔卓尔基点上一支蜡烛,拿出他的琴,地板上一坐,弹起琴来,一面弹着一面唱着。很好听。一会儿悲伤,一会儿快乐,总之是好听。

他只是弹他的,唱他的,似乎忘记了我们的肚子还是空空如也,过了很久,他忽然从地板上一跃而起,说,"阿拉木,我要吃饭。"

我做了一锅饭,又咸又稀,可是我的叔叔卓尔基说,"阿拉木,这个饭真好。"

天亮的时候,小鸟们把我们叫起。

"工作,"我说。"你今天要开始做工,你该知道。"

"今天,"我的叔叔卓尔基哼了一声。

他无可奈何似的走出那所空房子。我四下里寻找一把扫帚。没有扫帚,我就走出大门,在门前的台阶儿上坐下。白天里,这个地方好像很不错。那个街上只有四所房子。正对大门,隔两条街,露出教堂的尖顶。我在台阶儿上坐了有一个钟头。我的叔叔卓尔基打街那头过来,骑着脚踏车,左一扭,右一拐,一脸的快活。

"今年没事了,谢天谢地,"他说。

他滚下了脚踏车,跌进一窝玫瑰花。

"什么?"我说。

"无工可做,"他说。"没有工作,谢天谢地。"

他拿起一朵玫瑰花来闻闻。

"没有工作?"我说。

"没有工作,谢谢我们天上的父,"他说。

他看看那朵玫瑰花,笑着。

"为什么没有?"我说。

"西瓜,"他说。

"西瓜怎么样?"我说。

"西瓜季过了,"他说。

"没有这个话,"我说。

"西瓜季过了,"我的叔叔卓尔基说。"你信我的话,西瓜季过了。"

"你的爸爸要打碎你的脑袋,"我说。

"西瓜季过了,"他说。"赞美上帝,西瓜收割完了。"

"谁说的?"我说。

"田主自己说的,"我的叔叔卓尔基说。

"他故意这么说罢了,"我说。"他不愿意让你脸上下不来。他故意这么说,因为他知道你不会把你的心放在你的工作上。"

"赞美上帝,"我的叔叔卓尔基说,"整个的西瓜季都过了。那些又大又熟的西瓜全都收割了。"

"咱们干什么呢?"我说。"作工的季节才开头儿呢。"

"完了,"他说。"咱们在这个房子里住上一个月,这就回家。咱们已经付了六块钱房租。买米的钱也还够。咱们在这儿做一个月的梦,这就回家去。"

"不带一个钱回去,"我说。

"带两个壮健的身子回去,"他说。"赞美上帝,他今年让瓜熟得这么早。"

我的叔叔跳跳蹦蹦的进了屋子。我还没有能拿准主意拿他怎么样,他已经弹起琴唱起歌来了。好听得很,我简直迷住了,也不想站起来去赶他出去了。我就坐在台阶儿上静静儿的听着。

我们在那所房子里住了一个月,然后回家。第一个看见我们的是我的祖母。

"你们俩早就该回来了。他这几天暴躁得一只大虫似的。把钱拿给我。"

"没有钱,"我说。

"他做工了没有,"我的祖母说。

"没有,"我说。"他弹了一个月的琴,唱了一个月的歌。"

"你的饭做的怎么样?"她说。

"有时候咸,"我说。"有时候稀。有时候挺美。可是他没有做工。"

"不能让他爸爸知道,"她说。"我有钱。"

她撩起她的衣服,在她裤子口袋里掏出一些钱,放在我的手里。

"他回家的时候,"她说,"把这个钱交给他。"

她对我看了看,又说,"阿拉木啊。"

"我一定照你的话做,"我说。

我的祖父一回家就咆哮起来。

"已经回来了吗?"他说。"一个西瓜季这么快就过去了吗?他挣的钱呢?"

我把钱拿给他。

"我不要他成天价唱歌,"我的祖父咆哮着说。"万事都得有个界限。要是你在哪本书上看到,说是一个父亲爱他的傻瓜儿子过于他的聪明儿子,那个做书的准是没有结过婚。"

在院子里,在杏树底下,我的叔叔卓尔基又弹起琴唱起歌来了。我的祖父站住,一动也不动,听他唱。他在睡椅上坐了下来,脱了他的靴,脸上又做起怪样子来。

我走进厨房去喝三四杯凉水,解一解头天晚上那餐饭吃出来的口渴。我回到客厅里的时候,老人家已经躺在睡椅上酣睡,一脸的笑,他的儿子卓尔基在唱着赞美上帝的歌篇,用他的多愁而好听的嗓子。

石　榴　树

我的叔叔麦立克该算世间最不中用的庄稼人了。他的幻想太多，他的诗人气太浓，于他自己没好处。他要的是"美"。他要把"美"种在田地里，看它成长。在那富有诗意和童心的往日，我曾经给我的叔叔种过一百棵石榴树。那个时候我能开一辆第尔式拖拉机，我的叔叔也能开。全是美学，不是农学。我的叔叔只是喜欢"木欣欣以向荣"这么个意思而已。

可是它们不肯欣欣向荣。是因为那块地。那块地是沙漠地。干的。我的叔叔对着他花钱买的六百八十英亩沙漠地扬了扬手，用他的最有诗意的亚美尼亚话说，在这里，在这个凄凉的荒漠之中，将要长出一个花园，清凉的喷泉将冒出地面，一切的美的事物将要出现。

"是了，叔叔，"我说。

我是一家之中看见他买的这块地的第一个也是唯一的一个人。他知道我心底里是一个诗人，他相信我能懂得那送他到光荣的毁灭的路上去的光辉的冲动。我的确懂得。他也知道，我也知道，他买的地是无用的沙漠地。这块地离人世间远得很，在内华达山脚下。满到处长的是各种各样的沙漠植物。满到处跑的是草原狗，松鼠，出角虾蟆①，长虫，和各种小动物。这个地方

---

① 出角虾蟆（horned toad）是一种形似穿山甲的小动物，学名叫 Phrynosoma cornuta，因头部象虾蟆，而背上又长着几个角状物，故美国俗称为出角虾蟆。

的天空只认得鹞鹰,老雕和花豹。这里是寂寞,空虚,真实,尊严之领土。在这里,大自然显露他的最骄傲,最干枯,最寂寞,最可爱的面目。

我的叔叔和我把一辆福特车开到这块地的中央,走下车,在那干燥的地上漫步。

"这块地啊,"他说,"是我的地。"

他慢慢儿的走着,用脚踢进那干枯的泥土。一个出角虾蟆在他的脚下爬过。我的叔叔一把抓住我的肩膀,恭恭敬敬的站住。

"那是个什么?"他说。

"你问那个小四脚蛇吗?"我说。

"对了,那个长了一对犄角儿的耗子,"我的叔叔说。"那是个什么?"

"我也不十分清楚,"我说。"我们管它叫出角虾蟆。"

那出角虾蟆爬了有三英尺远,站住了,回过头来。

我的叔叔低下头看了看这个小小的动物。

"有毒吧?"他说。

"吃吗?"我说。"还是咬了人的话?"

"不管是吃是咬,"我的叔叔说。

"我想未必好吃,"我说。"我想也没有毒。我捉过好些个的。叫人捉住以后,它们就很忧愁似的,可是不咬人。要不要把这一个捉来?"

"你捉,"我的叔叔说。

我偷偷儿的走上前去,一下伸手把那个出角虾蟆提住,我的叔叔在一旁看着。

"小心,"他说。"你确实知道它没有毒吗?"

"我捉过好些个的，"我说。

我把那个出角虾蟆拿到我的叔叔跟前。他努力做出不害怕的样子。

"怪可爱的个小东西，啊？"他说。他说话的声音有点儿不镇静。

"你要不要拿它一下？"我说。

"不必，"我的叔叔说。"你拿着。我从来没跟这些个东西挨得这么近。我看见了，它有眼睛。我想，它看得见我们呢。"

"我想它看得见，"我说。"啊，它在那儿看你呢。"

我的叔叔对准了那个出角虾蟆的眼睛看。那个出角虾蟆对准了我的叔叔的眼睛看。你看我，我看你，看了足足半分钟，那个出角虾蟆把头一扭，看地下去了。我的叔叔长长的吐了口气。

"要有这么一千个，"他说，"也能咬死人呢，我想。"

"它们从来不成群结队，"我说。"连两个三个一起都不常看见。"

"一个大的，"我的叔叔说，"也许能把一个人咬死。"

"它们长不大，"我说。"长到这个这么大就不长了。"

"这么个小东西，"我的叔叔说，"眼睛倒怪叫人怕呢。你确实知道它让人拿起来不生气吗？"

"我想你一放它下地它也就忘记了这件事了，"我说。

"你这话当真？"我的叔叔说。

"我想它们的记性不会很好，"我说。

我的叔叔直直腰，深深的吸了口气。

"把这小东西放了,"他说。"咱们别残害上帝造的小东西。要是它果真没有毒,又不长得比耗子更大,又不成群结队,又记不住事情,咱们就把这个小东西放回地上去吧。这些跟咱们一同住在地球上的小东西,咱们好生看待着吧。"

"是了,叔叔,"我说。

我把那个出角虾蟆放在地上。

"轻轻儿的,"我的叔叔说。"别让我的地里的这位客人吃什么亏儿。"

那个出角虾蟆一扭一摆的爬走了。

"这些小东西,"我说,"住在这种土地上面不知有几千几万年了。"

"几千几万年?"我的叔叔说。"你确实知道?"

"我也不敢说,"我说,"只是想起来该有这么长了。不管怎么样,它们现在还在这儿。"

我的叔叔四面看看他的地,看看地上长的仙人掌跟灌木树,看看头顶上的青天。

"这几千几万年它们吃的什么呢?"他大声说。

"我不知道,"我说。

"你想起来呢?"他说。

"小虫儿,我想。"

"小虫儿?"我的叔叔大声说。"哪种虫儿呢?"

"小臭虫,大概,"我说。"我不知道它们的名字。明儿我到学堂里去查得出。"

我们继续在那干燥的土地上漫步。我们看见脚底下有些小窟窿,我的叔叔站住了,说,这里面住着些个什么呢?

"草原狗①,"我说。

"这又是些什么呢?"他说。

"这个么,"我说,"它们有点儿象耗子。它们属于啮齿目。"

"这些东西又在我的地里干些什么呢?"我的叔叔说。

"它们不知道这是你的地啊,"我说。"它们住在这儿有了年代了。"

"我想那个出角虾蟆以前从来没有对准了人的眼睛看过,"我的叔叔说。

"我想从来没有,"我说。

"你想我吓坏了它没有?"我的叔叔说。

"我说不好,"我说。

"要是我把它吓坏了呢,"我的叔叔说,"我可是出于无心。我明儿要在这儿盖一所房子。"

"你早先没有提起过,"我说。

"自然,"我的叔叔说。"我要在这儿盖他一所大房子。"

"远了点儿,"我说。

"离城也不过一个钟头,"我的叔叔说。

"那得一个钟头开五十英里,"我说。

"离城没有五十英里,"我的叔叔说。"只有三十七英里。"

"噢,可是七高八低的路面,得多费点儿工夫,"我说。

"我要盖他一所世界上最漂亮的房子,"我的叔叔说。"还有

---

① 草原狗(prairie dog)是土拨鼠一类的东西,学名叫 Cynomys Ludovicianus,因吠声类犬,而生长在美国西部的草原地带,故俗称为草原狗。第 25 页的出角虾蟆和这里的草原狗之得名,一因头形,一因吠声,实际与虾蟆和狗相去甚远。作者利用这种名实不符的事实,产生一种滑稽的趣味,故译文也沿用"虾蟆"及"狗"的名称。

什么东西住在我的地里没有?"

"噢,"我说,"还有三四种长虫。"

"有毒没毒?"我的叔叔说。

"大多数没毒,"我说。"响尾蛇可有毒。"

"你的意思是说这个地里有响尾蛇吗?"我的叔叔说。

"这种土地是响尾蛇平常居住的地方,"我说。

"有多少条呢?"我的叔叔说。

"一英亩多少条吗?"我说。"还是六百八十英亩一共多少条?"

"一英亩多少条,"我的叔叔说。

"那个,"我说,"我敢说一英亩有三条,这是往少里说。"

"一英亩三条?"我的叔叔大声说。"往少里说?"

"也许只有两条,"我说。

"那么这块地一共该有多少条呢?"我的叔叔说。

"噢,我来算算看,"我说。"一英亩两条。六百八十英亩。大概一千五百条。"

"一千五百条?"我的叔叔说。

"一英亩地不小呢,"我说。"一英亩地两条响尾蛇不算多。不至于常常看见。"

"这儿还有什么有毒的东西没有?"我的叔叔说。

"没有了,"我说。"别的东西全都不害人。其实响尾蛇也不害人,除非你一脚踩着它。"

"这就是了,"我的叔叔说。"你头里走,招呼着脚底下。要是看见响尾蛇,别一脚踩着它。我不愿意你十一岁就送命。"

"是了,叔叔,"我说。"我小心着就是了。"

我们折回来到了停车的地方。我在路上没有看见响尾蛇。

我们坐进汽车,我的叔叔点起一支烟卷儿。

"我要把这个荒凉的沙漠造成一个花园,"他说。

"是了,叔叔,"我说。

"我知道我的问题是些什么,"我的叔叔说,"我也知道这些问题该怎么样解决。"

"怎么样?"我说。

"你问的是出角虾蟆跟响尾蛇吗?"我的叔叔说。

"我问的是那些'问题',"我说。

"噢,"我的叔叔说,"第一件事是雇他几个墨西哥人,叫他们动起工来。"

"动起什么工来呢?"我说。

"除草,平地,"我的叔叔说。"这以后我就要让他们掘地取水。"

"掘哪儿呢?"我说。

"一直往下掘,"我的叔叔说。"有了水以后,我就要让他们耕地,这以后我就要种起来了。"

"你打算种什么呢?"我说。"种麦子?"

"麦子?"我的叔叔大声说。"我要麦子做什么?面包五分钱一个。我要种石榴树。"

"石榴多少钱一个?"我说。

"石榴这个东西,"我的叔叔说,"咱们美国地方可说简直没有见识过。"

"你就只种这个吗?"我说。

"我还在这儿算计着,"我的叔叔说,"种些个别的果树。"

"桃树?"我说。

"种个十英亩,"我的叔叔说。

"杏树怎么样呢?"我说。

"那当然也要种的,"我的叔叔说。"杏儿是个可爱的果子。样子可爱,味道可爱,那个核儿更可爱。我要种个二十英亩杏树。"

"我希望那些墨西哥人找水不至于有什么为难,"我说。"这个地的地下是不是有水?"

"自然有的,"我的叔叔说。"先动起手来再说。我要嘱咐他们小心响尾蛇。石榴树,"他说。"桃树。杏树。再还有什么树?"

"无花果?"我说。

"三十英亩无花果,"我的叔叔说。

"桑树怎么样呢?"我说。"桑树是很好看的树。"

"桑树,"我的叔叔说。他的舌头在他嘴里打了一转。"很好看的树,"他说。"咱们老家里多得很。你说,种个多少英亩?"

"十英亩,"我说。

"好,"他说。"还有什么树?"

"橄榄树也很好看,"我说。

"对了,"我的叔叔说。"真是最好看的树。种他十英亩橄榄树。还有什么树?"

"啊,"我说,"我想这个地里苹果树长不好吧?"

"我想长不好,"我的叔叔说。"不管长得好长不好,反正我不喜欢苹果。"

他把汽车开动,我们开出那块干燥的地,开上干燥的路,车子颠颠簸簸慢慢开,直到开上大路才渐渐快了起来。

"可有一件,"我的叔叔说。"咱们回到家里,你可别跟他们提起这个庄园。"

"是了,叔叔,"我说。("庄园?"我肚子里说。"什么庄园?")

"我要让他们吃一惊,"我的叔叔说。"你知道你奶奶的脾气。我要按着我的计划办去,等大功告成的时候,我把一家子都带到庄子上去,让他们吃一惊。"

"是了,叔叔,"我说。

"跟谁也别提一个字,"我的叔叔说。

"是了,叔叔,"我说。

好,那些个墨西哥人动起手来做工,清除地面。大约两个月,清了有十英亩光景。一共有七个人。他们用铲子跟锄头。他们什么都一点儿不懂。事事都很叫他们纳闷儿,可是他们也不抱怨。他们拿工钱,这就是了。他们是两兄弟跟他们的儿子。有一天,那个哥哥,名字叫第厄哥的,恭恭敬敬的问我的叔叔,他们干的是什么事情。

"老板,"他说,"我问您一句话,您别见怪。我们把那些仙人掌砍下来做什么?"

"我要种庄稼,"我的叔叔说。

别的墨西哥人用墨西哥话问第厄哥,我的叔叔说的什么,他用墨西哥话告诉他们。

他们觉得不值得跟我的叔叔说,庄稼是种不成的。他们照旧去砍仙人掌。

可是那些仙人掌只肯委屈一个短短的时期。那最早清除的地里早就又长满了仙人掌和灌木了。我的叔叔发现了这件事,很诧异。

"要耕得深些才能把仙人掌除了,"我说。"你非得耕掉它。"

我的叔叔去跟农具店老板利安商量。利安跟他说,马是不中用的。现代化的办法是用个拖拉机,一年的活一天就做了。

我的叔叔听了这个话就买了一辆第尔式拖拉机。样子很好看。利安店里的一个机器工人跟了来,教给第厄哥怎么驾驶拖拉机。第二天我的叔叔和我到了地里的时候,就看见那辆拖拉机孤零零的在沙漠的中间,听见它在那可怕的空虚中间嗡嗡作响。听听那声音,觉得那是个怪东西。啊,是个怪东西。我的叔叔却说是真了不起。

"进步啊,"他说。"这才是现代化。一万年以前啊,"他说,"要有一百个人做上一星期,才做得了这个拖拉机今天一天做的活。"

"一万年以前?"我说。"您是说昨儿个吧?"

"不管,"我的叔叔说。"这些现代便利品可真了不得。"

"这个拖拉机不是个便利品,"我说。

"不是便利品是什么?"我的叔叔说。"不是连开车的人也有坐的地方吗?"

"他要站也站不住,"我说。

"他们让你坐下,"我的叔叔说,"那就是一种便利。你会吹口哨不会?"

"会,叔叔,"我说。"你爱听什么样儿的歌曲?"

"歌曲?"我的叔叔说。"我不要听歌曲。我要你朝拖拉机上那个墨西哥人吹个口哨。"

"做什么?"我说。

"你别管做什么,"我的叔叔说。"你只吹起口哨来。我要让他知道咱们在这儿,看见他做的活,很高兴。他大概耕了有二十英亩地了。"

"是了,叔叔,"我说。

我把两只手的食指和中指放在嘴里,使劲一吹。吹得很响。可是第厄哥好像并没有听见。他离我们很有一截子路。我们正在朝着他那边走去,所以我不懂我的叔叔做什么要我给他吹口哨。

"再来一个,"他说。

我又吹了一个,第厄哥还是没有听见。

"吹得响些,"我的叔叔说。

这一回我使尽了力气,我的叔叔两只手按住耳朵。我的脸也涨红了,拖拉机上的那个墨西哥人这一回听见了。他把拖拉机放慢,转过头来,一直对着我们开过来。

"你要他往这边来吗?"我说。

"也没有什么不可以,"我的叔叔说。

不到一分半钟,那个拖拉机和那个墨西哥人到了。那个墨西哥人好像很快活。他擦了擦脸上的汗和灰土,打拖拉机上跳了下来。

"老板,"他说,"这是个了不起的东西。"

"你喜欢这个东西,我很高兴,"我的叔叔说。

"要不您也上来坐一会儿?"墨西哥人问我的叔叔。

我的叔叔迟疑起来。他朝我看了看。

"你去,"他说。"跳上去。坐一会儿玩儿。"

第厄哥走上拖拉机,把我拉了上去。他坐在开车的座位上,我站在他的背后,两只手抓住他的肩膀。拖拉机摇撼起来,然后跳起来,然后向前开动。跑得很快,发出很大的声音。那个墨西哥人开了一个大圈子,又开回我的叔叔跟前。我跳了下来。

"得了,"我的叔叔跟那个墨西哥人说。"回去干活去吧。"

那个墨西哥人把拖拉机开到他原来耕作的地方。

我的叔叔好多个月之后才在他的地里找到水。他在他的地里到处掘井,可是井里没有水出来。不用说,机器水泵也买来了,可是仍然没有水出来。在得克萨斯州请来一位开井专家,名字叫洛埃,他带了他的两个兄弟来到我的叔叔的地里,仔细检查。他们跟我的叔叔说,保证他有水。他们费了三个月工夫果然把水弄出来了,可是水里泥沙很多,而且只有不多点儿。只有一眼井里涓涓滴滴的流出一点儿泥浆水。那位专家跟我的叔叔说,日子长了就会有进步,说完话就回得克萨斯州去了。

现在已经有一半的地清除干净,土也耕松了,又有了水,这就该种树了。

我们买了石榴树来种了。这些树都是最上等的种,价钱很贵。我们种了有七百棵。我亲手种了一百棵。我的叔叔也种了几棵。在远离人世而又神奇古怪的荒漠之中,我们有了一个二十英亩地的石榴树果园。这个果木园是世界上最荒唐也最可爱的东西,我的叔叔迷得什么似的。唯一的美中不足是他的钱快用完了。他不能继续进行,把这六百八十英亩地全造成花园,他只能聚精会神培植这七百棵石榴树。

"这只是一时的不得已,"他说。"等咱们有石榴出卖,把钱收回来,又就可以进行了。"

"是了,叔叔,"我说。

我也不十分清楚,只是估计起来至少有两三年不必打算从那些细小的石榴树上收什么石榴。可是我也不说什么。我的叔叔把墨西哥工人送走,他跟我两个人亲自料理这庄园。我们有一辆拖拉机,又有这么一大块地,所以隔不多时我们就开个汽车到那里,驾起拖拉机来绕圈子,在那些石榴树空隙里铲除仙人掌,翻松泥土。这样过了三年。

"要不了几天,"我的叔叔说,"你就可以在这个沙漠里头看见世界上最漂亮的花园。"

水的形势并不因为日子长了而有进步。隔不久有这么一次,井里忽然喷出大股的水,只夹杂不多几块鹅卵石,我的叔叔大大的快活起来,可是第二天那股水又变了涓涓滴滴的泥浆。那些石榴树勇敢地挣扎求生,可是它们老是得不着足够的水让它们结实。

第四年开了些石榴花。在我的叔叔,这是一个大大的胜利,他看见这几朵花,欢喜得发疯似的。

这些石榴花没有下文。可是,花是很好看的,别的没有什么。深红的,寂寞的花。

那一年结了三个小小的石榴。

我吃了一个,他吃了一个,还有一个我们把他藏在他的经理室里。

第二年,我十五岁。我已经有了好些个伟大的经验。我是说,我已经读了好些有名作家的书,我已经长得跟我的叔叔一般高。那个庄园还是只有我们两个人知道。这个庄园花了我的叔叔不少的钱,可是他老觉得要不了几时他就有石榴出卖,把他的钱收回,继续进行他的计划,把这个沙漠造成一个花园。

那些石榴树的遭际并不怎么好。长是长大了一点儿,可不怎么看得出。很有几棵枯了,死了。

"这是免不了的,"我的叔叔说。"一英亩二十棵,也就是不过如此。目前且不种新的。日后再种。"

他的地价还没有付清,还在按期付着。

第二年他收了二百多个石榴。他跟我两个人自己动手摘的。是些怪可怜的石榴。我们用很漂亮的木箱装了,我的叔叔把它寄给芝加哥的一个水果批发商行。一共十一箱。

过了一个多月还没有回信,我的叔叔就打了个长途电话。那水果行的老板叫达哥斯丁诺,他告诉我的叔叔,没有人要石榴。

"你定价一箱多少钱?"我的叔叔在电话里大声嚷过去。

"一元,"达哥斯丁诺嚷回来。

"太少,"我的叔叔嚷过去。"五元一箱,少一个镍币也不成。"

"一元一箱他们还不要,"达哥斯丁诺嚷过来。

"为什么不要?"我的叔叔嚷过去。

"他们不认得这是什么东西,"达哥斯丁诺嚷过来。

"你这人还象个什么生意人?"我的叔叔嚷过去。"这是石榴嘛,我要五元一箱。"

"我卖不出去,"水果行老板大声嚷。"我自己吃了一个,我吃不出什么了不起。"

"你是个傻瓜,"我的叔叔嚷过去。"世界上没有哪种水果赶得上石榴。五元一箱还是贱卖了。"

"你要我拿这个东西怎么办?"达哥斯丁诺嚷过来。"我卖不出。我不要。"

"噢,"我的叔叔低声说。"你寄回来吧。寄费我这儿付。"

这一个长途电话花了我的叔叔一十七元。

十一箱石榴又寄了回来。

一大半是我的叔叔和我吃了。

第二年我的叔叔再也付不出地价了。他把地契还给卖地给他的那个人。

"葛利菲斯先生,"我的叔叔说,"我只能把这块地退给您了,可是我还要恳您点儿情。我在那块地上种了二十英亩石榴树,您要肯让我照旧料理那些树,我就感激不尽。"

"料理那些树?"葛利菲斯说。"干吗?"

我的叔叔打算解释，解释不出。一个对你没有一点儿同情心的人，你要跟他解释，那是够叫你为难的。

我的叔叔就这样把那块地丢了，连那些石榴树也丢了。

大概又过了三年，他跟我两个人去到那块地里，走到那个果园里。石榴树全死了。地上又长满了仙人掌和灌木。除了多了那几百棵细小的已死的石榴树以外，那个地方完全是原来的模样，自有天地以来没有改变过的模样。

我们在果园里漫步了一会儿，走回我们停车的地方。

我们钻进汽车，开回城。

我们没有说什么，因为要说的太多了，而且找不到适当的语句。

未 来 的 诗 人

那个时候我是爱默生小学三年级十五个学生里面的第十四名优等生,有一天教育局里费了一天工夫研究问题。

这是多年以前的事情了。

我是过了八岁没满九岁,至多是过了九岁没满十岁,乖得很。

在那个时候,一般的教育局不大为一个小城市里的小学生纷纷扰扰的,要是有几个孩子似乎笨头笨脑,一般的教育局只当他是理所当然,由他去。

可是有些个长老会的牧师,有时要朝那些海浪似的万头攒动的少年听众看看,说,"你们是美国的未来的领袖,未来的实业大王,未来的政治家,以及,我敢说,未来的诗人。"这一套话我最爱听,因为我爱猜想猜想我的好朋友杰米·伏尔大、法郎基·索沙他们将来会当哪一业的大王。

我知道这些孩子。

他们是头等棒球手,可是天生的白痴,用更科学的名词来说是高度低能:身体强健,力气大,精神旺。我不信他们容易发展成为工商巨子,他们自己也不信会有那么一天。你要问他们,打算将来有个什么样儿的前程,他们就老老实实的说,"不知道。大概没什么吧,我想。"

我们的教育局,尽管一面教我们读书写字,却对于我们这些小流氓不存多大的奢望。

可是有一天,我们的教育局费了一天的工夫去静静的研究,研究了七个钟头之后,决定要让公立小学的学生个个受详细的体格检查,要想解决贫民窟的少年居民的健康之谜。

按照书面证据,有统计有图表的,凡是我们家附近住着的人全应该头形不整,胸腔陷落,骨骼不正,嗓音不亮,无精少神,多愁易怒,还有六七种别的小毛病。

可是按照摆在每个公立小学的教师面前的证据,这些贫民窟里来的小流氓,头形整齐,胸腔饱满,身材优美,嗓音响亮,精神太足,一心只想顽皮。

这个事儿不对,准是哪儿出了点乱子。

我们的教育局决定要找找看,究竟乱子出在哪儿。

到底让他们找出来了。

那些有统计有图表的书面证据错了。

就在这个时候,我第一次知道我是一个诗人,又欢喜又生气。我记得清清楚楚,是在市立大会堂,正午,和六百个未来的大王和部长在一块儿。我记得听见那年老的奥吉尔维小姐打起刺耳的女高音唱出我的名字。

轮到我爬十七级台阶登上那讲坛,走到讲坛的中心,把上身的衣服脱光,吸气,呼气,让他们量这儿量那儿,轮到我来这一套了。

有一刹那,我心慌意乱,但是立刻被一种超人的冲动所克服,我要拿点儿气派出来。我确是拿足了气派,让所有教育局的诸位委员,三位将老未老的大夫,半打注册的护士,还有六百个未来的大王和部长,全都大吃一惊。

我不去一级级的爬那十七级台阶,我托地一跳,跳了上去。

我记得奥吉尔维小姐转过身,悄悄的对督学利铿巴克先生说,"这是伽洛格兰——我们的未来诗人之一,我敢说。"

利铿巴克先生急急看了我一眼,说,"啊,原来如此。他跟谁过不去啊?"

"跟大伙儿,"年老的奥吉尔维小姐说。

"啊,原来如此,"利铿巴克先生说。"我也跟大伙儿过不去,怎么我就不会跳他妈那么高呢?不谈了,不谈了。"

我把上身的衣服脱了,光着背站在那儿,胸口耸起好些根毫毛。

"你看见没有?"奥吉尔维小姐说。"一位文学家。"

"吸气,"利铿巴克先生说。

"多少时候?"我问。

"越长越好,"利铿巴克先生说。

我开始吸气。四分钟过了,我还在吸气。自然咯,那检查的人员有点诧异了。他们赶紧开会,而我还在那儿吸气。辩论了两分钟,检查的人员决定叫我停止吸气。奥吉尔维小姐给他们说,要是他们不叫我停止,我会一口气吸到吃晚饭。

"暂时够了,"利铿巴克先生说。

"已经够了?"我说。"我还没有开头儿呢。"

"现在要呼气了,"他说。

"多少时候?"我说。

"天哪!"利铿巴克先生说。

"您给他说明白的好,"奥吉尔维小姐说。"不然他会一口气呼到吃晚饭。"

"呼个三四分钟就是了,"利铿巴克先生说。

我呼了有四分钟,他们叫我穿上衣服,下去。

"怎么样?"我问那些检查的人。"我的体格还过得去吧?"

"不谈了,不谈了,"利铿巴克先生说。"请你走吧。"

第二年,我们的教育局决定不再举行体格检查。检查那些个未来的大王和部长的时候,事事合式,可是临到未来的诗人,文学家,那些检查就乱得不亦乐乎,谁也不知道该怎么办了。

五十码赛跑

我十二岁上那一年,有一天接到一封纽约来的信,从此以后我就打定了主意要变成我们那几条街上最大的大力士。那封信是我的朋友强如狮先生寄给我的。我在亚谷小说杂志上剪下一张印好的字条,写上地址,签了我的姓名,放在一个信封里,寄了给他。他很快就回我的信,热心到十二分,说我的确是个异常聪明的人,还可能成为拔山扛鼎的人——不是世间庸庸碌碌之流,那些人只是行尸走肉——我却是个未来的大人物。

强如狮先生对我的看法和我自己的看法其实很相近。可是一个人自己的意见,能有个别人来证实一下,自然是心里格外痛快,尤其是出于一个纽约的人,而且是一个拥有世界上最大的肺活量的人。那封信里头附了几张强如狮先生的照相,什么都不穿,只穿一小块豹子皮。他是个硕大无朋的人,可是据他说从前也是个小个儿。他浑身肌肉凸起,看上去一只手也能让一辆福特汽车翻个身。

能跟他做朋友,真是荣幸之至。

只有一件事儿为难——我没有那个钱。在我们初次相交的时候他要我多少钱,我忘了,可是我记得,那个数目是无从考虑的。我虽然极想早日复信,道谢强如狮先生的热心,我找不出话来跟他解释我没有那个钱,我害怕我一说这个话立刻也就变成了行尸走肉。所以就一天又一天的耽搁下来,一面四处里找那合适的话,要不妨害我们的友谊,不让我堕落为凡夫俗子,一面就跟我的叔叔吉科谈起这件事来,他那个时候正在研究东方哲学。他知道了我的古怪志愿,颇为诧异,可是很高兴。他说,按照瑜伽道的说法,个个人的身内都有神秘的活力,只要把那些活力解放出来,人就强大起来了。

"者个力量,"他跟我说话的时候爱用他的破烂美国话,他说,"者个力量世赏帝那里来的。我对你朔,阿拉木,者个镇伟大。"

我告诉他,我立志要变个大力士,可是非先寄点钱给强如狮先生,没法儿开始变化。

"纤?"我的叔叔满脸瞧不起这个东西,他说,"纤没有舍么用,赏帝世不受运动的。"

我的叔叔吉科虽然不算瘦小,可万万赶不上强如狮先生那么雄壮。要是他们两个摔起跤来,我相信强如狮先生会一把抱住我的叔叔的脑袋啊什么的,不是叫他讨饶,就是把他挤死。可是从另外一面想想,我又不敢说了。我的叔叔大是没有强如狮先生大,可是强如狮先生也万万赶不上我的叔叔那么怒气勃勃。照我看起来,强如狮先生要是跟我的叔叔斗起来,至少要碰到许多见所未见闻所未闻的麻烦——他不是一天到晚在那儿解放出那些神秘的活力来吗?说不定他朝你一瞪眼你就得倒退三步。

我还没有找到适当的话来解释我没有钱这件事儿,强如狮先生的第二封信又来了。跟头一封一样的殷勤,甚至还可以说,还要殷勤点儿。我高兴极了,满到处跑来跑去,解放我身上的神秘的活力,爬树,翻筋斗,抬汽车要叫它翻身,看见人来就要跟他摔跤,闹得全家不安,街坊抱怨。

强如狮先生不说不生气,反倒减了价。饶是这样,那个数目我还是巴结不上。我那个时候天天卖报,可是那个钱是吃饭的钱。有一程子,我起身特别早,外面满到处去跑,要想捡一个掉在马路上而装满了钱的钱袋。这个玩意儿玩了六天,一共捡了一个五分镍币跟两个一分的。又捡了一个女人的钱袋,里头没有钱,有几件气味不好的化妆品,还有一张字条,写的是:何德威,芬吐拉路三七六四号,倒写了好几个白字。

强如狮先生的第二封信来了三天之后,第三封信又来了。从此以后,我们的通信完全成了剃头担儿一头热。事实上,我一封回信也没写。强如狮先生的话真是说得头头是道,真不容易回复,要是没有钱。事实上,没有钱便什么话也没有说的了。

第一封信来的时候是冬天,就在那个时候我打定主意变大力士,先是一乡的力士,然后是一国的力士,最后是天下的力士。怎么样个变法,我自有我自己的打算,可是我同时又有纽约市的强如狮先生的热心提拔,家里又有我的叔叔吉科的神秘而猛烈的指导。

一个冬天连上半个春天,强如狮先生的信隔个两三天来一封。我还记得有一天,正是杏子已经黄到可以偷来吃的季节,我的纽约的朋友来了一封最动人的信。不是信,简直是一首诗,说的是春天到了啊,除旧布新啊,新的力量啊,新的决心啊,一切等等。真是一封美极了的信,比得上圣保罗的与罗马人书啊什么的。这首动人的诗篇的末章表示写信人的歉意,说是俗气得很的钱的问题还是不得不谈一谈。钱的数目是减之又减,只有开头的六分之一或七分之一了,而且加了一个新办法。强如狮先生把他的教程,让我从平常人变为大力士的教程,缩成一课。强如狮先生说,只要三块钱,他就把他的一切秘诀装在一个信封里寄给我,其余就在乎我自己,在乎世界的命运了。

我又把这件事儿拿去跟我的叔叔吉科商量,他这个时候已经进步到绝食,入静,走步,以及全身震荡这个阶段了。我们已经讨论了一冬,一星期有个两三次,他已经说给我许多他从瑜伽道里修来的秘密。

"我对你朔,阿拉木,我要干个舍么就能干个舍么。者个镇伟大。"

我相信他的话,尽管他已经轻了二十磅,睡不着觉,眼睛发红。他那个时候很瞧不起世界上的人,很可怜那些让人虐待,屠杀,吃食,驯服,以及教来演把戏的动物。

"我对你朔,阿拉木,"他说,"逼那些马儿做工世罪过。栽牛也世。较小狗儿跳,较猢狲儿抽烟,劝都世罪过。"

我把强如狮先生的来信说给他听。

"纤!"他说。"回回他都要纤。我不戏唤他。"

我的叔父的丹方全都是市立图书馆的神学哲学星象学的一架书上来的。可是他相信是直接从上帝那儿来的。他没修瑜伽道的时候本是个浪荡儿,颇能喝几杯白干,打从迷上了瑜伽以后就涓滴不入了。他说他喝的是一种比白干啊什么都好得多的酒。

"那是什么酒呢?"我说。

"阿拉木,"他说,"那个世智慧之酒。"

总之,他不喜欢强如狮先生,他说他是个骗子。

"他不是骗子,"我说。

我的叔叔怒气澎湃起来,放出他的神秘的活力,说,"他志管戏弄你们者些亥子,我要砸破他的闹袋。"

"他不是戏弄,"我说。"他说的,他只要三块钱就把他的一切秘诀传给我。"

"我对你朔,阿拉木,"我的叔叔吉科说,"他舍么秘密也不志道。他世个骗子。"

"我不知道,"我说。"我想试试看。"

"镇罪过,"我的叔叔说。"给你散块钱,去吧。"

我的叔叔给了我三块钱,我寄给强如狮先生。那个信封果然从纽约来了,装满了强如狮先生的秘诀。这些秘诀简单得很。全是我早就知道的,只是平常懒懒的没注意到就是了。强如狮先生的秘诀是早点儿起床,做一点钟各式体操,附有图样。还有就是多喝水,多吸新鲜空气,吃新鲜的菜,继续不断,直到变成大力士为止。

我觉得有点儿上了当,回了强如狮先生一封短短的信,表示不满。他不理我的信,从此以后没来一信。同时我已经依了他的话实行起来,力气一天大一天。我说同时,我的意思是四天。第五天上我决意睡觉,不早起床,省得闹的家宅不安,招我的祖母骂。我的祖母天不亮让我闹醒,大声叫唤,说我是个不识时务的傻瓜,一辈子发不了财。她翻个身又睡了五分钟,又闹醒了,又叫唤起来,说我买的贵,卖的贱,永远不能赚钱。她又睡一会儿,又醒了,又叫唤起来,说有一个国王,有三个儿子:一个聪明,象他的父亲;一个神经,一心只爱女孩子;第三个没有脑筋,比小鸟都不如。说到这里她就爬了起来,我在那里做体操,她就在旁边大声说那个故事,打头说到尾。

那个故事不外乎要我知进退,不要天天天不亮就把她闹醒。用意都是这一个用意,故事可一回变一回,有时候是一个国王的三个儿子,有时候是三兄弟,个个有钱,个个贪心不足,又有时候是三姊妹,或是三句俗话,三条路等等。

可是她这些故事是白费心,她不爱这些早操,我更不爱这些早操。事实上,我已经感觉这件事儿无味,觉得我的叔叔说强如狮先生的话没说错。

所以我就放下了强如狮先生的教程,回到我自己的办法。我的办法大概说起来是这样:不必麻烦,不必体操,随随便便,自自然然的变成一个大力士。这是我的办法。我就这样变成了大力士。

那年春天,朗法罗小学宣布和另外一个小学合开一个运动会,作校际田径比赛,人人都得参加。

我想我的机会到了。哪种田径赛我都准得头一名。

未曾开会,早就在脑子里日夜预演起来,五十码赛跑跑了几百回,远跑跳远跳了几百回,立地跳远跳了几百回,跳高跳了几百回,回回都是头一名,和我比赛的全都是些弱者。

这种预演,这种内部活动,是地道的瑜伽修行,到了开运动会那天简直成了狂热。

好容易轮到我和三个旁的运动员跑五十码了。"各就各位,预备,起,"我闭着眼一冲而出。那个速度,我知道,是自有运动会以来所未有。

我觉得从来没有人跑过这么快。在我脑子里头,我已经跑了五十个五十码了,这才睁开眼来看看别人落在后头有多远。这一看叫我诧异起来。

三个孩子跑在我的头里有四码,而且越跑越远。

这件事情有点难于相信。难于相信,可明明白白是事实。准定有什么错误,可是没有。这三个孩子明明在那儿,在我的头里,而且越跑越远。

没有别的,只有睁着眼追上去,赶到他们头里去,跑第一。我就这么办。可是,说也不信,他们不管我的决心,还是越跑越远。

我生气了,决意叫他们见识见识我的利害,开始解放我身上所有的神秘活力。不懂为什么,连这一手也不能让我跑得跟他们近点儿。我觉得我叫人出卖了。我心里盘算,要是有人打算出卖我啊,我一定要叫他羞死,他尽管出卖我,我还是跑赢了。我重新又鼓起劲来跑。离终点已经没有多远了,可是我知道我赢得了。

又跑了两步,我知道我赢不了了。

五十码完了。

我跑了个末名,差十码。

我毫不迟疑,提出抗议,向他们三个挑战,再跑五十码,打终点跑回起点。他们不干,不考虑。这个,我知道,证明他们不敢跟我比赛。我告诉他们,他们知道我准能把他们打败。

跳高啊,跳远啊,结果都跟这差不离。

我回到家里的时候,身上发烧,怒气冲天。胡言乱语了一晚,病了三天。我的祖母用心看护我,也许是她救了我的命。等到我的叔叔来看我,他的嘴巴也不凹下去了。看样子他的绝食期已经圆满了,日子不少——该有四十天吧;四十个白天带四十个晚上,我想。入静也停止了,因为什么都已经完了。他又恢复他的浪子生涯,喝酒,不睡,追女人。

"我对你朔,阿拉木,"他说,"咱们驾里的人劝都伟大。要干个舍么就能干个舍么。"

情　　诗

我的堂弟阿拉克小我一岁半,圆圆的脸,黑黑的皮色,举止是异乎寻常的优雅。他并不是有意做作。他是天生的优雅,正如我是天生的笨拙。学堂里有什么事牵累到他,他只微微一笑,露出他雪白的牙齿,就能叫我们的级任老师达芙尼小姐的铁石心肠雪一样的融化,他也就安然无事;我可不然,事情牵累到我,我就要声嘶力竭的争辩,要证明不是我错,是达芙尼小姐或是别个谁错,有必要时我愿意上诉到最高法院。

我常常被她给送到校长室。有时候我为了跟校长德林格先生辩论挨打。校长先生简直不能辩论。一句话叫我窘住了,他就掏出鞭子来。

阿拉克跟我不同,他没有为正义奋斗的精神。他赶不上我的聪明,可是他尽管比我小一岁半,居然和我同班。不是说他不该在五年级,是说我不该在五年级。我跟老师们辩论,通常全是我赢,按说他们该乐得早点儿让我远走高飞,可是他们偏不让我升班,也许是希望下个学期赢我一回,跟这个学期抵值吧,我想。因此我就成了五年级的资格最老的学生。

有一天,我们的黑板上出现了一首诗,大意是说达芙尼小姐爱上了德林格先生,而且说她面貌丑陋。达芙尼小姐硬说这首诗是我写的。其实是阿拉克写的,不是我。我要是写诗,决不写达芙尼小姐,我要找个更值得些的题目。然而达芙尼小姐找我的麻烦来了;她也不提名道姓,只是手拿一条戒尺站在我的桌子旁边,说,"我倒要查出这桩坏事是谁干的,把他重重的处罚一次。"

"他?"我说。"您怎么知道,是男学生不是女学生?"

达芙尼小姐在我右手指头骨节上就是一戒尺。我跳了起来,说,"您不能胡乱打我的指头骨节。我要去报告校长。"

"你给我坐下,"达芙尼小姐说。

我坐下。她一把扯住我的右边的耳朵,我这个耳朵给达芙尼小姐跟别的老师们不断的扯,已经在变样子了。

我坐下来,悄悄的在喉咙底下说,"我跟你没个完。"

"你再张嘴!"达芙尼小姐说。我虽然心里恨得要死,我还是忍住,尽力把嘴张开。班上那些指望我演喜剧的小墨西哥人,小日本人,小亚美尼亚人,小希腊人,小意大利人,小葡萄牙人,以及地道小美国人,男的,女的,一齐哄堂大笑。达芙尼小姐的戒尺又朝着我的手落下来,可是这一回擦了我的鼻子。对于我这是加倍的侮辱,因为我的鼻子,不等到今天,那个时候已经很大。一个小鼻子不会让戒尺擦着,我认为达芙尼小姐这一下是有意嘲笑我的大鼻子。

我把我的打伤的手按住我的擦伤的鼻子,又站了起来。

"您叫我张嘴,"我说。我坚持我没有做错,我只是服从老师的命令,所以我的打伤的手和擦伤的鼻子全是无辜蒙难。

"你给我老实些,"达芙尼小姐说。"你再顽皮我就不能忍耐了。你给我老实些。"

我把我的手从鼻子上拿开,努力老实起来,我赔着笑脸向她,仿佛带了个红苹果什么的来送她似的。我的观众又一阵哄堂大笑,达芙尼小姐放下戒尺来拿我,给书桌绊倒,站起来满教室跑着追我。

"我又糟了,"我一面跑着一面自己对自己说。"我又糟了,糟透了,这回的结果准是一场人命官司,而我的堂弟阿拉克,真正的罪人,反倒没事人儿似的坐在那儿,笑着。世界上真是没有是非。"

我知道,我要不让达芙尼小姐拿住,不免要挨德林格先生一顿痛打。我就让达芙尼小姐拿住。她一拿住我,那神气就仿佛是"格杀不论",要挖出我的眼睛,要扯下我的耳朵,手指,胳膊,才称她的心;我只有竭力分辩,求她别忘记她是一位小姐。

她的力气用尽了,我才得回到我的座位,她又把原来的问题重行提起:谁是黑板上的情诗的作者?

达芙尼小姐理理头发,拉拉衣裳,喘息粗定,就开口发问。谁也不作声。静默了几分钟,连钟摆的滴答之声都听得清清楚楚。达芙尼小姐又开始说话。

"我要一个个的叫名指问,黑板上这首丑恶的——诗——是不是你写的,我希望你们都说实话。要是不说实话,我还是能查出来,那可就要加倍处罚。"

她开始把男学生女学生一个个指着名字问,"是你写的不是?"大家都说,不是。轮到我的堂弟阿拉克,他也说不是。这就轮到我了,我一老一实的说,不是我写的。

"你到校长室去,"她说。"你说谎。"

"我没有在黑板上写什么,"我说。"我也没有说谎。"

德林格先生招待我不怎么高兴。

两分钟之后,我们班上一个小女孩送了一个字条来,那上面是我的罪状。连那首歪诗也写上了。德林格先生看完这个字条,一连扮了六七个鬼脸,笑了笑,咳了一声,说,"你写这首诗是何用意？"

"这首诗不是我写的，"我说。

"你自然说不是你写的，"他说。"我只问你，你为什么写这首诗。"

"不是我写的，"我说。

"你不必嘴硬，"德林格先生说。"这个谣言传出去不大好听。你怎么知道达芙尼小姐爱上了我？"

"她爱您吗？"我说。

"呃，"德林格先生说，"那首诗里头是这么说的啊。你从哪儿得来的这个印象？你看见过她凝眸看我啊什么的吗？"

"我没有看见过她怎么样看您啊什么的，"我说。"难道您爱上了她吗？"

"那还不能说，"德林格先生说。"这首诗做的还不坏，只是……你真觉得达芙尼小姐面貌丑陋吗？"

"这首诗不是我写的，"我说。"我能证明不是我写的。我的笔法不是那一路。"

"你的意思是说你的字体跟黑板上的字体不一样吗？"德林格先生说。

"是的，"我说，"而且我不写那一路诗。"

"你承认你写诗？"德林格先生说。

"我写诗，"我说，"可不写那一路诗。"

"象这样的谣言，"德林格先生说。"我希望你知道这个关系不小。"

"我只知道这首诗不是我写的，"我说。

"以我个人的看法，"德林格先生说，"我觉得达芙尼小姐不但不丑，竟当得起个美字。"

"那也可以，"我说。"我的唯一要求，不是我做的事情，别把我拉进去受累。"

"你写得出那首诗，"德林格先生说。

"写不出那首诗，"我说。"我写的诗比这个强。"

"你所谓强是什么意思？"德林格先生说。"漂亮些？还是利害些？"

"我的意思是漂亮些，"我说，"只是我不会拿达芙尼小姐做题目。"

"一直到此刻，"德林格先生说，"我对于你的罪状都还愿意存疑，现在可不对了。我相信这首诗准是你写的。我非处罚你不可。"

我跳起来分辩。

"您把别人的罪过加在我身上，"我说，"我决不善罢甘休。"

校长打了我一顿，全学堂都知道了。我一步一颠走回教室。黑板上的诗已经擦了。什么事也没有了。罪人已经受罚，诗已经擦去，五年级班上的秩序已经恢复。我的堂弟阿拉克静静的坐在那儿欣赏阿丽思·波娃的金黄色头发。

下课第一件事，我把阿拉克打倒，骑在他身上。

"你那首屁诗累我一顿好打，"我说，"往后不准再写了。"

第二天早晨，可是，黑板上又是一首情诗，阿拉克的笔迹，阿拉克的风格。达芙尼小姐又要查出罪人来处罚。我一进教室，看见这首诗和当场的形势，我立刻开始抗议。阿拉克太过分了。我开始用亚美尼亚话骂他。他只装没听见，而达芙尼小姐却当是我在说她。"哼，哼，"她说。"你有话要说，就用大家都听得懂的话来说。"

"我要说的话只有一句，"我说，"这首诗不是我写的。昨天那首也不是我写的。要是为了这些诗又让我受累,有人得想想,我跟他没个完。"

"坐下,"达芙尼小姐说。

点了名,达芙尼小姐写了整整一张纸,把今天这首诗也抄录在内,叫我把这个报告送到校长室。

"为什么要我送去?"我说。"这首诗又不是我写的。"

"叫你做什么你就做什么,"达芙尼小姐说。

我走到达芙尼小姐的桌子旁边,伸手取那个报告,"拍"的就是一戒尺,我一跳跳出三英尺地,大声叫道,"我倒不给你们传递情书。"

这真是过了界限了。万事都有个界限。达芙尼小姐跳起来来拿我,我恨极了我的堂弟阿拉克,转过身来拿他。他装作清白,也不抵抗。可是他身段轻便,闪过一边,我扑了个空,反倒跌在地下,让达芙尼小姐赶上。她完全胜利。赶我把信送到校长室的时候,我脸上手上全是一道一道的伤痕,达芙尼小姐写给德林格先生的情书也皱成一团,有两处撕破。

"你站着等什么?"德林格先生说。"喔,让我看这个报告。你今天又捣的什么乱?"

他拿起那个报告,把他打开,摊在书桌上抹平,慢慢儿的看下去。他看了一遍又一遍,足有三四遍。他很高兴,而且照我看来,恋着爱。他一脸笑容的回过身来,准备处罚我,因为我又说达芙尼小姐面貌丑陋。

"这首诗不是我写的,"我说。"昨天的诗也不是我写的。我的唯一要求是让我在这儿读点儿书,我不犯人,人不犯我。"

"噢,噢,"德林格先生说。

他听了这个话很高兴。

"要是您爱上了她啊,"我说,"那是您的事情,可是求您别把我拉在里头。"

"我的意思,你何妨给达芙妮小姐的面貌说两句好话,"德林格先生说。"你尽管觉得她不漂亮,别人也许不以为然呢。"

真恶心。简直没办法。

"是了,"我说。"明天我一准说好话。"

"啊,这才是乖孩子,"德林格先生说。"当然,罚还是要罚的。"

他伸手去拉书桌的抽屉,皮鞭在抽屉里。

"喔,不对,"我说。"您要打我,我明天就不说好话。"

"可是今天的诗怎么办呢?"德林格先生说。"这是非罚不可的。明天归明天。"

"不行,"我说。"打不得。"

"也罢,"德林格先生说,"可别忘记明天要说好话。"

"当然,"我说。"我可以回教室了吧?"

"使得,"他说。"使得。让我想一想。"

我走到校长室门口。

"回来,"他说。"要是大家不听见你嚎疼,未免要疑心。你还是回来,嚎十声再回去。"

"嚎疼?"我说。"我不挨打不会嚎。"

"怎么不会?"德林格先生说。"这有什么难?你张开嘴大声嚷就是了。你会,你会。"

"我不信我会,"我说。

"我拿皮鞭捶椅子十下,"德林格先生说,"你就应声嚎疼。"

"您相信这个法儿灵验吗?"我说。

"当然灵验,"他说。"来,咱们来。"

德林格先生提起皮鞭捶椅子,我学着昨天一样的嚎叫。可是那嚎声不象。有点儿叫人犯疑。

我们正在演着这套把戏,达芙尼小姐本人走进校长室。我们不知道她来,因为捶打和嚎叫的声音很大。

嚎到第十声,我回身对德林格先生说,"第十声了。"

这个当儿我看见达芙尼小姐。她吓得张开了嘴闭不上。

"再来两下,孩子,"德林格先生说,"作为饶头。"

我没来得及告诉他达芙尼小姐来了,他已经又捶了两下,我也跟着嚎了两声。

那景象叫人作呕。

达芙尼小姐咳了一声,德林格先生回过头来看见了她——他的心上人。

达芙尼小姐不说什么。她说不出。德林格先生笑了笑。他很窘,一手摇着皮鞭。

"我在这儿处罚这个孩子,"他说。

"我懂得,"达芙尼小姐说。

其实她不懂。至少不全懂。

"我决不让这个学堂里有哪一个孩子这样蔑视师长,"德林格先生说。

他实在是发疯似的爱她,他摇转那根皮鞭为的是增添几分气派。可是达芙尼小姐似乎不赞成捶着椅子让学生嚎疼这种刑罚,这有点儿近于嘲弄校规,而且嘲弄爱情。她狠狠的瞪了他一眼。

"哦!"德林格先生说。"您的意思是我不该捶椅子,我们是先行演习一番啊。对不对,阿拉木?"

"不对,不是演习,"我说。

达芙尼小姐气极了,拨转身便走。德林格先生坐了下来。

"你看,事情给你弄得够多糟,"他说。

"您要打算跟她闹恋爱,"我说,"您闹您的,别把我饶上。"

"完了,"德林格先生说,"我看是完了。"

他伤心透了。

"算了,"他说,"回教室去吧。"

"我要您明白那些诗不是我写的,"我说。

"没有多大关系,"德林格先生说。

"我当是您要知道是不是我写的,"我说。

"太迟了,"他说。"她再也不会爱我了。"

"您为什么不自己写一首诗送她呢?"我说。

"我不会写诗啊,"德林格先生说。

"那么,"我说,"胡乱诌一首吧。"

我回到教室里,达芙尼小姐对我很客气。我对她也很客气。她知道我知道,而且她知道要是她再跟我为难,我能闹得她非跟德林格先生断绝就得嫁他,因此她待我很好。两星期之后,放假了。下学期开学的时候,达芙尼小姐不来了。许是德林格先生没有写诗送她,也许是写了而写的不高明;许是他没有对她说他爱她,也许是他说了而她不爱听;再不然就是他向她求婚而她因为我知道,拒绝了他,请求调任别的学堂,在那儿慢慢的修补她的受伤的心。

大概差不离。

演　说　家

二十年前,在圣约金河谷,亚美尼亚侨民都把演说当作最伟大,最高贵,最重要,甚至不妨说是独一无二的艺术。在弗雷斯诺城四乡的种葡萄园的农民,一百人里头有九十二人(确实数过来)相信,谁能演说,谁就是个有学问的人。据我在多年之后的现在想起来,这都是因为这些种葡萄园的乡民自己不会演说,要他站起来说话就害怕,就手足无所措,所以才会见了那些演说家迈大步,登讲坛,挪挪眼镜,看看表,轻轻的咳声嗽,演说起来,开头平平静静,然后越说越高,越说越慷慨激昂,便不由他不五体投地的佩服,相信他是个受了教育的。

多么美的文句!多么旺的精神!多么深的道理!多么漂亮的嗓音!这些农民们窃窃私语。

这些农民们,聚在三个之中的这个或那个教堂的地下室里头,或是在市立大会堂里头,又佩服又害怕,擦擦眼泪,擤擤鼻子,一时间感动万分,罄其所有把口袋里的钱掏了出来。有时候,在为了特别切身的事业捐款的时候,这些农民们一边儿掏钱出来捐献,一边儿站起身来,高声唱名,"谟革迭奇·卡萨比安,同妻亚拉克西,同子三人,古尔铿,息拉克,吐马斯,献金五角,"然后在震雷一般的鼓掌声中坐下。这掌声,不是佩服他献金的数目,而是佩服他那说话的气势,和清楚而有劲的读出那些家乡姓名:谟革迭奇,亚拉克西,古尔铿,息拉克,吐马斯。

在捐款和报告捐款这件事情上,农民们互相竞争。要是谁没有站起来高声报告某某捐款若干,别人就会肚子里说,唉,可怜的家伙!又没有钱,又没有胆,不能拿出大丈夫的样子,站起来说句话!因为有这种竞争,一个农民要是捐不出钱(可是极愿意共襄盛举),就只得畏畏缩缩局局促促坐在那儿,一年又一年,终于有一天,日子过的好些了,一下站了起来,努目扬眉的四下一看,大声叫唤,"我们迭克拉那革城里来的人的穷日子过完了——旁巴罗尼家五弟兄,捐款二角五分!"回家去的时候,头抬得高高的,心抬得更高。穷?当初穷过来的。现在两样了。(于是这五条大汉,满怀家庭荣誉,你看看我,我看看你,把他们的儿子们推在前边走,怀着慈爱,当然;那种由于在同胞们中间不再被人看不起的喜悦而产生的那种奇异的东方式的慈爱。)

可是,一个农民最骄傲的日子莫过于他的儿子,在学堂里,在教堂里,在野外聚餐,或是在旁的什么地方,站起来演说的时候。

"瞧这孩子!"这个农民就要对他的八十八岁的老父亲说。"您听他演说!不是别人,是发罕啊,我的儿子,您的孙子——才十一岁啊。他讲的是欧罗巴呢。"

那老祖父摇摇头,不懂是怎么一回事,十一岁的孩子,就这么正经,这么有学问,讲欧罗巴。连他老人家还不很清楚欧罗巴在哪儿。他记得上美国来的时候,轮船靠过一个法国码头哈佛罗。也许就是哈佛罗——也许就是那个地方。耶佛罗巴。欧罗巴。哈佛罗怎么了,那孩子平空要讲起它来,还要那么紧张,那么兴奋?"呃喝,"老头子哼了一声,"我不懂。我不记得。我只记得是个靠海的热闹的城,有很多船只。"

妇人们又不同些,快活得说不出,自己佩服自己,做母亲的。

看看别的孩子的母亲,点点头,摇摇头,等那孩子演说了有十分钟,说的是她听不懂的美国话,她就默默的掉下甜蜜的眼泪来,因为这件事太神奇太伟大了——小伯基,昨天还是个小娃娃,说不上半句亚美尼亚话,美国话更不用提了,今天站上讲坛,滔滔不绝的演说,还要胳臂儿伸伸,指头儿点点,一会儿指着天花板,一会儿指西,一会儿指南,一会儿指北,有时候还要指指自己的心口。

在这种情况之下,我们伽洛格兰家自然也免不了要产生一位演说家,尽管我的祖父骂演说的人是傻瓜,是骗子。

"要是你看见一个瘦小的人戴一副眼镜,从丹田里鼓足了气大声叫唤,我跟你说,那个人不是一头叫驴,就是一个骗子。"

老太爷最不耐烦听人说话,除了最简捷最中肯的几句。他只要你把他不知道的说给他知道,多一句也不要。他不爱听为谈话而谈的话。他常常赴各种集会,可是没一回不是腻烦得要死。个个演说的人都注意他的脸,看老太爷不快活到了什么程度。一见他的嘴唇不出声的移动,便知道他又在那儿骂人了,他们就赶紧把声音放低,说正经事儿。可也有那平时跟他交谈过,知道他把他们当笨蛋看待的,就乘这个机会报复,故意再把声音提高,拼命叫唤,间或还要来这么两句,"我们知道在座有人不以我们为然,瞧不起我们,嘲笑我们,甚至由于一种异乎寻常的傲慢心,说我们是愚人,但是我们不跟他计较;这是我们不得不背负的十字架,我们愿意背负。"

老太爷听到这里,就要敲敲他的儿子们的脑袋,他们又敲敲他们的儿子们的脑袋,他们的儿子们就你推推我,我推推你,妇人们就四下里看看,于是总数有三十七或三十八的伽洛格兰一家人同时站起,走了出去。老太爷一边走着一边皱眉努目看看那些可怜的农民,嘴里说,"他们又在这儿背十字架了——咱们走咱们的。"

尽管这样,伽洛格兰家还是免不了要产生一位演说家。这是风气,这是一般人的志愿,自然伽洛格兰家一门之中不得不走出个人来下场比赛,让大家知道演说之妙妙到什么地步——老实说,这才叫作演说。

伽洛格兰家这一位英雄是我的堂弟迭克伦,我的伯伯索拉伯的第二个儿子,大战结束那一年他九岁,比我小一岁,可是个儿比我小得多,我向来不把他放在眼里。

这个孩子打头儿就两样,属于那种优秀儿童一类,不明世故,不解风趣,摆出那种不象样的、眼高于顶的态度,老以为学问是从外面来的——这是伽洛格兰家最讨厌的态度,伽洛格兰家几千年来都是很自然的从里面得来的智慧。老太爷常常夸口,伽洛格兰家的人看一眼就知道谁是坏蛋,而且不用思索就知道这种人该怎么对付。

"要是你看见一个人藏在他的脸背后,"老太爷常说,"我跟你说,这不是好人。不是一个奸细,定是一个骗子。可是你要碰见一个人,他的眼睛对你说,兄弟啊,我是你的弟兄啊——你又得留神。那个人身上不定哪儿带着一把刀子。"

不差什么一出世就沉浸在这套教训里头,一般的伽洛格兰家里人自然没有不是洞明世事,妙解人情的。

伽洛格兰家只有一个人不受熏陶,就是我的这位堂兄弟迭克伦。他是个正宗的读书人,老太爷最不喜欢的那种人。他要看见人读了书真正得益,才不反对——这自然是指小孩,除了小孩谁还读书?老太爷看不出迭克伦读了书有什么进步;不但没有进步,反倒见事不明,一天糊涂一天,一直到了迭克伦十一岁上那一年,人家告诉老太爷,说迭克伦是郎法罗小学的头一名优等生,个个教师的宠儿,最有口才的演说家。

这个消息是迭克伦的母亲告诉老太爷的。老太爷正躺在客厅里的睡榻上,听了这个话,把脸掉过去,对着墙壁,哼了一声,"糟糕。多可惜。这孩子发了什么疯了?"

"咦,他是全校头一名呢,"迭克伦的母亲说。

老太爷翻身坐起,说,"要是你听见说,一个十一岁的孩子是全学堂五百个孩子里头头一名优等生——你就别理那个话。天哪,优在哪里?异在哪里?他不是十一岁吗?优异个什么?谁要一个孩子自鸣得意,自己把罪给自己受?我要告诉你,你是个不中用的母亲。你把你那可怜的孩子赶出大门,赶他到田里去。让他跟着哥哥弟弟们去泗水。可怜的孩子,他连笑都不会笑。你还来告诉我他是优等生。得了,去吧。"

老太爷尽管这么说,迭克伦还是读他的书,读了一页揭过一页,白天也读,黑夜也读,礼拜天也读,放假天也读,读来读去,眼镜也戴上了——本来难看的脸弄得更加怪模怪样。家里有什么聚会的时候,老太爷四面一看,看见这个孩子,哼了一声,"天哪,哲学家!也罢,孩子,你到这儿来。"

迭克伦就站起来,走到老太爷面前。

"好,"老太爷说,"你读书哇。好的,好的。你现在十一岁了。谢上帝。你说,你知道些什么?你学了些什么?"

"我没法子用亚美尼亚话跟你说,"那孩子说。

"原来如此,"老太爷说。"也罢,就用美国话说吧。"

我这位十一岁的老弟就发疯似的演说起来,把他从书本上看来的稀奇事儿一件件搬弄起来。稀奇也真是稀奇。所有的人物,地点,年月,原因,结果,源源本本,如数家珍。

的确很好,只是好得有点儿小家子气。

忽然,老太爷一声喝,把迭克伦的话头打断了,他说,"你是个什么?你是个八哥吗?"

话虽是这样说,我看起来,老太爷还是喜欢伽洛格兰家里这位新人物。读书的是傻子,演说的也是傻子,不错的。可是咱们家的读书的演说的决不会是普普通通庸庸碌碌的读书的演说的。至不济也高人家一等。第一,他比旁的自以为博极群书的人年轻,第二,他比旁的演说的人口齿清楚得多。

因为这些原因,也因为这个孩子似乎执意要这样干,我们大家就承认他是我们伽洛格兰家的学者和演说家,准许他随心所欲去使用他的时间,发展他的天赋。

一九二〇年,郎法罗小学宣布了一个恳亲会的节目:(一)歌咏队合唱,(二)表演莎氏名剧《该撒大将军》,(三)迭克伦·伽洛格兰演说:"世界大战果为徒劳乎?"到了那一天,伽洛格兰家全家都坐在郎法罗小学的大礼堂里,听那怪声怪气的合唱,看那怪模怪样的表演,然后听那伽洛格兰家独一无二的演说家——迭克伦,索拉伯的第二个儿子。

那篇演说是十全十美:发音强劲,吐字清楚,措辞明白,理由充足——结论是世界大战不是徒劳,民主政治确实拯救了世界。会场上个个人为之动容,为之鼓掌。有点儿过分,可是——在老太爷看来。在那震雷般的鼓掌声中,他哈哈大笑起来。这篇演说当然是漂亮的。至少是演说里头最好的——最坏的一种东西里头的最好的。这也还可以引以自豪。

那天晚上回到家里,老太爷把迭克伦叫到他面前,说,"我听了你的演说。倒还不坏。你说是哪儿打了一回仗,死了几百万人。你证明这一回仗不是白打的。我告诉你,我听了很有点儿高兴。象这样博大这样漂亮的话,是应该出于十一岁的孩子之口——出于相信他自己说的话的人之口。可是我告诉你,要是出于大人之口,这句话就太荒唐,我就受不了了。你只管干你的,从书本上研究世界上的事情,我相信只要你用功,只要你的眼睛禁得住,赶你活到六十七岁的时候,你就会明白你今天用这么流利漂亮的美国话这么深信不疑的说出来的这句话是句荒唐万分的话。你虽则跟咱们家大大小小的人全都两样些,我也还是爱你,喜欢有你这个孩子。你们大家都可以去了。我要睡了。我不是十一岁。我六十七了。"

大家都站起来走了,只有我多留了一刻。我看见老头儿脱了鞋,我听见他叹了口气道,"这个疯疯癫癫怪怪奇奇的世界上的这些疯疯癫癫怪怪奇奇的孩子们啊!"

长老会的唱诗班

咱们这个国土有很多古怪可喜的事情,其中有一件就是,这个国里的人轻轻的悄悄的从这个教跑到那个教,或是本来没有一定的教,凑巧那个教来了就进了那个教,也不觉得有什么得和失,反正还是照老样子过活下去。

拿我自己打比,我生下来算是天主教,可是直到十三岁上才受洗,这件事情很让那神父生气,逼得他非责问我家里人不可,说,"你们发了疯了吗?"我家里人回答说,"我们一直没在家。"

"十三岁了还没有受洗!"神父大声叫唤。"你们算是什么样儿的人啊?"

"大多数,"我的叔叔麦立克说,"算是农人,可也出过出色的人物。"

是一个星期六的下午。一共费了不过七分钟,受洗完毕,可是洗尽管受了,我没觉得有了什么变化。

"你现在受过洗了,"我的祖母说。"你觉得好些吗?"

这儿我该说明几句,已经有好几个月,我自觉一天聪明一天,这就招了我的祖母的疑心,当我是生了什么神秘的病,不然就是得了痴病。

"我觉得跟以前一样,"我说。

"你现在信了吧?"她大声叫唤。"还是仍然有疑惑?"

"要我说相信了,那也很容易,"我说。"只是,说老实话,我不十分清楚。我要做个基督徒,那是当然。"

"好了,"我的祖母说,"你只信就是了,余外还是照旧干你的去。"

干我的去。我干的事情有点儿古怪,也有点儿令人难信。我那时候在杜莱尔街的长老会教堂的男童唱诗班里唱赞美诗。这个差使让我每星期从一位虔诚的老婆婆那儿得一块钱。老婆婆姓巴莱福,住在我的朋友旁德罗的家里隔壁一所小小的长满长春藤的屋子里,在悲哀和寂寞中过日子。

我的朋友旁德罗,跟我一样,最爱大声说话。这就是说,我们爱赌咒——并无恶意,当然。这个很叫巴莱福小姐或巴莱福太太伤心,她不得不出来想个法子救我们。让人家来救,拿我来说,我没有反对的道理。

巴莱福小姐——以后我就称她为小姐,因为在我认识她的期间,她确是独身,而我又不很清楚她早先是不是结过婚,甚至于有没有打算结婚,甚至于有没有恋过爱——巴莱福小姐是个有学问的女子,爱读勃朗宁等人的诗,而且极讲究礼道,所以在她屋子门口听我们说话久了,她就受不了,大声的说,"你们这些孩子啊,别说这些亵渎神灵的话。"

旁德罗这个孩子,从一方面看,是世界上最野的孩子,从另一方面看,又是最有礼貌最能体贴人的孩子,我就爱他这一点。

"是了,巴莱芬小姐,"他说。

"是巴莱福,"那位小姐给他改正。"到我这儿来。两位都来。"

我们走到巴莱福小姐跟前,问她有什么事。

"您要我们做什么,巴莱芬小姐?"旁德罗说。

巴莱福小姐把手伸进上衣口袋里去,掏出一叠薄本子书,看也不看,给了我们一人一本。我的那本名为《赎罪:一个酒徒的故事》。旁德罗的那本名为《最后和平：一个酒徒的故事》。

"这个做什么用？"旁德罗说。

"我要你们看看这些书，努力学好，"巴莱福小姐说。"我要你们以后别再说亵渎神灵的话。"

"这个书上没提到什么亵渎不亵渎哇，"旁德罗说。

"那些本子里头有很好的教训给你们，"老婆婆说。"看看这些本子，以后别再说亵渎的话。"

"是了，小姐，"我说。"没什么别的了吧？"

"还有一件事，"巴莱福小姐说。"你们肯不肯帮我个忙，给我把风琴从饭厅搬到客厅里？"

"该得效劳，巴莱芬小姐，"旁德罗说。"随便什么时候。"

我们走进这位老婆婆的屋子，她一边儿指点我们怎么搬就可以不碰坏风琴又不碰坏我们自己的手或脚，我们一边儿一步一步的搬，从饭厅里搬进客厅。

"好，看你们的书去吧，"巴莱福小姐说。

"是了，小姐，"旁德罗说。"还有什么事儿没有？"

"噢，"老婆婆说。"我要你们唱给我听听，我弹琴。"

"我不会唱，巴莱芬小姐，"旁德罗说。

"胡说，"老婆婆说。"你当然会唱，彼德罗。"

"是旁德罗，不是彼德罗。彼德罗是我的堂哥哥。"

事实上，旁德罗的名字原来是旁大罗，亚美尼亚话里是裤子的意思。他进小学的时候，他的老师也不知是马虎呢，还是嫌这个名字不好听，在名册上写成旁德罗。他的堂兄的名字原来是比德罗斯，也是在学堂的名册上变成彼德罗的。这当然无所谓，谁也不吃亏。

那老婆婆也不回答他的话，往凳子上一坐，把两脚在风琴踏板上放端正,也不指点我们怎么唱,就弹起琴来,弹的一只沉闷的歌,一听便知道是只宗教歌。过了一会儿,她自己先唱起来。旁德罗,悄悄儿的,迸出一个很亵渎的字,幸而巴莱福小姐没听见。巴莱福小姐的嗓子,不管好不好,当不得高朗二字,那踏板叽叽轧轧的声音比她唱的高得多,那风琴的一个个音也不很清楚。饶是这样,还是可以听得出,巴莱福小姐的歌喉不很动听。

"加利利,光明的加利利,"她唱。

她回过头来,朝我们点点头,说,"唱吧,孩子们,唱啊。"

我们不知道歌词,也不知道歌谱,可是要讲礼道又似乎不好意思不唱。我们只能勉强跟着那风琴里出来的歌谱和巴莱福小姐嘴里出来的歌词,糊糊涂涂唱了起来。

"主掌管着风和雨,在澎湃中的加利利,"她唱。

一共,我们尝试了三首歌。每唱了一首之后,旁德罗就说,"多谢您,巴莱芬小姐。我们可以去了没有?"

后来她终于站了起来,说,"我相信你们唱过了歌要好些。要是有坏朋友邀你们去喝酒,别理他们。"

"我们一定不理他们,巴莱芬小姐,"旁德罗说。"咱们理他们吗,阿拉木?"

"我不,"我说。

"我也不,"旁德罗说。"我们现在可以去了吧,巴莱芬小姐?"

"务必要看我给你们的书本,"她说。"现在还不算太迟。"

"我们要看的,"旁德罗说。"一回家就看。"

我们离开老婆婆的屋子,回到旁德罗家的院子里,开始看那些书本。还没有看到一半,那老婆婆又站到门口,大声而且兴奋的说,"你们两个里头哪一个是那个?"

"我们里头哪一个是什么?"旁德罗说。

他让她问得莫名其妙。

"你们里头哪一个是那个唱歌的?"巴莱福小姐说。

"我们两个都唱了的,"我说。

"不对,"巴莱福小姐说。"你们里头只有一个唱了的。你们里头有一个有一条好基督徒嗓子。"

"不是我,"旁德罗说。

"你,"巴莱福小姐对我说。"尤金。是你吧?"

"阿拉木,"我说,"不是尤金。您听错了,我想,也不会是我。"

"孩子们,这里来,"巴莱福小姐说。

"您叫哪一个?"旁德罗说。

"你们两个,"巴莱福小姐说。

我们又进了屋子,巴莱福小姐又在风琴跟前坐下以后,旁德罗说,"我不唱。我不爱唱歌。"

"你唱,"那老婆婆对我说。

我就唱。

巴莱福小姐霍的跳起。

"是你,是你,"她说。"你得到教堂里去唱。"

"我不唱,"我说。

"你不准说亵渎的话,"她说。

"我这不是亵渎的话,"我说,"而且我一定活一天一天不说亵渎的话,只是我不到教堂里去唱歌。"

"你的嗓子是我听见过的最基督徒的嗓子,"巴莱福小姐说。

"不是,"我说。

"是的,"她说。

"是也罢,不是也罢,反正我不唱,"我说。

"你得去唱,你得去唱,"巴莱福小姐说。

"多谢您,巴莱芬小姐,"旁德罗说。"我们可以去了吧?他不愿意到教堂里去唱。"

"他得去唱,他得去唱,"那老婆婆不放松。

"为什么?"旁德罗说。

"为救他的灵魂,"她说。

旁德罗又悄悄的说了那个亵渎的字。

"你给我说,"那老婆婆对我说。"你叫什么名字?"

我说给她。

"你是个基督徒,那是不用说的了?"她说。

"就算是吧,"我说。

"是个长老会会友,那也不用说的了?"她说。

"这个我不知道,"我说。

"你是,"那老婆婆说。"你当然是。我要你这个礼拜天到杜莱尔街长老会教堂去唱——男童唱诗班里。"

"为什么?"旁德罗又问。

"我们需要嗓子,"那老婆婆解释给我们听。"我们需要年轻的嗓子。我们需要唱诗的人。这个礼拜天他非去唱不可。"

"我不爱唱歌,"我说。"我也不爱去做礼拜。"

"孩子们,"巴莱福小姐说。"坐下来。我要跟你们谈一谈。"

我们坐下。巴莱福小姐跟我们谈了少说也有三十分钟。

她说的话我们一句也不信,只是为了礼貌不得不她问一句我们答一句,而且用她要我们回答的话回答,可是到了她要我们跟着她跪下去听她祷告的时候,我们就不干了。巴莱福小姐跟我们争论了一阵,还是决定不勉强我们——暂时。过了一会儿她又试了一下,只是我们怎么样也不干。旁德罗说,我们愿意给她搬风琴,愿意给她做别的事儿,只是要我们跪下,不能。

"好吧,"巴莱福小姐说,"你们把眼睛闭上吧。"

"做什么?"旁德罗说。

"照规矩有人祷告的时候别人都得把眼睛闭上,"巴莱福小姐说。

"谁在这儿祷告?"旁德罗说。

"没有谁,还没有,"巴莱福小姐说。"你们要是肯答应我把眼睛闭上,我就来祷告,可是你们必得答应我把眼睛闭上。"

"您为什么要祷告?"旁德罗说。

"我要为你们两个孩子祷告,"她说。

"为了什么?"旁德罗说。

"给你们做个短短的祷告总不会有什么害处,"巴莱福小姐说。"你们就闭上眼睛,好不好?"

"噢!依您,"旁德罗说。

我们闭上眼睛,巴莱福小姐做祷告。

那个祷告才不短呢。

"亚们,"她说。"孩子们,你们现在觉得好些吧?"

说老实话,我们一点儿也不觉得好些。

"是的,好了些,"旁德罗说。"我们可以去了吧,巴莱芬小姐?您什么时候要搬风琴,我们什么时候来给您搬。"

"尽你的力唱,"巴莱福小姐对我说,"要是有坏朋友邀你去喝酒,别理他。"

"是了,小姐,"我说。

"教堂在哪儿你是知道的了,"她说。

"什么教堂?"我说。

"杜莱尔街长老会教堂,"她说。

"我知道在哪儿,"我说。

"舍文先生就在礼拜天早晨九点三十分等着你了,"她说。

好,看样子我是让她挤住了,逃不了了。

礼拜天,旁德罗跟着我到教堂去,可是不肯站在男童唱诗班里唱诗。他坐在顶末后的一排椅子上,看热闹,听热闹。我呢,平生再没有比这次更难受过,虽则唱是唱了。

"再也不干了,"完了以后我对旁德罗说。

第二个礼拜天,我当然不露脸了。但是没有用,因为巴莱福小姐又把我们找到她屋里去,弹风琴,唱歌,叫我们唱,祷告,而且打定了主意非要留我在唱诗班里不可。我干干脆脆拒绝了,巴莱福小姐这才决定把这件事情换个俗气点儿的办法来交涉。

"你生得一条难得有的基督徒嗓子,"她解释给我听。"是教会正感需要的嗓子。你本人又信教很虔诚,尽管你自己还不很知道。既然如此,你每个礼拜去给我唱。我给你钱。"

"给多少?"旁德罗说。

"半块,"巴莱福小姐说。

通常唱四五首歌。大概一共只有半点钟,可是要再坐上一点钟,听牧师讲道。总之,不值得。

因此我回答不出。

"七毛五吧,"巴莱福小姐提议。

教堂里的空气不大流通,牧师的话又不动听,总之太不舒服。

"一块,"巴莱福小姐说。"再加一分也不能。"

"一块二毛五吧,"旁德罗说。

"一块,多一分也没有,"巴莱福小姐说。

"他的嗓子是那唱诗班里谁也赶不上的啊,"旁德罗说。"一块？象那样的嗓子，哪个教会也愿意出两块。"

"我已经出足了，"巴莱福小姐说。

"有别的教会呢，"旁德罗说。

这句话把巴莱福小姐气坏了。

"他的嗓子，她很伤心似的说，"是个基督徒嗓子，而且是个长老会嗓子。"

"浸礼会一定乐意出两块钱换他的嗓子，"旁德罗说。

"浸礼会!"巴莱福小姐说，带着点儿——我有点不好说——鄙夷的神气。

"他们也跟长老会不差什么，"旁德罗说。

"一块，"巴莱福小姐说。"一块，我就把你的名字印上节目单啦。"

"我不爱唱歌，巴莱福小姐，"我说。

"不对，你爱唱，"她说。"你自以为不爱唱罢了。要是你唱歌的时候能看见你自己的脸——啊——"

"他生得一条天使一样的嗓子，"旁德罗说。

"我不把你——"我用亚美尼亚话对旁德罗说。

"这哪儿是一块钱的嗓子，"旁德罗说。

"也罢，"巴莱福小姐说。"一块一毛五，再也不加了。"

"一块二毛五，"旁德罗说，"不然我们就上浸礼会去。"

"也罢，就依了你，"巴莱福小姐说。"我可得说一句，你们真会做生意。"

"且慢，"我说。"我不爱唱歌。一块二毛五我也不唱，再多些我也不唱。"

"生意讲定了没有翻悔的，"巴莱福小姐说。

"我可没有跟你讲定，"我说。"旁德罗跟你讲定的。让他去唱。"

"他不会唱,"巴莱福小姐说。

"我的嗓子是世界上最坏的,"旁德罗自鸣得意似的说。

"他那个怪嗓子一毛钱也没人要,"巴莱福小姐说。

"五分钱也没人要,"旁德罗说。

"总之,"我说,"我不去唱——不管一块二毛五还是五元二毛一。我不要钱。"

"你已经讲定了,"巴莱福小姐说。

"对了,讲定了,"旁德罗说。

我也不管这是人家的客厅,一下就抓住旁德罗,两个人扭成一团。老婆婆打算把我们拆开,可是她又分不清谁是那个生成天使般嗓子的孩子,她就祷告起来。我们两个人扭打了好一会,把客厅里的家具全都打翻,只有那架风琴没打翻。结果是个和局,两位拳师都筋疲力竭,仰面躺在地下。

巴莱福小姐也不祷告了,说,"那就一定了,礼拜天,一元二毛五。"

我喘了好一阵子,才说得出话。

"巴莱福小姐,"我说,"要我去唱歌,除非旁德罗也去唱。"

"只是他那个嗓子,"巴莱福小姐说,"太可怕了。"

"我不管他的嗓子,"我说。"我唱,他也得唱。"

"我怕他一开口,唱诗班就让他毁了,"巴莱福小姐说。

"他非个个礼拜天跟我去教堂不可,"我说,"不就算完了。"

"也罢,让我想想看,"巴莱福小姐说。

她把这件事情着实盘算了一阵。

"比如说他也去,"巴莱福小姐说,"站在唱诗班里,只是不唱歌,怎么样?就让他装做唱。"

"这我也赞成,"我说,"只要他非去不可就是了。"

"我得多少钱呢?"旁德罗说。

"咦,"巴莱福小姐说,"难道我又得给你钱吗?"

"要我去,"旁德罗说,"我就得要钱。"

"也好,"巴莱福小姐说。"一块钱给那个唱歌的孩子;二毛五给那个不唱的。"

"我的嗓子可是世界上顶坏的嗓子呢,"旁德罗说。

"你这个孩子也得讲理啊,"巴莱福小姐说。"毕竟你不唱歌,只是在那唱歌队里站一站啊。"

"二毛五不够,"旁德罗说。

我们爬了起来,安排那些家具。

"这么着,"巴莱福小姐说。"那个唱歌的孩子得一块,那个不唱的得三毛五。

"五毛吧,"旁德罗说。

"也罢,就依了你,"巴莱福小姐说。"你一块。你五毛。"

"这个礼拜天上工吗?"旁德罗说。

"对了,"巴莱福小姐说。"礼拜散了到我家里来拿钱。在唱诗班那些孩子跟前,一个字也别提。"

"我们不跟别人说就是了,"旁德罗说。

就是这样,在我十一岁上,我成了个长老会会友,仿佛是。至少是在礼拜天的早晨。倒不是为了钱。只是因为生意已经讲定不能翻悔,只是因为巴莱福小姐执定了要我去给教会唱诗。

我刚才不是说了吗,咱们这个国土里有一件稀奇事儿,就是咱们大家——至少是我认识的人个个如此——能随随便便就改换教门,不听见说什么人或是什么东西因此受损害。我十三岁上受洗进了亚美尼亚天主教,尽管同时照样给长老会教堂唱赞美诗,尽管我自己已经对整个儿的宗教形式有点怀疑,正在要自求明悟,自辟蹊径跟造物主取得谅解。受洗归受洗,我心里还是深怀不满。

受洗之后又过了两个月,我的嗓子变了,我跟巴莱福小姐订的合同也取消了——在我是如释重负,在她是如失重宝。

至于那芬吐拉路的亚美尼亚天主教堂,我只是逢复活节和圣诞节才去。别的日子,我在这个教那个教之间跑来跑去,结果倒也不怎么样,到了现在,跟大多数美国人一样,哪一种宗教我都信,连我自己的也在内,可是对谁也不敌视,不管他信哪一教或不信哪一教,只要他为人好。

马　戏　班

每回马戏班一到我们城里,我和我的老朋友约尔·雷纳就成了没笼头的马。只要一见围墙上跟商店玻璃窗上的招贴儿,我们就坏了事了,功课什么的全都不管了。只要一得风声,说马戏班快到了,我跟约尔就开始追问,功课这样东西究竟于人有什么好处。

马戏班到了以后,我们简直就糟了。我们整天的工夫就算是送给它了,到火车站看他们搬动物下车,跟着那装狮子的大车跟装老虎的大车一路走,走完芬吐拉路到了演戏场,这就钉住了不走了,跟那些管狮子老虎的,管杂事的,走索儿翻筋斗的,扮小丑的,搭讪着说话,套交情。

马戏班代表着我们平常看见的一切东西所无的一切。它是冒险,旅行,危险,技巧,美丽,浪漫,喜剧,花生米,爆玉米花,橡皮糖,苏打水,兼而有之。我们提一桶水去送到大象旁边,在左右盘桓,看他们搭起大帐篷,摆起各项用具,然后深通世故似的静候大家来花钱。我们不但是看,还装作仿佛也是里头的人似的。

有一天,上课已有十分钟,约尔飞也似的奔进爱默生小学的五年级的教室,连帽子也不除,也不声明迟到的原因,只是说,"嗨,阿拉木,你在这儿干什么？马戏班进了城了。"

可不是我忘了！我一跳就起,跑出教室,可怜的年老的弗里伯特小姐跟在我后头直叫,"阿拉木,你别走。听见没有,阿拉木·伽洛格兰?"

我当然听见,我也知道我这一跑的下文是什么。下文是再挨道生那老头儿一场痛打。可是我没法儿。我听见马戏班三个字就再也坐不住了。

"我哪儿没有找到,"约尔在路上说。"你怎么了?"

"我忘了,"我说。"我是知道马戏班就要到的,可是我忘了是今天。此刻到了哪儿了?"

"我五点钟到火车站,"约尔说。"打七点起我一直在演戏场。我的早饭是在班子里吃的。家伙,真不错。"

"当真的,约尔?"我说。"班子里那些人怎么样?"

"个个都好,"约尔说。"他们跟我说,再过两年,我就够得上跟着他们去了。"

"去担当哪一角呢?"我说。"管狮子,还是什么?"

"我想起来,"约尔说,"未必是管狮子。我猜也许是先当一名工人,慢慢的学个小丑什么的。我想我一下手未必就能管狮子。"

我们已经走在芬吐拉路路上,一直对着演戏场走去,那个场子在州立医院北头,赛会场的近旁。

"家伙,好一餐早饭,"约尔说。"刚起锅的饼,火腿煎鸡子儿,香肠,咖啡。家伙。"

"你怎么不早点儿告诉我?"我说。

"我当是你知道,"约尔说。"我当是你也会赶到火车站去,跟去年那回一样。我早知道你忘了,我就来找你了。你怎么会忘了的呢?"

"连我自己也不知道,"我说。"毫无道理。"

这句话我说错了,可是我当时确是不知道。我其实不能说是真正忘了。我倒是记起了。我头天晚上做功课的时候,记起去年马戏班到城里,我们逃了一天学,道生先生打了我一顿。就因这一念,四点三十分的时候,按说我应该已经爬起来,穿衣服,上火车站,却糊糊涂涂的又睡下去了。这都是道生那老头儿那顿鞭子作的怪,可是我当时不知道。我跟约尔,我们挨打倒也不计较,算是题中应有之义,因为我们要跟教育局公平交易,要是不生病的时候也不去学堂是犯规的,要是犯了这一条是要挨打的,好吧,我们也不赖,我们犯了规则,这笔账教育局爱怎么算就怎么算。他们的算法是给我们一顿鞭子。他们也曾吓唬过我们,要把我跟约尔送少年教养所去,可是一回也没有实行。

"马戏?"道生那老头儿说。"我懂了。马戏!好,趴下,你这个孩子。"

先是约尔,后是我,趴下去,道生那老头儿使劲的做了一会肩部运动,我们熬住不叫唤。开头五下六下我们熬得住,过此以往就要大嚷特嚷,象见了蛮子兵杀过来一样,全学堂里都听得见。后来我们这种交易越来越多了,道生那老头儿很客气的跟我们说,"小点儿声,因为这是个学堂,人家要念书。"

"这对于别人不大公道,"道生那老头儿说。"他们不象你们,要做功课呢。"

"熬不住哇,"约尔说。"疼啊。"

"我知道,"道生那老头儿说,"可是我觉得凡事都得有个分寸啊。我相信一个孩子要是不顾到别人,连嚷疼也会嚷过头儿。你们嚷低点儿试试看。我想你们办得到。"

他给了约尔二十皮鞭,约尔努力不高声叫唤。打完了这一顿,约尔的脸挣得通红,道生那老头儿也累坏了。

"这回怎么样?"约尔说。

"这回好,"道生那老头儿说。"这是你一向以来最客气的一回。"

"我是尽力而为之,"约尔说。

"我很领情,"道生那老头儿说。

他累了,气也喘不上了。我走上前,到他面前那张椅子跟前,这椅子是他给我们预备,支持我们受苦的。我把姿势拿准。他说,"阿拉木,等等儿。你也让人喘口气呀。我不是二十三岁。我今年六十三啦。让我歇一会儿。"

"是,"我说,"只是我愿意早点儿了了这件事。"

"你别大声嚎,"他说。"走路的人打门口走过还当是牢房呢。当真那么疼吗?"

"您可以问约尔,"我说。

"怎么样,约尔?"道生那老头儿说。"你们这些孩子也未免有点夸大吧? 别是叫唤给你们教室里谁听的吧? 女同学,也许?"

"我们不叫唤给谁听,道生先生,"约尔说。"我们但凡自己做得主,谁也不愿意叫唤。叫唤过了怪不好意思的,阿拉木,对不对?"

"嚎了那么一阵之后,走回教室的时候真叫人难为情,我们要是熬得住,真不想叫唤。"

"那么,"道生那老头儿说,"我也不能不讲理。我只要你叫唤得有点儿分寸。"

"我一定尽我的力,道生先生,"我说。"您喘过气来了吧?"

"再稍等一等,阿拉木,"道生先生说。

他喘过气来之后,给了我二十鞭,我嚎得比约尔微微高了点儿。这以后我们就回班上去,怪不好意思的。人人朝我们看。

"咦,"约尔说,"你们打量怎么着?你们要是照样挨个二十,准是倒在地上爬不起来。你们不是嚎两声,你们干脆就别想活命。"

"够了,别说了,"弗里伯特小姐说。

"老实话么,"约尔说。"他们一个个都吓坏了。一个马戏班到城里来了,你猜他们怎么着?他们上学堂里来。他们不去看马戏。"

"够了,"弗里伯特小姐说。

"他们是谁,就取笑人来了?"约尔说。

弗里伯特小姐抬起手来,不让约尔再说话。

现在一年又过去了,又是四月里的天气了,马戏班又来到城里,我们又走在往演戏场去的路上。只是今年比往年更坏,因为他们看见我们打学堂里头往外跑,知道我们是去马戏场。

"你想他们会打发斯特福来捉我们不会?"我说。

斯特福是教育局里管逃学的警士。

"咱们可以跑的,"约尔说。"要是他来了,我跑一条路,你跑一条路。他没法儿两头儿追赶。咱们俩至少有一个跑得脱。"

"对,"我说。"可要是有一个让他逮住了呢?"

"那个,让我想想看,"约尔说。"那没让逮住的一个该自首呢,还是去毁斯特福的汽车?"

"我赞成毁车,"我说。

"我也赞成,"约尔说,"那就一定毁车就是了。"

我们到了演戏场,两个小帐篷已经支起,那个大的正在支着。我们站在一边看着。他们那个干劲儿真可以。一总不过三五个人,看去象饭都没有吃饱的流浪人,做的事儿倒抵得上百十个人。还带管做的有声有色。

忽然一个大家管他叫"红头发"的跟我和约尔打起招呼来。

"喂,你们这两位阿拉伯朋友给我们帮个忙儿好不好?"他说。

我跟约尔跑到他身边。

"使得,"我说。

他是个矮小身材,一对阔肩膀,两只大手。你不觉得他矮小,因为他的样子挺有劲儿,也因为他长了一头厚厚的红头发。你简直把他当大力士看。

他把一根绳索递给我跟约尔。那根绳子一头系在地下的一块篷布上。

"这个事儿不叫两位为难,"红头发说。"那几位伙计竖起柱子来的时候,你们不住手拉那绳子,让那块篷布跟着柱子一齐上去。"

"是了,"约尔说。

正在大家忙着的那刻儿工夫,我们一眼瞧见斯特福来了。

"咱们现在可不能跑,"我说。

"让他来就是了,"约尔说。"咱们答应了红头发,不能言而无信。"

"我跟你说,"我说。"咱们给他说,等咱们把那帐篷支上了就跟他去;到那个时候咱们就溜。"

"使得,"约尔说。

斯特福是个大家伙,穿了一身工作服,牛肉一般颜色的一张脸,看样子该是一位大律师啊什么的。他走了过来,说,"得了,你们这两个小流氓,跟我走。"

"我们答应了红头发给他帮个忙儿，"约尔说。"我们把这块篷布一支上就跟你去。"

我们就尽了力气拉绳子，滑着脚，绊着交。那些人全都使劲干活。红头发叫唤着发号施令。一会儿大功告成，我们的任务已了。

我们也没有来得及等红头发道谢，也不知道他是不是要请我们坐下来吃午饭，还是什么的。

约尔一下窜了出去，往那头跑了，我就往这头跑，斯特福就在我后头追来。我听见马戏班里的人哈哈大笑，红头发直着嗓子叫唤，"跑哇，孩子，跑哇。他逮不住你。他不行。让他好生跑一趟。他需要运动运动。"

我也听得见斯特福。他气坏了，骂人呢。

居然让我跑脱了。我藏起来，一直等到看着他坐上汽车开走了，才出来。这才走回大帐篷，约尔已经在那儿。

"咱们这一回要挨揍了，"约尔说。

"我看这回准是教养所，"我说。

"不会，"约尔说。"我想是三十下。要真是三十下的话啊，那就够咱们叫唤的呢。就算他是六十三吧，三十鞭也不是玩儿的。他不能算是老迈。"

"三十下？"我说。"喔哟。这要叫我哭出来呢。"

"说不定，"约尔说。"恐怕我也要哭出来，说不定。没挨上的时候，象是十下就要叫你哭出来，挨了十下居然熬住不哭，以为第十一下非哭不可了，又挨到第十二下，老是以为下一鞭要哭了，可是又熬住了。咱们直到现在没哭过一次，总算是。三十下可就难说了。"

"管他，"我说，"反正要明儿呢。"

红头发又给我们一些工作,过后就吃午饭,让我们坐在他旁边。那餐午饭真不错。我们跟几个原籍是西班牙的走索儿翻筋斗的谈了一阵,又跟玩马的一家子意大利人谈了一阵。我们看了两场表演,下午一场,晚上一场,又帮着他们收拾场面,拆了帐篷,送他们到火车站,这才回家。我到家已经半夜里了。第二天早晨,我正好睡呢,又不得不爬起来上学去。

他们早就等着我们了。弗里伯特小姐也不让我们坐下等点名。她就要我们上校长室去。道生那老头儿也在那儿等着我们。斯特福也在那儿,而且很生气。

我肚子里说,"坏了,这回准要上教养所了。"

"这不是他们两个来了,"道生先生对斯特福说。"你要带去,你就带去。"

看样子他们俩已经谈判了一阵,谈得不挺投机似的。道生那老头儿象是很生气,斯特福也象是很不快活。

"在这个学堂里头,"老道生说,"有谁该罚,有我来处罚。不用别人费心。你要带他们去教养所,我可没有权力拦住你。"

斯特福没说什么。他站起就走了。

"你们这两个孩子,"老道生说。"怎么着?"

"我们跟他们同吃午饭,"约尔说。

"让我算算看,"老道生说。"这是第几回犯规了,十六?还是十七?"

"没有那么多,"约尔说。"大概是十一,不就是十二。"

"不管十几,"老道生说,"有一件事没错儿。这一回大概非三十不可了。"

"我记得原来说的是再下一回才是三十,"约尔说。

"不对,"道生先生说,"咱们老账已经脱了节,可是我相信这回该加到三十。谁先来？"

"我，"我说。

"也好，阿拉木，"道生先生说。"伏紧在椅子上，沉住点儿气，叫唤得有分寸点儿。"

"是了，校长，"我说。"我一定尽力而为，可是三十下不是个小数目啊。"

好，出了件怪事。他给我三十下，没错，我叫唤了一阵，没错，可是叫唤得真有分寸。这是我叫唤过的最有分寸的叫唤；因为这是我挨过的最好挨的鞭子。我数了的，三十，没错儿，可是不疼，我原来恐怕不免要哭，竟没哭。

约尔也是一样。我们站在一起，等校长吩咐回去。

"我多谢你们两个孩子，"老道生说，"这回叫唤得真有分寸。我不愿意人家说我要你们的命。"

我们要想给他道谢给我们这么好挨的鞭子，可是我们说不出话。可是我觉得他知道我们要说什么，因为他微微一笑，那笑的样子让我们知道他知道。

我们这就回到班上。

我们很快活，因为我们知道，在九月里大赛会以前不会再有什么事了。

三个泅水的和一个掌柜的

那些河一年里头倒有大半年是干的,可是到了那不干的时候儿啊,就是翻翻滚滚的。山上的雪一化,河里就翻腾起来,而且来了许多虾蟆啊,甲鱼啊,水蛇啊,各种各样的鱼儿啊,天知道是打哪儿钻出来的。春天一到,河里的水涌了起来,人的心也跳了起来;到了田里绿变做黄,树上花结成果,煦日化为骄阳的时候,河里的水就慢了下来,人的心也就懒了下来。

那初从山上下来的水是冷的,急的,叫人怕的。太冷,太急,不会叫孩子们一见就想往里跳。不管是独自个儿还是大伙儿,一个孩子要站在河沿上,看那水看够几分钟,让他挑战挑得受不住了,这才脱下衣裤,远远的跑来一个猛子扎进去,喘着气冒出水面,泅到对岸。要是大伙儿的话,一个一钻,别的人也就一个个跟在后面泅过去,为的是免得走回去的时候脸上无光彩。不能正式的泅一阵,不但因为水冷。尤其是因为水太急,孩子们挡不住。春天的水比什么都不客气。

四月里有一天,我跟我的堂兄摩拉德,还有他的一个朋友裘,三个人一同到汤普逊河去。裘·伯顿考尔是个葡萄牙种的孩子,他最爱在野外玩儿。课堂能叫他笨拙。他让它拘住了,窘住了。只要一出学堂门儿,他就聪明起来,和气起来,从容起来,诚恳起来,够朋友起来,不比谁差点儿。我的堂兄摩拉德说的好,裘不是个蠢才——他只是不要受教育罢了。

那天是星期六,早晨。我们一个人带两个香肠面包,三个人又凑合着有一角钱。我们决意走了去,大概到那儿正是晌午时候,天气正暖和。我们沿铁路走到加尔瓦。沿公路走到麻拉加。折过来往东穿过一些葡萄田就到了河边。我们说到汤普逊河的时候,我们意思里是有个一定的地方的。是在那两条大路相交的地方,有一座木桥,还有个栅栏门。泅水的地方在桥的南边儿。河的西边是一个大牧场,有好些个牛马在那儿啃草。河的东边就是大路。那条路沿着那条河有好几英里。水是朝南淌的,下去有五英里路才有第二座桥。在夏天,非得要顺流而下到了第二座桥,在牧场里歇息一会儿,又逆流而上回到原地方(够费劲的),那天的泅水才算是功德圆满。

赶我们到了汤普逊河的时候,那早晨的晴明天气已经变成阴沉幽暗,完全是冬天的景象;事实上是风雨欲来的样子。水在那儿吼,天空由灰色转成黑色,空气冷冰冰的,四围的景色寂寞而凄凉。

裘说,"我这么大远的跑来,为的是泅水,下雨也罢,不下雨也罢,我要泅。"

"我也是这么说,"我说。

"你等着,"我的堂兄摩拉德说。"我跟裘下去看看怎么样。要是没有什么,你再下来。你当真会泅啊不会?"

"住嘴,"我说。

这是我的口头语,只要我觉得谁无意之间欺负了我,我就是这一句。

"你到底会不会?"裘说。

"当然会,"我说。

"你别问他,"摩拉德说。"你要问他,他什么都会。外带做得比谁都强。"

其实他们两个全不知道我到底怎么样。要能一个猛子扎进水里,再洇过那冰冷怒吼的大片的水,我是一点儿把握也没有。说实话,我一见那黑漆漆的吼着的水,早让它吓住,让它挑战,让它欺负了。

"住嘴,"我对河里的水说。

我拿出一个面包来,咬了一口。我的堂兄摩拉德一下打在我的手背上,差点儿把面包打到水里去。

"咱们洇了水才吃,"他说。"你要转筋吗?"

我简直的忘了。我让那水挑战挑慌了。

"一个香肠面包不会叫人转筋的,"我说。

"洇了水再吃,滋味好些,"裘说。

裘是个好人。他知道我害怕,他知道我是说大话壮胆。我知道他也害怕,可是我知道他比我镇静,比我会拿主意。

"让我来看,"他说。"咱们洇过去,歇一歇,洇回来,穿上衣服,吃面包,要是雨势还不散,就回家去。要是不会有雨了,就再洇一会儿。"

"这阵雨是不会散的,"我的堂兄摩拉德说。"咱们要洇就得快点儿洇,洇了就回家。"

说话的当儿,裘已经在那儿脱衣裳了。摩拉德也脱了衣裳,我也脱了衣裳。我们三个人光着背站在河沿上,望着那不怀好意的水。这个水自然不象是邀人一猛子扎下去的水,可是除了扎猛子再没有第二个体面办法。要是一步步走下水,那你就不算是洇水。要是两脚先跳下水,那虽不算丢脸,可是不成个气派。要是往里头扎吧,那水可真没味儿,简直的不客气,不引人,凶神恶道的。可是它在挑战。越是水急,越觉得那水面儿宽。

裘一声儿不言语,一个猛子扎了进去。摩拉德也一声儿不言语钻了进去。泼剌泼剌两声之间那一两秒钟倒象是冬夜的梦里的长长的日子,因为我不但害怕,而且冷极。带了一肚子说不出的话,我也钻了进去。

三秒钟之后,我只听见裘在叫唤,摩拉德在叫唤,我自己在叫唤。原来我们三个人全都钻进了泥巴,两只手陷在里头,直到胳膊肘儿,好容易拉了出来,浮上水面,这一个不知道那两个怎么样,那一个不知道这两个怎么样。我们三个人站在那又冷又闹的水里,泥巴没到膝盖。

我们是站着扎猛子下去的。要是远远跑来往水里一钻,我们准是倒栽葱栽在泥巴里,单露一双脚在外头,一直到夏天,也许到秋天。

我们一面想着害怕,一面又庆幸还留着三条活命。

我们站在河泥里的那一刻儿,雨下来了。

"好,"裘说,"咱们反正免不了淋雨了。咱们何妨在水里多待一会儿。"

我们全都冷得发抖,可是似乎要争口气泅他一下才象句话。水连三英尺深都没有;可是裘毕竟设法跳出了泥巴,泅到对岸,又泅了回来。

我们象是泅了很有一会儿工夫,实际大概也不过十分钟。这才跳出水和泥巴,穿上衣裳,站到一棵树底下去吃我们的面包。

那雨不但不停,竟越下越大了,我们就决定立刻动身走回家。

"咱们也许搭上人家的汽车,"裘说。

直到麻拉加,一路上没遇见一个人。到了麻拉加,我们走进一家杂货铺,坐在火炉旁边烤了烤火,买了一罐豆子,一个脆面包。掌柜的名字叫达克斯,是个美国本地人。他把罐头给我们打开,把豆子分做三份,放在三只纸盘子里,给我们每人一把木头叉子,又把面包给我们切成片儿。他是个年纪不小而样子不老的有趣的人。

"你们这三个孩子哪儿去了来?"他说。

"泅水来着,"裘说。

"泅水?"他说。

"当然,"裘说。"我们泅给那个河看。"

"那,我算是让人耕了,"掌柜说。"泅得怎么样?"

"水连三尺深都没有,"裘说。

"冷吧?"

"冰冷。"

"那,我算是让人种了,"掌柜说。"好玩儿吧?"

"好玩儿吧?"裘问我的堂兄摩拉德。

裘不知道是不是好玩儿。

"我不知道,"摩拉德说。"我们钻了进去,泥巴没到胳膊肘儿。"

"好容易才把两只手拔出来,"我说。

"那,我算是让人割了,"掌柜说。

他又开了一罐豆子,自己叉了好些颗送进嘴里,把剩下的又分在那三个纸盘子里。

"我们没有钱了,"我说。

"你们说,"掌柜说,"你们干吗要去泅水?"

"不干吗,"裘说,斩钉截铁的。他的理由多得很,一时说也说不尽,而况嘴里还装满了豆子和面包。

"那,我算是让人扫成一堆,一把火烧了,"掌柜说。"你们说,你们是哪儿人？加州人，还是外国人？"

"我们全都是加州人，"裘说。"我生在弗雷斯诺城G字街。这位摩拉德生在胡桃树街，这位他的堂弟，也生在他们附近哪一条街上。"

"那，我算是让人浇了水了，"掌柜说。"现在，告诉我，孩子们，你们受过什么样儿的教育？"

"我们没有受过教育，"裘说。

"那，我算是让人树上摘了下来装进木箱去了，"掌柜说。"现在，告诉我，孩子们，你们说哪些种外国话？"

"我说葡萄牙话，"裘说。

"你没有受过教育？"掌柜说。"我是耶鲁大学的毕业生，我的孩子，我还说不来葡萄牙话呢。你呢？我的儿，你怎么样？"

"我说亚美尼亚话，"我的堂兄摩拉德说。

"那，我算是打葡萄藤上剪下来，一颗一颗的让一个十几岁的小姑娘吃了，"掌柜说。"我说不来亚美尼亚话，还算是大学毕业生，一八九二级。现在，告诉我，我的儿，"他说。"你叫什么名字？"

"阿拉木·伽洛格兰，"我说。

"我想我弄得明白，"他说。"伽尔——沃格兰。对不对？"

"对了，"我说。

"阿拉木，"他说。

"对了，先生，"我说。

"你说的又是哪一种古怪的外国话呢？"他说。

"我也说亚美尼亚话，"我说。"这是我的堂兄，摩拉德·伽洛格兰。"

"那，我算是让人耕了，"他说，"种了，割了，扫成一堆了，一

93

把火烧了,树上摘下来了,让我看再还有什么？装进木箱了,我想是,藤上剪下来一颗一颗的让一个十几岁的小姑娘吃了。对了。我准要历尽这一切,要是今天这件事不比任什么事都古怪三分的话。你们遇见爬虫没有？"

"什么叫作爬虫？"裘问。

"长虫,"掌柜说。

"没看见长虫,"裘说。"水是黑的。"

"黑的水,"掌柜说。"有鱼没有？"

"没看见鱼,"裘说。

杂货铺门口来了一辆福特车,一个老头儿走下车来,进了铺子。

"给我开一瓶,阿保特,"那老头儿说。

"赫尔曼法官,"掌柜说,"我给您介绍介绍,这是加利福尼亚州的三位英雄。"

掌柜手指着裘,裘说,"裘瑟夫·伯顿考尔——我说葡萄牙话。"

"斯提芬·赫尔曼,"那位法官说。"我能说点儿法国话。"

掌柜指着我的堂兄摩拉德,摩拉德说,"摩拉德·伽洛格兰。"

"你说哪种话？"法官说。

"亚美尼亚话,"我的堂兄摩拉德说。

掌柜开了一瓶,递给法官,法官拿起对着嘴喝了三口,拍拍胸膛,说,"我很得意,今天会见一位能说亚美尼亚话的加利福尼亚人。"

掌柜指着我。

"阿拉木·伽洛格兰,"我说。

"弟兄?"法官问。

"堂弟兄,"我说。

"一样的,"法官说。"现在,阿保特,请您告诉我,今天的盛宴和你的狂喜是因何而起?"

"这几个孩子刚才泅给那条河看来着,"掌柜说。

法官又喝了三口,慢慢儿的拍了三下胸膛,说,"什么来着?"

"他们泅水来着,"掌柜说。

"你们谁发着烧吗?"法官说。

"发烧?"裘说。"我们没生病。"

掌柜哈哈大笑。

"生病?"他说。"生病?法官先生,这三个孩子光着背钻进冬天的黑的水,冒着夏天的热气钻出来。"

我们吃完了豆子和面包。我们口渴,可是不知道可以不可以讨点儿水喝。至少我不知道,可是裘并不迟疑。

"阿保特先生,"他说,"能不能给我们点儿水喝?"

"水?"掌柜说。"水,我的孩子?水是给人泅的,不是给人喝的。"

他拿了三个纸杯子,走到一个安了个嘴的木桶跟前,把那嘴一拧,倒了满满三杯淡淡的金黄色液体。

"喏,孩子们,"他说。"喝吧。请你们喝点儿金黄葡萄的可爱的汁水,没发过酵的。"

法官从他的瓶子里倒了一杯给掌柜,把瓶子举到嘴边,说,"诸位先生,奉敬一杯。"

"遵命,"裘说。

我们大家喝了一杯。

法官把瓶塞子塞上,把瓶子塞进裤子背后的口袋,朝我们一个个仔细看了看,就象是要一辈子不忘似的,说,"再会了,诸位先生。再过半点钟要开庭了。我还得去判决一个人,他说他是借的他的马,没有偷他的马。这个人说墨西哥话。那个说他偷了他的马的人说意大利话。再会。"

"再会,"我们说。

这个时候,我们的衣服不差什么已经干了,雨还是没有停。

"好,"裘说,"多谢了,阿保特先生。我们不能不回家去了。"

"你们不用谢我,"掌柜说。"我要谢谢你们。"

这掌柜的真怪,早一刻那么话多,这会子一言不发了。

我们悄悄的走出杂货铺,走上公路。雨已经很小,简直不象是下雨了。我不懂这是怎么回事。裘第一个开口。

"那位阿保特先生,"他说,"他是个人物。"

"招牌上的姓是达克斯,"我说。"阿保特是他的名字。"

"姓也罢,名也罢,"裘说,"他是个人物。"

"那位法官也是个人物,"我的堂兄摩拉德说。

"受过教育,"裘说。"我也要学会说法国话,只是我说给谁听呢?"

我们沿着公路走去,一声儿不言语。过了几分钟,黑云分开,太阳出来,远远的,东方现出一条虹,在内华达山的上边。

"我们到底泅给那条河看了,"裘说。"他是不是个疯子?"

"我不知道,"摩拉德说。

我们还有一个钟头才得到家。我们一路上想着那两个人,研究那个掌柜的是不是疯子。照我看,他不是疯子,只是他的举动有几分疯疯癫癫的。

"再见,"裘说。

"再见,"我们说。

他沿着那条街走去。走了四五十步,他又回过身来说了一句,只有他自己听得见。

"你说什么?"摩拉德嚷过去。

"他是,"裘说。

"是什么?"我嚷过去。

"疯子,"裘嚷过来。

"噢?"我又嚷过去。"你怎么知道?"

"一个人么,怎么能打藤上剪下来一颗一颗的让一个十几岁的小姑娘吃光呢?"裘嚷过来。

"就算他是疯子,"摩拉德说,"那又怎么样?"

裘把一只手撑着下巴颏儿,思索起来。天上已经没有云,太阳照耀得大地光明。

"我想他不疯,"裘说。

他又回过身去,走了。

"他可真有点儿疯,"摩拉德说。

"也许不老是这么疯,"我说。

我们同意把这件事作为悬案,等下一次泅水的时候,再去那杂货铺,看是怎么样。

过了一个月,我们又去泅水,回家的路上,我们三个人走进那杂货铺。掌柜的换了一个人,岁数比阿保特·达克斯先生小得多。他也不是个外国人。

"买什么呢?"他说。

"五分钱粗香肠切片,"裘说,"一个脆面包。"

"达克斯先生哪儿去了?"我的堂兄摩拉德说。

"回家去了,"年轻的掌柜说。

"他的家在哪儿?"我说。

"康州的一个什么地方,我想是,"年轻的掌柜说。

我们把香肠片夹在脆面包里头,吃了起来。

到底是裘提出那个问题。

"他是不是个疯子?"裘说。

"啊,"年轻的掌柜说,"这就难说了。开头儿我也当他是个疯子。过后我决定他不疯。他开铺子的那个开法儿,叫你不得不把他当疯子。卖的少,送的多。听他说的那些话,也不由你不当他是个疯子。除此而外,他不疯。"

"多谢指教,"裘说。

这个铺子现在很上轨道了,也很无味了。我们走了出来,往家里走。

"他才是个疯子,"裘说。

"谁?"我说。

"现在铺子里的那个人,"裘说。

"那个年轻的掌柜?"我说。

"对了,"裘说。"这个新掌柜他没受过教育。"

"你这个话有道理,"摩拉德说。

一路上我们回想那个有教育的杂货铺掌柜。

"那,我算是让人种了,"裘说,当他跟我们分手的时候。

"那,我算是树上摘下,装进木箱了,"我的堂兄摩拉德说。

"那,我算是藤上剪下一颗一颗的让一个十几岁的小姑娘吃了,"我说。

他准定是个人物。二十年之后,我决定他是个诗人,到那个僻静的乡村里来开个杂货铺,不为那几文无聊的钱,为的是那儿有间或一遇的诗意。

三十八号火车头

有一天,一个人骑了头叫驴来到城里,在图书馆附近溜达起来,那一程子我一天有大半天在图书馆里。这个人是个奥基白畏族的红种蛮子,高高的个儿,岁数不大。他告诉我他的名字叫三十八号火车头。城里的人个个相信他是疯人院里逃出来的。

他来了有六天,他那头驴让无轨电车撞倒,受伤很重。第二天那头驴在玛利波沙街富尔顿街转角倒了下来,压住那蛮子的一条腿,哼了声,死了。那蛮子把腿抽出来,站了起来,一步一颠的走进一家杂货店,叫长途电话。他打电话给他在俄克拉荷马的哥哥。这个长途电话很花他几个钱,他依了接线生的话把银元一个个塞进电话机上的缝儿,他很内行,仿佛天天都在打长途电话似的。

那个时候我正在杂货店里头,吃着一盘带碎核桃大号香蕉冰淇淋。

他走出电话间,看见我坐在食品柜一边吃这个新鲜玩意儿。"喂,威里,"他说。

他知道我的名字不是威里,他只是爱叫我威里罢了。

他一步一颠走到店门前卖糖的柜上,买了三包果汁糖。这才踅回到我这边,说,"你吃的是什么,威里?看样子还好似的。"

"他们管这个叫大号香蕉冰淇淋,"我说。

蛮子在我身旁找一个凳子坐下。

"给我也来这么一个,"他对食品柜的女招待说。

"不幸得很啊,你的驴,"我说。

"当今的时世,容不得驴马了,"他说。"我该买哪种牌子的汽车呢?"

"你打算买辆汽车吗?"我说。

"我已经盘算了半天了,"他说。

"我没想到你有钱,"我说。"我打量你是穷人呢。"

"这是别人对我的印象,"他说。"他们还有一个印象,当我是疯子。"

"我没感觉你是疯子,"我说,"可是我也没想到你有钱。"

"我有,可是,"蛮子说。

"但愿我也有钱,"我说。

"你要钱做什么?"他说。

"啊,"我说,"我一直想到孟杜他去钓鱼,想了三年了。钓鱼得有一套家伙,还要有辆汽车什么的坐了去。"

"你会开汽车吗?"蛮子说。

"什么车子我都能开,"我说。

"你开过汽车吗?"他说。

"还没有,"我说。"截至今天,我还没有得过一辆汽车让我开,偷一辆开开吧,又犯我们的家教。"

"你是说,你相信你钻进一辆汽车就能开走吗?"他说。

"对了,"我说。

"你还记得那天在图书馆台阶儿上我跟你说的话吗?"他说。

"你是说你说的机器时代啊什么的吗?"我说。

"对了,"他说。

"我记得,"我说。

"好，"他说。"我们蛮子的生性是骑马，划船，打猎，钓鱼，游水。美国人的生性是玩机器。"

"我不是美国人，"我说。

"我知道，"蛮子说。"你是亚美尼亚人。我记得。我问过你，你说给我。你是生在美国的亚美尼亚人。你才十四岁，可是你已经有把握一钻进汽车就能把它开走。你是个标准美国人，尽管你的皮色，跟我一样，红里透黑。"

"开汽车也没有什么奥妙，"我说。"算不了什么。比骑驴容易。"

"也罢，"蛮子说。"就算你的话对。要是我走到大街上买了一辆汽车，你肯给我开车吗？"

"当然，"我说。

"你要多少工钱呢？"他说。

"你是说我开汽车你要给我工钱吗？"我说。

"当然，"蛮子说。

"这是你的一番好意，"我说，"只是我开汽车不要人给钱。"

"有时候要开长途呢？"他说。

"越长越好，"我说。

"你在家里过的不耐烦吗？"他说。

"我生在这个又小又老的城里，"我说。

"你不爱这个城吗？"他说。

"我爱山啊，河啊，山里的湖啊，"我说。

"你山里去过没有？"他说。

"还没有，"我说。"总有一天我要到山上去。"

"原来如此，"他说。"你看我该买哪一种牌子的汽车？"

"福特车怎么样？"我说。

"这是最好的汽车吗？"他说。

"你要最好的吗？"我说。

"我不该买最好的吗？"他说。

"我不知道，"我说。"最好的贵得很呢。"

"哪种车子最好？"他说。

"有人说卡底拉克最好，"我说。"也有人喜欢派克车。这两种车子都很好。我不知道哪种最好。一辆派克车远远走来，美得很，可是卡底拉克也很好看。我在公路上看见过很多这些漂亮车子。"

"一辆派克车要多少钱？"他说。

"大概三千元，"我说。"也许不止三千。"

"此刻就能买到吗？"他说。

我跳下凳子。他说的话象疯子，可是我知道他不疯。

"我跟您说，火车头先生，"我说。"您当真要立刻买一辆派克车吗？"

"你知道的，我的驴死了，"他说。

"我看见的，"我说。"他们也许就要来逮你，为的是你把死驴丢在大街上。"

"他们不会来逮我，"他说。

"他们要来逮，要是有不准在街上弃置死驴的法律，"我说。

"不，他们不来，"他说。

"为什么不来？"我说。

"嗨，"他说，"只要把我天天带在身边的几张纸拿给他们一看，他们就不逮我了。这个国土里的人最敬重的是钱，我很有几个钱。"

"到底是个疯子，"我自己对自己说。

"你的钱哪儿来的?"我说。

"我在俄克拉荷马有点儿田地,"他说。"大概有五万英亩。"

"你那个地值钱吗?"我说。

"不值钱,"他说。"除二十亩以外全不值钱。在那二十亩地里有几口油井。我跟我哥哥的。"

"你们奥基白畏人几时又到了俄克拉荷马的?"我说。"我一向以为奥基白畏人住在北边儿,大湖区域。"

"对的,"蛮子说。"我们早先住在大湖区域,可是我的祖父是个垦荒者。大家闹着开发西方的那程子,他也就搬来俄克拉荷马。"

"喔,"我说。"那他们就不会为了一头死驴来找你的麻烦了。"

"任什么事情都不会来找我的麻烦,"他说。"倒不是因为我有钱。是因为他们把我当做疯子。这个城里只有你一个人知道我有钱。你可认得买汽车的地方?"

"派克车行就在百老汇路,图书馆过去两条街,"我说。

"好,"他说。"要是你真愿意给我开车,咱们此刻就去买一辆。要颜色鲜明的,"他说。"要是有红的,咱们就买红的。咱们第一趟开哪儿?"

"上孟杜他钓鱼去,赞成不赞成?"我说。

"赞成,"他说。"我看你钓鱼。咱们哪儿去买套钓鱼的家伙呢?"

"拐个弯儿霍曼号就有,"我说。

我们拐过街角,到了霍曼号,蛮子买了二十七元的钓鱼家伙给我。以后我们就去百老汇路派克车行。没有红派克,有一辆很美的绿派克。是浅绿,嫩草的颜色。那时候是一九二二年。这辆车子是很漂亮的游览车式。

"你相信你能开这辆大汽车吗？"蛮子说。

"我有把握，"我说。

我们在派克车行的时候，警察找了来了，要逮蛮子，为了他把死驴丢在街上。蛮子把他说的那几张纸拿给警察看了，警察道歉而去。警察说他们已经把死驴收拾了，又来麻烦他，甚为抱歉。

"不麻烦，"他说。

他回过身来找派克车行的经理。经理叫杰米·路易斯，他每回选举市长时都要参加竞选的。

"我要这辆汽车，"他说。

"我马上填写付款单，"杰米说。

"什么付款单？"蛮子说。"我是付现钱的。"

"你是说你要付三千二百一十七元六角五分的现金？"杰米说。

"对，"蛮子说。"车子零件齐全，马上可以开，是不是？"

"自然，"杰米说。"我要叫他们伙计们给揩洗一道。我要叫他们试试机器，把油加满。共总要不了十分钟。您请到我账房里来，咱们可以立刻成交。"

杰米跟蛮子走进杰米的经理室。

三分钟之后，杰米出来找我，满面惊讶之色。

"阿拉木，"他说，"这家伙是谁啊？我当他是个疯子。我让约翰打电话给太平洋银行，银行里说他的户头是打俄克拉荷马转过来的。他们说他的户头上有一百多万金元呢。我当他是个疯子。你认得他吗？"

"他告诉我他的名字叫三十八号火车头，"我说，"这不成个姓名。"

"那是他的蛮名字的译意,"杰米说。"我们订的合同上有他的原名。你认得他吗?"

"自从他那天骑了头叫驴来到城里,我天天跟他见面聊天,"我说。"可是我没想到他有钱。"

"他说是你给他开车,"杰米说。"你信得过你自己能开这么大的汽车吗,孩子?"

"站着,路易斯先生,"我说。"这是我一生难遇的机会,你别打算把我挤走。这个城里有谁能开这辆大派克,我也能开。"

"我不是打算把你挤走,"杰米说。"我只是不愿意你把车子开出车行,闯死六七个无辜的人,然后把车子撞个粉碎。钻进车去,我来指点指点你。你懂得拉变速杆吗?"

"我现在是什么都还不懂,"我说,"可是我就要弄明白。"

"好,"杰米说。"让我教你。"

我钻进汽车,坐在司机座上。杰米也钻进来,坐在我旁边。

"从今以后,孩子,"他说,"我要你把我当做好朋友,你要我的衣裳我就能打身上脱下来送你。你给我拉来这位蛮子先生,我要向你道谢。"

"他对我说他要市面上最上等的汽车,"我说。"你知道的,我久已睡里梦里都想开一开派克车。你现在说给我怎么开。"

"好,"杰米说,"咱们就来试试。"

他低下头来看我的脚。

"喔哟,我的儿,"他说,"你的脚够不到踏脚呢。"

"别管那个,"我说。"你只把那变速杆说给我听。"

杰米给我解说一切,那些伙计们一面揩洗车身,检查发动机,加油。赶那蛮子出来的时候,我已经把发动机开动。他要坐在我旁边,我一定要他坐在后座。

"这个孩子说他会开车,"蛮子对路易斯说。"天生会开汽车,他说的。我相信他的话不错。"

"您不必为阿拉木担心,"杰米说。"他会开车。伙计们,把路让开,"路易斯大声嚷。"给他让条大路。"

我慢慢儿的把车转过方向,开足马力,用一点钟五十英里的速度开出车行。吓得路易斯在车子后面直追直嚷,"慢慢儿的,孩子。到了大路上再开快。城区的开车速度不得过二十五英里。"

蛮子倒一点儿不着急,尽管我把他很抛了几下。

我也不是故意。只是因为我还没有十分摸熟汽车的脾气。

"你是个好司机,威里,"他说。"我的话一点儿不错。你是个美国人,你生来就有对付机器的天性。"

"咱们过一个钟头就到了孟杜他,"我说。"那儿的钓鱼好看着呢。"

"孟杜他有多远?"蛮子说。

"约莫九十英里,"我说。

"一点钟九十英里太快了点儿,"蛮子说。"开两个钟头吧。咱们沿路经过的风景还不坏,我想看仔细点儿呢。"

"也好,"我说,"只是我急于要赶到那儿钓鱼呢。"

"好吧,"蛮子说。"这回就随你称你的意思开,你爱多快就多快。下一回我盼望你开慢些,让我看看风景。此刻我什么也看不清。我连公路上的牌告都看不明白。"

"你要慢些,我此刻就开慢些,"我说。

"不必,"他说。"放手开。车子能多快就开多快。"

我们一个钟头又十七分钟到了孟杜他。要不是中间有一大段泥路,准定还可以早个几分钟。

我把车开到河边。蛮子问我会不会把车的顶篷卸下,让他能坐在车厢里看我钓鱼。我不知道怎么样卸顶篷,可是我还是把它弄下来了。费了二十分钟。

我钓了三个钟头的鱼,掉下水两回,末后钓着了一条。

"你简直不会钓鱼,"蛮子说。

"我错在哪儿?"我说。

"处处都不对,"他说。"你从前钓过鱼没有?"

"没有,"我说。

"我当你钓过,"他说。

"我错在哪儿?"我说。

"啊,"他说,"也不是特别哪儿不对,只是你钓鱼象开汽车一般快。"

"这错了吗?"我说。

"也不能说是错,"他说,"只是这样钓就钓不着大鱼,而且常常要滚下水。"

"不是我滚下水,"我说。"是它们拉我下水。它们真有一股子劲,再说,这些草也真够滑溜的。四下里没有什么可以抓挠的东西。"

我又钓上了一条小鱼,我就问他是不是要开车回城里去。他说要是我要回去他也就可以。于是我把钓鱼的家伙跟两条鱼都收起,钻进汽车,开车回城。

这位奥基白畏蛮子三十八号火车头住在城里整整一夏,我也就给他开那辆大派克车开了整整一夏。他一直住在旅馆里。我想让他也学着开汽车,他说不必试验,准学不好。我开着那辆派克车走遍了圣约金河谷,蛮子坐在后座里吃糖,一天吃个八九包。他对我说,我爱去哪儿就去哪儿,所以不是开到一个我可以钓鱼的地方就是到一个我可以打猎的地方。他说我简直不会钓鱼也不会打猎,可是他喜欢看我尝试。我跟他玩了这么多天,我只看见他笑过一次。那一次是我拿坐力很大的十二号口径的鸟枪打一只兔子,结果却打死了一只老鸹。他一直跟我说,我的水平不过如此。打兔子打中了老鸹。"你是一个美国人,"他说。"只要看你一见汽车就会开就可以知道。"

那年十一月里,有一天他的哥哥打俄克拉荷马来到这里。第二天我到旅馆里去找他,旅馆里的人说他已经跟他哥哥回俄克拉荷马去了。

"那派克车呢?"我说。

"他们开走了,"旅馆里的伙计说。

"谁开的车,"我说。

"蛮子,"伙计说。

"两个都是蛮子,"我说。"哪一个开车的?"

"住在我们旅馆里的那个,"伙计说。

"没弄错吧?"我说。

"我看见他坐在前面,把车开走,"伙计说。

"你是说他懂得拉杆子吗?"我说。

"看样子他会,"伙计说。"看样子他象是个老手。"

"再会,"我说。

在回家的路上我一路想,他只是要我相信他不会开汽车,才能始终由我开车,而且坦然的开。一个年轻人,骑个叫驴来到一个城里,闷得要命;一个孩子生在这个城里,长在这个城里,也闷得要命;这个年轻人就利用这个机会跟这个孩子玩儿了一阵,大家都解了闷。这是我能想出来的唯一的解释,除非我愿意接受一般的理论,把他当作疯子。

经 验 之 谈

有一年,我的叔叔麦立克打佛雷斯诺坐火车到纽约去。在他登车之前,他的舅舅嘉乐来看他,把旅行的危险说给他听。

"你上了火车,"老头儿说,"好生拣一个座位,坐下,别东张西望。"

"是了,舅舅,"我的叔叔说。

"火车开了一会儿,"老头儿说,"就有两个穿制服的人顺着甬道走来,问你要车票。别理他。那是两个骗子。"

"我怎么认得出呢?"我的叔叔说。

"你认得的,"老头儿说。"你又不是个小孩儿。"

"是了,舅舅,"我的叔叔说。

"走不到二十英里地,就要有一个和颜悦色的青年来到你跟前,敬你一支烟卷儿。你跟他说,你不抽烟。那支烟卷儿是上了麻药的。"

"是了,舅舅,"我的叔叔说。

"你往餐车去,半路上就有一个漂亮的青年女子故意和你撞个满怀,差点儿一把抱住你,"老头儿说。"她一定左一个过意不去,右一个抱歉万分,你的自然的冲动一定是要跟她交个朋友。别理你的自然的冲动,走进餐车去吃你的饭。那个女子是个拆白。"

"是个什么?"我的叔叔说。

"是个婊子,"老头子大声说。"进去吃饭。点两个好吃的菜。

要是那餐车里客人拥挤,要是那个漂亮的女子坐上你这一桌,跟你对面而坐,你别朝她看。要是她逗你说话,你装做是个聋子。"

"是了,舅舅,"我的叔叔说。

"装做聋子,"老头儿说。"这是唯一的摆脱之道。"

"摆脱什么?"我的叔叔说。

"摆脱那不仁不义的糊涂事,"老头儿说。"我在外边儿走过。我不是无中生有的乱说。"

"是了,舅舅,"我的叔叔说。

"这些事别提了,"老头儿说。

"是了,舅舅,"我的叔叔说。

"这些事情别提了,"老头儿说。"久已结束了。我现在有七个儿女。我的一生是丰富而正直的一生。那些事情不必再去想它。我现在有田,有地,有果木,有牛羊,有钱。一个人不能占尽世间的一切——除了难得的几回。"

"是了,舅舅,"我的叔叔说。

"你打餐车走回你的座位,"老头儿说,"路上经过吸烟间,那里有一桌牌。玩牌的是三个中年人,手上全戴着看样子很值钱的戒指。他们要朝你点点头,其中有一个人请你加入。你跟他们说,说——不——来——美——国——话。"

"是了,舅舅,"我的叔叔说。

"完了,"老头儿说。

"多谢您指教,"我的叔叔说。

"还有一件,"老头儿说。"晚上睡觉的时候,把你的钱从口袋里取出来,放在靴筒里。把你的靴放在枕头底下,把你的脑袋放在枕头上面,别睡着。"

"是了,舅舅,"我的叔叔说。

"完了，"老头儿说。

老头儿走了，第二天，我的叔叔麦立克就坐上火车，横贯美洲向纽约而去。那两个穿制服的人不是骗子，那个带着上了麻药的烟卷儿的青年没有来，那个漂亮的年轻女子没有在餐车里跟我的叔叔对面而坐，那个吸烟间里没有一桌牌。我的叔叔第一晚把他的钱放在靴筒里，把他的靴放在枕头底下，把他的脑袋放在枕头上头，一夜没有闭眼，可是第二晚就全不理会这一套。

第二天，他自己请一个年轻人吸一支烟卷儿，那个年轻人没有拒绝。在餐车里，我的叔叔故意去坐在有一位年轻女子坐着的桌子上。他在吸烟间里发起一桌扑克，火车离纽约还老远的时候，火车上的客人我的叔叔个个都认得了，他们也个个都认得了他。火车经过俄亥俄州的时候，我的叔叔跟那个受他一支烟卷儿的青年，跟两个上瓦沙尔女子大学去读书的年轻女子，组成一个四部合唱队，大唱了一阵。

那次旅行很快乐。

我的叔叔麦立克打纽约回来的时候，他的老舅舅嘉乐又来看他。

"我看得出，"老头儿说，"你一路没出什么岔子。你依了我的话了没有？"

"是的，舅舅，"我的叔叔说。

老头儿眼望远处。

"我很快乐，有人因我的经验而得益，"他说。

可怜的阿拉伯人

我的叔叔诃斯洛夫,他自己是个精神勃勃而又异常悲哀的人,他有一年交了个朋友,是老家里来的一个矮小的人,他的心已如槁木死灰,他的悲哀只用在膝盖上轻轻掸去一点灰尘来表示,不开口。

这个人是个阿拉伯人,名字叫哈利耳。他的身材只有八岁的孩子一般大小,可是跟我的叔叔诃斯洛夫一样,长着大胡子。岁数大概已过六十。他尽管长着大胡子,可是人只觉得他的心跟孩子近,跟大人远。他的眼睛是孩子们的眼睛,可是装满了多年的回忆——多年离开他心爱的东西,他的故乡,他的父亲,他的母亲,他的弟兄,他的马,等等。他的头发又软又厚,又黑到不能再黑,偏左边分梳,那些刚从老家来到美国的孩子们,常常让他们的父母把他们梳成这个样子。他的头是一个小学生的头,只有那胡子不象,他的身子也是一个小学生的身子,只有那宽大的肩膀不象。他不会说美国话,只能说一点儿土耳其话,几句库尔德话,几句亚美尼亚话,反正他不大说话。他一说话,那声音不象是他嗓子里出来的,倒象是从老家里飘来的。他一说话,他那神气就象是万分无奈,就象是说不出来的话何必勉强说,就象是他说一个字又要在他的心上添一分悲哀。

他这个人怎么会让我的叔叔诃斯洛夫赏识的,我们谁也不知道。一个话不住嘴的人,我们尚且不大能知道他的事情,一个象我的叔叔诃斯洛夫那样的除了骂人或者叫人家别开口以外就不大开口的人,更不用说了。诃斯洛夫大概是在阿拉克斯咖啡店遇见这位阿拉伯人的。

我的叔叔诃斯洛夫挑选他的朋友和仇敌,是看他们玩双陆的态度。下棋和打牌最可以看人的脾气,最可以试验人在急迫时候的行为。我的叔叔诃斯洛夫,尽管自己输了最会闹脾气,他可最瞧不起别人输了沉不住气。

"你自己不争气,怪谁啊?"他老是对这种人叫唤。"玩儿罢了,难道你输了棋就连你的命也输啦?"

尽管他自己是输了棋就是输了命,他可不信别人也会把玩意儿看得和他一般认真。对于别人,站在他的立场上说,一种游戏只是一种游戏。对于他自己,游戏一回是赌一回命运——面前一块木板,对面一个渺乎小哉的小丈夫,双手摇着骰子盆,嘴里唠叨着土耳其话,一会儿低声,一会儿高声,跟骰子说好话,跟骰子说狠话,种种怪模怪样。

我的叔叔诃斯洛夫可不是这样。他瞧不起骰子,把它们当仇人,从来不跟它们说话。他把骰子摔出窗外,或是摔到墙旮旯里,把棋盘推在地下。

"狗骰子!"他一声叫唤。

一只手冒火似的指着他的对手,他说,"你!我的老乡!你也不羞!你在狗面前失身份。你对狗祷告。我都给你羞死了。我叫他狗,我呸他。"

当然,谁也不跟我的叔叔诃斯洛夫玩第二盘双陆。

阿拉克斯咖啡店在当年是个很出名的地方。现在也还依旧有名,虽则二十年前常来的顾客大半已归丘墓。

顾客大都是亚美尼亚人,可是别地方人也有来的。凡是记着老家的人。凡是爱着老家的人。凡是在老家里打过双陆,玩过斯肯皮的人。凡是爱吃老家里的菜,爱喝老家里的甜酒和白酒,爱喝那下午的小杯咖啡的人。凡是爱老家里的民歌和故事的人。凡是想在万里之外闻一闻老家的气味的人。

我的叔叔诃斯洛夫平常总是下午三点去到那里。他先站住,四下里看看有些谁来了,这才在一个墙旮旯儿坐下,独自一个。平常总是坐个一点钟,不动,这就站起来走出去,一肚子的气,虽则谁也没有对他说过半句话。

"可怜的小东西们,"他一头走一头说。"可怜的小孤儿们。"不,照字面翻成美国话,该是"可怜的燃烧着的孤儿们"。

"可怜的燃烧着的"——不行,这个字实在翻不出。总之,在亚美尼亚话里,这个字表示人世间最大的悲哀。

大概我的叔叔诃斯洛夫有一天坐在这咖啡店里瞧见了这个小阿拉伯人,知道他这个人有点儿道理。许是这个人坐在那儿下双陆,他的宽大的肩膀靠在棋盘上,他的孩子似的脑袋忧郁而明悟,许是下过了双陆我的叔叔诃斯洛夫看见他站了起来,不比八岁的孩子高。

甚至也许是这个人来到咖啡店,不认识我的叔叔诃斯洛夫,和他下了一盘双陆,输了,没有埋怨;知道诃斯洛夫是谁——无须人家告诉他。甚至也许是这个阿拉伯人没有对骰子祷告。

不管他们是怎么样认识的,不管他们当中有何种谅解,何种同感,总之他们两个有时一同来到我们家客厅里作客。

我的叔叔诃斯洛夫第一次带这位阿拉伯人到我们家来的那天,他忘记给我们介绍,我的母亲只当他也是我们亚美尼亚人,也许是个远亲,虽则他比我们家里大多数人要黑些,小些。这当然算不得什么。

那一天,那个阿拉伯人,要我的母亲跟他说了五六回别客气,他才坐下来。

"难道是个聋子?"她肚子里寻思。

不对,他的耳朵不会是聋的;他用心听人说话呢。

也许他不懂得我们那个地方的土话吧。我的母亲问他是哪个地方人。他不回答,只是在衣袖上掸去一点灰尘。我的母亲就用土耳其话问他,"您是不是亚美尼亚人?"这句话他听懂了;他用土耳其话回答,他是阿拉伯人。

"是个可怜的燃烧着的小孤儿,"我的叔叔诃斯洛夫悄悄的说。

我的母亲当是这位阿拉伯客人有什么话要说,过了一会儿才知道他是我的叔叔诃斯洛夫的同志,最不爱说话。万分不得已,他说个一言半语,否则不开口,因为实在没有话说。

我的母亲给他们两位搬出烟草和咖啡,指点我走开。

"他们要说话呢,"她说。

"说话?"我说。

"他们要静一静,"她说。

我坐到饭厅里饭桌旁边,拿起一本一年前的《星期六晚邮报》来看,其实是早已看熟了的——尤其是那些画儿:一辆汽车,旁边站着些人;一道亮光照进黑漆漆的地方;桌子上摆着热气腾腾的汤;几个年轻人穿着时髦衣裳;以及各种各样的画儿。

我一页页揭过也许揭的太快了点儿。

我的叔叔诃斯洛夫叫唤起来,"安静些,孩子,安静些。"

我朝客厅一看,刚刚赶得上看见那个阿拉伯人在膝盖上掸去一点灰尘。

他们两个坐在客厅里坐了一点钟,于是那阿拉伯人用鼻子深深的吸了一口气,一声儿不言语,走了。

我走进客厅,在他坐过的椅子上坐下。

"他叫什么名字?"我说。

"别闹,"我的叔叔诃斯洛夫说。

"我不闹,我只问他叫什么名字?"我说。

我的叔叔诃斯洛夫生气了,不知道怎么是好。他大声叫我的母亲,就象是有人杀他来了似的。

"玛利谟!玛利谟!"

我的母亲三脚两步赶了进来。

"怎么了?"她说。

"把他打发开,请你,"我的叔叔诃斯洛夫说。

"到底什么事儿?"

"他问我那个阿拉伯人的名字。"

"这也没有什么,"我的母亲说。"他是个孩子,自然爱打听这个那个的。你说给他就是了。"

"哦,"我的叔叔诃斯洛夫哼了一声。"你,也!我的亲嫂子。我的可怜的燃烧着的亲嫂子。"

"你说了吧,那个阿拉伯人叫什么名字?"我的母亲说。

"我不说,"我的叔叔诃斯洛夫说。"不说就是不说。"

他站起身来走了。

"连他也不知道那个人的名字,"我的母亲给我解释。"你没来由叫他生气做什么。"

过了三天,我的叔叔诃斯洛夫又带了那个阿拉伯人来我们家里,那个当儿我正在客厅里。

我的叔叔一直走到我面前,说,"他的名字叫哈利耳。你走开吧。"

我走出院子,等着堂兄弟们来找我。等了十分钟,一个也不来,我就到摩拉德家去,跟他争论五年之后他和我谁的力气大,争了一点钟。我们扭打了三场,我输了三场,可是有一场我差点儿赢了。

我回到家里,两个人已经走了。我打后门一直冲到客厅,他们已经不在那儿。屋子里只有他们的气味和他们抽的烟的气味。

"他们谈了些什么?"我问母亲。

"我没有听,"我的母亲说。

"他们说话了没有?"我说。

"我不知道,"我的母亲说。

"他们就没有说话,"我说。

"有些人有话就说,"我的母亲说,"有些人有话不说。"

"既不说话还谈个什么?"我说。

"不说话也可以交谈。咱们常常不说话谈了话。"

"那么,话还有什么用?"

"是没有多大用处,大多数时候。大多数时候,说的话是拿来遮盖你真心要说的话或是你不要说的话的,就是这一点儿用处。"

"那么,他们谈了没有呢?"我说。

"我看起来是谈了,"我的母亲说。"他们只是坐着,啜咖啡,抽烟卷。他们没有开口,可是他们一直在那儿谈着。他们你懂得我的意思,我懂得你的意思,不必开口。他们没有话要用话来遮盖。"

"他们真知道谈的是些什么吗?"我说。

"自然，"我的母亲说。

"那么，是些什么呢？"我说。

"我说不出，"我的母亲说，"因为不是用话谈的；可是他们知道。"

前后有一年工夫，我的叔叔诃斯洛夫和那阿拉伯人常常来到我们家，坐在客厅里。有时候坐一个钟头，有时候坐两个钟头。

有一回我的叔叔诃斯洛夫忽然对那个阿拉伯人大声说，"别理他，我跟你说，"虽则那个阿拉伯人并没有说什么话。

可是大多数时候两个人一声儿也不言语，一直坐到走。到了那一刻，我的叔叔诃斯洛夫就轻轻儿的说，"可怜的燃烧着的孤儿们啊，"那个阿拉伯人就轻轻的在他的膝盖上掸去一点灰尘。

有一天我的叔叔诃斯洛夫一个人来到我们家里，我忽然想起，那个阿拉伯人有好几个月没来了。

"那个阿拉伯人呢？"我说。

"哪个阿拉伯人？"我的叔叔诃斯洛夫说。

"那个可怜的燃烧着的小阿拉伯人，那个常常跟您一块儿到这儿来的，"我说。"他哪儿去啦？"

"玛利谟！"我的叔叔诃斯洛夫叫唤起来。他站在那儿，吓坏了似的。

"喔——呜，"我自己寻思。"怎么啦，我做错了什么啦？"

"玛利谟！"他直叫唤。"玛利谟！"

我的母亲走进客厅。

"什么事儿？"她说。

"我求你,"我的叔叔诃斯洛夫说。"他是你的儿子。你是我的嫂子。我求你把他打发开。我爱他。他是个美国人。他是在这儿养的。他将来要成为大人物。我十分相信。我求你打发他走开。"

"到底是为了什么?"我的母亲说。

"为什么?为什么?他说话。他问话。我爱他。"

"阿拉木,"我的母亲说。

我也是站着的。我的叔叔诃斯洛夫生我的气,我更生他的气。

"那个阿拉伯人哪儿去了?"我说。

我的叔叔诃斯洛夫把我指点给我母亲看——说不出话。"你看,"他的姿势好像说。"你的儿子。我的侄儿。一家骨肉。你看见没有?咱们全都是可怜的燃烧着的孤儿。全都是,除了他。"

"阿拉木,"我的母亲说。

"咦,"我说,"您不说话,我怎么会明白。那阿拉伯人到底哪儿去了?"

我的叔叔诃斯洛夫一声儿不言语走了。

"那个阿拉伯人死了,"我的母亲说。

"他多早晚告诉您的?"我说。

"他没有告诉我,"我的母亲说。

"那么您怎么知道的?"我说。

"我也不知道是怎么知道的,"我的母亲说,"可是我知道他是死了。"

我的叔叔诃斯洛夫有好多天不到我们家来。有一程子我只当是再也不来了。那天他来了,站在客厅里,帽子也不除,说,"那个阿拉伯人死了。他死在离家一万八千里的外国,孤儿般活着,孤儿般死了。他要回家去死。他要再见一见他的儿子们。他要再跟他们说几句话儿。他要闻闻他们的气味。他要听听他们的呼吸。他没有钱。他一直想念着他们。现在他死了。现在你走开吧。我爱你。"

我还想再问几句话,尤其是关于那个阿拉伯人的儿子,他有几个儿子,他离开他们有几年了,这些,可是我决意还是去看看我的堂兄摩拉德,看是不是我现在已经能打赢他,所以我没说什么就走开了——这准定让我的叔叔诃斯洛夫心里很痛快,让他觉得我这个孩子毕竟还有三分指望。

得　　救

　　从雷诺城到盐池城,你坐在汽车上一路看见的只有沙漠,要是在八月里,你感到的只有燥热。沙漠就是四面八方平铺出去的沙,加上各种仙人掌,加上太阳。那些沙,有的时候是白色,有的时候是褐色,太阳下山的时候沙的颜色由白或褐变黄,由黄变黑。夜到了,沙漠里最好的时刻到了。沙漠和黑夜携手的时候,你得到的是静默。

　　这是你永远记得永远忘不了的一件事。

　　这个记忆里面充满世界的肃穆和神秘。

　　我知道这些,因为我曾经坐过汽车从雷诺城到盐池城,上纽约去。

　　我的叔叔吉科叫我跳出我们的城,到纽约去。他说,"你休要老死在这个肖肖的城里头。到柳约去。我对你朔,阿拉木,老待在这儿叫你发疯。"

　　这就是我坐汽车从雷诺城到盐池城的缘故。

　　那是我从来没有见过也没有想到过的乡土。广大的干燥的荒地,什么都没有。我成天成夜睁开眼睛看着那个地方。我不愿意白白的走过这么个地方,一无所得。

　　汽车在夜里十二点开出雷诺。美国有好些个城市是靠人民的坏事来维持的,雷诺是其中之一。这个城里唯一的事业是赌和娼。

因此，电灯很亮。

我记得走进一家赌馆，站在栏杆外看到墙旮旯里的一桌扑克，看见那庄家的鼻孔里长出来的三根黑毛，清清楚楚。就有那么亮。

汽车开出雷诺城，开进沙漠。这个差别太大了，值得人思索：先是雷诺城赌馆里的灯光，接着是沙漠里的黑夜。我思索那个灯光和沙漠，从半夜思索到天亮，到了天大亮还是没发现什么，不够凑成三个字一句话。

我一早晨只是打呵欠。汽车停了，我爬下来，好生看一看。只有泥沙，只有天，只有太阳渐升渐高。我想不出三个字来说明这个局境。空虚。只有空虚。什么都没有。没有街道，没有房屋，没有拐角，没有台阶，没有门，没有窗，没有招牌，什么都没有。

我的叔叔吉科叫我不要老死在小城里头，象我出生的那个小城，而我现在已经迫不及待要走出沙漠到个大城里重见一切事物。我觉得，让我的叔叔自己走出我们的小城过一趟沙漠，或许于他有益。我觉得，要是他自己陷在沙漠的日夜包围之中，尝尝那沉重的静默的味道，他未必还能那么敢说能道。我的叔叔吉科读过的新书没有我多，因为他读书慢，费劲，可是他读过的书都是仔仔细细读了的，他还把二百年前生在欧洲的那些老古董的书大段大段读的能背。凭他那两句烂美国话，他还常常按着书上的语句骂人。他骂人是绵羊，说他自己不是绵羊。我也跟他不差什么一般聪明，只是我说话不象他满嘴土音。我的叔叔说，"跳出者个城，到柳约去。"

我想我的叔叔应该亲自来沙漠里走一趟，看他感想如何。我觉得在这种空虚万状的地方，我简直麻木了。一点儿意趣都没有。而且寂寞。所以我才设法跟车上唯一的一位女客搭话,虽则我对于这种客气应酬毫无经验。

"这个地方叫什么名字?"我对那位女客说。

她至少有三十五岁,很丑。

"什么地方?"那位女客说。

"就是这儿四周围一带地方,"我说。

"我不知道,"她说。

谈话就此中止,直到第二天下午。这回是那个女客先开口,她问我几点钟了,我说我不知道。

我连星期几也不知道。我那个时候开始发觉,我只知道我什么都不知道,我只知道我要赶紧到达盐池城,重新看见街道和房屋以及人来人往,恢复我从书本上得来的大学问,那个东西在沙漠里毫无用处。

"把我再放进一个城市,"我说,"我一定能漂亮起来,比谁都不差什么。也许还比人家更漂亮。只要把我弄出这个沙漠,我一定能漂亮话不住嘴。"

啊,我错了。我到了盐池城,比在沙漠里更糊涂。我找不着十块钱一天的房间,找不着三块钱吃饱肚子的饭馆。我只觉得又累,又饿,又瞌睡,我见了那些街上的行人就生气,见了那些房屋也生气,我懊悔不该离开家门。

我花了二十块钱在一家破旧的旅馆里开了一间小房间。搬进去才知道那个房间是有鬼的。那个房间是我住过的最利害的房间,可是我那个时候脾气硬得很,我待在那个房间里准备领教。我吓坏了,吓僵了。我坐在房间正中的一张摇椅上,一动也不敢动,生怕没走到门口或是窗口就让什么东西捉住,一把把我掐死。那房间里满是鬼气。连我自己也不知道是怎么带条活命走出来的,可是终于出来了。

我在盐池城的街上打转,找到一家饭馆,花五块钱要了个牛肉饼吃了饭。

吃了饭,我回到那个小旅馆的小房间,不脱衣服就钻进被窝,连鞋也没脱,帽子也没摘。我准备着半夜里来个暴动,失火,地震,水淹,瘟疫什么的,我就可以一跃而起。我先练习跳下床跳出门,这才捻灯睡觉。我的练习打破一切纪录,一跳就从床上跳到门口,三秒钟就到了街上。那一晚我只跑了三回,早晨醒来精神很好。

我五点钟就起来,因为我不愿意赶脱了汽车,车子九点半钟开。

九点一刻的时候,我站在汽车站站台上,抽着一支五分钱的雪茄。正在这个时候,一个高高个儿,愁容满面,五十左右,穿条工人裤的人递一本小书给我,说,"孩子,你得救了没有?"

我从来没有见过这样愁眉苦脸的人。五英尺五六英寸高,不够一百斤重,胡子也没剃,一脸的宗教味道。我只当是他要问我讨一毛钱啊什么的,因为他的样子不象个有道之士,倒象个三天没吃饭的流浪人。可是他不向我要钱,反倒给我一本书,问我得救了没有。书皮子上的题签就是"得救"。他算是找对了人了。我不知道我得救了没有。我说不出。我正在搅得糊糊涂涂的。

我吐了一口烟,说,"没有,我想起来我没有得救,只是我很同情。"

"兄弟啊,"那个有道之士说,"我能让你得救,仗着伯莱根·杨格的福音。"

"我只有十五分钟就要上汽车了,"我说。

"那也不要紧,"有道之士说。"我有一回四分钟就救了一个人。"

"那是真快当,"我说。"我该怎么样就可以得救了呢?"

"孩子,"有道之士说,"你不必怎么样。你不知道,世界上个个人都极容易得救。谁都一样。我早先也是一个浪子,时髦衣裳,利害的酒,贵族雪茄,牌,骰子,马,姑娘。什么都来。一晚工夫,变了个人。"

"怎么呢?"我说。

"输了,睡不着,"有道之士说。"想了,明白了,原来我本不是大道的仇敌。"

"什么道?"我说。

"上帝的圣道,"有道之士说。"世界上的人,谁也不是大道的仇敌,他们干那些疯疯癫癫的事儿,都是因为他们不知道自己的目的。"

"那末,他们的目的是什么呢?"我说。

"大道啊,"有道之士说。"凡是偷牌的,跟女人胡闹的,打劫银行的,喝醉了的,以至旅行的,目的都在求那个大道。我看你也是打算到哪儿去的吧,孩子。是哪儿呢?"

"我到纽约去,"我说。

"啊,纽约,"有道之士说。"你在那儿找不着大道的。我三十年里头到那儿去过六回。你尽可以走过世界一无所得,因为道理不是跑来跑去就跑得来的。你应该改换态度。"

"那大概不难,"我说。

"世界上最容易的事儿,"有道之士说。

"我干,"我说。"反正不花本钱。请问这态度是怎么个改换法儿?"

"啊,"有道之士说,"你不要再算这样算那样,你要信。"

"信,"我说。"信什么?"

"啊,什么都要信,"他说。"你能想到的一切,东,南,西,北,左,右,上,下,四边,当中,里头,外头,看得见的,看不见的,好的,坏的,不好不坏的,又好又坏的。这是一点儿小秘诀。费了我五十年工夫才得到的。"

"我要做的事儿尽在于斯?"我说。

"尽在于斯了,孩子,"有道之士说。

"好,"我说。"我信。"

"孩子,"有道之士说,"你得救了。你现在可以到纽约去,到随便哪儿去,一切事情都平安顺遂。"

"我希望你的话对,"我说。

"你日后自然知道,"有道之士说。

那辆大汽车开了出来,我爬了上去。那个细条子的上帝的使徒走到窗口,得意地微笑。

"你是我救出来的第五十七人,"他说。

"再会,"我说。"多谢你的小秘诀。"

"不用谢,"他说。"只是别忘了。你要信。"

"不忘,不忘,"我说。"我要信。"

"万事都信,"他说。

汽车的摩托发动了。

"万事都信,"我说。

汽车吐了一口烟,慢慢的动了。

我满以为我是骗了那个老家伙,我一会儿就恢复我的渊博的学问和反宗教的心情,可是我错了,因为我不知不觉的已经得救了。汽车开出盐池城不到十分钟,我已经万事都信,东、西、南、北,左、右、上、下,照着那老教士的话。从此以后,一直如此。

妈妈的银行存款(选译)

〔美〕凯思林·福布斯

凯思林·福布斯(Kathryn Forbes,1909—1966),美国女作家,原名凯思林·麦克莱恩(Kathryn Mclean),出生于旧金山。她最初用笔名凯思林·福布斯写了一篇《妈妈和她的银行存款》,在《读者文摘》上发表,很受读者欢迎,后来就陆续写下去,一共写了17篇,在1943年集印成书,题名为《妈妈的银行存款》。她后来还写过一部小说《转移点》(Transfer Point,1947)。《妈妈的银行存款》写一个挪威移民家庭,以勤俭慈爱的妈妈为中心,写家人亲戚间的平凡而动人的种种事情,带有半自传的性质。小说出版后由约翰·范德鲁顿(John Van Druten)改编成剧本,名为《我记得妈妈》,于1944年在百老汇上演。1948年又拍成电影《我记得妈妈》。

妈妈和她的银行存款

从我记事的时候起,卡斯特洛路上那所小房子就是我们的家。我一想起那个地方,家里的情景历历如在目前;妈妈,爸爸,我的哥哥纳尔斯,我的唯一的弟兄。还有我的妹妹克利斯丁,比我只小一点,可是不多说话,也不和众,——还有小妹妹达格玛。

还有我们的姨妈,妈妈的四个姊妹,也常常上我们家来。珍妮姨妈最大,也最爱管人家闲事;西格利姨妈;马他姨妈;还有没出嫁的特利那姨妈。

姨妈她们的独身的老叔叔,我的外叔祖克利斯——外号叫作"黑挪威"——也上我们家来,一来就是暴躁不安,叫唤,跺脚。他给我们的平凡的日子送来一点神秘和兴奋。

但是我第一个想起的是妈妈。

我记得每逢星期六晚间,妈妈就要坐在厨房里洗刷得干干净净的桌子边上,把平常颇为平静的眉头皱起,点数爸爸在一个小封套里带回来的钱。

妈妈把钱分成好几堆。

"房租,"妈妈一边儿叠起一堆大银圆,一边儿说。

"菜钱。"又是一堆钱。

"卡特林修鞋底。"妈妈数出一些小银圆。

"先生说这个星期我要买一本练习簿。"这是克利斯丁或是纳尔斯或是我。

妈妈郑重其事的拿出一个五分或一角来,放在一边。

我们看着那一堆钱慢慢的少下去,看的很紧张,大气儿都不敢出。

最后,爸爸问,"完啦?"

妈妈点了点头,我们才松了下来,伸手拿教科书和练习簿。因为这个时候妈妈抬起头来看看,笑一笑。"好,"她低声说。"咱们不必上银行里去。"

妈妈的银行里的存款是一个了不起的东西。我们全都觉得很得意。它让我们有一种温暖安全之感。我们认识的人家,没一家有钱存在大街上的大银行里的。

我记得我们那条街上的真森家,为了付不出房租,让人家撵出去。我们几个孩子看着那些个高大的陌生的人把家具搬出来,我们偷偷的注意可怜的真森太太脸上羞愧的眼泪,我忽然害怕起来,怕的气都吐不出。原来没有那一堆标明"房租"的银圆的人就得遭逢这样的事情。

我们会不会,能不能,遭逢这种祸事呢?

我紧紧攥住克利斯丁的手。"咱们银行里有存款呢,"她冷静地说,要我放心,我忽然又能呼吸了。

纳尔斯小学毕业,他要进中学。"好,"妈妈说,爸爸点点头表示赞成。

"要花点儿钱呢,"纳尔斯说。

我们抢着搬椅子,围了桌子坐下。我把西格利姨妈那一年圣诞节由挪威寄来给我们的那个花漆匣子拿下来,小心地放在妈妈面前。

这是"小银行"。跟大街上的大银行不能混为一谈,您懂吧。

这个"小银行"是准备意外的不时之需的,例如那回子克利斯丁跌断了胳膊,不得不去找医生,又如那一回达格玛得了喉头炎,爸爸不得不去药房里买药来放在蒸汽壶里。

纳尔斯把他的预算开的清清楚楚。车钱多少,衣服多少,簿本和文具多少。妈妈看着那些个数目字,看了半天。然后把小银行里的钱数了数。不够。

她闭紧了嘴唇。她轻轻的提醒我们,"咱们最好别动用银行里的存款。"

我们大家都摇摇头。

"我每天放学之后上狄隆杂货铺去做工,"纳尔斯自告奋勇。

妈妈朝他高高兴兴的一笑,很费事似的写下一个数目,又加加减减了一阵。爸爸用的是心算。他的算术熟的很。"不够,"他说。然后他把嘴里的烟斗取下来,看了它老半天。"我戒烟,"他忽然说。

妈妈隔了桌子把手伸过来,碰了碰爸爸的衣袖,可是一声儿也没言语。只是又记下一个数目。

"我每星期五的晚上给厄尔芬顿家招呼孩子,"我说。"克利斯丁也能帮我点忙。"

"好,"妈妈说。

我们大家都很快活。我们又过了一关,没有逼的非到大街上去动用妈妈的银行存款不可。小银行暂时已经足够。

我记得,那一年有多少件事情都是小银行对付的。克利斯丁在学校里演戏的新衣裳,达格玛割扁桃的手术费,我的女童军制服。而自始至终,我们知道万一我们没有别的办法,我们还有银行可以倚靠,这使我们大为放心。

甚至罢工的那一程子,妈妈也不让我们多发愁。我们大家努力,让那个关系重大的大街之行不至于实现。简直象赌输赢似的。

在那一程子,妈妈在克鲁勃尔面包店里"帮忙",换来一大口袋只是稍微陈了点的面包和咖啡蛋糕。妈妈说的好,新鲜面包并不很养人,至于咖啡蛋糕,只要你把它重行放进炉里去烤一烤,跟初出炉的味道差不多一般好。

爸爸每天晚上在卡斯特洛牛乳房里洗瓶子,他们给他三夸脱的新鲜牛乳,酸牛乳是尽他拿。妈妈拿来做成很好的干酪。

罢工完结爸爸又上工去的那一天,我看见妈妈直了直腰,好像背上扭了筋把它弄平复似的。

她四面看看我们,很得意。"好,"她笑了笑。"看见没有?咱们没有逼的非上银行去不可啊。"

这是二十年前头的事。

去年我第一回卖出一篇小说。我拿到支票就赶到妈妈家里,把那张狭长的绿色的纸条子放在她怀里。"给您存在银行里,"我说。

那一天我头一回注意到妈妈和爸爸的老态。爸爸象是矮了点,妈妈的麦秸色发辫上银光闪耀。

妈妈摩弄着那张支票,看看爸爸。

"好,"她说,眼睛里透着很得意。

"明儿个,"我跟她说,"您把它送到银行里去。"

"你同我一块儿去,卡特林?"

"这个不必呀,妈妈。您看见没有?我已经在支票背后签上您的名字了。您把它交给管出纳的行员,他就会把它存在您户头上。"

妈妈看看我。"没有户头哇,"她说。"我一生就从来没走进过银行的门哪。"

我没有回答——不知道怎么回答。妈妈恳切地说:"让小孩子害怕,不放心,是不好的。"

妈妈和医院

为了可怜的小达格玛的耳朵疼,妈妈把她知道的药全都试过了。她拿温热的橄榄油浸大蒜灌过,也用过舒尔次先生打药房里送来的药,但是都没有用。

约翰生大夫来看了看,说得往医院里送。

"马上送去,"他说。"非开刀不成。"

我看着妈妈的眼睛吓的发暗。

"能不能等一等?"她问。"等我的丈夫散工回来?"

"来不及了,"大夫说。"今儿个上午您就得决定。马上开刀她还有希望。"

开刀!妈妈倒抽一口凉气。

"咱去,"她说,一手拿下小银行,把里头的钱倒在桌子上。然后抬起头来望着大夫。"够了吧?"她有希望地问。

大夫很局促似的。"我想到的是公立医院,"他解释一句。

"不,"妈妈说。"不。我们出钱。"

"也好,送她附属医院去吧。"

"附属医院?"

"附属医院。那里边不计较,您能付多少就付多少,"约翰生大夫解释给他听。"您这小妹妹还是跟别的病人招呼得一样好。"

妈妈的样儿很烦恼。"我——我不大明白。"

"您交给我得了。我向您担保,准把达格玛招呼得好好的。

我自个儿给她开刀。"

"太费您的心了,"妈妈感激不尽,随即叫纳尔斯去找一幅毛毯来裹住达格玛。因为爸爸还没散工,纳尔斯和我就跟着妈妈到医院里去。

我们进了医院,两位护士就把达格玛放在一张高桌子上,顺着过道往里头推。妈妈也想跟进去。

"她是我的小女儿啊,"妈妈说明。

"医院里的规则,"护士坚决地说。"您只能在这儿等着。

妈妈这才松了达格玛的手,慢慢的一步步走到办公桌旁边。他们给她几张文件,要她签字,妈妈连看都不看。她的眼睛尽着往过道那头儿看。

纳尔斯和我以前没有进过医院。我们很起劲地看着那些个穿蓝白制服的姑娘们和提着小黑皮包的重要脚色似的男人们在那些房门口匆匆走进走出;看着那些个打扫的妇女在电梯旁边的小屋子里头把拖布,水桶,和长柄子的扫帚拿出来。

"约翰生大夫是个好大夫,"妈妈忽然说。"达格玛一定没问题。"

我哭了起来,妈妈拍拍我的肩膀,说老家里的故事给我听。可是不知道怎么样,妈妈说这些故事没有平常说的好;老是忘了情节。

约翰生大夫匆匆地从过道里走过来,妈妈赶快站起。

"达格玛经过很好,"他告诉我们。"这会儿她睡了,因为上了麻药。"

妈妈哆哆嗦嗦的笑了笑,跟大夫拉了一回手又拉第二回。

"我去看她去,"她很高兴地说。

约翰生大夫咳了一声。"抱歉得很。医院里的规则不许。明天来看她吧。"

"只是她太小哇，"妈妈说。"她醒来的时候要害怕呀。"

"护士们会好生招呼。不必着急。您懂吧，住院的病人在进院的二十四小时之内是不准见客的。病房里要安静。不能打断例行的工作。"

妈妈好像还是不明白。"我不则声就是了，"她说。

约翰生大夫看了看他的表，客客气气地抬一抬帽子，匆匆地走出医院去了。

妈妈有点莫名其妙。"来，"她跟纳尔斯和我说。"来。咱们去找达格玛。"

办公桌上的护士很费了阵子事把医院里的规则说给妈妈听。

"你们小姐看护的周到的很，太太，"那位护士姑娘说了又说。

"这个医院很好，"妈妈承认。"我现在看她去？"

"进院二十四小时之内不见客的啊，太太。"

"我不是客，"妈妈耐耐烦烦地解释，"我是她的妈呀。"

"医院——规则——不许！"那位护士大声地，慢慢地，无可挽回地说。

妈妈站在那儿望着过道那头，望了好半天，我不得不上去碰碰她的胳膊，让她知道纳尔斯和我还在那儿。

我们走出来乘电车的时候，妈妈紧紧的攥住我的手，一路回家她一声儿不言语。

克利斯丁给我们把午饭温在炉子上的，但是妈妈只喝了两杯咖啡。她连帽子都没有取下。

"咱们得想个法子，"她着急，我们孩子们坐着不动。

"他们明天就让您见着达格玛了,"纳尔斯提醒她。"他们说了的。"

"可是我要今天见不着她,"妈妈问,"我怎么知道她平安无事呢?爸爸下班回家,我跟他说什么呢?"

她摇摇头。"不。我要今天看见达格玛。"

她忽然站起来,从橱柜抽屉里拿出一张纸和一根绳子。她把达格玛的小洋娃娃端端正正的包成一个包裹,又把我们的大图画书包成一个包裹。我们很不放心地看着她。

"是这样,"妈妈给我们说明。"我快快的走过医院里的办公桌。要是有人问我哪儿去,我只说是送包裹给达格玛。"

妈妈回来还是带着那两个包裹,我们知道她失败了。我们并且知道她很烦恼,因为她回答我们用挪威话。

"差点儿,"她有气无力地说,"差点儿我就走进了过道。"

她于是把大围裙往腰里一系,打了一桶热的肥皂水,刷洗起厨房里的地板来。

"您不是昨儿个刚洗过的吗?"克利斯丁提醒她。

"而且这个地板一点儿不脏啊,"我说。

"不差什么是吃晚饭的时候了,"纳尔斯抗议起来。

"有时候儿啊,"妈妈回答得有点古怪,"你只是想跪,非跪下不成。"

她的没有血色的脸让我又要哭出来。

妈妈刷洗了一大半,只剩下挨后门的那一块了,她忽然站了起来,把刷子递给克利斯丁。

"你把这一块刷一刷吧。卡特林,你跟我来。"她叫我去拿我的外套。

"哪儿去啊,妈妈?"

"医院里去。"她的脸色很沉静。"我想起了一个法子,准能见着达格玛。"

我们悄悄儿走进去,脚步轻得坐在办公桌边的护士连头都没有抬起。妈妈拿手指了指,叫我坐在门口大椅子上。我在一边看着——张开了嘴合不拢——妈妈把帽子和外套脱下交给我拿着。我这才注意到她穿外套的时候没有把围裙取下。她踮着脚走到电梯旁边的小屋子里,拿出一个湿拖布。她推着拖布走过办公桌,那个护士抬起头来看她,她笑嘻嘻的点点头。

"地板脏的很,"妈妈说。

"可不是。他们这算是发了个狠来刷洗刷洗,倒也罢了,"护士姑娘回答。她很纳闷儿似的看看妈妈。"你这个时候还没下班吗?"

妈妈一声儿不言语,只是使劲推拖布,推一下往过道那头走一步,越走越远。我望着她的后影,一直望到看不见。我这才看见我把妈妈的帽子攥的太紧了,半边儿全改了样子。

过了很久,妈妈回来了。她的眼睛发亮。

妈妈把拖布端端正正的放进小屋子,穿上外套,戴上帽子,抓住我的手,那位护士在一边睁大了眼睛看得出神。我们回过身走出门去的时候,妈妈客客气气的朝护士哈哈腰,说,"多谢。"

到了外头,妈妈告诉我:"达格玛好得很。不发烧,我摸了她的脑门子。"

"您见着了她,妈?"

"自然。我在那儿的时候,她醒了。我把医院里的规则说给她听,她今天不等咱们了,等着咱们明天来。"

"您今儿个不打算再来看她了?"我问。

"嗳,"妈妈说,"那就不合医院里的规则了。而且,我亲眼见了她平安无事。爸爸不会着急了。"

我差点儿又哭出来。

"这是个好医院,"妈妈高高兴兴的说。

她又咂咂嘴,很不以为然似的。"可是那个地板!拖布没有用。洗地板得用刷子。"

妈妈和毕业礼物

温福女子小学对于我已经成了生活中最重要的东西。我终于和那些同学们成了朋友,她们有茶会什么的也都请上卡米丽达和我两个。每隔一星期的星期三,她们到我家里来,我们坐在我的阁楼里,喝可可茶,吃点心,讨论关于我们毕业的种种计划。

我们讨论"中学",一致赞成在以后的四年里大家还是要团聚不散。我们班里升学到劳威尔中学去的只有我们这几个。劳威尔,我们傲然的互相夸说,是"学府"。

我们感觉我们的优越,我们着了迷。我们是温福小学里举行毕业恳亲会的第一班;我们要表演剧本;我们在缝纫班上缝制我们自己的开会用的衣裳。

在那个剧本里,派我担任第二个主角——扮演那希腊少年——我觉得我自己的重要简直有点受不了。在这么些同学里头,只有我一个要到大街上服装店里去租男子的假发。不错,那个黑色的假发粗得很,又有消毒药的药味,可是足够让我觉得已经成了名角儿。一有机会,我就把它戴上,让爸爸听我背戏词儿。

在这个时候,同学们开始谈论起毕业礼物来。

玛德林说她将要得到一个嵌一颗小钻石的玛瑙戒指。赫司特将要得到一个货真价实的手表,泰伊刺家里将要在从她小时候就开始给她准备的珍珠项圈上添七颗珠子。连卡米丽达都有好东西可得;她姐姐露司每回领工钱就留下一块钱来,凑足了买一副象牙的修指甲的器具给她。

我不禁好奇起来,不知道我家里给我埋伏下什么希罕儿。我尽自提起这件事儿,盼望透露点儿消息。要是我的礼物不如别人的漂亮,那可就糟了。

"有这么个风俗,"妈妈说,"一个孩子毕业,得给个礼物?"

"哎哟,妈妈,"我说,"一个女孩子毕业,是她一生最重要的日子啊。"

我早就在席勒先生的药房窗子里看见了一套挺美的粉红赛珞璐的梳妆用具,一心要那个。我一回又一回的说些影子话,到了纳尔斯不得不把我拉过一边去提醒我,我们家里没有闲钱买这一路的东西。借了姨母们的钱还没有还,医院里的账也还没有付清,难道我忘了?难道我忘了,爸爸身体再休养得好一点就得去给波禅普大夫家里做工偿还看病的钱?

"我不管,"我不顾一切的叫唤起来,"我非有毕业礼物不可。纳尔斯,你想想看,我要得不着什么,叫我脸上怎么下得去。同学们问起我来——"

纳尔斯不耐烦了,说我是个不识抬举的小丫头。我回答他,他是个男孩子,自然有些个事情他不会明白。

有一天只有妈妈和我在一起,她问我,拿她的银别针做毕业礼物,我要不要?妈妈很看重那个别针——是她妈妈的东西。

"妈妈,"我平心静气的说,"我要这么个旧别针做什么呢?"

"这也可以算是个——传家宝哇,卡特林。还是你姥姥的呢。"

"多谢了,妈妈,我不要。"

"我能让它出出新,卡特林。"

我摇摇头。"妈妈,您看,毕业礼物得象——诺,象席勒先生铺子的橱窗里那套好看的梳妆家伙啊什么的。"

得了,我算是说出来了。话已经说的这么明白,想来——

妈妈象是很烦恼,可是没说什么。只是把那个银别针还插在她的衣服上去。

我信得过妈妈,准会想个什么办法把那一套东西弄来给我;我简直就在同学们跟前夸起口来,仿佛这已经成为定局。我甚而至于领她们到席勒先生的橱窗外边去赏玩一番。她们表示同意,这套东西确确实实是漂亮。有梳子,有刷子,甚至还有一个叫做"承发"的东西。

毕业的那一晚,我高兴的忘乎所以。

我的戏词儿一个字儿也没有忘了。我满脸生光,得意非常,只听得司卡隆先生说我一点也不弱似赫司特,虽然她请人教她朗诵已有好几年。我走上讲台去领文凭的时候,鼓掌的声音又长又高。自然,我的姨妈和姨爹们都在场,奥尔姨爹和彼得姨爹的手上都很有劲,可是我只承认这完全是因为大家跟我好。

我回到家里的时候——那套粉红色的赛珞璐东西摆在那儿!

妈妈和爸爸看见我高兴他们也高兴,但是纳尔斯和克利斯丁,我留心了一下,一声也不言语。我心里想,他们在吃我的醋呢;我替他们惋惜,不能与人同乐。

我把那个匣子捧上阁楼,把梳子和刷子好生安放在梳妆桌上。很花费了些个工夫我才把这些东西摆的妥妥帖帖。镜子,这么摆。针垫子,放在这儿。承发,放在那儿。

妈妈让我第二天早上多睡了一会儿。我下去吃早饭的时候,她已经上街去买东西。纳尔斯在那儿看报上的人事栏的广告。已经放了假,他打算找点工作。他把那些个广告大声念给爸爸听,他们一个个拿来讨论。

我吃过了早饭,克利斯丁和我上楼去铺床。我叫她等一等,我又跑上阁楼去看看我的漂亮的礼物。达格玛跟我上去,她碰了碰镜子,我狠狠的骂她,把她骂的哭了起来。

克利斯丁跑了上来,给达格玛擦擦眼泪,叫她下楼到爸爸那儿去。她目不转睛的望着我,多久多久。

"你这么看我干什么,克利斯丁?"

"你还在乎什么?你称心如意了,不是?"她指指那套东西。"垃圾,"她说,"无用的垃圾。"

"你别这么糟蹋我的好礼物!你吃醋罢了,没什么别的。妈妈回来,你看我告诉不告诉!"

"你告状的时候,"克利斯丁说,"顺便问她一声,她的别针哪儿去了。她的亲生妈妈给她的那一个。你问问她看。"

我愕然的望着克利斯丁。"怎么着?你是说——妈妈把——?"

克利斯丁走开了。

我拿起那套梳妆器具,跑下楼到厨房里。爸爸在喝他的第二杯咖啡,达格玛在炉子跟前玩她的洋娃娃。纳尔斯已经出去。

"爸爸,喔,爸爸,"我叫唤。"妈妈把——克利斯丁说——"我哭了出来,爸爸把我抱在他膝盖上。

"得了,"他说,拍拍我的肩膀。"得了。"

他捡起一块方糖,在咖啡里蘸了一蘸,塞在我嘴里。我们是不准喝咖啡的——多加点儿牛奶也不成——非要已经能算是大人才能喝,可是我们孩子们全都爱那个间或吃得着的浸过咖啡的糖块。

我的嗝儿嗝儿和唏呼唏呼停了之后,爸爸很正经的和我谈话。是这么回事,他说。我要毕业礼物。妈妈要我快活,看的比那个银别针更要紧。所以她拿去跟席勒先生商议,换了他那套梳妆器具。

"可是我从来没有过要妈妈这么办的意思啊,爸爸。我要是知道——我决不让她——"

"这是妈妈情愿的啊,卡特林。"

"可是这是她顶心疼的东西呀。姥姥的东西她只有这一样啊。"

"她一向就打算给你的,卡特林。"

我慢慢的站了起来。我知道我得怎么办。

我捧着我的毕业礼物往席勒先生的药房去,一路上只是想,妈妈要求席勒先生拿别针抵货价的时候,不知道是多么为难。妈妈从来就不大会跟生人说话的。

席勒先生仔仔细细的检查那套梳妆器具。他说他不打算收回。交易是交易,他正在想着下个月他的太太生日,他打算就把这个别针做礼物送她呢。

我一切都不顾了,把我的假期押给他吧。

要是他肯收回那套梳妆器具,要是他肯把别针退给我,我情愿天天来这里做工,连星期六在内。

"我给您擦橱柜玻璃,"我求他。"我给您扫地。"

席勒先生说这倒也不必。既然是我这么着急,定要收回那个别针,他就把前议取消。可是如果我当真要在假期里做工,他也许能用我。

这样,我走出席勒先生的药房,不但带回妈妈的别针,还带回一个差使,第二天早晨就上任。我很得意。那一套梳妆器具忽然透着很幼稚,很无聊。

我把那个胸针放在爸爸面前桌子上。

他得意地望着我。"很费事吧,妞儿?"

"不如我预料的那么费事。"我把别针插在我的衣服上。"我要天天戴它,"我说。"我要一辈子守着它。"

"妈妈要快活着呢,卡特林。"

爸爸又蘸了一块糖,拿起来让我吃。我摇摇头。"不知道怎么样,"我说,"只是不想吃,爸爸。"

"是吗?"爸爸说。"是吗?"

他站起来,倒了一杯咖啡,递给我。

"给我的?"我惊疑不定的问。

爸爸笑笑,点点头。"给我的长大了的女儿,"他说。

我在椅子上挺身坐正。我喝着我的第一杯咖啡,心里说不出的得意。

妈妈和伊利沙白舅舅

我们的隔壁街坊卡尔波太太送达格玛一个猫。

一个强悍的不受管束的小猫,动不动就弓起背来朝你吐唾沫。

真是所谓一见钟情。至少在达格玛这方面是这样。她端详了一眼,马上把洋娃娃,贾克①,隔壁的小朋友,全都丢开。

"伊利沙白啊,"她轻轻的哼。"我的伊利沙白。"

从那天起,她到哪儿,把伊利沙白也带到哪儿。伊利沙白常常反叛,尤其是当达格玛逼着她坐在洋娃娃车里的时候。达格玛的疮痍满目的胳臂是她们俩准定拌嘴拌的不亦乐乎的凭据。

克利斯丁和我想法子分开她们,不让她们形影不离。我们甚而至于向妈妈提出这个问题。

"再过两天,"克利斯丁说,"她就要把这个该死的猫带在身边睡觉了。"

达格玛在旁边听的出神。

"哟,我的老天,"珍妮姨妈说,"那可不成!谁都知道,猫会把睡着了的孩子的气吸了去。"她回过头对着达格玛。"要是你有一天早晨醒来透不出气来,你愿意不愿意?"她问她。

---

① 一种玩具。一组石头或骨头子儿,玩的人把它抛起、抓住、挪地方,用来定输赢。

达格玛的样子很倔强。"我不在乎！伊利沙白把我的气一古脑儿拿去也没什么。"她抱起那个不合作的小猫儿，认真对着它的脸吹气。"喏！喏！喏！"

伊利沙白恶狠狠吐唾沫，妈妈把达格玛拦住。

"还有，"克利斯丁傲然的说，"管猫儿叫'伊利沙白'也是个怪蠢的蠢名字。"

达格玛把那个挣扎不已的畜生抱的紧紧的，大无畏地对着我们。"她是我的伊利沙白，"她把她八岁的全副热情拿出来叫唤。"她爱我！尽管她不表示——不在别人的面前表示。而且伊利沙白是个多美多美的名字，我要让她生下来的小猫儿全叫做'伊利沙白'——没什么说的！"

伊利沙白一天天长大了，可是没有长的软熟点儿。她的性子变的，要是可能的话，比原先更坏；她的词汇全是猫话里的骂人的话。过不了多久，一件事情已经很明白：伊利沙白不是能有叫做伊利沙白的小猫的那种猫。

干脆一句话，伊利沙白是个公猫。是个野头野脑，好勇斗狠，动不动冒火，专门惹是非的公猫，把我们的亲亲热热的街坊全都弄成恶狠狠的仇人。

公猫也罢，母猫也罢，反正得有个名字，将就着达格玛的意思——她还是坚持着非"伊利沙白"不可——我们管这个猫叫"伊利沙白舅舅"。

伊利沙白舅舅越长越苗条而结实，他的日夜不休的后花园里的战斗留下的伤痕也就越来越多。这一只耳朵先丢了个尖儿，过不了几天又把那只耳朵差不多连根咬去。他的背上一条条的秃疤，都是他的众多的敌人早晚抓的。至于至少有一只眼睛不断的肿的睁不开，这个在伊利沙白舅舅已经成为定例。

妈妈又烦又急,可是达格玛若无其事,把她的白布围裙一围,又严格又温柔地——换句话说是坐在他身上——用硼酸水洗涤这个疲乏的斗士的伤口。

可是终于来了这么一天,连达格玛这位神通广大的大夫也没办法了。有一天天刚亮的时候,伊利沙白舅舅一步一颠的回家来,半个爪子咬掉了,脑袋上核桃大的一个疙瘩,两只眼睛都肿的睁不开,尾巴是短了四分之一。

他哀哀的叫唤,清清楚楚的告诉我们,要是他这回子能够死里逃生,他从此以后一定安分守己的待在家里了。可是他的悔改也没有用,达格玛的调理也没有用。伤口生了脓,脑袋肿得象笆斗,伊利沙白舅舅的样子真够瞧的。

达格玛的灰心失望,看了叫人心碎。纳尔斯和我简直受不了了,我们给她五角钱让她把他送到兽医那儿去看看。

"你听好,"克利斯丁说。"他要是也没有办法,叫他把这个可怜的东西解脱了吧。"

达格玛把嘴唇闭紧,可是把钱拿去了。

不到一个钟头,她回来了,还是紧紧的提着伊利沙白舅舅,一只手拿着那个半块头银元。"什么大夫!"她气冲冲地叫唤。"他说是我的漂亮的宝贝猫儿算是死定了。"

妈妈把猫儿从达格玛手上拿开。"你这个事儿也算是闹够了,"她轻轻的数说她。"让这个可怜的东西安安静静地睡了过去,不比这么着好点儿吗?"

"不!"

"他这是活受罪呀,达格玛。"

"不,妈妈,不!把他弄活,妈妈。把他治好。我求下您了。"

妈妈背过身去,不忍看见达格玛的哀求的眼睛。她把猫儿放在后门口的大箱子里头。"把你的手洗干净,"她跟达格玛说。

"您要给伊利沙白舅舅想办法,是不是,妈妈?您要替我把他治好,是不是?"

"达格玛,我的小妞儿,要是连大夫也没法子——"

"我求您,妈妈,您说一声吧,您要替我把他治好。"妈妈刚要开口,又缩住了,转过身去。"看猫儿今儿个这一夜度得过度不过吧。"她说。"你快去睡觉。"

可是当我们那天深夜围着桌子坐着听那一阵阵的哀号的时候,好像是谁也不用打算度过那一夜。

"要是爸爸在这儿啊,"妈妈说。"他一定有个办法。"

但是爸爸到工会里开会去了,要很晚才得回家。

妈妈看看我们。"你们谁有什么办法没有?"

我们摇摇头。

"唉,可怜的东西呀,"妈妈说,当一阵更尖利更凄惨的叫唤钻进我们的耳朵的时候,"他痛死了。既然反正是活不了——你们谁去——?"

我们更加使劲的摇摇头,克利斯丁说她听见人家说起过哥罗芳有用。

妈妈站了起来。"只有这个能解救他,"她说。她叫克利斯丁到药房里去买一瓶哥罗芳。

妈妈多拿点儿牛奶让伊利沙白吃一顿痛快的最后一餐,把他轻轻的安置在他的窝里,这就着手把那个窝儿改造成刑场。

头一件事,她拿一块海绵把一瓶哥罗芳都吸在里头,把它放在箱子里头伊利沙白舅舅的身边,然后把布口袋和毯子一层层堆在箱子上头。箱子里头的声音一点儿也透不出来——连最后的一声哀鸣都听不见。

我们满心佩服的在一旁看着。

"我不眼红您明儿个早上那一份差使,妈妈,"我说。"给达格玛说实话。"

妈妈怪难受似的点点头。"可怜的孩子。"

第二天早晨,达格玛冲进厨房,一脸的希望。"伊利沙白舅舅好了点没有,妈妈?"

妈妈想要把达格玛抱在身上。"女儿啊,"她轻轻的说,"我有句话不得不告诉你。"

可是达格玛已经跳跳蹦蹦到了箱子跟前,箱子里头装的是伊利沙白舅舅的遗体。她把那些口袋和毯子一件件拿开。"天啊,"她说,"你们怕他着凉吗?"

妈妈悄悄的求爸爸。"你跟她说。开开口啊。"

达格玛探着半身往箱子里看。"什么古怪,古怪味儿。你早哇,我的亲爱的,我的宝贝,我的伊利沙白。"

从那个箱子里,她捧起一个睡兴犹浓、连连呵欠的伊利沙白舅舅!一个真正复活了的伊利沙白舅舅!两只眼睛都睁开了,脑袋上头的可怕的肿块也消下去了,那些伤口全都又干又净。

达格玛把这个奇迹放在地板上,一头倒在妈妈的怀里。"我知道您要把他治好的,"她抽抽噎噎的说,忍了一天的眼泪直滚下来,"我知道您要把他治好的。"

"可是,达格玛,不是我啊。你听好——"

但是达格玛只顾忙着跟那个还过魂来可是还没有睡醒的家伙亲亲热热的打喳喳,不理妈妈。

"爸爸,"妈妈跟他说。"爸爸,你告诉她。"

"猫有九条命,"爸爸说。"而且,也许你用的哥罗芳还嫌不够。"

"可是这是不对的啊,"妈妈说,"让她长大了一直相信我什么事儿都有办法。"

爸爸碰碰妈妈的手。"让她去,"他劝她。"你还怕她知道世间可悲的事情太晚吗?"

妈妈和克利斯丁

我已经进了中学,纳尔斯已经在四年级,甚至要谈起到海港那边去进大学的事情了。就在这一年,克利斯丁要在温福小学毕业。她聪明的很,已经得了温福奖章,那是奖给有特别优异的成绩的学生的。

我相信克利斯丁毕业那一晚是妈妈和爸爸的最得意的日子之一。妈妈把那个亮晶晶的奖章放在一个丝绒衬里的匣子里,把那个匣子放在书桌抽屉里。我是说,当她不再拿给那些房客们,姨妈们,姨父们,甚至杂货店里的伙计屈里先生他们欣赏的时候,她把它放在抽屉里。

我们自然估料着克利斯丁要进中学的。

在妈妈和爸爸的眼睛里,教育是世界上顶好的好东西,而且他们跟我们认得的人家的父母们不同,不承认送我们进学堂在他们是一种牺牲。

但是克利斯丁——谁跟前也没提一个字——悄悄的走到大街上,在工装工厂里找了事儿。她不是一时高兴,她非常冷静。

"我要几件衣裳,"她平心静气的说,"还要些个别的东西。"

妈妈和爸爸把进中学的好处说给她听,没有用。

"不,"她说。"不,谢谢您。"

克利斯丁连夜校也不肯进。她学着使用那些缝衣的机器,很快就学的很熟,她说要不了几天她就会跟别的工人一样快,到那个时候她要改做计件工,可以多挣俩钱。

女孩子们小学一毕业就去做工,当时也不算一件怎么异乎寻常的事情。我们同班就有七个没有进中学。连我的好朋友卡美丽达也已经退出劳威尔中学,到一五公司去当管货员。①

但是克利斯丁!老是考头名的克利斯丁!得过优异奖章的克利斯丁!纳尔斯和我都做过工,不错,可是我们只在假期里头。

妈妈劝了又劝,没有一点用。克利斯丁也不答辩,也不生气——可是她继续去做工。这是头一回,我们孩子里头有一个故意不听妈妈和爸爸说话,这是一件奇异的叫人伤心的事情。

我想不出克利斯丁怎么能抵抗得了妈妈的眼睛里头的悲痛。可是她抵抗得了,悄悄的她干她的,一大早起来预备她带到工厂里去的午饭,坐电车去上工。

她把她头一个星期的工钱拿回家,放在厨房里桌子上。"您收下,"她跟妈妈说。

妈妈看看那一堆钱,摇摇头,很伤心。

"我不要,克利斯丁。"

"这有什么要不得的,妈妈?这是本分钱。我辛辛苦苦挣来的。"

妈妈又摇摇头。"这不是好钱。这个钱剥削你的青春。剥削你受教育的机会。你还是丢开你的事儿吧,我的克利斯丁,跟你姐姐和哥哥到中学里去吧。"

但是克利斯丁只倔强地把嘴唇闭了个严,让那堆钱端端正正的放在桌子上。妈妈是怎么样也不肯碰它,它就一直放在那

---

① 一五公司:专卖一角钱和五分钱商品的商店。

里。我拾掇桌子上的东西,擦洗桌子时,也避开它。

桌子中间那堆钱在我们的生活上蒙上一层黑影。谁也不提起它,可是它待在那儿——一个象征,象征着我们家出了点儿毛病。

我告诉妈妈,不会有什么用。到末末了儿非依了克利斯丁不可。但是妈妈不听我的。

一个星期的工钱,两个星期的工钱,堆在桌子上。

于是妈妈给克利斯丁买了那件红格子衣裳。用的是"小银行"里的钱。

"你一直想这件衣裳。"妈妈热心的递给她。

克利斯丁摸摸那富丽的衣裙,差点儿要软下来了。可是就在这个工夫,妈妈指点给她看,这件衣裳多暖和,多耐穿。"中学里那些个女孩子现在都穿这个。"

克利斯丁把这件衣裳放回匣子里,一声儿不言语。

妈妈知道她失败了。

第三个星期的工钱又加在那一堆上,象一块大石头压在我们身上。我们围着桌子做功课的时候,不再开玩笑,也听不见嘻嘻哈哈的声音。克利斯丁累的很,吃了晚饭就上床,她的椅子空在那儿,好像在大声说明我们的家缺了个犄角——歪了半边。

爸爸做了好些夜工,他说这点儿外财要让妈妈买件外套。

"老是这么着,"他说,"临到你要去买外套的时候,总就冒出别的用度。这一回你得把它买来了。"

妈妈说她要买。

我们大家贡献意见。达格玛和我说这件外套的领口必得有点儿皮——一点儿也好;纳尔斯说她喜欢深棕色;爸爸一再说,别的还在其次,第一要暖和。只有克利斯丁不作声。

第二天我早早从学堂里回来招呼小卡伦,让妈妈早点儿出去从从容容去挑选她的外套。

妈妈回家异常的晚。爸爸和纳尔斯都已经回家——连克利斯丁也回来了。达格玛和我在餐厅里给房客们摆下饭桌,在炉子里加了柴火,把面包也切开了。

我们开始有点着急了,妈妈才挟了个又重又大的包裹摇摇晃晃的走进厨房。

"外套!"达格玛叫唤起来。"咱们来看新外套。"

"嗯,我来告诉你们,"妈妈慢慢的说。——我们知道她没有买外套。

纳尔斯把那个重沉沉的包裹解开,默默地取出十二本大书,排列在桌子上。

"中学各科大全,"他念出书名,"易读易解,全十二册。"

"给克利斯丁,"妈妈解释。"她晚上自修,就能坐在家里依然得着很好的教育。"妈妈朝克利斯丁笑笑。"你肯不肯将就妈妈做这件事情?"

克利斯丁咬着嘴唇,看看我们,不知道怎么办。

她摸摸那些书。"你拿买外套的钱买了这个?"

妈妈抬抬肩膀。"外套我下回可以买。可是这个——克利斯丁?"

克利斯丁笑了笑,正对着妈妈看。"明儿个,"克利斯丁说,"明儿个我跟着纳尔斯和卡特林上中学去。"

我们大家同时说起话来,达格玛的声音最大。"桌子上那些狗屁钱,"她问她,"你打算怎么办?"

克利斯丁格儿格儿的笑着把那些钱捋在一块儿,塞进"小银行"。"拿去买家具,"她说,"再添几个房客。"

妈妈在摇椅里坐下,把小卡伦抱在怀里。厨房里热热和和,挺舒服,伊利沙白舅舅在炉子跟前的木箱里自个儿哼哼唧唧乐他的。詹诺教授的钢琴声飘进了这里的寂静;在这个寂静里我们听得见斯坦顿两弟兄,路易斯先生,克拉克先生,都伦特小姐他们在客厅里谈得正起劲。

妈妈看看我们,快活的笑一笑。

"人生好,"她心满意足的说。"人生是好的。"

妈 妈 和 爸 爸

我们这个集团里的最近加入的分子是约翰·肯摩先生和他的柔弱而美貌的太太。肯摩先生是那个有刺激性的人物,航空家;他每逢星期天都带人坐飞机在海边的上空翱翔。他出去飞行的时候,肯摩太太就到厨房里来和妈妈做伴,等到电话响起来,肯摩先生告诉她他已经在回家的路上。

爸爸喜欢谈说飞行和飞机,喜欢听肯摩先生讲说他的许多回冒险的事情。爸爸一头听着,两个眼睛发亮,摇动他的脑袋表示钦佩。

"可真是个了不起的玩意儿,"他赞叹起来。"飞。飞!"

"确实是个伟大的感觉,"肯摩先生表示同意。

"飞,"爸爸说。"高高在上。象个鸟。"

"我哪天带您上去,"有一天晚上肯摩先生随随便便的邀请。"您说哪天就哪天。"

爸爸霍地坐直了,我听见妈妈倒抽一口凉气。

我疑心爸爸也听见了,因为他又往椅背上一靠,过了一会儿他说,"B-b-不,不,我不想去。"

"喔,来呀,"肯摩先生怂恿他,"您准会爱上它。"

"一定多有趣的,"爸爸惘惘然的说。"就只飞——这么一次。"

他又望了妈妈一眼,但是妈妈低着头做她的针线。于是爸爸说,"多谢您这番好意,肯摩先生,但是——不。我,也许,还是待在地上的好。"

肯摩先生正要开口,肯摩太太赶紧站了起来,她的平常很安详的声音变的很尖利。"别再撙掇,约翰,"她叫唤道,"我求你。"

大家不再谈飞行,以后爸爸也不再提起。但是我看得出,妈妈心里有一桩事情放不下。时而要偷偷的看爸爸一眼,仿佛是要想猜透他肚皮里的心思。

有一天,我正在帮着她晾衣服,她抬起头来望望天空,说,"这个飞行,我不明白它。这是个怕人的事情。"

我没说什么,她又接着说下去,自言自语似的,"要去到那么高,那么远。"

妈妈星期天是不给房客们开饭的。星期天是自己家里人的。有一个星期天,爸爸和纳尔斯到海边去看人家打鱼。西格利姨妈和彼得姨父带了达格玛和卡伦到公园里去,克利斯丁和我到图书馆去赶功课。

到了五点钟,我们全都回了家,聚在厨房里诧异妈妈怎么不在家,也没有给我们预备晚饭。

正在爸爸已经决计打个电话去问珍妮姨妈,妈妈在她们那儿不在的时候,我们听见她的快速的脚步进了客厅。她一冲冲进厨房,满面红光,眼睛发亮。

"爸爸,"她说,"爸爸,你务必要去飞一下。你下星期天一定跟肯摩先生去。"

我从来没有见过爸爸曾经那么样的受惊。"你是说,"他问,"你放得下心?"

"你不是一直睡里梦里都想飞吗?"妈妈说。"你对。真了不起。"

"你怎么——"

"喔,"妈妈说,"我今天飞了飞,看是稳当不稳当。现在你去得了。"

妈妈不明白为什么爸爸和我们大家笑的把眼泪都笑出来。

飞 行 人

〔英〕埃里克·奈特

埃里克·奈持(Eric Knight,1897—1943)生于英国的约克郡。十几岁就到了美国,学美术。又曾经回到本乡去工厂里做工。第一次世界大战时,入加拿大远征军参战。后来给美国费城一家报馆当影评记者,又曾一度去好莱坞编电影剧本。爱骑马,开汽车,驾飞机。所作有长篇《喇叭歌声》(Song on Your Bugles)及短篇多种。第二次世界大战起,作《高于一切》(This Above All),写英国战时情况,因此出名。本人则于1942年加入美国陆军,任少校。1943年1月,因公乘陆军运输机往南美,飞机在中途失事,他当场死亡。

本篇原名《飞行的约克人》(The Flying Yorkshireman, 1937),印在美国哈普公司的一本中篇集里,那里边一共五位作家,每人一篇,就拿他这篇做书名。这篇《飞行人》是一个极可喜的幻想曲。一个荒乎其唐的故事,写的这么入情入理;而又那么富于人情美,一个"乡下佬"的欢乐和悲哀充满在字里行间。撒姆一出场就是个可爱的人物,而密丽也终于得到读者的原谅。原文对话多用约克土话,译成中文最好也得用山东或山西的土话,我没有能办到,这是一件憾事。1944年2月译毕附记。

飞 行 人

撒姆相信他会飞。这个信念不是慢慢儿生成的,是突如其来的。

那天晚上,他和密丽两个到洛杉矶去听敏妮姑姑——敏妮·特克尔·厄帕辛·斯密司女士——讲道。起头儿撒姆本是不想去的,可是等到道场完毕,连撒姆也点头儿,说是有意思,密丽是更不用说,有生以来难得有这么愉快的一天。

敏妮姑姑先唱一首赞美诗,是她自己编的,头一句是:

太太,您可要买我的紫罗拉……安?

唱过了赞美诗,她就让凡是加利福尼亚本州的人站起来,和坐着的外路来的人拉拉手,说:"上帝保佑您,大哥",或"大姐"。

撒姆让一个不认得的人攥住他的手直摇晃,觉得怪不舒服的,可是密丽已经迷上了。一会儿,敏妮姑姑要外国来的人自己介绍自己,密丽就推推撒姆,要他站起来说。可是她推她的,撒姆只管坐着不动。别人一个一个站了起来,说他是德国来的,意大利来的,中国来的,檀香山来的,墨西哥来的,加拿大来的。竟还有一个是印度来的。

末末了儿密丽实在忍不住了,就把下巴颏儿底下的帽子扣带紧一紧,站起身来,鼓足了一口气,高声叫唤:"撒密威尔·斯摩尔,和斯摩尔夫人,英国约克郡,哈德斯菲尔德城,鲍金桥人氏。"

说完了坐了下去,把脸涨得通红。个个人鼓掌,坐在她旁边儿的一位衣阿华城来的太太就开头儿和她搭话儿,密丽心里想,这加利福尼亚可真是自从他们开始这次环球旅行以来的最可爱最够朋友的地方了。

撒姆努力做出老大瞧不起这些事情的样儿,可是敏妮姑姑一开口,连他也不禁不由的凝神听起来。

敏妮姑姑的题目是"信仰可以移山",讲的可真不错,引经据典的,又配上好些怪好听的字眼儿,一会儿小小的一顿,让人家鼓掌,一会儿长长的一停,让人家大伙儿一面唱两句赞美诗,一面拍着手儿打拍子。就着这些长长的停顿的工夫儿,敏妮姑姑就在那儿养精蓄锐,再一张嘴的时候儿精神抖擞的象一朵小菊花。

什么事儿都在于信仰,她说;拿她自个儿说,她深信这个道理,她相信,不,她简直知道,要是今天道场里头的五千多弟兄姐妹们走出会场,到圣贝纳迪诺去,她敢打赌,只要他们大伙儿有信仰,能叫白头山朝海边挪个丈儿八尺的。那么她为什么不表演一次呢,她说,那是因为她的法律顾问说了的,这要引起诉讼,因为,自然咯,要是你把山朝海边移过一丈;不定有多少人受损失。有一边儿就得蹦开一丈宽的一条裂缝,说不定蹦在许多好地产的正中间儿;那一边儿又要把地面推推挤挤,大大的一阵鼓捣,在加利福尼亚地方尤其不相宜。那些无风三尺浪的人,本来就动不动要拿地震来吓唬人,哪怕你很可以跟商会通个电话,打听出来只是圣地亚哥港的海军在那儿试炮。

可是,她不说了吗,信仰是个了不起的东西,是有不可思议的力量的,要是诸位弟兄姐妹们相信主耶稣,相信信仰的神力,没有一件事情办不到。任什么都办得成!

敏妮姑姑讲完了,个个人鼓掌,合着拍子鼓掌,不但是佩服敏妮姑姑的信仰,并且佩服她对于他们的信仰有信仰,并且佩服她对于为什么不必要他们在这大冷天黑更半夜的赶九十英里路去表演他们的信仰,能有那么聪明的解释。

讲道会的节目这就差不多了。这以后就是唱赞美诗,先是半边听众唱,后是那半边唱,看谁唱得最响亮;以后是女的唱,唱过了男的唱,看谁唱得最响亮。这就完了,大伙儿往门口挤。

密丽愉快极了。赶她和撒姆在人堆里挤了出来,站在大街拐角儿上等公共汽车的时候儿,她找着了她的话:

"啊,撒姆,我不知道你觉得怎么样,我可是真快活。我说啊,咱们出来了这些日子,哪儿都没有这儿好玩儿。"

她说她喜欢这个地方,撒姆知道她是真心话,可是他也知道,她说这个话也为的要把他拉住在加利福尼亚。不管是密丽,不管是拉维尼,他们俩的女儿,有机会给南加利福尼亚美言一二,她们决不放过。维尼要在这儿多住一程子,为的是要试试看,能不能跑上银幕去当明星;密丽要在这儿多住一程子,一半是为维尼,一半是因为她舍不得那些个棕榈树,她从来没想到白种人的国土里会长棕榈树。再还有,他们上北边儿去逛番古洼的时候,撒姆得了一场挺利害的咳嗽,这又给他们娘儿俩一个好借口。

所以她们决不放过一个机会,老在撒姆耳朵边絮聒,说是加利福尼亚的天气好,于他的肺有益,又说是他已经退休,总算是不愁穿不愁吃的了,放着这儿的好太阳不晒,急急忙忙赶回英国去干吗?

撒姆知道她们娘儿俩在运动他,也知道她们为什么要运动他。他并且知道跟她们争执没有多大意思,因为她们有法儿把他嘀咕得受不了,末末了儿还是坚持不住。可是,一个男人还能尽着叫娘儿们牵着鼻子走?也得过一程子言语一声儿啊。所以他擤了擤鼻子,说:

"是啊,望坏处想想,再望好处想想,这不是个坏地方——就着美国说,自然。可是啊,我还是宁可罚我出十镑钱,放我回家去,老殷家酒店里一坐,左边儿右边儿都是我的良朋好友,面前一盅好老酒,背后一炉好煤火,烤得暖暖和和的。"

密丽鼻子里哼了一声。

"撒密威尔,"她说。"今儿个出门之前我跟你说什么来着?衣服口袋里放一块干净手帕儿不是?"

撒姆知道,他要是离开本题去对付游击战,那就准输无疑。各人在各人的防地里头称雄,他万不可接这个碴儿跟她去辩论手帕儿,那是密丽的防地。所以他把那块脏手帕儿往裤子口袋里一塞,闭上嘴不则声。密丽还是不断的给他来两句——娘儿们的战略;撒姆到后来索性连听都不去听——男子汉的对策。

密丽还在唠叨个不住的时候儿,撒姆的心思早悠悠宕宕的飞开,落在两件事情上头。第一,他开始希望汽车快点儿来,就可以让密丽住嘴;第二,他思索起敏妮姑姑的演讲来。他开始诧问,这个信仰不信仰的里头,是不是真有点儿道理。他开始幻想,要是一阵人,全都有信仰,再带上点儿"哪——嘿——嗬"的劲儿,是不是真能把山移动?——哪怕只挪动个一英寸二英寸呢。

他想了好一会儿,有了个主意:谁要是打算试验试验信仰的力道,最好就是先找个容易的事情开个头儿,再逐渐的推广到顽梗的东西,象那些大山大岭什么的。

撒姆在思索这些事情的时候儿,是站在那儿等汽车的。加利福尼亚是个怪地方,太阳一没有,就透着特别冷。这就触动了撒姆的灵机,让他想起汽车来。他肚子里想,谁要是要凭信仰移动东西,汽车是最合适的试验品了——汽车有轮子,这不省力得多吗?

说干就干,因为,撒姆自个儿跟自个儿说,信仰一次并不花一个大的本钱。就让是不灵,又亏负你什么呢?

所以撒姆就把两眼一闭,肚子里念道:"我有信仰,我相信等我睁开眼来的时候儿,第几路公共汽车已经到了。"

怪了,他的话还没有说完,密丽已经拿指头戳他的肋骨,说:"醒醒吧,糊涂虫!"

撒姆把眼睛睁开,一辆汽车就停在他面前。

撒姆自然是又惊又喜。他又自个儿对自个儿说,这也许是偶然碰巧,可是啊,也叫人不得不再研究研究。他决意要好生研究一番。所以赶他在车上坐定之后,他就开始专心研究信仰问题,一路研究到家,中间只打断了一次,那是在车子经过柏味力威尔什路的时候儿,密丽说是她看见纳尔逊·艾迪从"棕马场"出来。

这以后,撒姆又一心用在他的研究上头,直到汽车停在终点站。撒姆和密丽下了车,在圣蒙尼加铜像跟前走过,沿着那条滨海路慢慢儿的走回他们寓居的公寓。

经过这一个晚上的热闹,他们两个都有点疲累不堪,手挽手儿慢慢的走着。密丽最爱在夜晚沿着这条滨海路散步。因为这儿寂静,浪漫,富有热带风味。在这鹅卵石铺成的马路旁边,种着不下三种棕榈:枣棕,大棕,小棕。再者,这条路正在高崖之上,下临海滩,你沿路走着的时候,往远处看,可以越过那朴素的木栅栏眺望大洋,往近处看,可以赏玩那些电影明星的宫堡式海滩别墅。这些别墅全都很壮丽,但是最宏壮最漂亮的要数玛利安·黛维丝的。这所宫堡已经远近闻名,旅行社的游览汽车照例要在这滨海路停五分钟,让游客们瞻望一下那位有名的明星间或来一住的房子。

密丽天天晚上都要来这里,由栅栏往下看,越看越看不厌。她不上这儿来作一回晚安式的眺望,再也不肯就枕;她老是这么想,总有一天会看见高楼上的哪一个窗户里有灯光,那就是玛利安·黛维丝就寝了。

那天晚上撒姆和密丽走着走着,走到了正对玛利安·黛维丝的别墅那儿,他们就止住了脚,向栅栏外头看出去。密丽站在那儿一动也不动,她感动极了,居然能站在一棵地地道道的棕榈树下,看着一位地地道道的明星宫堡。她一点也不知道撒姆在那儿想什么。撒姆呢,脚下一停步,脑子里又活动起来。他把烟斗儿抽得旺旺儿的,站在那儿,望着远处的大洋,望着那五角钱一个通夜的钓鱼船,船身上扎满了灯彩,远远望着真象一枝闪闪发光的钻石别针。

就在这个地方,就在这个时候,他第一次得到他的古怪的信念。也许是因为站在这么个高高在上的地方儿,加之以敏妮姑姑的演讲,加之以公共汽车的应念而来。不管怎么样,他得到了他的信念,清清楚楚确确实实的信念。他觉得他能飞。这就是他的信念。他这个信念来得挺利害,他不禁不由的就说了出来。

"密丽,"他说。"你可知道,有时候我有这么一种感觉:一个人能把俩胳膊一撒开,就打这儿飞了出去——只要他有信仰。"

"是阿。只要!"密丽接上了碴儿。"只要你的姑妈有个那个,她就能变成你的姑爹。"

虽则密丽已经立定主意,做了一个有钱的老封翁的太太,就得象个有钱的老封翁的太太,可是有时候她还是要吐出地道的约克味儿。她刚才这一句话儿,可不象打算平心静气的讨论事情的样儿。至少,象信仰啊移山倒海啊这些事情不是这样讨论得来的。

这真有点儿叫撒姆生气。可是约克人有一种特性。你越叫他生气,他越不肯让步。那天晚上撒姆脱衣服的时候,他觉得怎么样也不甘心认输。

"哼,就是那个,"他自己说,"我相信也不是绝对办不了,只要一个人有那么多的信仰。"

躺在床上之后,他还是尽自想。他很想飞一回给密丽看看,别当是天下的理都是她一个人掌管。他躺在那儿,信仰,信仰,忽然毛发悚然起来。因为他觉着他的身子只是往上抬,往上抬,末末了儿竟完全和身子底下的床分开。

这个事情太奇怪了,连他自己都不敢相信。他拿手往身子背后去细细的试探。真的!他的手摸得到的范围之内,他的身子完全不沾床。这个太惊人了,他不得不沉回床上去好生研究研究。他一定已经离开床颇颇的有点儿尺寸,因为当他沉下去的时候儿,床上的垫子咕咕喳喳的响,闹得密丽狠狠地说:

"喂,撒密威尔,你要再是这么摇晃这个床,我就只有爬起来睡沙发去了。"

可是撒姆听也没有听见。他的新发现把他闹糊涂了。他决计等密丽睡熟了再来试验,可是不幸他自己也睡着了。

早晨醒来,他的初意是打算把他的新发现告诉密丽。可是不知道怎么样,只是说不出口。响晴白昼的,坐在早餐桌上,桌布上晒着加利福尼亚的大太阳,茶壶上,甜饼上,果子酱上,麦片粥上,鸡子儿上,火腿片儿上,馅儿饼上,以及密丽在圣蒙尼加码头上无意之中发现的一家苏格兰人开的杂货铺里买来的三条熏鲱鱼上,也都蒙上那可爱的阳光——这个时候儿,这个地方儿,这个话怎么说得出口?

而且拉维尼也进来吃早点了,一脸的雪花霜,穿一身花缎睡衣。对着这么一位摩登姑娘,就让是自己的女儿吧,这种骇人听闻的事情也不便拿出来讲究。

所以撒姆只说:

"密丽,你可知道,真是怪得很:我昨儿个夜里做了个梦,梦见我能飞。飞在半空中,飘飘荡荡,很有点儿象那次打仗的时候儿德国鬼子放过来的齐柏林。"

"哼,"密丽说。"前回子那个旅行社的小伙子说的,咱们在这儿要是要买硫黄糖浆,得管它叫什么来着?"

"这儿管它叫糖浆硫黄①,"拉维尼说。

"你别当是我有了什么毛病,"撒姆抗议。"我这是千真万确的个梦,一个异乎寻常的梦。我简直有点儿疑心许不是梦,不定真有这么回事呢。"

"喔,爸爸,"拉维尼说,"这一点儿也不稀奇。"

"一个人觉着他飞了起来,不稀奇?"

"一点儿也不。这是最平常的梦。这是您的'产前回忆',您在您妈的子宫里游来游去的时候儿的回忆。"

---

① 硫黄糖浆,英国叫做 brimstone and treacle,美国叫做 sulphur and molasses,旧时给小孩吃的轻泻剂。

"呃,呃,小姐,"密丽说。"你这说的是什么话呀?我要再听见你说这些话,我可不管明星不明星,要抽你的背皮儿。什么话!你爸爸的亲妈,也由得你胡说!你吃你的早点,还得快点儿。咱们还得赶十点钟到科尔佛城去见塞尔兹尼克公司的演员经理去呢。"

撒姆不再提飞不飞的话;可是他打定了主意,多会儿没有人,再来试他一下。他等了好半天,因为密丽和拉维尼才走,女佣人又进来拾掇屋子。那女佣人一头扫地擦桌子,一头哼着"今天,明天,上帝送来一个星期天"似的那些加利福尼亚调调儿,撒姆怕她要没结没完。

她倒是也有完结的时候儿。撒姆把门关上,把烟斗敲空,准备好了。他往沙发上一躺,要飞,要飞;不多一会儿,果然悠悠宕宕的浮了起来。他先且躺着不动,挂在半空,自己诧异自己的新的神通。他转过头来朝下看。离沙发足有一英尺高。他轻轻儿的侧向一边,离地下足足有三英尺。对。不含糊。没有错儿。撒姆又诧异又喜欢,重复游回沙发。

"哈,我这成了猴儿的舅舅了!"他自己说。"连我自个儿都不敢相信。"

为了证明给他自己看,他又试验一次。这一回他浮起在半空,又飘到屋子正中间。他觉着有点儿头晕,心里说大概飞行都得有点儿这个味道。

他打算翻过身来看一看地下。他慢慢儿旋转他的身子。这一旋转,登时头也不晕了。赶他脸朝下拿定了架子,他忽然觉着有了一股子新的劲头儿,觉着又稳妥又有力。

"啊,当然咯,"他自己说。"刚才我是颠倒来着——如同一只鸟儿肚子朝天在那儿飞,那还成?敢情这才是正当的姿势呢!"

充满了这个新的大的自信,他伸出俩胳膊,朝着沙发冲过去。离沙发还有一尺光景,他就张开俩巴掌,来一个斜飞,把身子拉直,轻轻儿的一只画眉儿似的一停停在了地上。

"哈,这够多有趣!"他差点儿没叫出来。

他又把俩胳膊伸出去,拿脚尖儿轻轻一点地,又起飞了。象一架滑翔机似的飞了上去,离天花板一英尺上下,绕着那屋子飞了一圈儿。越飞越高兴,越飞越有劲,早先那一点儿迟疑就在这一阵飞里头飞完。他觉着飞行并不费多少气力。也不觉着要费多大心思;那就是说,无须想着怎么样飞。一到墙旮旯儿,他的身上的肌肉和他的体重的巧妙分配都自然而然的调节起来,他的身子就挺合适的斜着过去。

这个世界在撒姆·斯摩尔眼中成了一个新的世界。在咱们这些两脚离不了地的朋友,这是个两度空间;在撒姆,这个世界是三度的。

他这一飞,这个屋子立刻呈现许多咱们不知道的面目;咱们的眼平线老是不高不矮,离地五英尺,撒姆可不受这个拘束。他看得见门的顶,柜子的顶,他能在那些桌子椅子的上头取得一个"鸟瞰"——从那个角度上看,这些个东西可透着有点儿笨头笨脑的。他又发现一件事:这个屋子的下半截尽管干净,在他游来游去那个高高在上的部分可不尽然。一个柜子的顶上结了些蛛网,扇扇门的顶上满都是灰尘。

"我得让密丽好生教训教训那个女佣人,"他心里说。

这以后他就一心一意的享受一阵自在飘流的乐趣。他在屋子里头来回飞掠,要歇下就歇下,轻轻儿的象一根鸡毛,要飞起就飞起,只要微微的拿脚尖儿一点。他练习在逼窄的旮旯儿里降落,试验他的本领到底有多大。

不幸他只顾试验他的本领,就没有听见密丽和拉维尼回家;她们娘儿俩走进屋子的时候儿,他刚巧歇在一个高脚柜子的顶上。

"哟,这可要了我的命了,"密丽嚷了出来。"撒密威尔·斯摩尔啊! 你爬在那儿干什么啊? 快点儿下来吧,仔细把你那狗脑瓜子跌烂了!"

撒姆让她出其不意的发现了,心里一阵慌,飞也忘了,望下一跳,照着平常咱们这种肉体凡胎的跳法望下一跳。哗啦一下落了地,差点儿把背脊骨撞出喉咙管儿。当然免不了一场闹。密丽给撒姆背上抹了些厄利曼神油,一面絮絮叨叨的数落着,把撒姆的牛劲儿都数了上来,本来打算跟她解释解释他的新的神通的,索性给她个一声儿不言语。

"撒密威尔·斯摩尔啊,"密丽说。"打从我嫁了你,也不知受了你多少累了;可是哪一回也没有这一回的利害,哪一回也没有这一回的花样翻新。我的老天爷,要是你尽自这么闹哇,人家准要说你神经有毛病。唉,有时候儿我真有点儿后悔不该跟你去领那个结婚证。"

"噢?"撒姆接上了。"喝! 花了我白花花的七块半呢。领个养狗的凭照这也够了。"

"就是这个话了,"密丽又回敬过来。"我有时候儿真愿意你当初就娶这么个哈叭狗儿也罢了,何必坑人。"

这以后有好几天,撒姆没起飞。一来,他那天那一跳的苦味儿还没有全消;再者,密丽没让他有独自个儿的机会。

可是有一天夜里撒姆一觉醒来,一看密丽睡得象埃及的木乃伊一般。撒姆也没加衣裳就悄悄儿下了地,轻轻儿起了飞。他在客厅里称心的飞,攒升,斜飞,滑翔,飞了两个钟点。倒是真好看,沉着得象一头信天翁。一个巴掌一抬,他就斜飞向上;两只脚微微一拳,他就向上直升。这些完全不假思索,他就飞呀,飞呀,尽着他那股狂喜的劲儿飞行。

从这儿起头,天天夜里等密丽睡着了,他就在这个屋子的里里外外飞行,穿门入户,鹞子翻身,燕儿掠水,看看就要碰上地毯了,一侧身子又爬上高空。

他开始给自己难题目做。为的是,说起来也有点儿奇怪,虽则一只鸟儿飞翔时的一切动作他都不学而能,一架飞机的各种飞法他得逐一从头学起。他学着翻跟头,打横滚,横转,飘叶式,尾旋式。这些花样他后来全都玩儿得挺熟练。可是,就因为撒姆赶上了飞鸟还不甘心,一定要跟飞机比赛,这才闹了个不大不小的乱子。

那天夜里,他正在饭厅里飞行,一心一意练习他的最新的技巧,因默尔曼式转身(半个向里跟头和一个打滚的一种混合式,让你翻到顶上的时候仍然背朝上)。撒姆已经练习了好久,那天夜里才最后成功。他喜欢得象喝醉了酒,在那间屋子里飞来飞去,左一个因默尔曼,右一个因默尔曼。不幸,在黑地里,他忘了那大餐桌头顶上那盏镂花玻璃大挂灯,哗啦,一头撞了上去。

哗啦啦,砰,连人带灯落到地板上,那个声音连棺材里头的人都会让它闹醒。

密丽三脚两步赶进来的时候儿,那光景儿就可观了。密丽把电灯捻开一看,撒姆穿着睡觉的短衫裤,坐在一大堆碎玻璃,鲜血,花线,破灯泡的中间儿。

"哎呀,我的老天爷!你这是干什么来了?"密丽有气无力的打鼻子里哼了出来。

撒姆头晕得象春天的山羊,脑瓜顶儿上的皮拉了个四寸长的口子,除非是个约克佬,换了第二个准得把脑袋劈做俩半个。

"这是强迫降落啊,"他说。"你来搀扶一下,让我起来。"

"让你起来!还能让你再待在那儿吗?你这个样儿够瞧的了,穿的是睡衣,还要闹的那么稀糟稀烂!是个孩子倒也罢了,你也不想想几岁儿了!"

撒姆忙着把身上撕掳得干净点儿,因为就在这么个工夫拉维尼走了进来,看见她父亲的样儿,格儿格儿的笑死了。密丽回过身来,在她背上一巴掌,打得她跳起一英尺高。

密丽是这么个意思:别管撒姆怎么样儿胡闹,父母总归是父母,孩子得尊敬父母,不能让拉维尼太随便——明星也罢,黑星也罢。

"我的小姐,这也让你知道点儿礼貌,"密丽说。"你给我睡你的去吧。我看不过你的放肆样儿。"

密丽可真恼了,拉维尼临走她还找补了一个耳刮子。这才把撒姆拉了起来,扶他上床,打电话找了个大夫来,在撒姆脑瓜上缝了六针。住了这个又是那个,这一晚可把密丽忙坏了。

撒姆整整睡了两天,密丽一声儿也不言语。可是撒姆看着她那个闭紧了嘴唇的神气,知道她是在那儿等着呢。第三天撒姆起来了,密丽就把拉维尼支使出去,把撒姆安放在沙发上,苦苦的一数说。

"撒姆啊,"她说,"我要你知道,我没有忘了你是个发明家,你曾经发明过自动纺锤啊什么的。只是我有一句话不得不说,一个人胡闹也有个界限。哪怕就是个发明家呢。

"我跟你说。要是象你这个岁数儿,还要黑更半夜的爬起来,穿件睡衣,大猢狲似的在灯罩上打秋千,唉,我可得告诉你,你要还来这一套哇,人家可就要把你往疯人院里让了。

"我的话说到这儿为止,你也闹够了,我也说腻了。我的哥,从此以后,你可得放规矩点儿。就算不看我的面上,也得看你女儿的面上,人家孩子的一生前途可不能让你给毁了。"

密丽说完了就躲到厨房里去,把门锁了,唏呼唏呼的一场好哭。哭完了就沏了一壶好茶,给撒姆弄了一盘子点心:一个鸭蛋,两片火腿,黄面包涂牛油,泡菜瓶里找了几种零碎,甜饼,大麦饼,奶酪柠檬干酪包子,另外一小碗斯提尔顿干酪——全都是撒姆最爱吃的东西。两口子坐下来吃茶,关于灯罩的事情挂口不提。

吃了茶,撒姆满肚皮的悔恨,决心要学好。这是密丽早就料到的。

"密丽,我真是后悔,"他说。"也不是别的,总之是我和这个地方不合适,才闹的这个样儿。咱们回约克去吧。"

"诺,你又来了。你知道的,咱们的维尼快要上银幕了,她一生的事业这就要起头儿了。你为什么不能再住一程子呢?"

"要是能有一条狗啊,那么——让我养一条小哈叭狗,怎么样?"

"喝,我的撒姆哥。你也知道,这家公寓的女主人是不肯让客人养狗的。我不懂你为什么不能出去跟别人谈谈说说,周旋周旋。跟你我差不多的有俩钱的客人多得很,怎么人家全都觉得这个地方挺有趣儿的呢?"

"那些家伙吗?唉,密丽,那些没出息的老东西,天天往花园里靠背椅上一坐,净等着殡仪馆里的伙计来给他量尺寸,我是懒得跟这些人周旋。再者,他们的口音也就够怪的,咭里瓜拉的,十句里头我不定懂个一句还是两句。要是我能有一条狗……"

"那不成!"密丽很坚决。密丽说不成,那就算是不成定了。

撒姆确实是努力抑制自己,不让再飞。也就不用提这有多难受了。您想想看,要是您是开天辟地以来头一个人会自个儿飞的,可是人家不让您飞,您能不能想得开?您想不开,撒姆也想不开。

从此以后,每逢他在滨海路的太阳地里坐着的时候儿,或是在棕榈树底下散步的时候儿,他总是目不转睛的看那些海鸥在气流里翱翔飞舞。越看还越不厌。您想么,撒姆既然会象飞鸟一般的飞,自然也就按着飞鸟一般的想法儿想,他想的事情儿别人想不着,他知道的事情儿别人不知道。他最深切感觉的是气流。

有些日子,撒姆坐在那儿,片刻不得安宁,为的是气流短促而多变——撒姆管它叫折波罗。他也不知道这个字是哪儿来的,只是觉得形容恰当。在这些日子,当他坐在那儿看那些海鸥盘旋,回转,撑持,每秒钟都在把它们的身子作无穷尽的微妙的调整的时候,他自己身上有说不出的烦闷。他也一样的感觉那些气流,一只只海鸥飞过他的面前,他的身子也跟着扭动,就象是帮着那海鸥奋斗似的,正如高尔夫球场边上的观客,看见那球离洞不到一英寸偏了过去,不禁要扭动他们的身子,伸长他们的脖颈,就象是这一扭一伸就可以把那个球拦住了往洞里滚去似的。

象这样的日子,撒姆坐了半天回家去的时候是又累又闷,密丽尽管絮絮叨叨的谈说他们的维尼,怎么哪一家影片公司已经答应让她试两个镜头,撒姆是听一半不听一半。

177

可是也有些日子,气流宽广而平稳——象非常朴素的大歌曲一遍又一遍的从太平洋里吹过来。这个时候儿,撒姆是心平气静,因为这些宏壮的气流从海上流过来,让迎面的海崖一拦,从容地往上冲,直到很高的天空。尤其是在晚半天,十有九回那海风要强劲地往陆地上吹过来。

那海风完全象音乐,只是耳朵听不见,只有皮肤觉得着。撒姆的脸上只觉得一阵阵的铮铮钖钖,舒服极了,简直把这个扰扰尘寰整个儿忘了。在那个时候,他的身子在椅子上,他的魂灵儿却已经飞出去迎接那些从防波堤边的打鱼船上吃饱了回家的海鸥。那些海鸥投进那个在圣蒙尼加码头的上头掠过的气流,飘过那一片沙滩,一搭上那沿着崖岸上升的气流,就叫着唱着,顺着那活动的宝塔上腾。上去——再上去!然后,侧着半边当着风,就沿着海岸飘飞过去,飘飞过他的头上,一路飞到玛立坡。一到那儿,把身子一抖,换一边当风,又翩翩的飘飞回来,翅膀儿一动也不用动,只是用他们的翅膀尖儿轻轻儿的逗弄那身子底下的颤动着的空气。

撒姆坐在那儿,太阳慢慢的落下去,越过越红,海鸥在晚风里玩耍。没有错儿,它们是在那儿玩耍。撒姆知道,它们的飞,不是为的找吃的,是为的那无声的音乐里头的纯净的快乐,翱翔的快乐。

撒姆心里恋恋不舍的也正是那翱翔,不是那寻常的飞行。他自己从来没使过哪一种"翼步"。他在空中的推进多半是运用着身子底下的气流的劲儿。虽则是只要他愿意,他也能光凭他的身子的轻灵在空中飘浮,他可不感觉多大快乐。他的最大的快乐是让他的身子在气流上头迅速的经过,象翱翔的鸟儿一般。

他对于鹨鹨之类老是把翅膀儿拍个不停的鸟儿实在没有什

么兴趣。鹈鹕鸟他就喜欢得多,他们在小气流里异常机灵:例如巧妙的离海面一英尺光景飞行,利用海风在向岸的浪头背后吹着的时候所生的每个微小的上冲的气流。它们玩这一套玩得很好,沿着那浪纹飞去,摇摇的拍浮在那一片狭窄的流动的空气上面。在利用别的鸟儿留下来的气流的技术上,撒姆也把鹈鹕鸟放在第一。他们常常结队飞行,象一个水上飞机的编队,就是因为这个。领队的一只鸟儿挑选一股动荡的可以借点劲儿的气流,驾着这股气流翱翔一会儿,后头的一只就利用第一只留下的空气的回流,第三只鸟儿又利用前头两只留下的混和的颤动,全队都这样利用下去。

对的,撒姆对于鹈鹕鸟是相当的佩服,可是到底它们还不免有点小家子气。他最佩服的是海鸥,勇敢的投进夕阳底下的壮大的气流里头去。他看着它们腾上辽阔的高空,在那儿对着落日叫唤。撒姆尽自坐在那儿看,魂灵儿跟着海鸥在天空翱翔,直等到密丽来找他。

"喂,我的哥,"密丽就要叫他。"是回家的时候了,小心着凉。"

他们就慢慢的溜达回家,密丽一路上告诉他拉维尼的事情怎么样怎么样,撒姆过一会儿凑合一个"唔"或"噢?"可是他并没好生听。他的心在三千尺的上空。

撒姆确实打算履行对密丽的诺言,检点自己的行动。虽然每天,在崖岸上的棕榈树下坐着,他的五官四肢都在叫唤着要登上气流去翱翔,他没有起飞过一次。

不说别的,光是约克人的脚踏实地主义就能把撒姆镇住。他心里想,这些人坐在这儿晒太阳,要是有一个人忽然飞在半空,跟着那些海鸥翱翔上下,岂不太怪异了点儿。那些人会一个个大惊小怪,不定闹出些什么麻烦来呢。

不,撒姆决意不飞;可是他没法儿叫他的感觉迟钝。他禁不住那谐和的气流在他的脸上弹弄,他禁不住那只有他一个人觉着的无声的音乐的曳引。有一天,他不禁不由的站起身来,走到栅栏边。远远的,在他脚下,他看见那海边的沙滩和那些明星的宫堡;风沿着崖壁冲着上面吹过来,铮铮钣钣,象在大竖琴上扫弹。

撒姆越走越近崖岸的边儿。您可别误会,他并不打算起飞。他只是要特别亲切的感觉空气的游弄。连他自己也没有知道,他的身子已经到了栅栏以外。四面没有人,长长的舒了一口气,象一个戒烟戒了几十天的人抽着第一根烟卷儿似的,他把他的身子靠上那上升的气流。他没有让他的两只脚离开地面。他只是探着半个身子当着气流,让它在他的陶醉了的身子上尽情弹奏和颤动。

他忽然觉着让人家揪住。他身上的微妙的平衡完全破坏了,让人把他打栅栏上头拉了过来。这才看明白原来是一位警察紧紧的揪住他不放。

"你这个发了疯的老——"警察对着他叫唤。"你这是干什么来了?"

"放手哇,朋友,"撒姆抗议。"我没干什么啊。"

他挣扎又挣扎,可是警察揪的很紧。跑不了。

"你还是跟我上局子里去一趟吧,"警察说。

当然,过不了一会儿,密丽就有了消息。那天晚半晌回家的时候儿,公寓里的女主人就跑上来告诉她警察局里来了电话要她就去。

"要我去?"密丽也有点儿吃惊,虽然并没做什么亏心事。"他们要我去干什么啊?"

"仿佛好像是你们先生在他们那儿呢。"

"我的撒密威尔啊!喔——啊,我的天哪,他又不知道闹出什么花样来啦!"

密丽昏天黑地的忙了一阵,戴上她最好的一双黑手套,他们把她送进一辆汽车,汽车开足了马力往四马路和圣蒙尼加路角上的市政府直冲而去。她一路上想着撒姆已经成了一个囚犯,不是关在铁格子背后,定是坐在那儿让六个头上帽子不除嘴里雪茄直呼的侦探给他上那个名为"第三度"的他们美国的新刑罚,她想着这些,又羞又气,又怕又恨。赶她的汽车开到警察局的时候儿,她已经准备写信给英国大使馆,要他们调大英舰队上加利福尼亚来保护一个大英老百姓的合法权利。

她走进局子,一眼看见撒姆好好儿的坐在那儿抽着烟斗呢。她才觉得敢情刚才不用这么着急,这可把她恼坏了,气冲冲地象一只抱蛋的母鸡。

"你这老流氓,"她叫唤。"你这又闹的是哪一出?"

"喏,密丽,"撒姆说。"喏,喏!"

"你别跟我喏喏,"密丽说。"你只说你干什么来着?"

撒姆给他来个地道约克人的死心眼儿,把嘴一闭,任什么不说。那警官倒是个很和气的小子,他把密丽拉过一边,告诉她撒姆是打算在滨海路的高崖上跳下去寻死来着。

"寻死?"密丽说。大颗大颗的眼泪在她脸上直滚下来,她抹了又抹。

"咳,"警官跟撒姆说,"你害臊不害臊?让你们太太急的这个样儿!你害臊不害臊?"

"哎,警官先生,您别怪他,"密丽求他。"说起来全是我不好,自从他在番古洼得了一场支气管炎之后,老没大好,我没有把他放在心上,没有好生服侍他。"

"咳,密丽,"撒姆安慰她。"你别尽自往你身上拉。你待我可没有错——除了一半件小事情儿。比你再好的太太我就没见过。"

"那么,你要寻死是为了什么啊?"密丽哭着说。

她可真有点儿撑不住了,警官先生赶紧把他们俩让进他的小办公室,坐下来在好些纸片上写了一气。这才抬起头来,朝着撒姆把眉头一拧。

"现在,斯摩尔先生,"他说,严厉地。"我有一句话告诉你。在这所房子底下有六层地牢。越往下去越黑。"一层里头有六十间牢房。越往里去越窄。按道理,我应该把你送进末末了儿的一层地牢的末末了儿的一间牢房,把你锁在里头,然后回到这儿,把钥匙摔了!按道理,我该这么办!"

"喔,警官先生,"密丽哀求他。"他的肺弱得很。他一家的肺都弱。您别送他那儿去。他会一场肺炎就送了命。哎,警官先生,您拣个好点儿的牢房把他关了吧,让他见到点儿亮光。"

警官听了这个话,拿笔杆儿敲着他的牙齿,先看看密丽,再朝撒姆皱了皱眉头,这才说:

"斯摩尔太太,您这么为顾您先生,我真是感动极了。"他望着撒姆说,"要不是为了你太太,我决不会通融的。"接着又跟密丽说下去:"这回我姑且冒个险。当然,按章程说,我是不能这么办的,我应该把他关在太阳照不到的地方儿,只是我姑且冒个险,把他交给您看管。"

"喔,您别,"密丽说。"我不愿意做犯法的事。要是章程上说他应该坐牢,您最好还是把他关上。"

"不怕,有我负责呢,"警官说。

"不是这么说。章程是章程,"密丽说。"不管章程怎么苛刻,咱们只有服从的份儿。"

"喏,密丽,"撒姆说。"要是这位警官肯放我,你就别再胡捣乱。"

"章程是章程,"密丽说,固执地。

撒姆和警官两个说好说歹说了半天才把密丽说点了头,可是她终于点了头。

"章程由我来负责,您负责您的先生,"警官说。"你可得记住,"他对撒姆说,"你是交给她看管的——要再耍什么把戏!末末了儿一层的末末了儿一间!回去吧,学学好儿。"

"您放心,我一定让他学好,"密丽说,一边抹眼泪。"走哇,撒密威尔。等我把你弄回家再跟你算帐。"

自然喽,足足有一个星期,撒姆的耳朵跟前没有一刻儿安宁。密丽是从天亮到睡觉,没一刻儿工夫眼睛离开撒姆。连出去散步也不让他一个人儿出去。撒姆可真有点儿受不了了。

"我又不是老得走不动了,怎么一个人儿出去溜达溜达也不成?"他抗议。

"你的话不为无理,"密丽鼻子里哼哼。"只是有理也罢,无理也罢,反正我得留你的神。"

密丽一天到晚守着撒姆,自然只得让拉维尼一个人儿去跑电影公司了。说也奇怪,倒是没有她陪着,拉维尼还进行得顺利点儿,不到一星期她居然在一张 G-M-G 公司的片子里试了一个镜头,看起来银幕对于她象是终于回心转意了。

她说,只有一件事,叫她不得立刻成功,这就是她所说的"背景"。

"你是说我和你爸爸辱没了你吗?"密丽向她挑战。

"喔,不是。我没有这个意思,妈。我的意思是指这个地方儿。"

"这个地方儿怎么啦?"密丽问她。"我敢说全英国就没有一个公爷侯爷的府里有比这儿更出色的厨房。老实说,我做梦也没有想到我会有这么一天,得这么一个黄的,黑的,白的磁砖从顶上到脚下把四面墙壁打扮的这么漂亮的厨房。"

"我知道,妈,可是这个地方多么小——还有,这个地段儿,街坊儿!咱们该有个家,公寓算不了数——该有个地方儿让我能招待招待客人——能来个鸡尾酒会,见见面子上的人物,跟制片和导演们周旋周旋。

"我今天在报上看见,只要二百五十元一个月,就能——"

"合英国钱是几镑?"撒姆问。

"五十镑一个月,"拉维尼算了算。

"喝,我要成了猴儿的舅舅了,"撒姆张大嘴闭不上。

"你别忙,我的大小姐,"密丽说。"咱们住房子住了这么多年,一年出上五十镑的还没有过。你别当是我们有钱让你大把大把的称心花,你最好再思三思再张嘴。"

拉维尼一听这个话,哇的一声哭起来了。

"我不知道你们以后的日子打算怎么样过,我的我可知道,"她稀呼稀呼的说。"我不知道爸爸干吗要发明斯摩尔自动纺锤,发了财做什么,要是他打定了主意要一直过穷苦工人的生活。"

"我们不搬,"密丽说的干脆。

"哎,妈,您何妨去看一看那个房子呢?那房子并不太华丽。

还有片空地,您可以在那儿种……"

"你听见你妈的话没有?"撒姆说。"我们不搬。"

"嗨,你也犯不着跟女儿那么直着脖子嚷啊,"密丽的攻势转了方向。"她也无非是提议提议罢了。"

"我没有直着脖子嚷啊,"撒姆说。

"没有嚷!差点儿没把她的脑袋咬下来!人家孩子也是为她的前途着想,你就……"

"喂,你到底是站在哪一面哪?"撒姆提出质问。

"这个,你站在哪一面,我就站在你对面,因为我就从来没有看见你哪一回没站错,"密丽回答他。

"再说,这个地方既有个空地,刨刨种种也许于你的身子有点好处。你可以种点白萝卜,种点红萝卜,种点韭菜,再排个两畦莴苣。"

"种他妈的萝卜莴苣,"撒姆说。"我恨不得这会儿就回我的约克。"

结果自然是密丽和拉维尼胜利,搬进了新房子。

那所房子在太平洋路,隔小说家维奇·包姆和伊利莎·兰第住的地方不远儿;有好些棵柑子树,有一个梨树林子,有一个四面走廊围着个喷水池,外带自动洒水的草地,应有尽有。真够得上一所大家宅第。

拉维尼开了一个茶会,从泡芹菜到面子上的客人,一应俱全。说来也巧,大家谈着谈着就谈到了航空上头。早两天刚有一架飞机失事,掉在金山湾里头,连飞机师带乘客,一个也没有生还。这些客人研究失事的原因,每人有一个理论。

"不对,你们全都不对,"撒姆插了进去。"多一半还是因为空气有点折波罗。"

"因为空气怎么样？"一位镂花玻璃嗓子的年轻女客问他。

"因为空气折波罗，"撒姆说。

个个客人都住了嘴，撒姆一见他有了听众，格外高兴。

"这是我自个儿想出来的个字眼儿，"他说，"我可以给诸位解释解释。这半空中的空气啊，他有时候儿四平八稳，您要它多听话，它能有多听话……"

"喔，爸爸，"拉维尼插了上来，"您能不能给我们把乒乓网儿安上？"

"一会儿就来，"撒姆说。"可是也有时候儿啊，它变成杂乱一大堆。这就是我说的折波罗。您看，打比我是一架飞机。"

他张开俩胳膊，比着给他们看。人人都觉得好笑；老实说，撒姆那个样儿，俩胳膊伸得挺开，花白的脑瓜歪在一边，也真有点儿滑稽。

密丽看见他们微微含笑，她的气可大了。她走了过来，拿胳膊肘儿把撒姆一搡，差点儿没折断他两根肋条骨。

"是安乒乓网的时候儿了，我的哥，"她用力的说，很象影片里头的坏人。

撒姆在天井里头那张乒乓桌子上把网安上，那些面子上的朋友就开始乒呀乓的把那个小球打来打去。撒姆起先站在旁边看了一会儿，后来就走开，没精打彩的在他的漂亮宅子里来回乱跑。他很有点儿替自己伤心。就在这个时候儿，一个高高儿的和易近人的小伙子走近前来。

"斯摩尔先生，"他自己介绍，"我的名字叫哈利·亨克斯。"

"幸会，幸会，"撒姆说，垂头丧气的。

"斯摩尔先生，我听您讲究那折波罗空气，很觉着有趣。可惜让他们打断了您的话。"

"啊，"撒姆说。"是这个样儿，您看。"

他又起头儿把胳膊往外伸，可是立刻四边儿看看，看密丽在近处不在。

"咱们厨房里去，朋友，"撒姆说。"那儿不会有人来捣乱。"

他们到了厨房里头，撒姆解释给他的客人听，怎么空气有时候要折波罗起来，怎么鸟儿不怕折波罗，因为它的翅膀和羽毛有弹性。

"可是飞机的翅膀儿，您知道，是没有软硬劲儿的，"撒姆解释。"喏，毛病就出在这个上头。这儿一股气往上冲，那儿一股气往下压，翅膀儿又没有弹性。"

"很有趣，"那个年轻人说。"请您再往下说。"

得了这么个知己，撒姆很高兴，就接着说下去，说有些日子的空气折波罗的利害，特别是在海洋空气和大陆空气相遇的地方，而最坏的时间是在下午四点半钟，海风开始往里吹的时候。

"这都弄明白了，"撒姆接着往下说，把他的理论展示起来。"早几天的天气特别折波罗的利害，海鸥乱飞，象是得了寒热病似的。

"最坏的地点是海洋空气和大陆空气碰上的地方儿。

"最坏的时间是四点钟，风阵换方向的时候儿。

"那架失事的飞机就正在这么一天，这么个地方儿，这么个时候儿掉在海里，是不是？"

"咦，您说的真有道理，"那个年轻人说。

"哈，哈，"撒姆笑了。"干着嘴儿说话儿怪累的慌。来一瓶啤酒怎么样？"

茶会早已散了，密丽才想起到厨房里来找撒姆。那个年轻客人说他得赶快回去。密丽绷住了脸，等他走出门。她这才对着那六只空的啤酒瓶发楞。

"喔嚄！老脾气又发作啦，"她起了个头。

撒姆认识他的密丽，一溜溜上楼去。直到吃晚饭的时候，他不得不下来了。他一声儿不言语，埋头吃饭，密丽和拉维尼按照娘儿们对付失了面子的男性的办法，鼻子里哼了哼，不理他。

末末了儿，拉维尼熬不住了，哭了出来。

"唉，咱们别来这一手儿，"撒姆求她，厌倦得很似的。

"你叫人家孩子怎么能不哭呢？"密丽说，她很高兴终于开成了火。"天知道我们一回又一回的努力往场面上混，回回都让你破坏得干干净净。懂不了的事情，你偏要充内行——还要躲到厨房里去噇啤酒。"

"喏，喏。我们也不过一家喝了两三瓶儿。还都是美国啤酒，三分象酒，倒有七分象水。"

"你闹得个个人都笑话你，"密丽又逗他一句。

"那个吗，那是他们没有礼貌，"撒姆说。"我不开口便罢，我说的话没一句是瞎聊。老殷家酒店里那些朋友，但凡议论到时事，谁不佩服我的话？"

"那些家伙！"密丽打鼻子里哼出来。

"这儿可不是老殷家酒店，爸爸，"拉维尼一句一稀呼的说。"这儿是好莱坞。您还把亨克斯先生带到厨房里去。"

撒姆有点儿生气了。

"赫，那个小伙子他爱听么，"撒姆嚷了起来。"我们也无非对面儿坐着喝点儿啤酒，我一边儿说点儿飞行的事情给他听听。犯法啦？"

他这句话不要紧，拉维尼哇的一声，两只手把脸捧起来。

"我又怎么啦？"撒姆也差点儿要哭了。

"你怎么啦?"密丽的主力军来了。"这位哈利·亨克斯先生不是别人,就是好莱坞鼎鼎大名的导演,也就是正要跟咱们维尼订合同的导演。我爽性都告诉你吧,他还是鼎鼎大名的飞行家,速度,高度,长距离三项纪录都在他一个人手上。这就是哈利·亨克斯。他没有人教训他了,所以要你,你这位牛皮大王,撒姆·斯摩尔先生,公公然然的坐下来,告诉他怎么飞行。你还问你怎么啦!"

"这会子,我的合同,我的演电影的机会,全让您给毁了,"拉维尼说。"亨克斯先生准以为我的家庭里头有疯病的遗传。"

"好,漂亮的撒姆·斯摩尔先生,您知道您干了一件什么样儿的事情了吧!"密丽接应着说。

密丽和维尼一递一句的来,可怜的撒姆真有点儿架不住。左支右绌,越来越不成,看看要大败下来了。他霍的站了起来。

"够了!"他震雷似的一声。"不准再说。"

他的一双眼睛朝她们直瞪,她们不作声了。撒姆的这一条嗓子一年大概只用个一两回,到他这个嗓子出来的时候,密丽知道得赶紧退兵。

想起来也有道理。嫁个男人,要是你不能见天儿絮聒他一阵,那还有什么意思?可是,根据同一原则,要是一个爷们一年到头不会有一回两回拿点儿颜色给一个娘们看看,谁还愿意嫁他?

所以密丽和维尼坐在那儿一动不动,象两只耗子;撒姆站在那儿,朝她们瞪眼。

"现在,"撒姆说,"我要出去散步——而且,我要一个人儿散步,不要谁监视。"

他等了等儿,没有动静。他就大踏步走开,把他的顶好的一顶帽子往脑袋上一扣,走出大门。连他自己也没有在意,他就朝海边走去。他走到三种棕榈树底下的栅栏跟前,远远的望出去,望过那些电影明星的海边别墅,望过那些暮色中依稀可见的浪头。他沿着海滨大道望过去,看见远处的"灯塔咖啡馆"的灯光。他回过身来,把他的帽子放在马路这一边的长椅子上,走回崖岸的边缘,一顿脚飞了起来。

他跳进那沿崖壁上升的徐缓的气流,然后陡的一钻,翱翔在圣蒙尼加峡谷的高高之上。他直着飞,斜着飞,气流的狂放的音乐在他的脸上弹奏,他感觉到第一次室外飞行的狂欢。

他忘记了送他到海边上来的原来的愤怒。什么都消失了,除了那不费力的飞行的四度空间性的愉快。这以前,撒姆只是在他的屋子里头静止的空气里头飞行。这是完全两样的事情。这儿有的是游动的气流,细小的洄洑,聚成瓦格纳的杰作似的大开大合。撒姆的张开的两臂上的肌肉,他的身体的位置,对着空气的舞旋做着无穷的微细而迅速的适应。

他向着峡谷中的一片霓虹灯闪耀之处俯冲下去,那是沿公路的小点心店和加油站攒聚所在。他的身体的重量把他投到对面的崖壁之上,他在那儿重新又跟上了上升的气流。他侧过半面,支起一只胳膊向前,打那气柱里斜斜的冲过去,顺着海岸往玛立坡飞去。在他的底下,他看见汽车的微小的灯光顺着海边的马路慢慢儿爬。汽车的藐小和纡缓,他觉得又可笑,又可悯。

可怜的,离不开泥土的人们啊!

到了玛立坡,崖壁完了,开始有丘陵起伏,撒姆盘旋了一阵,把他的身子平衡在轻风之上。于是,忽然把脚一蜷,一个向外跟头,他又往下向着灯火聚集处冲去,只觉得地面向他直扑过来;

赶他开始那个跟头的后半部,重新又向上,更向上,高,更高的时候,又只觉得呼呼的风声震耳——直到他慢慢的失速打住。这以后,他就来一个懒懒的横转,安详地向内陆飞去,利用那陵谷高低的上空的复杂气流渐飞渐上,直到比最高的山峰还要高。现在,在远远的前方他看见梵纽斯城和圣费尔南多城的一眨一眨的亮光。在他的右手边是洛杉矶,好莱坞,柏味力的一片通明的灯火。那儿,再往海边去,亮着,跳着,象一串串夜明珠似的,是那些海边的小城,它们的光明灿烂的马路,码头,娱乐场,合成一个大圆弧,抱着那个大海湾,直到保罗弗尔第山地。

灯火的光辉,不从平面看而从高处看,不是透过一层空气而是透过多层空气,另有一种幽灵的美,叫撒姆不得不一半儿怜悯一半儿怅惘。

他不是想起密丽,可怜密丽。倒不如说是他为一种情绪所触动,那里面包括所有的密丽,所有为了一个男子而爱,而苦,而扰扰的女人。让这个情绪浸透了他身上的每一根纤维,他侧转身子,慢慢儿的滑翔而下,回到圣蒙尼加栅栏。他把胳膊回转,脚尖儿点地,轻轻儿的落在长椅子旁边。他捡起他的帽子,悄悄儿走回家。马路上暗无灯火,夜里开花的素馨送出一阵阵的香气,告诉过路的人,这个地方的一切都不真不实。

撒姆的第一次野外飞行的狂放的快乐留在他的记忆里头,可是那一次飞行所引起的悲哀情绪再也磨洗不去,笼罩着他的精神,叫他分外感觉寂寞。而撒姆这个人是最不喜欢寂寞的。他最爱大伙儿说说笑笑。

撒姆不是一个哲学家,他不会因为发觉了人类的藐小和他们行事的可笑而欣然自得。撒姆是个极平凡的凡人,最爱的是霍家店里买来的一盘子油炸鱼带炸土豆条儿,或是老殷家酒店里闹一壶老酒,约两三个老朋友坐下来讨论讨论大赛马或是足球赛的结果,或是谈包尔温包首相的政绩。

可是他的飞行是举世无双的一种秉赋,他反而因此寂寞起来,正如无万数的过路鸽儿飞尽了留下一个,让人家关在笼子里三年,天天咕啊咕的叫唤那个再也不会回来的配偶。而撒姆最不喜欢的就是寂寞。

百无聊赖的撒姆天天在街头无目的地游行,走了一里又一里,而在那个有棕榈树和霓虹灯和蔚蓝的山峦和稀奇古怪的说话的人的国土里,他越走越觉得寂寞。

他要寻求和他臭味相投的人,这个欲望有一天让他在柏味力镇上站了下来,他看见了一块招牌。那上面写着:"你的狗怎么样",底下一个大问号。再往底下,写着的是:"迪克·霍格尔。英美两地三十年老店。"

"也许我需要的是一条狗,"撒姆心里说。"这儿有一个在英国干过这个营业的,我要是要找个人谈谈,还有比这更合适的吗?就算是密丽不让我养狗,跟这个人谈谈又何妨,听听这儿的价钱也好。"

撒姆决定了,就打门外的一棵阔叶低垂的棕榈树下钻过,把门推开。里头坐着一个矮小的人,正在给一头铁线毛剪毛儿。撒姆站在旁边看了一刻,那个人抬起头来,说:

"有何见教?"

"喂,你打哈德斯菲尔德出来有几年了?"

那个人放下手来。

"你怎么知道我是哈德斯菲尔德人?"他问。

"听你的口音么。"

"哎哟,我真是该死了,"那个人说,吃了一惊。"我来了快三十年了,我只当是我的口音已经丢光了呢。"

"哎,你的说话是有几分象美国佬,"撒姆表示同意,"可是还留着点味儿,让人听得出。我的家就离哈德斯菲尔德不远儿。"

"我也一听就听出,"那个人说。"这儿,请你给我按着这狗蛋的脸蛋儿。这个小混蛋它是让人惯的不成样子了。"

他在那小狗的鼻子上打了一巴掌,让它知道谁是谁,撒姆帮他按着,让他修剪它的尾巴。

"你这狗蛋,嘻,"他剪完了说,"滚吧。"

那小狗一跳跳下凳子。

"哎,这才象个狗儿了,"撒姆说,表示赞许。

"也就是这个样儿罢了。这儿的好狗少得很。这儿的人,就是得了个好的,也不知道怎么养。"

"对了,这是个古怪国度,"撒姆同意。

"可是这儿的钱好挣,"那一个说。"这些电影明星谁都有三两条狗,可是谁也一点儿不懂。我当面也跟她们这么说。我是不懂得什么叫客气的。"

"对了,你是约克人,"撒姆说。

"就是这个话了。来,给我抓住那个小狗,咱们上里边儿去。我有一头西立罕要洗一洗。"

他们走进里头一间屋子,那里头有一个洗澡盆放在一排排的狗笼和狗窝中间。

"对了,"那个人说,一边给那头西立罕抹肥皂水。"这儿的人有狗也不知道怎么养。"

他侧起头来一听。

"喂,给我拿着一会儿。前边儿有人来了。"

193

撒姆把上衣一脱,俩袖子一捋。有事情做还能闲着吗?赶那个人回来,撒姆已经把那头西立罕拾掇得差不多了。看那狗店主人时,,胳膊底下挟着一团怪模怪样的东西。

"哎哟,我的老天爷,"撒姆说。"那是什么啊?"

"那个娘儿们刚才送来的,"那个人说。"她说的,她说的:'您能不能给我把这个狗儿拾掇拾掇?'我说的:'这可是个什么狗哇?'她说的:'这是我的约克哈叭狗——我给它洗了个澡,怎么爬梳也不能把它的毛爬梳清楚。'"

他捧起那可怜的小毛虫让撒姆看。撒姆笑开了。这是他离开英国以后头一次痛痛快快的笑。

"哎哟,天哪!我再也没想到我会有一天跑到这么个地方,碰见这么傻的人,傻到要给约克哈叭狗儿洗澡,"撒姆一头笑一头说。

"可不是我说了的,我的哥?"那一个说。

他捧起那个湿淋淋的狗儿,他们俩靠在椅子背上笑,笑到只听得见他们自个儿的笑声。给约克哈叭狗儿洗澡,这是撒姆听见过的最好笑的笑话。

"这要你爬梳半年才爬梳得清楚呢,我的哥,"撒姆说。他擦了擦眼泪,可是眼泪擦开了又就看见那哈叭狗儿,哈哈哈又笑开了。

从那天起,撒姆的日子就不空了,飞行的念头也丢开了。他成天价待在迪克的狗店里,两个人给狗儿洗澡,剪毛儿,剪指爪儿,笑话美国人养狗的劣把儿。撒姆跟所有的约克人一样,关于狗的事情是天生的内行。

迪克帮着撒姆捡了一头母的羊狗,可说是没什么大缺点,除了尾巴有点儿松,耳朵有点儿掀。迪克说的好,总算是没什么遮盖不了的毛病儿——而且不管怎么说,是个很不错的狗妈妈。

所以赶它到了时候儿,他们就给它张罗起来。刚巧有个财主送了一头挺壮实的公羊狗来洗澡,他们就给它们拉拢一下,他们在旁边直乐。

他们天天在一块儿,拾掇狗儿,聊天儿,在圣阿尼他赛马会里下俩注儿——原来这位迪克·霍格尔很喜欢这套运动场上的玩意儿。

他们也许会一直这么快快活活的过下去,要不是因为一头寄养的北京哈叭狗打篱笆眼儿里钻了出去。

撒姆和迪克正在屋后头院子里把那寄养的狗儿放出来活动活动,迪克忽然一声大叫,把亚卡霞树叶上的水滴都摇落下来。

"逮住那个小哈叭狗儿,"他叫唤。"它正在'热'头上,这一跑出去不定闹出什么乱子。"

撒姆抓了一把没抓住,只抓住了尾巴上两根毛儿。那小哈叭狗儿已经钻了出去。

迪克一看,回转身就奔大门。他跑得真快,因为他眼前现出一幕场面,那个哈叭狗儿跑进了山洼子,碰上一头锡鲁奇,一头吉士汉,甚至一头大丹麦——那头哈叭狗的主人要问他这一窝漂亮杂种儿是哪儿来的,可叫他拿什么话回答人家。狗主人是一家电影公司里的制片人,平常无事也就够难伺候的。

所以迪克飞也似的跑出大门,绕到店后。赶他跑到的时候,撒姆已经在那儿,哈叭狗儿挟在他胳膊底下。

"咦,我可吓糊涂了,"迪克说。"你倒是怎么跑了出来的?"

"跳过来呀,我的哥,"撒姆笑了笑。"喏,看着!"

他一顿脚蹿了起来,轻轻儿就过了那篱笆。他轻轻儿落在地上,回转身,又跳了出来。说是跳,那是就表面儿看起来说,事实上那自然是撒姆的一点儿顶起码顶简单的飞行。

"嗨,我的哥,"迪克说。"你这本事儿可了不得。"

"岂敢,岂敢,"撒姆说。

他们走回店里头。

"这一跳够瞧的,"迪克接着说。"那个篱笆足有七英尺。你不但跳了过去,外带还挟着个哈叭狗儿。你为什么不早告诉我你是个头等运动员?"

"不然,我从来没干过什么运动,除了偶尔打一回木球之外。"

"你这个话有点儿叫人难以相信,"迪克自言自语。他拉开一个抽屉,摸索了一阵,摸出一根皮带尺,量了量那篱笆。七英尺又二英寸。

"嗨,"他跟撒姆说。"咱们得想个办法干点儿什么。你能跳七英尺二,我仿佛记得世界运动会的记录才不过六英尺八啊什么的。嗨,我的哥,我有个主意让咱们弄他几个钱儿。"

这位迪克·霍格儿很有几分运动迷,他自然是往那个方向想。他的好主意儿是给撒姆报名参加麦加拉楞运动场上举行的退伍兵救济运动会。

"你看我这个岁数儿还到那个场子上去跳跳蹦蹦,不透着有点儿不象话吗?"撒姆问。

"这个我不知道,"迪克说。"我只知道打这些美国佬手上弄俩钱儿没什么不可以。他们拿世界运动会的锦标也拿了多年了,也该有一个老老实实的英国人来扫扫他们的兴,顺便儿闹他几块钱。"

"对了,赢两个老老实实的注子也没什么不该啊,"撒姆表示赞成。

撒姆这就训练起来。迪克是他的经理人,看着他在狗店后头练习了一个星期之后,他就给他报名参加跳高,跳远,撑竿跳高三项。他让撒姆吃生鸡子儿,白葡萄酒,烤面包,拿他的最好的油来给他摩腿,那个油是他配了给受伤的狗按摩的,成分是酒精,樟脑,醋。

总而言之,他尽了一个认真的教练所能尽的责任。

"撒姆啊,"开运动会那天他说,"我把你磨练得也就不能比这再好了。我已经尽了我的责任。这就瞧你的了。"

他们叫了一辆汽车,开到会场,迪克出去买那赌输赢的票子。他回到休息室的时候,脸上严肃得很,象是刚从教堂里出来。

"我在你的三项运动上都下了注,每项五元,一赔五,"他说。"我又下了两元赌一百,赌你三项全得第一。"

"这个数目好像是不小,"撒姆慢慢儿的说。"合英国钱是几镑呢?"

"这个你不用管。反正咱们就算是,照这些美国佬的说法,'装在荷包里了'就是了。现在你且歇息歇息。"

迪克给撒姆临时又按摩一遍,帮着他把运动衣和运动裤穿上。然后给他包上一件浴衣,跟着他走进运动场。

"你别发愁,"迪克说。"我知道你准干得了。"

"要是你那么有把握,我就不怕。"

撒姆的三项运动第一个来到的是跳高。迪克站在那儿,先不让撒姆跳,直到已经加到五英尺十英寸。这才替撒姆脱了浴衣。

"咱们没有打头儿跳起,所以不能有跳三回的权利,你可得一跳就过呢,"他说。"这个,我想你是满不在乎的。"

撒姆不说什么。他有点儿慌。可是他知道有迪克的信仰在他背后,所以他就跑了几步,到了竿子跟前一跳而过。另外还有三个选手,三个里头跳过了两个。

竿子升上一格,五英尺十一。撒姆跳了过去,那两个里头落下了一个。

这就只剩了撒姆和另外一个对手了。他们跳了又跳,那竿子一回升高一点儿,到了后来只听得司令台上的广播喇叭报告道:

"跳高已经达到世界运动会的记录。诸位来宾,跳高竞赛。现在是英国的撒姆·斯摩尔在跳。"

撒姆跑到跟前,跳了过去。看的人鼓掌欢呼。那一个选手拼命一跳,也跳了过去。看的人又鼓掌欢呼。

那喇叭开始叫唤,世界新记录,世界新记录,全场的摄影记者都赶了过来,撒姆还是照样的跑那几步,飞跃而过,离竿子还有好几寸。到处是欢呼和紧张的情绪。那一个选手试了几次,可是跳不过去。人们开始包围撒姆,评判员跑了过来,重新拿皮带尺来量,唯恐那竿子安放错误。他们互相争辩,撒姆不耐烦起来,他说:

"这么着,诸位朋友。要是不放心,就再加个两寸试试。"

这些人愣住了,就依他的话加高两寸。撒姆又跳了过去。

这个工夫迪克来了,把浴衣往撒姆身上一裹,把他拉走了。那些评判员要撒姆再跳,看他到底能够跳多高。

"不干了,诸位朋友,"迪克说。"我是他的经理,也是他的教练。我们还有两项比赛,我不能让他累坏了。"

他把撒姆弄到会场的一个犄角儿上,又给他在腿上摩油,仿佛撒姆就是哲姆·梅斯,或是杰克·邓普塞,或是别的大运动家似的。

"这些狗蛋,"迪克一边儿摩油一边儿嘟囔。"他们不存好心眼儿。那个跳高的朋友是美国挺利害的一个。可是我早就知道,他不是你的对手。"

"对了,再有多高我也跳的了,"撒姆说。

迪克跟着撒姆颠颠簸簸,象母鸡照管小鸡儿似的。过了一会儿,又带他去参加撑竿跳高。依样画葫芦,撒姆又创了个世界新记录,十五英尺三英寸。这就剩跳远一项了。撒姆很想跳他个一百码,可是转念一想,这也许要闹出意外的麻烦,人家许不肯付迪克赢的钱。所以只跳了个三十英尺,反正也是个新记录。

总而言之,这两位朋友痛快了一天,一路欢天喜地的回去,喂他们的狗儿,数他们赢的钱。迪克又打发人去买了四听啤酒,他并且让撒姆破一回运动员的戒,喝了一听。

这是痛快的一天,真正的。

撒姆回家去的时候儿,这一天的兴奋慢慢的起了反应。他感觉一种寂寞,一种郁闷,一种乡思。他要有个人跟他谈谈他的新奇的力量,这个还有谁比密丽更适当呢?

可是赶他到了家里,密丽和拉维尼两个正在议论纷纷,热闹着呢。维尼刚才跟 G-M-G 公司订了五年的合同,那份高兴儿可就不用提了。撒姆也插不上嘴,他就怀着一腔寂寞上楼去睡了。

第二天早起,撒姆的麻烦就起了头儿了。家家报纸上全都闹的是这一件事儿,议论着那个一天打破三个世界记录的人。第一版上就是撒姆的照相,穿着运动衣,运动裤,飞过那跳高竿,白胡子在风中飘拂。

那些评论文章,要按好莱坞地方人的说法,可真是"吓人不剌"的。一家洛杉矶报纸用一小段文字记载撒姆的事实,底下就是长长一篇说这表示加利福尼亚的天气有多么好,能叫五十三岁的人返老还童。又有一家报纸说一半儿是气候,一半儿是加利福尼亚的柑子汁,才能让五十七岁的人打破世界记录。

有一家报纸说这完全是因为加利福尼亚的阳光充足,使人的血液里头含有特别丰富的糖元,所以加利福尼亚的运动员才会比世界上哪儿的都强。又有一家说这是因为加利福尼亚的空气清新;还有一个小报说是因为加利福尼亚的运动场跑道做的高明。

东部的报纸说这又是一个加利福尼亚的骗局,说是加利福尼亚的评判员用的是一种特制的加利福尼亚皮带尺,所以才会有这种记录。佛罗里达省的人还上了一个请愿书给全美运动协会,要求否认这些新记录,因为管短距离赛跑放起身枪的那些人里头有一个没有运动协会的证书。

有一位体育版的主笔说,美国凭仗南加利福尼亚,准能取得下届世界运动会的锦标;另有一位记者说,撒姆是英国人,所以美国如果要得下届世界运动会的锦标,非得南加利福尼亚再多负点儿责任。

有一家旧金山的报纸的社论说,只要南加利福尼亚老是能造就撒姆这样的人物,美国就不用害怕日本帝国主义;可是又有一家的社论说,撒姆不是美国人,由此可见美国的国会还得设法加强太平洋沿岸的国防设备。

有一位有名的社论家为撒姆写了长长一篇文章,说是这可以表示,虽然非洲民族里头很有些人能跳的比撒姆还高,可是一个白种人的脑袋要比一个黑人的大好些立方厘米,竟是比大猩猩的脑袋还要大,虽然大猩猩比白人和黑人全都力气大;说是虽然四万架日本飞机就能在一点钟之内消灭洛杉矶,只要他们能从日本那么老远的飞来,可是这很可以表示白种人毕竟是白种人。

总之,毫无疑问,撒姆成了一时的要人。这个,一个老早,他和密丽就发觉了。撒姆在楼上,密丽找他来了。

"你这又闹的是哪门子事情?"她问。

撒姆钻进密丽的衣柜。

"怎么?我没干什么啊?"他说。"我刚才心里道念来着,我说:我要把密丽的皮鞋给她上点儿油,把它擦得亮亮儿的,她最爱的就是一双漂漂亮亮的皮鞋。"

"你不必拿我的皮鞋来敷衍我。你到底干了些个什么啦?"

"哎,我不是跟你说了吗,什么也没干哪,"撒姆说,很清白似的。

"没有干!那么二十几个报馆记者在楼下嚷着要见你又是为了什么来着?还有,这又是个什么?"

她把一张报纸塞到撒姆的鼻子底下,那上面是一张撒姆跳远的照相。

"哦,我昨天玩儿了几下子运动罢了。这个照相不大挺象,你看怎么样?"

密丽一把又把那张报纸抓过去。

"咳,撒姆·斯摩尔啊。疯人院里的人这就要来找你了。我不懂你的头脑出了什么毛病儿。象你这个岁数儿,跳跳钻钻的混充运动员。你到底近来是怎么样啦?"

"我没有什么说的,"撒姆说,倔强地。

密丽看看报纸,又看看撒姆,蹲在衣柜里头,手上拿着密丽最好的一双皮鞋。

"撒姆·斯摩尔，"她说。"你过来，坐在那个沙发上。"

撒姆遵命坐下。

"嗨，撒姆，"她说。"这里头准有点儿事由。你快说出来到底是什么？"

撒姆望着密丽，咽了一两口唾沫，这才决定，在密丽跟前休想撒谎。

"那么，密丽，"他说。"是这么回事情。我发觉我会飞。"

"你发觉什么？"密丽问。

"飞，"他说。"你坐着。我飞给你看。"

他说完就起了飞，在屋子里头飞了两转，脚尖儿点地轻轻儿落在密丽身旁。

"现在你看见了。我能飞，"他说，胜利地。

"不错，你能飞，"密丽承认。"而且飞的挺好。可是我不懂你为什么和我结婚的时候不就告诉了我。"

"这你就错了，我是不多几天头里才会飞的。"

"好，这倒是个挺有用处的本事，我敢说，"密丽说。"这以后，我够不着的窗子玻璃可以让你给擦擦，喔，还有好些事儿你可以帮我个忙儿。来，撒姆，你跳上去把那天花板上的蜘蛛网儿给我撩撩。这已经让我心烦了两天了。"

"你坐着，"撒姆一边儿说着，飞了上去撩那蜘蛛网儿。"我能象海鸥那么飞，也能象鸽子那么飞，就只还没能象百灵儿那么飞。"

"哎，你别灰心，我的哥。多多练习练习，再没有不会的。我说啊，你一个初学的人能有这么个程度，就算是挺不错了。你会飞有多久了，你刚才说？"

撒姆就从头到尾一五一十说给她听,从信仰和移山说起,以及寻死的真相,以及怎么碰上了迪克·霍格尔。

"这个人倒怪不讨人嫌的,而且还是个哈德斯菲尔德人呢,他要我去跳两下子,那是他要找俩钱儿。"

"找俩钱儿没什么不应该,"密丽表示同意。"我自己就最爱在赛马场上赌个一毛两毛的。只是你闹的太热闹了点儿,弄上这么些新闻记者在这儿楼下,还有一个委员会啊什么的要你代表英国参加世界运动会。"

"这个,咱们能很快的解决,"撒姆说。"咱们只要跟他们说实话——告诉他们我不是运动员,我是飞了过去的。你下去告诉他们,让我在这儿把你的皮鞋擦一擦。你跟他们说,我骗了他们,很不过意,可是没有什么新闻可以供给他们的报纸。"

撒姆虽然已经仗着他的自动纺锤发了财,还是喜欢擦皮鞋——特别是擦密丽的皮鞋。先把鞋油抹上,又用刷子把渣滓刷了,然后拿一块软软的绒布,擦啊,擦啊,把皮鞋擦的亮晶晶的象才烫过的羊皮——这个给他很大的快乐。所以他今天又埋头擦了起来,他信得过密丽那张嘴,有多少记者也应付得了。

吃了午饭——吃的是煮羊头带汤圆儿,碎切红萝卜,泡甜菜,炸麻团,外带奶酪柠檬干酪包子,一杯老麦酒,几片烤饼干带辄德干酪——撒姆出去溜达溜达,仿佛是松松腰带的意思。他一走出马路,就有一个小伙子走了过来,自通姓名,叫做杰姆·麦克吉里刻德。

"你是个报馆记者吧?"撒姆问他。

那个年轻人说他得说实话,他是个记者。

撒姆沿着那柑树园继续往山上走,那个年轻人在他旁边跟着走,一边儿跟他说明,说是他非得有一段好新闻不可。他要是找不着一段好新闻儿,他就完了。他实在是刚刚开始当记者,所以他非得有一段真正好的新闻不可。

别的记者都已经回去照着密丽的话去写了,可是他要撒姆本人说说,所以才在这儿等着。

"除此以外也就没有什么可说,"撒姆说。"我能飞,完了。"

"能飞?"

"对了。"

"你是说能开飞机?"

"不对,自个儿飞。"

那个年轻人有一会儿不言语,他们继续齐着脚步儿走。

"斯摩尔先生,"他慢慢儿的说。"我不愿意尽自麻烦你,只是——您要是高兴的话——您肯不肯——飞这么一飞?"

"当然可以,朋友,"撒姆说。"这儿这个地方儿倒还不错。"

他走到那大路靠近峡谷的斜面的地方,飞了起来。他在峡谷的上头打了两个转,在洛杰斯牧场上空转了个圈子,滑翔了回来,轻轻儿降落在那个记者的身旁。

"我的老天爷,"那个年轻人说。"我的老天爷!"

他马上飞也似的跑走了。

"神经病美国佬,"撒姆自个儿说。

他继续走上山,把那些整整齐齐的草地撂在背后,到了一个高高低低的沙漠似的地方,那儿长着鼠尾草,滚球草,和仙人掌。他走上一条小路,走过这块地方,往更高处去,忽然景致又变了一变——加利福尼亚多的是这种变化——撒姆觉得很象英国乡下,翻翻滚滚的小农场,苍苍莽莽的天边。这是个冷静寂寞的地方,撒姆飞了起来,痛快的飞了一点钟,盘旋来往,驾驭着峡谷里上来的气流,脸上享受着音乐的妙味。

他这才走回家去,刚坐下吃茶,那个记者忽然又来了。

"请进来,"撒姆说,用他平常的一团和气的语调。"坐下来吃杯茶。"

"不,不用客气。"

"哎,来,来,"密丽说。"吃点儿什么——吃个酥饼吧?这是大麦饼,甜饼,覆盆子酱,干酪包子,冷切火腿,咸肉饼——这儿还有一块冷鸽子馅儿饼,怎么样?要不来点儿香肠,还是来点儿冷鳖鱼?"

可是这个小伙子只管摇头。

"你有病吗,朋友,"密丽说。

"对了,你怎么啦?"撒姆插嘴。"看你的样子,倒象是你恨不得小时候儿出疹子的那程子就死了似的。"

"我让他们开了。"

"你让人怎么啦?"

"开了!撵了!掏走了!革职了!"

"哦,我懂了,你是砸了锅了,"撒姆安慰他。"哎,朋友,我听了真难受。我只道我给了你一个独一无二的好新闻儿呢。"

"我回去就把这段新闻儿写下,"那个朋友哭着说。"他们就把我开了。他们说我是喝醉了说梦话。我告诉他们这是千真万确的事。他们太笨了,再也说不信。他们就象早年得了莱特弟兄发明飞机的新闻一个样儿——第十六版上安个两行。现在您这个新闻比莱特弟兄还要伟大!比戴翁尼家一胎五子还要伟大!这是开天辟地以来最伟大的新闻。您知道不知道?"

"你倒是真会客气,"密丽说。

"我也许是醉了,也许是疯了,可决不是客气,"那个年轻人说。"我自信不笨。这么着,也许我不是个笨伯,可是您肯不肯——就是说——要是我早一会看见的不假,您肯不肯再来一下——飞一飞?"

"要是你不嫌弃,"撒姆说,他不愿意太踊跃。

"哪儿的话。我是求之不得。"

"对,"撒姆说。他就来了个直升起飞。一个因默尔曼式转身,绕着餐厅飞了一转,在餐桌上头盘旋了一阵,然后慢慢的一英寸一英寸的飘回他的座位。

"简单得很,"撒姆给客人解释。

"简单!"那小伙子进出来两个字。"哎,您好像还不知道这是五千年人类进化史上第一件大事。人能自个儿飞了。伟大!真伟大!伟大得可怕!咳,让我来经理,咱们能轰动整个的世界。咱们能捞个几千万!"

"几千万?"密丽关心起来。

"当然。咱们可以开表演会。"

"嘻,你想想看,"密丽轻轻的说。

"我也想过开表演会来着,"撒姆说。"我前儿个想着,我这个玩意儿是那天在敏妮姑姑那儿起的意,她也许愿意我去飞一回儿,作为信仰万能的一个凭据。"

"敏妮姑姑,滚她的!"那小伙子说。"你想,她愿意把她这会儿占着的舞台中心让给一个会飞的人吗?万无此理,先生。这么着,您跟我订个合同,咱们来个环游世界……"

"不,我再也不来环游世界了。我已经游了一次,"撒姆语带悲声,"我除了回我约克而外,一步也不走了。"

"撒姆!"密丽警告他。

"哎,密丽——飞是我飞,我爱怎么办,得由我作点儿主啊。"

"对了,自动纺锤也是你的自动纺锤,"密丽反驳他。"可是,要是由你作主啊,奥迪考特厂到今儿个还把它当他们自己的用着呢。找个律师告他们,是谁的主意?是我的主意不是?要不是那么一办,咱们到今天还不依然是两镑半一个星期干工头?哪来这会子的日子?"

撒姆不作声。

"讲到弄钱,你别管,交给我,"密丽说。"要是飞个两飞就可以让咱们在美国再发一回财,傻瓜才不干。你这会儿别管钱的事,我跟这位年轻朋友会料理一切。"

"咱们的维尼怎么样呢?咱们不能把她撂在这儿啊。"

"她有她自个儿的前途。我看哪,我看她倒愿意咱们走开,让她清一清她的背景。反正咱们挣个几千万之后,还是可以回这儿来享福。"

"哎哟,我的妈呀,"撒姆直哼哼。"我只想早点儿回家去。"

第二天,合同写好,签了字。

"现在咱们的办法已经定了,"那个年轻人说。"不必跟电影公司打交道,因为看电影的人会说这是假的。咱们上纽约去,把麦迭生广场花园租下。您的事情只是一天起飞一次,在花园里飞一转。我这就去买飞机票,咱们明天就飞纽约。"

"飞,"密丽说。"嗨,这么着。你不如买两张票,撒姆可以跟着飞机飞他的。这样咱们可以省一张票。"

"这倒不错,"撒姆说。"只是我的行李呢?"

可是杰姆不赞成,他说撒姆飞过洛矶山的时候儿,会冻成一块石头,密丽听了这个话就让了步,赞成让撒姆也坐在飞机里头。

第二天他们就起飞,这以后的经过撒姆就记不大真了。事情来的那么快,把可怜的撒姆搅昏了。

他们一降落纽洼克机场,就一汽车开到纽约城里一家大旅馆。他们的屋子里头立刻挤满了人,跟他说话,拿他说话,掐他,戳他。后来就请他飞。

"嗨,怎么让这些人白看呢?"密丽问。

"这是宣传哪,"杰姆说。"新闻界啊。咱们要想法子叫人家来啊。"

撒姆在旅馆屋子里头飞了几个转身,哎,也没见那一起纽约佬那么多疑的。他们爬上椅子,伸出巴掌去撩铜丝儿;他们又戳戳撒姆的身子,看有没有什么粘在他身上;他们请密丽上屋子外头去,唯恐她玩催眠术;末末了儿,他们要撒姆脱了衣服飞,让他们看清楚没隐藏什么把戏,例如裤子里头藏着一个小马达之类。

密丽可有点受不了了。

"我不离开这个屋子,"她气昂昂的说;"至于你们要我的男人光着屁股飞,象才出娘胎似的,什么都得露馅儿,那我告诉你们,要再思啊再想。你们把我这个话放在烟斗里抽两口试试看。"

出去了一起子,又进来了一起子,撒姆又飞给他们看。大夫们敲敲他的胸膛,试试他的新陈代谢,量量他的血压;心理学家问他一吨鹅毛是不是比一吨镔铁轻;有一个催眠专家出来考问,又有一个精神病大夫出来考问,又有一个心灵研究会出来考问。

这就轮到摄影记者了。他们拍了一个站着的撒姆,又拍了一个飞起的撒姆,又拍了一个翻跟头的撒姆,那个屋子里头满是镁光烧出来的烟,把撒姆闷的舒不过气来。末末了儿他只能逃进卧房。卧房里头他看见一个小老头儿坐在床上。

"晚安,朋友,"撒姆跟他打招呼。

"您好,"小老头儿说,挺有礼貌。

"咳,我让他们开了开眼,"撒姆说。"可是累坏了我了。"

"确是让他们开了开眼,"老头儿说。"无奈他们不会相信的。"

"不会相信?"

"唉,不会的。这个科学世界的廉价的摩登教育最怕的是任何超越它的丁一卯二的知识的东西。所以呀,那些新闻记者一定会写些群众催眠哪,自我暗示啊,铜丝儿啊,走江湖大言欺人哪什么的。他们惯常会拿些连他们自己也不懂的字眼儿来说明他们懂不了的事情。他们要寻觅一切的遁词,只是不要那真理——不承认您能驾空——换句话说,你能飞。"

"可是我是能飞呀,"撒姆说。

"你自然能飞,"那老头儿和和气气的说。

"多谢您,"撒姆说。"你试试我的烟草。很不坏似的。还没请教,你贵姓啊?"

"喔,一串字母罢了,"那老头儿说,一边儿拿撒姆的烟草往烟斗里装。"你不必问我的姓名。我只是研究院里的一个研究员,如此而已。我正在研究如何战胜人的身体和心灵对于现代生活,现代城市,现代饮食,现代思想的反抗。为什么人身上会长癌,是精神的毛病吗?为什么细胞会恶性膨胀?"

他慢慢儿的把他的烟斗点着,望着撒姆。

"现在你来了!我没想到我会有这么好的运气,能活到今天,亲眼看见你重新出世。"

"重新?"

"自然。你是一天天少下去呢?还是这个时代将要产生更多的你呢？我们早先有过你的,你可知道？——戴达鲁斯,伊卡鲁斯①。他们也是会飞的。"

"这么说,我不是头一个了？"撒姆问。

那老头儿摇摇头。

"我见过你多回了,"他说。"你让人家驱逐出教,让人家非刑拷打,让人家扔在水里,让人家活活烧死,说你是旁门左道,把你当山精木怪,狐狸精,夜叉。只不过因为世上的人太柔弱,太无知,太——凡庸。我,也是个凡庸的人。我要想范围你的生命,观察你的行动,拿你做个实验室里头的标本。可是我办不了。我想再问你一句话。"

"问吧,朋友。我已经让人家问了这么多的话,再问一句又何妨。"

"请你告诉我,是不是有些时候儿容易飞起,有些时候儿难飞起？"

"啊,朋友,"撒姆说,"我最爱的是旷野地方。没有人在旁边的时候……"

"夜里？"

"对了,夜里。对的。让许多人围着看,我就觉着飞的没劲儿。比如今儿个——我就觉着空气粘乎乎的,软绵绵的,有点儿不容易通过。"

老头儿点点头儿,抽了两口烟。然后站起身来,拍拍撒姆的肩膀。

---

① 戴达鲁斯(Daedalus)、伊卡鲁斯(Icarus)是希腊神话里能飞的父子二人。他们的翅膀是蜡做的。父亲叫儿子别飞得太挨近太阳,儿子不听话,蜡让太阳晒化了,就掉在海里淹死了。

"斯摩尔先生,今天真是幸会,"他说。"我但愿我能够保护你。可是我没法儿。你懂吗,世上的人什么都干,就只不肯信仰。他们看得见,可是信不及。"

"连早年时候,这个世界比这会子还纯朴得多,他们已经不肯相信。他们在他们的知识范围之内变着法儿解释。伊卡鲁斯因为他们不信他,恼了,飞上青天,一去不回来。他们就说一定是他的蜡做的翅膀儿,因为他飞的挨太阳太近了,化了。"

"哎,飞的越高越冷,"撒姆说,冷静地。"蜡该更加坚牢哇。"

"自然。只是那个解释在他们的一知半解的范围之内让他们满足了。同样,即使在今天,人们还是要找一个解释,在咱们现在的一知半解的范围之内让他们满足。在今天,咱们的知识受着更加利害的限制,限制在我们这些科学家给大家预先消化了的一些不尽不实的报道之间。而你——可怜的孤单的伊卡鲁斯,经过了若干世纪而归来——来到一个你越证明人家越不相信的世界。

"你回到一个世界,那儿有生物学家证明童贞女可以生儿;化学家能叫白水变酒;医学家仗着因苏灵起死回生;外科大夫一把刀产生奇迹;电学家使他心通成为事实;科学家证明物质永久生存;数学家证明时间以外的时间和空间以外的空间毫无疑问。可是他们生在一个不再相信童贞女生儿,起死回生,他心通,时空以外有时空等等事情的世界。我们越证明,那唯理主义的脑筋越不肯相信。

"现在不再有纯朴可爱的信仰。因为这个世界有过太多的证明和太多的逻辑——在这个过程里头我们失落了对于不可解的事物保存信仰的能力。"

"怪了,"撒姆说。"我就是因为听了一场讲信仰的说教才开始飞行的。"

"当然,"老头儿说。

"我不管他们信不信,"撒姆说。"我知道我能飞就是了。"

"对的,斯摩尔先生。只是你可知道,他们的无信仰能……不,我不能多事。我不能再妨害世上的人。我只能让你自个儿去——只是一件。多早晚……你觉着比平常特别困难……你就自己说:'我能飞。我能!我能!'千万别不信任你自己。"

那个小老头儿踢踢蹋蹋的走了。

撒姆没有多大工夫去思索老头儿说的话,因为天天都是大夫,记者,代表,心理学家,摄影师,来来往往的不断。后来,忽然间,象夏天山洼子里晴空霹雳似的,伟大的一夜抓住了撒姆,他走进了一间化装室,密丽递给他一把五颜六色的银片儿铜片儿和几英寸绸子。

"我不穿这个,"撒姆发疯似的大叫。

"怎么着?我忙了这几天算是白忙啦?你给我穿上,不然,你倒说个道理听听。"

"咳,密丽,我穿上这个倒象个杂耍场里的马儿了,"撒姆抗议。"这到底是个什么啊?"

"这是我绣的,"密丽说。"你看,右边胸脯上是英国旗,左边儿是美国旗,不能不给他们点儿面子不是?来吧,我的哥,穿上让我高兴高兴。"

撒姆看看密丽,想起她夜里坐着绣这个,心里着实过意不去,只好把那件衣服穿上。密丽回来的时候儿,他正在镜子里看自己的背影。

"咳,密丽,"他哼着说,"我倒象个浮浪少年了,是的,一点儿没两样。"

"难道你还打算穿着你的顶好的哔叽衣服飞来飞去不成?"密丽说。"你要改变主意,现在也太迟了——你要换下你的衣裳,你必然后悔你的鲁莽,"密丽引了句老话儿。

"哎,我已经换过一回衣裳了,"撒姆提醒她。"一起头儿就不吉利。"

可是他们已经没有拌嘴的机会了。杰姆奔了进来,把撒姆拉着往上场的门口儿。他们打那夹道里走过,撒姆觉着象一头牯牛在芝加哥屠牛场的斜沟里往下溜。

杰姆在门口把他拉住,撒姆听得见广播喇叭在报告他登场。

"你一定干得了吧?"杰姆问他。"因为今天这儿的观众比哪一回都多——而且是二十二元一张票。你不会泄气吧?"

"当然不会,"撒姆说,烦恼地。他让杰姆一推推了出去。好,那儿站着撒姆·斯摩尔,穿着粉红色的贴肉的舞衫,绣的花花绿绿的,还翘起两撇白胡子。他站在那儿一会儿,看着那辉煌灯火眨眼儿。他把两只胳膊伸出去,打算起飞,忽然想起,要是飞不起来怎么样呢?

他站在那儿,在一个其大无比的屋子的中央,一个粉红绸子和银片儿铜片儿裹住的滑稽的矮小的人,两只胳膊伸出在两边儿,两撇白胡子和两只胳膊平行,上下呼应。他吓昏了,站着一动也不动。因为几千个观众已经开始笑了起来。那个笑声射出去,让墙壁撞回来,聚在一起,到后来那整个的地方都震荡着这个笑声,笑声的回声撞上了新的笑声,就这样产生了那不从任何人嘴里出来的奇怪的陪音。

可怜的撒姆站在那儿,但愿有个地缝可以钻进去。他扭回身去打算逃走。可是杰姆站在门口,急得发了疯似的跟他打手势。

"你看上帝的面上——干下去,飞,"杰姆高声叫唤。

撒姆又回过身来,把两只胳膊张开,准备了起飞的姿势。可是他的胳膊沉的有千斤之重。

他被一种恐怖抓住了。别是以前的一切全是一场梦吧——别是现在醒了,从此飞不起了吧?

他吓的不知道怎么好。他张开胳膊往前跑了几步,打算找一点空气的感觉。可是好像四肢麻木了一般,他找不着空气的感觉。他知道这个空气载不住他。有个什么拉住他。

他就张开两只胳膊,跑啊跑啊——四边的观众只见一个滑稽矮小的人绕着圈儿跑,象一只小鸡儿——一个要飞飞不起的人。

他们就笑啊,他们越笑的利害,撒姆跑的蹦的越快。他直跳直蹦,到实在累的要死了,这才站住。他听到另外一种声音。那些人恼了,嘘啊嘈的闹个不住。他抬起头来一看,节目单和报纸满空中飞舞。

昏昏沉沉的,他觉得有人把他推着拉着走过夹道。仿佛电影里似的,他觉得有警察拿起木棍来把人们往后推。于是他又到了化装室,密丽坐在他的旁边,杰姆对着他看。

"算了,"撒姆说,舌头硬僵僵的。"把他们的两个臭钱儿还他们,租会场的钱,什么什么的钱,都由我一个人付,哪怕我的家私花的一点不剩也不管了。"

杰姆站了起来。

"够了,斯摩尔先生,"他说。"您可别生气。"

"谢谢你,朋友,"撒姆说。"你就去跟他们说,可以退票。"

屋子里头只剩下撒姆和密丽他们俩,她对着他看。

"你一定恨死我了,"他说。

"没有,我的哥,"她说。"我不恨你,只是你在那儿蹦来蹦去的确是有点儿滑稽。你快把衣裳换了,咱们以后再别提飞不飞的就是了。"

她走出屋子,撒姆换他的衣裳。

"也许我早先是做梦能飞,"他心里说。悲哀地,他把衣裳穿上。最叫他伤心的是密丽对着他看的样儿。她以后再也不会对他有信仰了。信仰!就是信仰闹起头的!

可是事情出来了。撒姆一边儿穿裤子的时候儿,忽然想起那个老头儿——那个有胡子的矮子教授,他说了的:"对你自己说:'我能飞!我能!我能!'千万别不信任你自己。"

闪电似的,撒姆把背带套上,一口气喊道:

"赫,皇天在上,我能飞。把那个鬼房门打开!"

房门打开的时候,他飞了起来,飞出门,打警察们的头上飞过,警察们赶紧趴在地下,躲过他的直冲而出的身子。他在人们的头上飞过夹道,冲进那个大会场。

"你们这些狗蛋,"他狂叫。"我飞给你们看!"

他拼命往高处爬,一个跟头翻上去,他的肚子差点儿碰着天花板。底下,多一半儿的人已经回家去了,可是他还看见有小小一团,电灯光底下露着惨白的脸,仰着脖子似信不信的望他。

"我飞给你们看,你们这些狗蛋!"他狂叫,忽然朝他们直撞过来,象一架俯冲的飞机。他们吓得狼奔豕突,这个跌在那个身上。撒姆朝着大门直驶而去。他在那挤在门口的人们的头上叫喊着飞出大街。

"看,我能飞不能?"他叫唤,他在黑夜里头翻跟头,仰冲,俯冲,驶过灯火通明的窗户,掠过汽车和人们的头上,冲上房子的顶儿。

他轻轻儿停在一家屋顶上,看底下的景致。这辆汽车撞上了那辆,好些人围住了两个晕倒的妇人。警笛一声声吹起,巡警车,救护车,救火车,喇叭怪叫,狂奔而来。

他听见人们对他叫唤,他看见他们的脸聚成白色的一堆。消防队开始搭梯子。

"下来,别跌断你的狗脖子,"一个警察叫唤。

"我飞给你们看,"撒姆接他的话。

"好吧,浑小子!"警察说。他爬上梯子,手上拿着枪。

撒姆一只脚跨出屋檐。底下的妇女吓的怪叫跌倒。撒姆只是哈哈大笑。他投身往下,围着救火梯绕螺蛳弯儿飞,旋了两转,忽然向众人头上直冲下来。到了最后一秒钟他又折转向上,一爬爬上几百英尺。

这以后,他又冲下来,在人们头上飞驶。他穿过城中心,在百老汇路上翱翔,在时报馆大楼旁边飘荡。他沿着一条条大街疾驶,到一处,一处的交通纷乱如麻。

忽然,他的愤怒消散了,只觉得看见这些人怪腻烦的。他就慢慢儿的盘旋而上,上,上到黑夜里头,偌大的纽约城渐渐变成一片闪烁的光海。那无数熙来攘往的喧嚣变得只是隐约可闻的市声。他的底下是个岛,是一块发亮的花边纱:闪烁的粗条子是大街,疏细的一串串火珠子是河上的许多桥梁,爬行的萤火虫是港里的船只,远处一英寸一英寸爬过来的发亮的毛虫是火车。在城市的黝黑的高空是纯净的寂寞,没有人也没有东西陪着撒姆品尝这个滋味,只有南天的远处有一架飞机的嗡嗡声。

弹奏在他脸上的音乐使他由悲哀而沉静,由沉静而肃穆。他慢慢的向着城市滑翔而下。他一半儿赞叹一半儿惶惑的俯视着这个大城。就在这个时候他的天生的谨慎回到他心中。

"哎,撒姆·斯摩尔啊,"他跟他自己说,"你这可玩儿完了!你知道怎么找着你住的房子呢?"

他朝下看,可是他不认得纽约的路,条条街都是一个模样。他只有一个模糊的观念,底下的那些个高房子里头准有一个是他的旅馆。只是它们全都是一模一样。悲哀地,他飞上飞下,可是他知道,就让他看见了他的旅馆,他也不认得。

"唉,好麻烦,悔不该离开我的约克,"他说。

栖栖皇皇的,他飞来飞去,找着了一个看上去还舒服的屋顶。这个屋顶上有一片小小的草地,有一个喷水池,尤其好的是有一个吊椅。

"喝,高房子顶上有花园,"撒姆说。"亏他怎么想来着!且不管他,我的哥,这个地方挺软和,且睡他一觉是正经,明儿个一大早偷偷儿的溜下去找你的旅馆儿去。"

撒姆醒来,太阳照在他脸上,有一个警察攥住他一只胳膊。

"哎哟,我这一觉睡过了头了,"撒姆说。

"嗨,你是怎么样爬上这儿来的?"警察问。

"喔,我飞上来的,朋友,"撒姆说,老老实实的。

游廊门口站着一个妇人,一听见这句话,一声哎哟:

"蝙蝠人来了!"她叫唤一声,昏厥了过去。

"哈,我找着了你了,"警察说,一边儿掏出他的手枪。"你可别跟我玩儿什么飞行,你逃不了了。"

可是撒姆一见手枪就拿定了主意。整个儿这件无聊的事已经把他腻烦死了,所以他一冒就是两丈高,翻过屋檐,一个俯冲走的不知去向。太快了,那警察只来得及乱放了六枪。撒姆听见背后砰砰几响,觉得子弹在空气里飞过——他对于空气的震动已经有了非常灵敏的感觉,连老远飞过一颗子弹传过来的余波他都能觉察。

那几颗子弹把撒姆吓坏了,他的心跳的要往外冒,他不得不停下来歇息歇息。他落在一个方便的栏杆上。他蹲下来还不到一分钟,就听见背后有声息。他回头一看,是一个漂亮的年轻女子,赤条条的象才出娘胎,躺在床垫子上洗日光浴呢。

"嚄,太太,"撒姆说,有礼有道的把头扭过去。"打搅打搅,抱歉之至。"

那个女子尖利利的叫了一声,昏厥了过去,撒姆蹲在那儿,直搔脑袋,不知道是去救她好啊还是不去救她的好。就在这么个工夫儿,那个女子的男人拿了一枝鸟枪赶了出来,砰砰砰就放。

"倒他妈的穷霉,"撒姆说,"他们把我当鹌鹑啊什么的呢。"

自然,这是他一边儿飞着一边儿想着的话,因为他早已开足马力从洗日光浴的太太身边飞开了。

那个早晨是值得人记住的。每逢撒姆飞下来打算降落,底下的人就叫唤起来:

"蝙蝠人——蝙蝠人!"他们顺着大街狂奔,钉住撒姆不放。撒姆所求的不过是降落下来找他的旅馆,可是每逢他飞近地面,人们就挤在一起把街也塞断,个个人伸手要抓他,他再也没有一个机会偷偷的落地,不让人看见。

"咳,真是腻死了我了,"撒姆哼着说。

他又飞了上去,末末了儿飞到克利斯勒大厦,在一个做成妖精模样的檐溜口儿上停下。连在那个地方儿他也得不着安宁,人们打开窗户来看他,向他叫唤。过了一会儿,他们开始开起游览飞机来,绕着那个大楼飞,飞机里头的人朝他叫唤,求他飞两下给他们看看。

一会儿,他脚底下的洋台上有了声音,一个警察站在那儿对他叫唤,要他下来。

可是,到了这个时候,撒姆多年来对于蓝制服的尊敬早已失落了。

"喂,朋友,"他提出警告,"你要是爬上这儿来,我就飞上另外一个高房子,你又得爬下去再从头爬起。我算是在这儿呆定了,只有一个人我可以跟他谈谈,那就是我的密丽。你们把密丽找来,我就跟她谈。这一套把戏我实在玩儿腻了,实在。腻死了,竟不妨说。所以,我劝你连人带枪都乘早走开,把我的密丽找来。"

撒姆说完话,又飞高点儿,索性坐在克利斯勒大厦的尖顶上头的旗杆顶上。

他坐在那儿,一点钟又一点钟,直到晚半晌,太阳快下山。他们变着法儿骗他下来,可是撒姆的约克人的牛劲儿上来了,横竖给你一个不理,非他们把密丽找了来他不下来。

末末了儿,底下叫唤起来,撒姆瞅见密丽的帽子在一个小小的洋台上露了一露。她一层层爬上来,撒姆也飞下去拉她一把两把,终于两个人并坐在不高不低的一层飞檐上,遮拦得严严的挺舒服。密丽朝他看了一会儿。两眼泪汪汪的。

"咳,撒姆,"她说。"你穿了件衬衫过了一夜,蹲在半天里象一只麻雀儿。你着了凉可不是玩儿的。"

"密丽,"撒姆求她,"你这会儿先别忙着数说我。你先帮着我逃出目前的难关,我赌咒以后再也不双脚离地。这些混蛋警察刚才开枪打我来着。你告诉他们,我没有别的意思,我只要下地找条路回约克老家里去。"

"不对啊,我的哥,"密丽说。"你已经闯下了祸,警察们在底下等着你哪。"

"出了什么事儿了?"

"出了什么事儿啊?"她说。"事儿大了。你把这个城搅了个稀糟烂。个个人仰着脖子看你,让汽车电车压死压伤好几十。有一家摩天大楼的百货公司托人来说,他们愿意出你一百镑一天,只要你一天飞上旗杆顶一次。"

"别理他,妹子。咱们快点儿下去,走开。"

"不行,我的哥,你闯的祸多着呢。你就没想到,撒姆,你已经闹的天翻地覆?多少人已经告上了你,要你赔偿损失。听说昨天会场里有一个娘儿们怀着娃娃,你飞了出来,她吓慌了,脚下一滑,绊了一跤,她现在要求你赔她五十万块钱,因为你弄死了她那个没有出世的娃娃。"

"喔……喔,倒他妈的穷霉,"撒姆哼着说。

"事情多着呢,"密丽说。"城里的人有一半儿说你是蝙蝠人,妖怪,要求拿枪来把你打死,科学家说你决不是真会飞,牧师说你是个魔鬼,城里的女人们个个在那儿给她们的窗户安上铁条。你是个威胁,一点儿不假。小学堂都放了假,因为学生的妈妈们怕你把她们的孩子抓了去。警察局要把你关起来,因为你能在半夜里打窗户眼儿里飞进任便哪所大楼,把它抢个干净。

"好些人不要把你弄死,要把你驱逐出境,可是又有一样多的人要把你关在这儿的监牢里。"

"把我关在这儿干什么呢?"

"咳,为的是你会飞呀,我的哥。喝,一个吊眼梢的家伙肯出我一万万块钱,只要我能把你弄到他们国里去。"

"干什么？"

"咳，要你教他们的队伍飞啊，他们学会了飞行，每个兵大爷带上一颗炸弹，一支大军可以飞到世界上任便哪个城市的上空，把它炸得稀烂，然后降落下来，轻轻巧巧的把它占领了。"

"我的老天，"撒姆说，"是有这个理呀？要是有一支军队全都能象我一样的随便飞来飞去，我们真能征服全世界呢。你跟他怎么说的呢？"

"喔，我老老实实告诉他，你是个英国人，要是世界上有一支军队能飞来飞去的话，那就只有英国的军队有这个指望。可是我说这个话的时候，偏生让一个报馆里的家伙听见了，这会子家家报纸都发表主张，说非要你把飞行的秘诀说出来不能让你离开美国。"

"我没有什么秘诀呀，"撒姆哼着说。"我就是能飞罢了。"

"是啊，可是他们不知道哇。唉，我的哥，你把这个世界整个儿搅翻了。他们一看见你能飞，航空公司和飞机厂的股票先跌的一钱不值，后来火车公司和轮船公司的股票又跌的一钱不值，后来钢铁公司的股票又跌的一钱不值，因为他们推想，人们既能飞行，还要飞机，火车，轮船，汽车干什么？这一下闹的太利害了，街上简直不做生意了。"

"这又为什么呢？"撒姆问。"他们还能说连菜也不买吗？"

"唉，我也不知道哇，"密丽叹口气说。"只是报上登了的，大总统命令全国市场暂停交易。他又召集国会临时开会，讨论拨款作建设抵御飞行人的国防之用。总而言之一句话，撒姆·斯摩尔，你把这个狗屁世界搅的稀烂了。"

"唉，"撒姆哼着说，"这都是加利福尼亚的天气不好——这是个疯疯癫癫的天气——不论怎么说，反正我是让它搅的疯疯癫癫的了。我本来不希望别的,密丽,我只希望待在本乡,弄一杯老酒,陪几个朋友消磨半夜——要不然就坐在家里结破布地毯。现在我可糟透了。"

他蹲在那飞檐上,郁郁不乐。

"咳,密丽,"他说。"都是我不好。你下去,坐个火车上加利福尼亚,陪维尼住着去。不用管我了。"

"不,"密丽说,生气了。"我也不好,逼着你上这些古里古怪的外国地方来,弄些古里古怪的想头钻进你的脑子。所以我来到这儿,待在这儿,陪着你!"

撒姆想了一会儿,又朝着底下的城市看看。他们坐着的地方还有太阳照着,底下可是已经暗了下来,末末了儿,他坚决的对着密丽看。

"密丽森特·斯摩尔啊,"他说。"你爱我不爱,妹子?"

"哎,我的哥,别说这种乏话。"

"我是真心儿问你。要紧得很。你爱我不爱?"

密丽听了这个话,眼泪淌下来了——撒姆很诧异。末末了儿,她抬起头来看着撒姆。

"撒姆·斯摩尔啊,"她说。"你这快有二十年没问我这个话了。"

"哎,我是个不爱多说话的人,"撒姆说。"也许我时常想着要问你;可是你知道我的为人。这会子我问你了,你说吧。"

密丽吸了吸鼻子,看着撒姆。

"撒密威尔·斯摩尔啊,"她说,"我守着你二十年了。嫁鸡随鸡,嫁狗随狗,我嫁了你也许没过着我原来想象着的日子。可是啊,我守着你度过那些罢工的日月儿,家里一个铜子儿也找不出,把我的结婚戒指当了才买了点儿吃的;你在厂里失事受伤,我伏侍你把伤养好；你有病有痛，我伏侍你穿衣吃饭。我给你养孩子，给你洗衣裳，给你烧菜做饭，陪你一床睡觉。你这会子倒来问我爱你不爱。要是我不爱你呀，我的哥，我不是做了二十年的骗子？"

"我就只要你这句话，"撒姆说。

他站起身来，挺了挺胸脯儿。

"把你的手放在我的手心里，"他说，"别害怕。你只是信仰着我就是了。"

密丽站了起来，看看底下的夜景，人们蚂蚁似的在街上挤来挤去，在她的脚下，远远的，远远的。

"嗨，我的哥，你要有一点儿差错，咱们可就糟的没底儿啦，"她说。

可是她把她的手交给撒姆。

"等等儿，撒姆，"她说。"这也许玩儿得过去，也许玩儿不过去。要是玩儿不过去呀，我可有句话要问你，这句话在我肚子里已经闷了这几年了。"

"你说吧，妹子。"

"我问你——撒姆——那年子夏天咱们到哈罗葛特去避暑的那一程子，你到底跟那个寡妇有什么事儿没有？"

"密丽，"撒姆说，"这会儿你和我都当着造物主的面，我告诉你，除了你没有第二个。"

密丽看他一眼，把下巴颏儿底下的帽子扣带系一系紧。

"我要的就是你这句话，我的哥，"她说。

她重新又把她的手放在撒姆的手心里。

"你给我数一，二，三，我的哥。"

"一——"撒姆说。

密丽深深的吸了一口气。

"二——"撒姆说。

密丽把眼睛闭上。

"你只信仰着我，"撒姆告诉她。

"对，"她说，"我信仰着你呢，撒姆。"

"那么咱们就去了——三！"

密丽闭了眼把脚迈出去。她觉着空气打她身边冲过。甜蜜的，痛快的气流。她把两眼睁开。她笑了；撒姆就在她旁边，他的手指尖儿连着她的手指尖儿，他们俩绕着大圈儿向下滑翔，象一对信天翁。象一对信天翁，他们又绕着螺蛳弯儿往上飞，往上飞。

再会了，纽约。那些高房子里头的人打窗户眼儿里往外看，街上的人仰着脖子朝上看，他们只看见两个人形并排着飞，起，落，快，慢，完全一个样儿，齐整得一对鸟儿似的，上去，上去，慢慢的变成两个黑点子，映在那如洗的晚天之上——上去，上去，慢慢的连两个黑点子也看不见了。

撒姆和密丽就这么着逃出了纽约城，飞回约克郡，过他们的老日子。

您要是路过约克郡，来到离哈德斯菲尔德城不远儿的一个叫做鲍金桥的地方儿，您尽可以试验试验这个故事儿的真假。任便哪一天晚上您得空儿上老殷家酒店里去，您准找得着一个人，面前一壶好老酒，背后一炉好炭火，旁边儿三五个老朋友，那就是撒姆·斯摩尔。

他环游过世界。他有一个太太名字叫密丽。他有一个演电影的女儿名字叫维尼，不久之前嫁了个美国人叫杰姆·麦克吉里刻德。

可是您要问他会飞不会,那就算是白问。您问他会飞不会,他就毫不迟疑毫不畏缩的说:

"错了,朋友,那不是我。您说的多一半儿是那一个撒姆·斯摩尔——把洋枪扔在地下,因此把滑铁卢大战耽搁住了的那个家伙。"(原注)

(原注)撒姆这儿说的自然是那个更有名的撒姆·斯摩尔,也是个约克郡人。可是咱们的撒姆说他的同名的本家"把洋枪扔在地下",那就大错而特错。那杆洋枪是让班长打在地下的,一场风波就打这儿起头儿。撒姆说,班长把洋枪打在地下,还得班长把它捡起来。这个话不为无理。排长,连长,营长,团长,旅长,一个跟一个来跟撒姆理论,可是他是地道约克人,他一步也不退让,把整个的历史耽搁住了,让大小三军在那儿等着,让拿破仑在那儿算计着,让白侣舍将军在那儿开步走着。末末了儿,还是铁公爵威灵吞公爷亲自出场。他是个名将,他有一套话儿,不但是流利畅快,并且是撒姆听得懂的话儿。按照约克郡通行的歌词儿(没经过删削的原本儿),威灵吞大吼道:

"撒姆·斯摩尔,你这×××!叫你怎么着,××,你还敢不怎么着!你快把那×××洋枪捡起来!"

喝,敢情撒姆还真听话,就把枪捡了起来。

"现在,"铁公爵说,"咱们动手吧!"

他们这就把滑铁卢大战打起来,打仗的结果不用我来细说,哪个小学生都在历史书上念过。

跟父亲一块儿过日子(选译)

〔美〕克莱伦斯·戴

克莱伦斯·戴(Clarence Day,1874—1935),耶鲁大学出身,毕业后投身商界,跟随他的父亲从事交易所业务。业余写些文章在期刊上发表,出版了《这个猿人世界》(This Simian World)等文集。他在文坛上获得盛名是由于 1935 年出版的,写他的家庭生活的《跟父亲一块儿过日子》(Life with Father)。在这以前他已经写了一本《上帝和我的父亲》(God and My Father,1932)。这两本书的主角都是作者的父亲,一个在家庭中唯我独尊而又相当天真的交易所商人。还有一本《跟母亲一块儿过日子》(Life with Mother)是在他死后一年出版的。

《跟父亲一块儿过日子》曾经由霍华德·林赛(Howard Lindsay)和勒塞尔·克劳斯(Russel Crouse)改编成剧本,1939 年上演,上座历久不衰。

父亲企图叫母亲喜欢数目字

父亲老是要母亲记家用账。父亲自己是个天生有条有理的人,又受过健全的商业训练。除了他公事房里的账簿以外,他在家里也有一整套账簿——现金账,日记账,分户账——一笔笔都分别登记。把他家里的分户账打开一看,立刻就知道这个月或是这一年他在衣服或是俱乐部或是雪茄烟上各自花了多少钱。一个个项目都列出来。他知道哪一项用度和往年的同一项目比较起来怎么样,要是他允许这一处的数目升点儿上去,他能在另一个地方把它压点儿下来。

在父亲没有结婚之前,这些账簿显然曾经给他很大的满足,但是他说自从结婚之后就全然不同了。这些账目忽然停止报道的任务。他个人的用度他还是知道的,但是比起他的家务用度来这是微不足道的,而关于后者他一点也不知道,没有细目,只有可怕的总数。他的钱四面八方的流出去,而他没有记录。

过不了多久他要尝试一次,把他的记账法讲给母亲听。但是他那些皮脊的大账簿,他那样有条不紊地界划红墨水线条,以及整个的记账这件事,每一天每用一个钱都要写上,这个母亲觉得受不了。母亲认为女子不必理会账目,正如男子不必负责打扫一样。母亲结婚的时候还是初出闺门,离开学堂不久;虽然在班上考头名,写的一手工整秀丽的字,说的一口漂亮的法国话,她可从来没有看见过账簿是个什么样儿。每逢父亲拿他的账簿给她看的时候,她是一点儿也不起劲。

父亲自己对于数目字感觉极大的兴趣,因此他老不肯相信母亲当真会讨厌它。一年又一年,他只是希望,她的缺少兴趣完全是因为年纪轻,过两年就会改变。他极有把握地说,她不久就要学会记账的。这个并不难。暂时之计,只要她把她手上用的钱随便拿张纸记下交给他,他就自己去登账,等到她也能记的时候再交代给她。

那个日子永远没有来到。

父亲知道一部分钱用在哪里,因为有一部分用费是挂账的。可是这不足以满足父亲的要求。虽然那些账单给他很多的资料,让他坐下来凝视和吃惊,他说有许多是内容欠明确,还有许多是难于置信。

父亲经常找母亲一同复核这些账单,他不懂的项目就问母亲。可是时而有些个项目连母亲也不懂。母亲说这大概不会错,只是她记不起来。她茫然无所知。她对待这些账单好像见了生客。

这是最叫父亲烦恼的一端。

母亲一点也不喜欢这些复核会议。她告诉我们她讨厌账单,反正。要是欠账比她估计的数目大,她觉得犯了罪似的,简直不敢让父亲看见。要是有两家的账单在她看来是数目微小,她就快活,可是快活不得长久,因为在父亲看来从来不微小。要是她出一个错——例如发觉泰生肉店那一块烧肉开价太大——她必得赶到那家铺子里去更正,讲价,彼此不愉快,可是等她告诉父亲她费了多大的事才有这么个结果的时候,父亲把它当做理所当然,稀松平淡,不是母亲的功劳,母亲非常生气。

有时候我也得当这种差使。六马路有一个名字叫弗兰那根的人,我们家的报纸是在他那儿订的,我常常奉命去找他说话,他多算了我们的。父亲说弗兰那根没有数学头脑。把他的总数复核一遍,再分项计算一下,他常常发现那账单上多开了三分以至一角四分钱。他于是把我叫到面前,把正确的钱数和账单交给我,要我明天放学之后去找弗兰那根,警告他下次决不可再这么胡闹。

后来我也弄惯了,但是第一次去的时候我真害怕。弗兰那根是个大个儿,样子象个酒店掌柜,一脸横肉,象是找人生事。我走进他那个黑暗狭小的铺子,吞吞吐吐地打算警告他别跟我们胡乱开账,他在柜台上往外一探身子,朝下向我瞪眼睛,大声地说,"嗄?"

"劳驾,弗掌柜,"我说,"这是您的账单,这里头有点错误。"

"嗄?"

"象是有一点小小的错误,弗先生。《太阳报》多算了八分钱。"

弗兰那根从我手上把账单和钱抢过去,跑到他的账桌边。他拿一枝粗壮的铅笔在上面重算了一遍,把一张账单前前后后全涂改的稀脏,然后露出牙齿来哼了一声,照父亲付他的数目批了"收讫"。然后傲然地把它往柜台上一摔。我捡了起来,走了出去。

父亲拿到这张账单,说,"该死,怎么把我的账单搅的这么稀脏?"

"是弗掌柜弄的,父亲。"

"那么,叫他学着干净点儿。"

"是,"我说,心里不存这个希望。

我自己也喜欢数目字,和父亲一样;母亲不喜欢这个,我觉得奇怪。母亲的算学不比谁差,然而把数目字写下来,加起来,她不感觉好玩。我喜欢我的算学课本里的题目,我也深深地爱慕父亲的账簿。可不知道为什么我不敢告诉他。他从来不邀请我参观那些阔大的漂亮的簿子。他在地下层的前房里有一张书桌,他把他的账簿锁在里头。

要是我把我算术练习拿给父亲看,父亲的兴趣就来了——他从椅子里站起来,放下他手里的报纸,坐到餐桌的旁边,拿过一枝铅笔和一张纸,看我算的对不对。母亲就懒得过问这类事情。

每个月铺子里的账单送了来,麻烦也就跟了来。母亲好像没有什么浪费。但是她喜欢好看的东西。例如瓷器,母亲就很热心。她见过许多漂亮的茶杯和杯托,叫人不忍掉头不顾的走开。她知道她买不起,买不得,可是时而还是不禁要买几件。没有一回是花了很多钱的,但是积起来也就可观,父亲说她买的瓷器比温莎大饭店买的还多。

父亲不懂为什么挂账对于母亲是一种诱惑。他向来不受它的诱惑。他知道那些账单每月一号就会送来,几天之内他得付钱。他说他满以为母亲也明白这个道理。

可是挂账的办法正是为了母亲这种人发明的。当她买个什么往账上挂一笔的时候,下个月的一号好像还远得很,并且她希望父亲也许不介意——他也许好说话这么一次。当其时她对于那个东西的欲望很强,遭责罚的日子很远,于是乎她就屈服了。

当她必须付现钱的时候,她完全变了个人。问父亲要钱是不容易的,她一次得不着很多,她只要打开钱包就可以看见她的宝库日见空虚。她要把那件东西摩挲了又摩挲,心里反复几次,这才舍得把钱拿出来。至于挂账买东西则不然,那里边有很大的乐趣。她竭力抑制自己,不受诱惑,可是她当然是在受诱惑,始终是在受诱惑;在她已经狠心地拒绝了九个可爱的诱惑之后,屈服于第十个好像真也有点情有可原。

父亲尽他的力量把这里头的乐趣给母亲赶走。每月一次,他开庭审讯,要她说明她的大小罪状。要是母亲哭了,或是表示不快,父亲也象是觉得不快,烦恼。他再三的提高嗓子说,他不是蛮不讲理,只是他的钱禁不起这么个花法,不能不大家算计算计。

过些时候有这么一次,父亲闷闷不乐,说是他失望了,母亲觉得过意不去,发个狠要记账。她把各种零用数目记在信封背后,或是写坏了撕得剩下来的大小不一的半张头信纸上,又从别的记录上找出些项目来添上去,同时也还是有神秘的缺漏,然后一总交给父亲。父亲一张张拿起来看,叫母亲过来告诉他这一笔是什么,那一笔是什么,枉费心机企图把女性的混沌改造成为秩序。

有时候,可也不一定靠得住,母亲能因恭维而就范,可是批评只能激起她的反抗,一次指摘能叫她好久不写一个数目字。她要做针线,要买菜,要照料孩子,她告诉父亲她没有工夫再学记账。钱用了就是用了,记下来有什么用处?她说这不是她的办法。

"好,"父亲耐烦地说,"咱们彻底讨论一下,找一个解决。你说这不是你的办法,那末什么是你的办法?你说吧。"

母亲坚决地说她的办法是尽她的力量省俭,她说她的朋友全都佩服她,华家的用度比我们家要加倍。

父亲说,"华家,华家!他们的钱不要他们去挣啊。我不要人告诉我他们一个月用多少,我不要人告诉我人家怎么样挥霍。"

母亲说,"喔,克莱尔,你这是什么话!他们又何曾挥霍来?他们也无非爱个好看,爱个舒服罢了。你不也很喜欢玛丽表妹吗?多么可爱的个人,还送小弟银杯来着,你连她也骂在里头。"

父亲说就算他喜欢玛丽表妹,也不要时时刻刻听到她的名字啊。一会儿玛丽表妹,一会儿玛丽表妹!

"你也常常把你们家的人挂在嘴上呢,"母亲回答。

父亲觉得这是存心叫他受委屈。他提到他自己家里的人的时候是批评他们,而且是毫不放松地批评。他竭力自己忍耐,努力不离开正题。他说,他的意思是说玛丽表妹的办法不是他的办法,因此不必提出她的办法来和他计较。

母亲说,"天晓得不是我要计较,回回都是你要计较的;要是连玛丽表妹的名字都不准我提起——"

"你提,你提,你爱怎么说怎么说,"父亲热烈地抗议。"只是我不要玛丽表妹或是任何别人来指挥我怎么过日子。"

"我没有说她指挥别人哪,克莱尔。她不是那种人。"

"我不懂你说些什么,"父亲回答道。"你永远不守住正题。你忘了你刚才的话里头有这么个用意,玛丽表妹——"

"喔,克莱尔,我求求你!我没有什么用意。我也不愿意你说她的坏话,人家待你这么好。"

每逢父亲和母亲谈到家用,结果大率类乎此。父亲尽力把讨论限制在当前的问题,可是不知道怎么着,尽管他开场极其沉静,说着说着就热烈起来,母亲的心思偶然走向哪一方,父亲的野马也就顺着那个方向狂奔;正在这个工夫,有一个孩子哭了,母亲不得不走开去看看是怎么了,或是洗衣服的托宾大妈来了,母亲不得不跑出去交代她换个样子浆洗父亲的衬衫,父亲说她打岔,母亲回答说他不知道管家的人的为难。

父亲禁不起这种战术。但是每当他走回他的账房去在他的账簿上界划红线的时候,他又重下一番决心,决不灰心。

父亲教我守时刻

父亲要我们按时下楼吃早饭,他很重视这件事情。我不是不想守时刻,但是从来没有想起最好是比规定的时刻早点儿下来。我的打算是赶最后关头溜进去。因此,我常常迟到。

我的兄弟们也常常迟到,只有乔治是例外。他是父亲所有唯一十分可靠的儿子。父亲指给我看,乔治下来的多早,竟有工夫在钢琴上练习几分钟。

乔治早早下楼的原因是他急于要趁父亲没有把报纸拿到手以前先看一看体育新闻,他接着弹一弹钢琴的原因是报告我们几个昨天赛球是哪一队得胜。他发明了一套专为这个用的暗码,我们靠在楼梯扶手上,一头穿袜子穿鞋,听他宣布结果。我现在已经记不起他选定的那几支曲子的名字,大概的意思是,要是他弹一支轻快活泼的曲子,那就是巨人队赢了,要是飘到我们耳朵里来的是一曲哀歌,那就是普勃·安逊把他们打败了。

因为父亲不赞成职业的棒球赛,我们不把我们的密约告诉他。他过他的生活,我们过我们的,就在他的眼皮子底下。他一走进饭厅就从乔治手上把报拿过去,乔治跟他说了早安,坦然走进客厅。于是,当父亲一边儿隔着客厅门看着他一边儿看报上的政治新闻大标题的时候,乔治就把棒球新闻在钢琴上弹出来。父亲常常带笑地教训他别弹得那么重,但是乔治觉得非那么重不可。我们的寝室在房子的顶上,他要我们一定听得见,哪怕是正在刷牙齿。乔治做事情向来不含糊。他不但是尽他的力气捶琴,外带还捶了一遍又一遍,父亲则不耐烦地自言自语,"过犹不及。"

在楼上,照例有一番讨论,关于乔治播送的新闻的真象。乔治的钢琴教师不让他学弹流行的歌曲,要是那些,我们就容易辨别了;乔治的小小的乐谱里头所有的那少数古典曲子远远地听起来都是一个样儿。乔治弹这些曲子很用心也很出力,但是不很体贴作曲的人的心意。他认为弹琴的规则里头有好些个是不必要地复杂。

事实是事实,他是唯一守时刻的孩子,父亲很喜欢,买了一个表给他,表背后刻上"乔治·巴姆莱·戴,永远守时刻。"父亲跟我说,因为我是长子,他本来打算先给我一个表的,他并且把替我买的那个表拿给我看。那个表跟乔治的一个模样,只是背后一个字还没有刻。父亲说他很惋惜,不得不把这个表暂时藏过一边,等我能够早早下来吃饭的时候才拿给我。

一天又一天的过去,我这方面可说毫无进步。磨蹭已经成为我的习惯。有时候我的迟到颇为严重。有一天早上,早饭已经吃了一半,我身上还只穿上一条羊毛衬裤,父亲一只手拿着餐巾站在过道里朝上头叫唤,说是他不能忍受,叫我立刻就下去。我愤愤地说我的衣服还没有穿好,父亲说他不在乎。"你就那样儿下来,管他妈!"他咆哮如雷。我很想就依他的话办。可是想了一想,这里头也许有圈套,没依他,虽然尽我的力快快穿衣裳。父亲怒容满面地吃了和平常一样饱足的一顿早饭,我战战兢兢地也吃了和平常一样饱足的一顿早饭。任凭它有什么事,我们俩在吃食上从来都是不折不扣的。我有时候过后会后悔不该吃这么多,可是父亲似乎从来不感觉什么影响。

母亲跟父亲说,要是他把表给了我,她相信我一定能有进步。父亲说是他不信,并且说这不是教育孩子的好办法。母亲要证明父亲的话不对,就打开她的首饰匣子,拿出一个早先属于她的表姑母的表给了我。论起这个表的价值,那是不该随便拿给孩子们戴的,她说,她要我好生爱护。我答应母亲一定当心。

可是我后来才知道这个表是异常的脆弱。它太老,我太年轻。我们不是天生的伙伴。这个表的前盖后盖都是金的,薄薄的两片;前盖上原来有旧主人的名字,母亲把它刮了,因此一按那个盖子,中间就瘪了下去。还有,那个盖子盖得紧紧的,表盖和表盘之间竟没有多大空隙,只能安一片极薄的玻璃,在表盖上轻轻一压那个玻璃就破了。

自然,自从出过一回乱子以后,我再也不敢压着表盖。我很小心,要是别的孩子也都小心,就一切不成问题。可是我没有法子叫他们很小心。每逢我跟人打架,无论是真打假打,我一定告诉我的对手,别捅我左边肚子。他也许听话,也许不听话。反正只要他和我打得太兴奋或是打得太久,表面玻璃必破无疑。先把表拿开,没有那个工夫,而且没有搁的地方。一个放在男孩子的口袋里在街上到处乱转的表,一定得酸甜苦辣随遇而安。这个表不是为了这个命运而设计的。

我打破的头两块表蒙子是母亲拿出钱来重配的,因为父亲不愿意过问,他根本不赞成拿这个表给我。可是母亲身边的零钱自来就不多,我不愿意麻烦她——她也不愿意人来麻烦她。我第二次揭开盖子来,让她看里头的碎片的时候,她先叫了起来,"唷,克莱尔伦斯!你不是又把玻璃打碎吧?"她异常烦恼。后来我再打破玻璃,自己也觉得难为情,不敢再去告诉母亲,从此以后不得不自己拿钱去配。

我的零用钱从来没有超过一块钱一个月。每配一回表蒙子是二角五分。是相当严重的一笔支出。

当我和撒姆·威勒茨摔跤,在地下滚来滚去的时候,我完全忘了那个表,忽然听见轻轻一声响,我知道我又破了一回产。我把碎片拣出去,让那表盘上暂时没有蒙子,等我身边有了二角五分再去配一块。但是这种迟延使我害怕。我知道母亲要弄清楚我是不是用心爱护那个表,不定哪一天晚上会叫我拿出来给她看。所以我一有钱立刻赶到六马路,那儿有两个德国老头儿伙着开一家小钟表铺,我把表交给他们配玻璃。我的童年的最凄惨的回忆之一就是这家小钟表铺,不透气,酸菜味,高不可攀的玻璃柜台,以及那两个德国老头儿的慢手慢脚。有时候我去迟了,他们要我把表留在那儿过夜,我一晚上一刻不得安宁,第二天把表拿回来才放心。我屡次跟他们辩论,二角五太贵,尤其是对待老主顾,可是他们说就是收我二角五他们还是赚不了钱,因为这种老式的薄玻璃现在很难找了。

我终于灰心了。我告诉母亲,我不要戴这个表了。

谁知我这条逃难的路已经堵死了。这个表是个传家宝。凡是传家之宝,承受的人必须珍重爱护。没有一个好中国人,(我后来在书上看到,)不崇敬他的祖宗;没有一个好孩子,(我年轻的时候母亲告诉我,)不珍爱他的传家之宝。

我垂头丧气地离开母亲的屋子。那天晚上,当我用那个细瘦的钥匙开我的金表的时候,我不禁羡慕乔治起来。父亲给乔治挑选了一个合适的表;他知道一个男孩子的需要。那个表有一个厚实的镍壳子,有一片几乎打不破的表蒙子,天天跟着乔治过日子兀然不动,连掉在洗澡盆里也不怎么样。

我感觉我的前途颇为黑暗。宝物是祸根,对于我不再是一句空话而是一件实事。这种财产要求它们的主人的维持费,简直是残酷无比。好几个月我没有钱买弹子了。连一个新的陀螺也买不起。连我自己也莫名其妙地让一个我所厌恶的表把我套住了——一个脆弱的东西,老是给我找麻烦,除非我能学会畏首畏尾地生活。

我终于找到了一条出路。一直到这个时候为止,一星期之中我还要至少有一次吃早饭迟到,完全是因为已成习惯,但是这个时候我想起来了,要是我能改革,也许父亲能回心转意,把他买的那个靠得住的镍壳表拿给我。我就改革起来。开头那一程子,我间或还要故态复萌,可是每逢那块玻璃片儿一破,我就重新努力振作。等到我终于建立了一个守时刻的纪录,能让父亲满意,他就让人在表盖上刻上我的名字,把表赏给了我。父亲看见我那高兴劲儿,颇为诧异;他看着我欢喜得在屋子里跳来跳去,他连声说,"得了,得了。别那么兴奋,妈的!仔细碰倒了那个花瓶。"

母亲说她不懂我已经有了一个金表父亲还要给我一个镍壳子的表做什么,父亲哈哈大笑说,"那个老古董"不是男孩子戴的表。母亲无可奈何地仍然把它放进她的首饰匣子里去休息。

母亲临上楼去还是找补了父亲一句,她说到底还是应了她的话;她早就说了的,要教我守时刻得先给我一个表。

父亲的旧裤子

父亲不大喜欢饰物。他讨厌当时的人们佩戴的重沉沉的表链子,半中间挂下些表坠子来的那种。他的表链子上一个这样的东西也没有;结实,好看,可是朴素。他的领扣和袖扣也是这么样,不是当时风行的花离扑陆的那种。他的戒指是一道实心的光面子的金箍,镶一颗长方的蓝宝石。这些个东西我们全都尊而敬之,我们觉得这是它们分所应得。在我们心目之中,父亲的东西有一股特殊的正气;我们对它们怀有特殊的敬意,因为它们是父亲的。

父亲曾经有过一个轻巧一点的戒指,镶一颗小点儿的蓝宝石,是父亲年轻的时候戴的。可是父亲岁数大了一点之后就不戴了,说是不合他的年纪了;一直放在我们储藏室的保险柜里已经有好些年。

母亲可不愿意把它闲放在那儿,一年又一年。我在大学毕业之后,母亲就有了个主意,要我把它戴上,让它在我们家里再效点儿劳。有一天午后,母亲带着我走进那塞满了东西而且充满潮湿的抹布气味的储藏室,把它从保险柜里取了出来。

我是不要戴戒指的,可是母亲的盛意真是教人难于拒绝。她把戒指给我套在指头上,又亲了我一下。我看看那个东西。那颗蓝宝石倒真是一颗好看的小宝石。我肚子里想,过些时候我也许能爱上它。反正这里头没有会搅坏了或是打碎了的东西。

可是过不了多久,我就发现这个戒指是个麻烦——要留心它不让丢了,是个辛苦的工作。如果是我自己花钱买的,我想我一定会小心看护,可是因为它是人家硬给了我的,反倒成了一个累赘了。它搅得我日夜不宁。过了些时候,我就不再戴它,把它收藏起来。

母亲看见戒指不在我指头上,马上说起话来。她说,要是我把它藏在衣柜抽屉里,那又何贵乎有一个戒指。她说这是个挺好看的戒指,我有这么个戒指戴着,应该觉得有面子。

我跟母亲解释,我没法儿老想着手上戴着个戒指,我已经有好几回把它丢在公共洗手架上,差点儿找不回来。母亲吓坏了。她马上同意。丢了父亲的戒指是非同小可的。于是戒指又回到了储藏室的保险柜里。

又过了几年,这个戒指又取了出来,又经过一个小小的仪式交代给乔治。乔治得了这个戒指,招来的麻烦比我更多。他也不愿意再戴它,所以,因为他已经结了婚,他就把它给了他太太,他太太可真爱上了它。大家各得其所地快活了一阵子,可是有一天让母亲看见了,父亲的戒指安安顿顿地套在威尔海敏的指头上。母亲是非常喜欢这个儿媳妇的,可是这件事情让她心里不安。她觉得那个戒指的唯一恰当的用处是让父亲的几个儿子里的一个戴着。她让乔治从威尔海敏那里取过来还给她。乔治一声儿不言语,把它拿来,于是它又回到储藏室。

也真是奇怪,凡是父亲用过的东西,好像永远是他的人的一部分。不管那个东西的后来的经历怎么样,它始终印着他的人格。在戒指这种东西,我想这种情形倒也常见,可是父亲的东西无一不是如此,连他的旧领带都是这样,尤其是在父亲看起来。我想,对于那个戒指的命运,父亲不见得怎么用心,象母亲那个样儿,可是当他给了我一条旧领带或是一条旧裤子之后,他老觉得那些个东西还是他的。不但是他自己觉得如此,他还让我也觉得如此。他说给我听,他不看重的东西,他就给了车夫或是救世军,可要是他有一条特别好看的领带,还禁得住再用些日子,或是有一条他特别喜欢的裤子,凡是这类东西他都留给我。

有一条花条子的裤子,父亲星期天穿了它去做礼拜,穿了好些年,有一年圣诞节跟着我上耶鲁大学去了。那个时候我是三年级,当时正在闹衣服荒,这条裤子来得正好。可是这条裤子在身上的时候我就得留心不脱上衣。这条裤子全露出来的时候——例如晚上在弹子房里打弹子的时候——臀部显得异常的廓落。穿了这条裤子,爬起奥本堂的铁门来也更加为难。这个铁门有十英尺高,门顶上一排又长又尖的刺,穿了父亲的裤子快快的翻过去要有惊人的本领。

本来不必快快的翻过去。事实上,翻过这道门就大可不必。奥本堂只用来作教室,我们白天里已经待的够而又够,无须晚上再往里闯。而且,我们根本进不去,即使已经翻过铁门,因为里一层的大门是锁得结结实实的。在大门和铁门之间的过道里站了一会儿之后,只有再爬出来回屋子去睡觉。可是当我们喝过一阵酒之后,这好像是一种有用的或是有兴奋性的演习。

在这些个晚上,当我在寝室里脱衣裳的时候,我常常内疚于心,觉得不应该让父亲的裤子过这种新的生活。这种悔恨有时候在别的地方也要袭来。这种悔恨并不怎么明显或是强烈,可是飘浮在我的心里不去。我平常不大注意身上穿什么衣服,可是碰巧我注意到我穿了这条裤子走进不很名誉的地方的时候,我是要觉得不安的。

后来有一个星期我把它借给我的一个同班同学,吉利·爱乌斯,他在"沙优会"公演的一个剧本里扮一个胖子,要穿这么条裤子。父亲并不胖,可是他的身体比吉利要丰满得多,他的裤子里装上一个吉利,还可以装上一个枕头。我也没有把这件事放在心上,直到演出的那一晚,幕一开,我看见父亲星期日穿的裤子在台上跑过来跑过去,让一个滑稽的酒排间掌柜在后头追着赶着,直着脖子嚷"捉贼!"我可一刻儿也坐不安稳了。

这以后,这条裤子就怎么穿着怎么不合适起来。事实是,它实在跟大学生的生活搞不到一块儿。我最充分地认识这个事实的一个晚上,我记得,是在父亲决不会赞成的一个女孩子坐在我的腿上可是他的裤子上的时候。父亲是远在八九十英里之外,安然地睡在床上的了,可是我恍兮惚兮心神不宁的利害,站起身来走了。

父亲让电话进门

直到十九世纪末年为止，父亲一走进他的家的大门，把大门关上，就把整个的世界关在外头了。电话已经发明，但是大多数人家都没有安上，父亲也没有安。谁要找我们说话，只有登上大门前边的台阶来拉铃子之一法；要是深夜里铃子响了起来，父亲就打窗户里伸出脑袋去看是谁。他不觉得这有什么的——自从人们建造家室以来，一家家就互相隔绝，这是极其自然的事情。

隔了多久有这么一次，一个报差送一个电报来给父亲或母亲——一年里头也许有个两三次。电报大率没有好消息，因此我们很怕有电报送来。

五马路上是不准竖电报杆子的，但是在别的街上电报杆子就绵延不断。老玛加利看见那些高高地挂在空中的电线，简直莫名其妙。我们家里也有铜线，不错；我们把它安在墙壁里边，用来拉铃子；可这是老老实实的旧式铜线，要让它发生作用必得使劲拉。那里头没有叫做电气的那个危险品。电气太危险了，不能让它跑进家里来，我们孩子们和玛加利全都弄不明白电气是个什么东西。我们只知道伊甸博物馆里有电池，谁拿出二角五分钱来，就能买它一跳。来尝试的人要在他所能禁受的范围之内给自己最利害的一跳。我们去尝试的时候全都非常小心，只有乔治得了个惊人的经验。他右手拿起那个东西的一个头，一路往高处移动，度数表上指到远在我们所能禁受的界限之上的"电流",他还是兀然不动,好像电气管他不了似的。那个女管理员这才发觉乔治的左手没有拿着另外那一头。他不知道应该这个样子。那位管理员告诉他,要一只手拿一个头才能觉得电流通过,他立刻抓起左手那一头,可是没有先把右手这一头从度数高处移下。这一下可把他跳利害了,那位女管理员吓得直叫唤,几个服务员抢过来把电流关断,这才没事,我们在旁边看着,又好看,又吃惊。

许久之后,电报公司把父亲说动了,让他们在我们家里安一个崭新的新发明,安在背后那间卧室的一扇窗户的里边,那个地方不会害事。这个新发明是一个小小的带把手的金属匣子。这里头伸出一根铜线,连到外边的电线杆子上,这根线上虽然有电,可是只有一点儿,公司里保证它没有危险。那个把手做得跟我们用惯了的拉铃的把手一模一样。我们把它一拉,那个匣子就嗤嗤地响,不知是怎么样的,这就发出一个信号到最近的电报局子,那儿据说有一排供奔走的孩子等着。局子里得了信号就派一个孩子到我们家里来听我们使唤。

这个"嗤嗤响"——我们管他叫这个——这个东西在我们看来跟阿拉丁的灯一样的神异。公司里的说明书上说,多拉它几拉让它多嗤几下,就能把警察,甚至消防队叫了来。

一个警察要多久才能过来,我们没有过试验的机会。一个跑腿的孩子,要费二十到四十五分钟——这是说,倘若我们运气好。电报分局离我们家差不多有一英里,它那儿的跑腿的孩子也没有几个。要是我们拉信号去叫人的时候刚刚都派出去了,局子里的管事的也没有法子告诉我们。我们也许着急。他是不着急的。他静静地等候,等到有一个孩子已经给别人家送信送了回来。

有些时候,下雨下雪,有朋友要送个信给我们,或是临时通知不能赴席,就会有一个送信的孩子突然跑来,让我们大吃一惊,因为我们并没有拉那个"嗤嗤响"。他站在大门外头,帽子背后挂下一个黑的橡皮雨帽,雨水打那上面滴下来,呵着冻僵的手指,跺着脚,使劲地拉铃子。我们把门打开,他就塞进一封湿透了的信,粗声粗气的叫我们在一张又小又脏的纸条儿上面签名,并且注明收信的时刻。

所有这种耽误,我们只有忍受。没有别的机构可用。反正大家也难得用这种信差——不但是慢,而且费钱。我们有信自己送。

电话发明了,能用了,还是没有几家愿意装置。我们全都用惯了"嗤嗤响"。送信的孩子确是够讨人嫌的,忽然在门口出现,递给你一封信,还要等你的回信。但是他们一年里头只来几次,电话就难说了,也许一个星期就要来一个。大家承认电话是个灵巧的机器,大家都要知道它怎么能让人通话,可是谁也不想安个电话,正如不想买个气球或是潜水衣。

事实上,很有一程子,住家安了电话也没有多大用处。既然是除了证券商人之外谁也没有这个东西,你家里安了电话也找不着通话的人。电话公司寄给我们一些传单,大事吹嘘:说是哪家大百货商店已经装了电话,又是哪三家银行已经一家定了一架,还有几位进取心强的医生也在打算装置。可是,尽管大家都隐隐约约地知道,一架电话是一大便利,要是家家都有一架,可大家都采取观望政策,等别人家全都安上了电话他才安。

父亲的事务所里不得不安个电话,可是他自己不用,他把它装在公事房的后间,接电话打电话是记账员的责任,有必要的时候再把话传给父亲。打字机和胶版复印机也都放在后间。可是要说是把这些业务上的设备安置在住宅里,那就太荒谬了。

母亲跟父亲的意见一致——她也不喜欢电话。凡是机器,无论哪种,她都信不过;它们没有人性,它们会跳,会炸,叫她紧张。她不知道它们会给她出什么乱子。对于她,跟对于别的人一样,电话这个东西尤其危险。他们害怕,要是在雷雨之际站近了电话机,就会让雷打着。就让不是雷雨天,那电话机也许会让他们触电而一跳。他们在旅馆或是公事房里看见电话机,就远远地站开,打电话的时候也是小心翼翼地把听筒拿在手里。用电气用到了靠它传话,真是怪而又怪;这个古怪的玩意儿母亲是碰也不愿意一碰。而且,她说,她要跟谁说话,非看见那个人不可。她不愿意跟墙壁上的一个匣子里出来的个声音交谈。

可是,一点又一点,一年又一年,电话用开了。有几家大菜场和杂货店都安上了电话。马车行也安上了。有几家药房也安上了。而且一年里头有几次,父亲得了重伤风不能到事务所去的时候,也觉得要是家里有个电话,在营业上也是一种便利。

经过了十年或十五年,虽然他还有几分不以为然,可终于在家里安了个电话。电话机安在二楼的墙上,个个人都听得见它的震耳的铃声的地方。我们并没有怎么欢迎它。在我们的眼里,它是冒冒失失的不速之客,而且从一起头就会捣乱。它的铃声难得响,可是响起来老是不在时候上,专挑二楼上没有人接话的时候。母亲撩起裙子往楼上跑,一边大声答话,"来了!来了!"可是这个坏性子的东西还是叮叮叮地直叫唤。父亲也不能把它当死东西看待。他不肯象母亲那么让它催得三脚两步赶上去,可是他要骂它咒它。

从此以后,外面的世界开始随意闯进我们的家。这是不容易适应的。连母亲都觉得有点太利害。父亲更不用说,他拿凶猛的怨恨来对付这种侵略。有人打电话给他,而他不能一下就听出是谁,他要对他伸拳头,可是对面只是一个小小的听筒,叽叽咕咕的跟他说话,父亲说这个简直受不了。"说话呀,说话呀,妈的!"父亲朝电话机直嚷嚷,涨得满脸通红。"什么事?你是谁?你说的话我一句听不清。妈的,一句也听不清,我跟你说。"

"克莱尔,你让我来接!"母亲大声叫唤着冲了进来。

"我不让你接!"父亲咆哮着回答,也不让嘴离开听筒。"请你别来管我,我要弄明白这家伙是谁。哈罗!我说'哈罗',你听得清楚不?你是谁?哈罗!……什么?……哟,是你吗,尼古尔斯太太吗?"这会儿他的声音就会软和一点,有时候竟颇为客气。"是的,戴太太在家。您近来好?……喔,您要跟戴太太说话吗?……呃?……很好。请您等等儿。"他这才让母亲到墙上的小匣跟前来。

当父亲自己打电话出去的时候,他常常跟接线生生气。他说她是个聋子,她是个笨瓜,他说她不尽职。要是她说那个号码不空,他可不管:"我不能一天到晚坐在这儿等着。不空?他妈的不空!"

父亲老以为,凡是电话铃子响,准是找他说话。他从来不想到也许是母亲的电话,也许是我们弟兄里头的谁的。他有时候也让别人去接电话,可是要不断地大声问是谁来的电话,为了什么事情,我们必得在他的嚷嚷之中努力辨别电话里头的话。要是我们说这个电话是跟他没有关系的,他简直不能相信,必得要我们说清楚是谁找谁,什么事,他才放心。

有一天,我的一个新认识的朋友,一位搬在贫民窟里的一所社会服务处去住的小姐,打电话来约我去吃午饭,在座有几个来美国游历的俄国人。父亲接的电话。"是的,我姓戴。说话呀,妈的！别这么含含糊糊的。你是谁？……什么？吃午饭？我已经吃过了……星期五吗？星期五我也不想跟你吃午饭……不……哪儿？你说的是哪儿？……利文顿街？见鬼！……是的，我是克莱伦斯·戴，我早就告诉过你了。不必再说……跟你在利文顿街吃午饭？我的天！我一辈子也没有听见过这回事……俄国人？我不认识哪个俄国人……不，我也不想认识俄国人……不，我没有变。我从来不变……什么？……再会，太太。妈的！"

"爸爸，我想那是我的朋友，"我说。

"你的朋友！"父亲叫了起来。"哼，我听起来象一个不要脸的摆地摊的女人，跟我闹个不休，要我陪她在贫民窟的什么地方吃午饭。总而言之，我受不了。我要把这个混帐东西拆了。"

父亲钉钮子

我们家的缝缝补补多得叫人忙不过来。父亲之外还有我们弟兄四个不断的要修理,家里又没有一个专门管这个事儿的人。小弟的奶妈带着做点儿针线,玖梨姨妈来这儿的时候也拿起来帮着做点儿,剩下就都是母亲的事儿,她的针线筐儿老是堆的高高的。

现在回想起来,真不知道她怎么对付过去的。我还记得,一放下晚饭碗,她照例就钻进房里去做针线,白天有空也是这样,再也不坐下来陪我们玩儿。我的幼稚的头脑里总觉得这跟埋头去猜谜语呀什么的一样——是一种娱乐,或是一种女人家消磨时光的办法。

特别是关于父亲的袜子和衬衫的闲话最多。这些话一大半是父亲说着母亲听着。父亲不喜欢他的东西长久不露面,他要他的东西快快的拿回来,放在它们应该放的衣柜抽屉里。特别是他心爱的袜子。不是他晚上穿的那些白袜子,那是双双一个样儿的,是说他的花袜子,经常由巴黎的一家英国衬衣店供应他的那些袜子。

父亲是个规行矩步的人,要是说他的性情中有这个教条所不能满足的一点,这一点东西的唯一出路就是这些花袜子。在他那个时代,男人的衣服颜色要深沉,领带的花样要素静,大多数人的袜子是暗淡而严肃,和衣裤相称;可是父亲的袜子,藏在他的裤脚和深帮鞋里头,不但是五色缤纷,而且是花样新异。这些袜子其实一点也不恶俗,可是显然是法国风味。威尔海敏常常取笑父亲,她说这是他的"秘密的快乐"。

父亲的袜子比我们孩子们的更容易长窟窿。父亲的脚指头儿长而好运动,每逢他靠在沙发上,看着书,抽着烟,或是专心和人说着话,这些脚指头就自动地开始欠伸和扭动,仿佛抓住了一个自由地生活一番的机会似的。我常常出神地看它们从容不迫地扭来转去,父亲对我说的是些什么全然没有听见。一会儿,父亲的拖鞋落了下来,一只,两只,常常叫他瞿然一下,但是不足以打断他的谈锋;再过这么一会儿,他的忙碌的大脚指头儿就会在他的袜子上钻了一个新的窟窿出来朝我偷看。

母亲认定了缝衣补袜是女子的天职,可是她真恨这个。她宁愿绣绸缎桌布,显显她的本领,至于替父亲补袜,那是她既不耐烦也做的不挺好的工作。她说,要补的袜子这么多,把她的脖子都补酸了。

父亲的浆得挺硬的衬衫也是一个问题。父亲穿衬衫的时候,先往头上套,然后两只胳臂一左一右盲目地冲刺,寻找那两只袖子。一件新衬衫自然结结实实,经得起这一番冲杀,可是在父亲手里过日子,不久就衰弱了,开始裂缝。这叫父亲生气。他最恨软弱的形迹,无论是见之于人还是见之于物。他一生气,两只胳臂冲击的更使劲。于是一声咕喇,衬衫开了个大口子,接着是母亲的大声哎哟。

但是在父亲的眼光里,钮子是最大的烦恼。裂缝的衬衫和有窟窿的袜子都还可以穿,可是掉了钮子的衬裤没法儿穿。父亲穿衣服的速度叫他身上那些钮子心惊胆战,逃避差使。不但此也,它们逃走之前不透一点消息,而且总是在不合时宜的时候儿。

遇到这种情形,父亲自然要求救,而且求急救。他一只手提着坎肩儿,一只手拿着谋叛的钮子,出现在母亲的房门口,要她立刻给他钉上。要是母亲说这会儿没工夫,父亲就要大大的生气,好像是他快要淹死了而那个救生艇上的水手告诉他,他明天来救他。

当他的愤怒高涨到足以踢开他的聪明的时候,他就会凛凛然地说,"好,我自己来钉,"问母亲要针和线。这就把母亲吓慌了。后果如何,她知道的太清楚了。她求他把那件坎肩儿放在她针线筐儿里,等她明天给他钉好。父亲是无可改移。他的决心会更加坚定,要是他一眼瞥见母亲的针线筐儿里堆着多少只他的流亡的袜子,在暗然地等候。

"我找我的蓝地白点花的袜子整整找了一个月了,"有一天晚上开晚饭之前父亲愤愤地说。"这个家里我的事儿一件都不给我做。连我的钮子都得我自己钉。你的针和线在哪儿?"

母亲无可奈何地把针和线递给他。他大踏步走开,往他卧室中央的沙发边上一坐,准备工作。论灯光是衣柜旁边亮些,可是父亲做针线不能坐在椅子上做。不够宽敞,他把剪子,线轴儿,坎肩儿,放在他身旁的沙发上,在指头上蘸点儿唾沫,那只手把针高高地远远地举起,开始穿起针来。

跟所有的司令官一样,父亲盼望人家从命如流,而且愿意他指挥的是久经训练的队伍。针的顽梗,线的消极抵抗,闹的父亲咒骂连声。他把针插在沙发上。重新在指头上蘸唾沫,捻线头。等他回过来取针的时候,针不见了。他的手到处摸索。他站起来,一只手捏紧了线头,转过身来对着沙发,看它躲到哪儿去。这一来,把线轴扯的滚到地上,一路滚着一路把线放开。

母亲有两位朋友,她们的丈夫都是忽然中风就不起的。母亲常常怕父亲也会中风。听见他的咒骂的声音,她赶快跑了进来。父亲爬在地板上,正如她所忧虑。他正在努力往沙发底下钻,一边叫唤着,他的脸漆紫,他的眼睛发红,把母亲吓的什么似的。求他放手反而象火上加油。他说他要放手才不是人。一会儿,父亲站了起来,蓬头散发,但是面有喜色,线轴儿抓住了。母亲跑到自己房里又找了一根针来。她替父亲把针穿上,父亲这才开始钉他的钮子。

父亲钉钮子使大劲,一拉一戳都好像对付仇人。母亲说她不忍看他——可是她又不忍走开。她站在那儿看他缝,又惊又怕,手痒痒得恨不得拿过来自己缝,两个人你数说我我埋怨你。一会儿,不可避免的祸事果然发生了:针打坎肩儿底下穿过,没有戳在钮子的眼里,顶住了,父亲一使劲,针打眼儿里跳出来,戳了父亲的指头儿。

父亲哇的一声跳了起来。这个样儿被刺伤,不但是叫人生气,简直是一种侮辱。他一只手捏住那个指头,在地毯上走来走去,忽然朝我悻悻然地说,"都是你母亲。"

"怎么都是我!"母亲叫了起来。

"你的话没结没完,"父亲朝她叫唤,"搅的人不得专心。耳朵里只听见叽哩咕喇,营营嗡嗡,你叫我怎么钉钮子?你看你给我闯下的祸!"他忽然又接上一句。"把血迹弄在我的好坎肩儿上!这儿!你把这该死的东西拿去。拿一块手绢儿来给我包指头儿。金缕梅油在哪儿?"

父亲一夜没睡好

一个冬天的早上,父亲从骑马俱乐部骑了马出来,走过东五十八街,连人带马摔倒在地下。这个笨畜生摔倒了不算,还压在父亲的脚上。

父亲把脚抽出来,把马扶起,继续前进到公园里去跑他的马。可是过后他发觉有一个脚指头让马压弯了,没有法子把它弄直。

对于父亲,这不但是一种不便,而且是一个意外。他知道别人曾经出岔子,受伤,可是他一向以为那是因为他们脆弱。他不脆弱。他一向以为他的身体是工坚料实,永远不会受伤的。就在那个时候,他的信念还是没有动摇。然而他的一个脚指头弯曲了。

那个脚指头永远没有能伸直,父亲常常提起这件事。他觉得这是个古怪的经验,一个违背自己定律的经验。他说起这个故事的时候,盼望人家深深的关切,大大地惊骇。要是他们没有表示,他就说了又说。

我们在家里,一年又一年,听了不知几百遍。"够了够了,别说了,"母亲说。"没有人理会你的脚指头,你知道,克莱尔!"

父亲说是不然,人家理会他的脚指头。他在俱乐部里告诉他的朋友们。"你们知道我遭了什么事?赫,有一天早上,马路上有些薄薄的冰,那匹栗色矮脚马,山姆·巴布考克卖给我的那匹，它摔倒在我的脚指头上——居然把它弄弯了！我有生以来没遇见过这种事情。把我的脚指头弄弯了！现在长起个鸡眼儿来了。这儿，上头。给我做皮鞋的皮匠说他没有办法。世界上没有再比皮匠笨的了，除非是那匹栗色的矮脚马。"

从此以后，虽然父亲还是瞧不起病痛，可渐渐的不爱再听人家说起别人的跌打损伤。对于他，这是凶兆，仿佛告诉他，连他也免不了。

有一天在乡下，他在哈里逊车站搭火车，看见我们的街坊，漂亮的年轻的万来特太太也带着她的儿子坐在车上。他站起来问好，打算就坐在那儿跟她说个话儿。可是她一边跟他问好，一边告诉他，"我是带我的小儿子进城去找牙医生——他摔了一个大跟头，戴先生。把门牙摔掉了两个。"

那个孩子笑了笑，父亲看了看他的半截子牙根，脸上变了色，歪了半边。"哎哟，我的天！"他叫了出来。"哎哟！哎哟！"他赶快走开，到另外一节车厢里坐下。那天晚上他回到家里，埋怨个不了，说万来特太太不该把自己家里的惨象给他看。

"你们戴先生看见我们孩子真是替他难受，"万太太第二个星期看见母亲的时候跟她说。"他是多么富有同情心啊，戴太太。"

又过了一年光景，父亲又面对着同样的一个处境。我的一条腿生了粘合，大夫们说是非动手术不可。最糟糕的是因为某种原因那个时候不能把我搬到医院里去，只能在家里开刀。

开刀之后，我的腿让石膏包紧，倒也没有什么大不舒服。可是母亲心里发愁，父亲一回来她就走过去诉说她的苦恼，这可把他搅坏了。

这一回他跑不脱了。没有另外一节车厢可以走过去，他苦巴巴地把脸拧紧。他把外套和帽子往壁柜里一扔。末末了儿他告诉母亲他可怜我,但是他希望母亲能让他安安静静地可怜我。他妈的,整个的房子都让她闹得翻过来了,他说,而且,他要吃晚饭。

饭拿上来了,可是他不能象平常那样吃得津津有味。他的雪茄烟也只有平常的一半滋味。他觉得苦恼,可是不愿意说出来。他跟母亲生气。他骂人。母亲说他没有心肝,赌气睡觉去了。

想到我也许在吃痛苦,他心里难受。可是他不喜欢心里难受。他不很知道痛苦的味道,整个的处境把他搅昏了。他走来走去,不住的说"他妈的"。他说他请上帝让世界上人都象他一样留心自己的身体,不病不疼,不要这样麻烦他。他于是点着了一枝雪茄烟,坐下来看书,努力把这一切丢开。可是他的情绪不让他这么办,他只有束手无策地对着那本书拧眉毛。

母亲对父亲说了的,别上楼去看我,可是他忍了一会儿忍不住了。他悄悄地走上顶楼,在黑地里扶墙摸壁摸到我房门口,推开来看看。"哎,我的好孩子,"他说。

他的声音愁苦而柔和。

我说,"哈罗,爸爸。"

这让他好过了点儿。他满怀希望地问我,"你怎么样?"

我挣扎了一下回答说,"我很好。"

"哎,他妈的,"父亲说,说了就又走下楼去。

我知道我这个话说错了。倘若我痛骂我的腿,痛骂麻药,他就放心了。他喜欢一个人用一种正常的老实的有血气的方式表示他的勇气。他最恨看见人家只是躺着不动,有痛苦装作没有痛苦。

父亲尽自不睡,抽烟,看书,或是在屋子里踱来踱去。末末了儿他去睡了,又睡不熟。这真是太不成了,他受不了了。他爬起来,搬到房子后身的一间空屋子里去睡去。我的卧室就在那间屋子的上头。我听见他怨天恨地的自个儿说话,说这个床不知是怎么铺的。赶他把床铺好之后,他还是不得安宁。他在床上翻来复去,爬起来喝杯水,直嚷嚷热,睡了一会儿,又醒了,摸着了开关,把灯打开,坐起来为难。父亲这个人做什么事都不会不言语的,他一为难,哼哼之声就跟了来。而且声音越来越大。

这个时候我的腿已经觉得松活多了。疼有一点,可也就算不了什么,父亲肯让我睡的觉我全都睡了。母亲睡在父亲底下一层,她的耳朵眼儿里塞上棉花,也睡着了。可是那间空屋子里的床挨近一扇开着的窗,窗子外边的街坊们好像是耳朵眼儿里没塞棉花,可就没有多大休息的机会了。

第二天,母亲偶然走到和我们家隔开几家的克伦太太家里去看看她,谈起我做手术的事情。克伦太太把她的话打断。

"哟,对了,戴太太,"他说。"我们姑娘和我就知道你府上准是有点什么事儿。很利害吧?我们真是替他难受。我们听见他哼了一夜。您也累坏了。我们姑娘和我天快亮的时候倒是睡了一会儿,恐怕您是一点儿觉也没睡成吧。"

母亲回家的时候又在路上遇见另外一个街坊,洛宾士太太,她住在我们后边那条街上,她们家后边的几间卧房跟我们家的那几间窗对窗。洛宾士太太也知道我们家出了事儿。

"我的卧房在前边儿,"她说,"所以我一点也不知道,吃早饭的时候,我们先生告诉我,我才知道。他今儿个一个上午尽说这个。他只是不信我会一点儿没听见——呃——你们少爷那么凄惨的叫唤。"

那天晚上母亲等父亲从事务所回来。他一进门她就抓住他。"哎,克莱尔!"她说。"我的脸让你丢光了!你越来越不象话了。今儿个我看见克伦太太,还有洛宾士太太,她们把昨儿个晚上的情形说给我听,我敢说昨儿个一晚上这些个街坊们谁也没睡成觉。"

"哎,"父亲回答说,"难道我又睡什么觉了吗?"

"是啊,可是克莱尔,"母亲不耐烦地叫唤,一边儿拉住他的衣襟揉他,"她们只当是在那儿哼的是克莱伦斯,谁知全是你!"

"她们爱怎么想我不管,"父亲累得慌似的说。"我只知道我一夜没有睡好。"

莫特一家在法国(选译)

〔美〕唐纳德·莫法特

唐纳德·莫法特(Donald Moffat),生于1894年,在哈佛大学毕业后到欧洲参加第一次世界大战。战后从事写作,给几家报社当驻欧洲的通信记者,又常写文章投寄《纽约人》和《大西洋月刊》等刊物。1937年出版《莫特一家在法国》(The Mott Family in France),托为莫特夫妇带两个女儿旅居法国的记事,假托小说的体裁,其实是借这一家人做线索,描写法国诸色人的性格和行事,刻画入微,文字也清新委婉,很耐人寻味。这里选译的四篇,《寄包裹》和《"且慢!且慢!"》写法国人喜欢讲究官样文章,不考虑对方的方便。《钓鱼》和《盲点》描写法国人爱小,前一篇同时写法国人爱吵嘴而不真打架,后一篇同时写法国人懂得生活的艺术。这几篇虽然着墨不多,法国小市民的性情习惯、声音笑貌都已经跃然纸上了。

寄　包　裹

一个老鹰脸的女子,穿着一件腌臜的蓝色外衣,坐在那新而丑的邮政支局柜台里面,啬鬼似的卖着邮票;莫特太太把包裹送上去,她隔着栏杆似理不理的看了一眼。

"车站去——特别快,"她一个多余的字也不说,又低下头去在铺满在桌子上的无数的账簿里头翻开一本来,继续那无穷细密的登记和计算,这是法兰西共和国的拿笔杆的公仆们在不被冒失的顾客们打搅的时候永远在那儿做着的工作。

莫特太太没有听懂。"怎么说,小姐?"小姐不理他。

莫特太太又试了一试:"您说的什么,小姐?"

小姐似骂非骂的叫唤了一声,把她的细笔尖的笔往桌子上一拍,拍的墨水溅在一本本表册上,这就对莫特太太的方向滔滔不绝地喷了一阵不客气的法国话。莫特太太猜懂了几分意思,不但是这个包裹太大,邮局不收,而且这是谁也知道的事情,除非他是天生的白痴。

"到火车站去——那儿自然会有人来管这件事情。火车包裹——特别快车;您知道吗,太太? 特别快车!"小姐说完了用手朝着西北方狠狠的一指。

莫特太太鼓起勇气打算再问一问清楚;但是听见身子背后一声叹息和一阵脚擦地板的声音,知道后面的人已经等得不耐烦,只得回过身来了。忽然觉得有人拉她的腰带,低头一看,原来她背后有一个穿玄色衣裳的乡下老婆婆,胳膊上挎了一只篮子,篮子里头一只鹅,鹅的嘴紧紧的衔住她的带钩。她笑了笑,把带钩抽开。老婆婆也不好意思似的笑了笑,说,"对不住,太太。"

莫特太太带着包裹走了。她推开那扇满目疮痍的大门的时候,又听见小姐咕哩呱啦了一阵,从那语调上可以听出是又在那儿取笑她,虽则她只听清楚三个字——外国人。

莫特太太向左转,走下那下坡的街;人行道本来就不宽,加上那些铺摊的,买东西的,挤得不成个样儿。她想,不如一直就上车站去开始办理这件事,可是她并不怎么乐观。鹅啃带钩的插曲算是消了她三分气;可是,她一头走着,拐角儿到了民国路,远远的望见车站的灯光,一头想着,这些公务人员,不管男的女的,全都是那么冷酷无情,真是怪事。他们的态度,卖个邮票给你好像是赏你一个大恩典,好像是他们有拒绝办理这些事情的权利,要是他们凑巧不喜欢你这副嘴脸。莫特太太不懂刚才是出了什么岔子。她应该大声呼唤吗？应该低声下气吗？还是应该客客气气的不客气呢？她一回一个样子全都曾试过,结果还是一样,她的邮票和找头——在她终于取得那个官儿的注意以后——老是一摔摔在她脚下似的。唉,再来一个革命啊,莫特太太自个儿跟自个儿说,她不知道她不是第一个有这个愿望的人；唉,再来一个可爱的流血的革命啊,断头台,革命歌,革命舞,所有的公众都来革,革所有的公务员的命！她愿意带着她的针线抢一个头排座位,数那掉下来的脑袋；把全法国的机关里头的表簿堆起来放一把大火,在这个火光底下跳个蹦蹦舞。

脑子里头怀着这些幻想,她到了车站,恰好赶上"副站长"锁门下班。他正在把行李房的门往外拉,莫特太太刚刚气喘吁吁的赶到他面前;她好容易迸出两个字来,可是没能够赶在那嘭的一下关门之声的前头。

"喂,站长,"她开了个头——喀!下了锁,——"我请您——"

那站长——一个年轻的粗粗壮壮的人,那样子倒还不叫人讨厌——回过身来,两只手往两旁一扬。"唉!"他带点儿抱歉一字一顿的说。"对不住,太太,时候到了。"

"喔,可是我只晚了真正这么一点儿啊。"莫特太太故意放出她的软性外交。

站长把表给她看。"您看,太太。十九点缺二十九分。没有办法了。我很抱歉,太太,只是照规定,车站是十八点三十分停止办公。再有一说,这也是吃晚饭的时候了。"

一听见"晚饭"二字,莫特太太知道她非败退不可了。她知道,就是天掉下来,也拦不住一个法国人的晚饭。"明天早晨,太太,"他一边急急忙忙的走出去,一边回过头来说。"请您明天早晨再来,我准给您办就是了。"

莫特太太跟在他后头,手上有气无力的拿着那个包裹。"是了,"她背地里说,"我明天早晨再来,带枝鸟枪,把你打死了之后再去邮局把那个收藏邮票的老狼精也打死了。"这一股怨气跟着她一路回家,跟着她进门,跟着她吃晚饭,跟着她就枕;早晨,当她照例五点钟被全奥纳城的雄鸡——象系在一根电线上,一压机关就一齐放似的——不约而同的啼声惊醒的时候,这股怨气又冲进她空虚的脑子,在那儿营营嗡嗡上下沸腾不让她再睡,直到莎丰妮端了咖啡和浮满了渣沫的热牛奶和冰冷的吐司进来。

她一直没有敢把昨天晚上的失败史说给莫特先生听;现在,两个人坐起在床上,她一面用天天洗干净晚上搭在床栏杆上专为此用的一块纱布滤牛奶,一面开始把这股怨气发泄出来。

"你说他们该不该?"她拿这句话来结束,追问他敢不敢对法兰西共和国表同情。

莫特先生,跟任何有脑筋的人处于同样情况之下一样,只是游移其辞,结果是自告奋勇去寄发这个包裹。

"不必,"莫特太太说。"多谢你的好意,只是事情是我惹动的,我得麻烦到底,哪怕闹到明年打罢了春也不在乎。"

吃过了早饭出去,一路办了几件事情,赶她到车站的时候,正碰上一列区间车进站;莫特太太足足等了二十分钟,那站长公忙得很,上行李,验标签,用紫墨水在一本簿子上作蜘蛛丝式的登记——那簿子的形式本本相同,而且个个机关相同:薄薄的本儿,薄而脆的纸,一英尺宽,二英尺长,脆腾的厚板纸做的皮子。事情完了,他往后一靠,点着了一枝烟卷儿,捡起他的报纸。

莫特太太咳了一声。没有动静。"站长先生,您早,"她拿出她的最柔媚的嗓子。站长慢慢的从报纸上抬起头来,哼了一声。莫特太太笑了一笑,和她的语调配合得恰好。"您早? 您记得,我昨天晚上来寄这个包裹,不巧来迟了一步。不知道您这会儿可有工夫给我办一办?"

"那里头是些什么?"他又哼了一声,伸出一只懒洋洋的手。

莫特太太把她的包裹拿了出来。"这是几件衣服,我打算交特别快车寄到瑞士我的侄女儿那里去,"她带几分抱歉的口气说。"那儿的冬天利害的很,一点也不象这个可爱的地方的温和天气,我的侄女儿又……"

站长呵呵一阵冷笑。"可爱的地方? 您觉得这儿可爱? 我是南边人,我是。"他在公事桌的抽屉里翻腾一阵,抽出一叠乱七八糟的纸,从里面拣出一张长的蓝色的单子,打窗格子中间塞了出来。"把这张单子填了,"他说,说完了这句话又去看他的报。

莫特太太对着那单子茫然的看了看。似乎是一种调查嫌疑犯的考问表,密行小字,有十几二十个问题要回答。她把那单子拿到墙犄角儿一张桌子上,用心填写起来。头上几个问题——她自己的小史,以及"收件人"她的侄女儿的小史——是容易的;自从她到了法国以后,在官厅的表册上招供她的生平经历,她已经不知干了有多少回,不差什么睡着了都填得出。可是等她填到这张单子的重要项目,就不这么简单了:在那并不十分宽裕的空格里边,要她把包裹里头的东西逐一详细说明——物品的性质,组织,重量,价值。她尽了她的最大的努力——几双袜子,几条裤子,几件毛线衣,几条围巾,几副手套,等等一切。填完了拿去给老师,希望得个及格分数。

老师把单子接过来看了一遍,哈哈大笑。"这写的是些什么啊?"他指着那"包裹内容"栏内的详细答案问她。

莫特太太说给他听了。"我这写的太详细了吗?"她问。

他低低的含含糊糊的只顾念那目录。念完了说,"太太,我劝您不如简单点儿说一句。现在这个未免找麻烦。写个'旧衣'尽够了。"

"站长先生,旧衣?可是这不是旧衣呀,一件也没上过身,全是簇新的啊!"她说着又记起选买这些衣服的乐趣,全都是上等的英国羊毛,颜色也都新鲜可爱。

莫特太太终于博得了站长的注意,完全的,不被报纸打岔的,而且是惶惶然的注意。"新的?"他禁不住叫了起来,"太太啊,把这么些新衣服寄到瑞士去要倾家荡产的啊;光是那关税就够瞧的,更别提那寄费了。我想,不会全都是新的吧?"

"是新的,至少是我能找到的最新的。"

"啊——可怕,太太,可怕!"他回过身子向着公事桌,桌上有一小瓶去墨迹的药水,那是每个公务员的最重要的法宝,他拿起瓶塞子使劲涂抹莫特太太费尽心血写下来的字。"这就对了,太太;这儿,请您重写:'旧衣',或是——喔,且慢——写做样品吧;对了,样品更合适,因为这些东西实在是新的。填个'货样'得了。"

"可是这不是样品啊!"莫特太太叫了出来。

"太太,太太!"站长急得直叫,差点儿哭了出来,想不到有人硬要花那么些个冤枉钱。"您听我的话,我求您!作样品寄,该花十个钱的就只花一个钱了。您把包裹拿进来,太太,让我来帮您个忙儿。"他把窗格旁边的一扇门打开,把莫特太太让进去,在一张椅子上坐下,然后从她手里把包裹取过去查看。

"啧啧,太太,"他立刻挑剔起来,"这个包裹要寄到国外去,这么个包装法儿不成的啊!"

"包得挺好啊,"她抗议说,又给他来一个媚笑,迎合他的热心。"是我亲自包扎的呢。"

"啊——包得真好,一望而知,只是可惜,这个纸!使这种纸包,这就碍难收寄了。国外包裹得使一种特制的纸,黑色的,不透水的。"

"哎哟,我的老天爷!"莫特太太呻吟了起来。

"而且没有火漆。绳子上得用火漆加封的啊,懂不懂?"

他半开玩笑似的拿手指点了她一点。"现在,依我的话去办:把包裹交给我,到庇来药房——希佛罗路,认得吧——去买一张"不透水纸",药房里头人知道的。再买一根合适的绳子——章程上也有规定的——买点儿火漆。您把这些东西买了来,咱们来重新包扎。只是您得快点儿,又快要到午饭时间喽。"

莫特太太看见大功快要告成,认真赶紧去办;可是药房里头的人不觉得有赶紧的必要,所以等她回到车站,站里的钟已经指着十一点五十分。

那站长在那儿等着她,摩拳擦掌的跟时间赛跑,为的要救一个女子,不是救她的命,是救比命更要紧的东西——钱。他一手把纸接过去。"这就是了,太太。不必打开来重包;只要把这张纸包在外面。这么一裹,太太——再这么一包,太太——您把绳子递给我。对不住,请您把手指头按住这儿;得了,完全对了!现在,请您把地址写上,太太。"他刮着了一根硫黄火柴,拿在她鼻子底下,把她呛的要命。"把火漆放在火上,太太——快点儿,只有三分钟了,"莫特太太慌慌张张把烧化了的火漆在绳子上这儿那儿乱戳了几下,站长一伸手打她手上抢了过去。"不对不对不对,不是这个样儿;章程上只要把绳子的两头加封。还有,太太,您看见我打结没有?要打活结,无需剪断就可以解开,这也是章程上规定的。咱们件件都得遵照章程办理,太太,对不对?得了!"他把火漆拿起。"现在请您盖章,太太;在这儿压一下。"

"盖章?我没有图章啊!"

"您没有图章?图章是人人都有的啊……不要紧,咱们来造一颗图章!"他又在公事桌上摸索了一阵,拿出一个大图钉来。"这儿,太太——就把这图钉当图章吧。"她拿图钉在火漆上压了一下,然后,把图钉拿起,又在那印迹的四边用图钉的尖头戳了一圈小点子,抬起头来朝他一笑。站长见了她这新鲜花样也不禁哈哈大笑,她知道她已经结识了一个一辈子的好朋友。

就在这个工夫,那个钟开始敲起十二点来。莫特太太大大的松了一口气。老天爷,这算是完了!"寄费是多少钱,站长?"

他把他的簿子拿过来,在皮子上算了一算,"十八法郎七十五生丁,太太。要是不当货样当新衣寄,就得要——慢点儿"——

他又算了一算——"四十七法郎八十五生丁。您看,太太,得熟悉章程不是?"

莫特太太在钱袋里掏出一张五十法郎的票子,拿给他找。"您真是帮了我一个大忙,站长先生,"她道谢起来。"您肯不肯赏我个脸,把这个收了?"她拿出那必不可少的五法郎镍币。

"喔,不必不必不必,当得效劳,太太……不过,要是您一定这么客气……多谢了,多谢多谢。现在——这是吃午饭的时候了。再见,太太,再见。"他把她推出门,把门上了锁,抬一抬他的帽子,一道电光似的往街的那头去了——莫特太太肚子里想,一个公务员吃饭迟到,恐怕这是法兰西共和国历史上破天荒第一遭吧。老天居然选她做这么惊人的一个奇迹的发动者,她很得意。

钓　　鱼

春早早的来到法国的北方,从南方一步步爬上来,偷偷儿的似的,仿佛一碰到北冰洋来的一口冷气就打算拨转身子飞跑似的。他轻轻的停了下来,烘暖那僵硬的田地,把他们吹嘘成一片新绿,在农民们的阴沉的脸上换上了一重光彩,给灰色的城市送来了愉快的喧嚣。莫特先生在小河上石桥边,对着城墙,太阳地里坐着,心里想,倒象是看潮水涨,你知道水在涨,可是看不见他动。就在你不注意的时候,他就偷偷儿的溜进来了。

可是今天,莫特先生朝那流得快而多水草的小河懒懒的看了一眼,直送它到城墙转角处悠然不见,又想道,可是今天有点两样,春是确确实实披散了她的头发,抹上了口红。鸟在出芽的果树中间翻飞格磔,虫在空中营营嗡嗡,近处的田里有人唱着脱了腔的歌。莫特先生坐着的一张绿漆条椅旁边就是一家酒店,酒店面前一片鹅卵石平场,直到水边,上面搭着一架遮阴的藤棚,包掌柜的包新正在场上摆出一张张绿漆的桌子椅子。春天不但是带来了温暖,它也带来了顾客;这么雅静可爱的地方谁不想来坐坐?

莫特先生就这么坐着,心里空空洞洞,太阳在背上,新耕的泥土气息在鼻子里,浑身舒服。他打了个盹儿;醒来时一看,已经有了个伴儿。一个瘦小的中年的人,穿着工人的衣服——一条粗布裤儿,腰间系一条蓝色法兰绒的褡包,防备万一有逗留不去的寒气,脖子上还绕了一条紫色的围巾——一条腿跨过那石桥的栏杆,将身子坐在那平顶上,两只脚悬空挂着。他手上拿着一根长竹竿儿;身旁放着一罐蛐蟮。莫特先生看他小心着意的把钓钩装上了鱼饵,抛下河,点着了一枝烟卷,开始耐烦的(并且,照莫特先生在法国的经验,无望的)静观流水。

可爱的一幕,可爱在于暗示着懒散和徒然:人钓鱼;鱼是没有的,不用说,可是——人还是钓他的。忽然出现了怪事,莫特先生的惊讶是可想而知:人轻轻儿的抬起钓竿,线荡向桥边,鱼在线的头上迸跳。鱼是不到三英寸的鱼,然而是千真万确的一条鱼。莫特先生看着那渔翁得意的笑了笑,把他的俘虏解脱下来,望他的外衣口袋里一塞,很想站起身来鼓一阵掌。"妙,朋友!"莫特先生隔了一丈河水跟他招呼。

那钓鱼的回报他一笑,打个手势说,他的运气算是不错,只是这条鱼还不大,河里还有别的鱼,你瞧着吧。这些个话全是用他的一双手和胳膊肘儿和肩膀说了的,两道眉毛也帮了点儿忙。

"这是条什么鱼呢?"莫特先生等他又重新上了鱼饵把钩子抛下水之后,问他。

那钓鱼的看他一眼,那法国人专门用来表示"你们这些外国人怎么连这个也不知道"的一眼。"这是白杨啊,先生,"他说。"话该这么说,白杨是他们的姓。我这条小鱼,"拍了拍他的口袋,"叫腓立。您要是肯耐心看着,一会儿我就要捉住他的姐姐赛勒斯丁,他的哥哥剌乌尔,我希望还有两三位兄弟姐妹来凑个热闹。哈!"他轻轻的把钓竿抬起。"喏——这不是赛勒斯丁来了吗?"

莫特先生继续懒洋洋的看下去,这位圣手渔翁陆续又钓着了六条小鱼,全都跟腓立一般大小。莫特先生心里说,这准是法国自来未有的纪录——莫特先生曾经消磨了好些时候在巴黎塞纳河畔看过一无所得的钓鱼来。莫特先生简直能透视那瘦小渔翁的一颗快活的心,不差什么连他肚皮里准备好了等会儿咖啡店里去数说给朋友们听的那个有声有色的故事都听来了。

这以后来了一个停顿。不是白杨一姓都已经消灭了,就是鱼儿并不如我们所想象的那么傻。不管怎么样,再也不看见有鱼来吞饵;这个工夫越来越大,那钓鱼的检查他的钓饵也越来越勤,于是经过照例的由不懂而不耐,由不耐而不忿的阶段,终于坐在那儿不动,浑身松了下来,钓鱼竿塞在大腿底下,没精打彩的凝视着镜面似的河水。莫特先生很想说两句安慰的话,又怕话不投机,反而招怨。

酒店面前场子上脚步踹着石子响,莫特先生回过头来一看,包掌柜事情已了,走到河边上来。他在那儿站了一会儿,领略那明媚的春光,两只手插在白围裙底下,挺着个大肚子。他朝莫特先生点点头,又朝钓鱼的那位点点头。

"杜推先生,你好。运气不坏吧?"杜推先生把他的收获展览了一下,不得不承认,头里倒还不错,现在可不成。

包掌柜打了个哈哈,包掌柜是南边人,所以不把人生的悲剧看得象北方人一样认真。他说不如暂且结束,等河里的鱼儿长的大点儿会吃蛐蟮儿再说。"你钓了的那些个还没断奶呢,"他一头说,一头哈哈大笑,一头邀杜推过来喝一杯"屠拂"——这是一句南边话,莫特先生懂,专指早晨第一杯酒,照字面讲是"打虫儿"。可是杜推摇摇头。不成,他是来钓鱼的。包掌柜又提议换一换手气,让他包新来试一试;杜推也不说什么,可是一脸的不信,把钓竿递了过来。

莫特先生立刻觉得包新换了个样子。他本是个嬉皮笑脸的酒店掌柜,忽然一变而为专心一志的渔翁。他绷起个脸坐在河边,把鱼钩沉下水去。不多一会儿钓丝就抖动起来,钓竿的头往下直坠。"哈!"包新一声叫,望后一兜。"拿稳着!"杜推在桥上叫唤,三脚两步跑了下来,差点儿落在水里。"妈妈快来!"包掌柜叫他的太太,他太太应声而出,一个灰色的紧凑的女人,和她的又红又大的男人恰成对比。连莫特先生也受了传染,跳起身来,原来包新钓着的鱼足够一英尺多长,让他摔在一张酒桌底下,还是直迸直跳——不成问题,是这条小河里的鲸鲵。

包掌柜把鱼从钩子上解下,高高的举起,得意非常,说,"你这个竿子有点仙气,杜推先生。"

杜推先生站在包掌柜身边,又惊又喜。"你的手上也有点儿仙气,包掌柜,"他说。"我这一回家,拿给杜太太看了。她一定要伸舌头呢。"他弯下身子把钓竿捡起,这就伸出手来等那条鱼。

包新的脸上露着为难。"朋友啊,"他说,"鱼可是我钓着的啊。承你的情把钓鱼竿儿借给我,自然是万分感激,只是——"

"且慢,包掌柜,"杜推先生不让他说完;莫特先生感觉空气又变了。"把鱼钓上来的是你,这是不用说。然而,要不是因为竿儿恰巧拿在你手上,又何尝不可以是我?你想吧,钓竿儿是我的;钓竿儿钓着的自然归于钓竿儿的主人喽。"

"啊,原来如此!"包掌柜叫了出来,把身子挺直,很有威严。"先生,你这是说我攘人之物以为己有了!我觉得你的理由不挺充足。玛利!把鱼拿去,好生藏起来。"他伸出手来把鱼拿给包妈妈,可是包妈妈很不懂做女人的道理,迟疑了一阵,就因这一耽搁,杜推先生就怒容满面赶过来抢夺。包掌柜赶紧把鱼藏在身子背后。

杜推放弃了外交途径,把拳头在包新的鼻子底下晃了晃。

"鱼是我的,我告诉你!"他大声叫唤。"是我的钓竿儿钓着的!"

包掌柜也把拳头晃了晃。"鱼是我的;是靠我的高妙的本领钓来的!我这话对不对,先生?"他请教莫特先生,莫特先生赶紧把脸上的笑容收起,一句话不说。他早已拿定了主意,在某种情况之下他也许不妨在一夫一妇之间多个嘴,或是在一虎一羊之间插个手;可是在两个钓鱼的之间,那万万使不得。

包掌柜的一只手依旧抓紧了那条鱼,转过身向厨房走了一步。

"站住!"杜推喊了一声,跟上前去。他又晃了晃拳头。"你把鱼拿给我,不,我就告你!彼得,"他向石桥上一个顽童招呼,桥上已经有了三个这样的孩子,这些孩子是照例一有热闹可看就会自然出现的,"快去报告柏底盘先生,说有个强盗打劫我。快跑!"那顽童站着不动。

"你再跟他说,有个疯汉来偷我包新的东西,还要打我呢。朋友,你放明白点儿,我也不是好欺负的!"他把鱼丢在背后地下,两肩一耸就把围裙褪下。这就拿起一对拳头,向瘦小的杜推逼过去,杜推往后退,莫特先生重又坐了下去,安排看热闹,知道闹来闹去,反正谁也不会打谁一拳;这个罪名不小,在法国。

这就开始了一场长期抗战。两个人你望着我,我望着你,在鹅卵石平场上来往周旋;危机一起一落,两个人的外衣也跟着一会儿脱下一会儿又穿上。你在我鼻子底下晃一晃拳头,我在你眼睛面前弹一弹指头。两个人对骂出许多丑名,不是菜园里找来的,就是动物园里捡来的。可是两个人谁也不碰着谁。到后来,包掌柜气喘吁吁的举起一只手。

"且慢,杜推先生。咱们又不是两个三岁孩子。就不能想个和平解决的办法?钓鱼竿儿,我承认,是你的。可是讲情讲理,鱼既是我钓着的,我得点儿酬劳也不为过分。你看我这个话公道不公道,先生?"他又请教莫特先生,莫特先生依旧不放弃他的不干涉主义。

"我是最讲理的人,"杜推简简单单的说。"你打算怎么办?"

"好,我提议你酬劳我——"

"酬劳!"杜推一声怪叫。"我自己的鱼,叫我拿钱来买?哈哈!咱们试试看。"

"慢点儿,慢点儿,我的可怜的朋友。"包掌柜举起一只大的红的手。"我提议的是你把你口袋里头的小鱼拿一半送给我,和那条大鱼交换。我本不一定要那条。我早两天还钓着比那个更大的来着。"

"呸!"杜推先生受不了人家的轻蔑。"不过啊,为让你得点安慰起见啊,我自动的送你一条,作为一种形式上的——"

这回轮到包新生气了。"一条!"他叫了起来。他含讥带诮的哈哈大笑了一阵。

"那么两条吧,请你和包太太大伙儿尝尝。"

"六条是我最低限度的要求。六条!"包掌柜把两只胳膊交叉着一抱。

杜推考虑了一下。"你本来连一条的权利也没有,六条自然更不成问题。三条,交个朋友,我也许还可以考虑。再多一条,我是——"

"这么着,四条吧。我把这条大鱼让你提回去。"

"我说的是三条,掌柜。你的耳朵有点毛病吧,别是?"

"我说的是四条。这也是小事,咱们何必为这几条猫儿鱼过不去。你给我四条,这条大鱼就归于你。"

杜推想了一想。"好吧,包掌柜。既是老哥一定这么说,我就大方点儿。"他们俩郑郑重重拉了拉手,包掌柜弯倒他那金刚般的身躯,去地下拿那条大鱼。杜推也去地下捡起他的外衣,把手伸进外衣口袋。就在这个时候,那条大鱼在包掌柜手里挣扎了一下,滑落在地下,又一迸,到了河里,先是肚皮朝上浮了一刻,然后翻转身,慢慢的游向河水深处。这两位眼看着它逃脱,惊呆了,竟袖手不动。

杜推的手还在外衣口袋里,这才抽了出来。手里抓的是腓立,赛勒斯丁,剌乌尔,和他们的弟弟妹妹的稀烂的尸体,已经让杜推先生自己的无情的双脚踹成一堆鱼儿酱。这两个人回身相对,四眼相逢,各自不好意思的笑了笑。还是包新第一个先哈哈起来。

"咱们虽然无鱼可食,"他一头笑一头说,"总算还有酒可饮。来吧,朋友,咱们把这一场傻事忘怀了吧。"他拍拍杜推的肩膀。

"掌柜,我就恭敬不如从命了。请,请。"

"哪里的话,你先请,你先请。"手挽着手,两位朋友并排着穿过平场,后面跟着包妈妈,一同进了厨房。那三个顽童,扮了个鬼脸,也笑着走往别处。莫特先生从温暖的椅子上站起身,高高兴兴回家去,说给他太太听。

"且慢!且慢!"

到了五月已经过了一小半,春天已经悄悄地化为初夏的时候,莫特先生一家,一致同意,重又检点行装搬进巴黎,到圣日耳曼郊区他们常住的大学旅馆去舒适一下。在一冬的蛰伏之后,他们渴望一尝都市里的豪华;他们的朋友普耳特夫妇带着几个孩子刚从美国来,他们也要去跟他们亲热亲热。

莫特先生把家里人安顿下来之后,头一件事情就是去办理一辆小汽车的移转手续,这是一位回国去的美国朋友留在法国的,莫特先生跟他通信买了下来,见还没有见过呢。车子存在尼斯的一家汽车房里,莫特先生写信给车房经理鲁先生,告诉他打算在星期六跟他的朋友普耳特先生一块儿去尼斯把车子开回巴黎,希望他早作准备。等到星期四才收到鲁经理的回信,说是这辆雷诺尔端端正正在那里等着他,可是这个车房的真正主人是迈尔先生,迈尔先生在巴黎某街某号经营着一家运输商行,莫特先生必得先找着迈尔先生要一封信,他凭这封信交车子。莫特先生心里有点不舒服,为的时间短促;可是转念一想,也还有一天半工夫,办理这么一件纯粹形式上的手续应该足够。

说是这么说,莫特先生第二天上午出门的时候,心里是担着几分心事的。真正有什么麻烦,那自然是不会的;然而莫特先生从以往的经验知道,最好不要太托实。一般的法国人是不肯马马虎虎的在一个文件上签字的,非得把那背后的密行小字从头到尾先看一遍。他知道那些个密行小字不是印在那里玩儿的,是有作用的。任什么事儿,他喜欢按部就班的办理,一步跟一步要完全合乎逻辑;除非每一步脚踏实地,他是不放心前进的。他不肯忽然地跃进,他不肯直觉地走捷径。逻辑指导他,现实感支持他,自我利益向他招手:他终于到达。倘若在这个过程之中,苦了外国朋友的神经系统,莫特先生想到这里叹了口气——唉!这到底是谁家的地方啊,你想想看?

莫特先生费了照例的一个钟头寻找迈尔先生的商行所在,一边爬进爬出,一边诧异着这些巴黎小商人的嗜好,全都喜欢把他们的写字间藏在黑不溜秋的天井跟容易叫人迷路的楼梯背后。迈尔先生在店里呢,客客气气地含笑招呼他,带他走进一个黑洞洞的里间,请他在一张舒舒服服的椅子上坐下,他自己跟他隔着一张平顶的写字桌相对而坐。迈尔先生是个和气的,身子胖胖的,脸红红的小个儿,头发是秃光了,两撇弯弯的胡子又浓又黑,黑的象一架三角钢琴。迈尔先生坐在椅子上探着半个身子殷勤地笑着,等莫特先生开口。

莫特先生说,"迈尔先生,我姓莫特。我就是买下了拉特斯顿南先生那辆小雷诺尔的那个美国人,这辆车子现在停在尼斯城里您的车房里。我来请您给我一封信给那个车房的经理,让我把车子取出来。我明天上尼斯去。"

"啊,"迈尔先生说,"当然,当然。真可爱啊,物利格斯东洪先生这个人。他好吧?他太太好吧?原来先生您买了他的车子?"

"是的,迈尔先生。让我把我的护照拿给您对一对。"

迈尔先生把护照一页一页地,仔细而有兴趣地检查了一通。然后又翻出贴着照片的那一页,伸直了胳臂对着它,把照片跟照片的主人翁,耳朵眼睛鼻子嘴逐一比较。"嗯,"他终于开口了,声音里显示着喜悦和惊异。"象得很。我向您致贺,先生。现在?"

"请您写封信给鲁经理。"莫特先生私自庆幸,迈尔先生这么好说话,这件小交涉办的这么简捷;同时,迈尔先生沉浸在深思里,迟疑不决,手指头在桌子上打起鼓来。这么着有一分钟,"先生,"他说,抱歉似的,"请原谅,可是这种事情是不能草率从事的。为了我,也为了您,必得小心。所以我只能不客气一点,要请您再拿点凭据我看——我的意思是,能证明您实实在在是这辆车子的买主的证据。您是莫特先生,这是业已证明,毫无疑问的了。但是莫特先生买了物利格斯东洪先生的车子……?"他顿住了,很和气地笑了一笑。

"使得,迈尔先生,"莫特先生回答。他掏出拉特斯顿南先生寄给他的皮夹子,把汽车上的几把钥匙跟三张执照一古脑儿倒在桌子上,外带他本人的居住证和身份证。迈尔先生认真地逐一检查,莫特先生心里想不知道他要不要打起显微镜来看。然后,一鞠躬,他承认被告至少已经赢了一分。

"对,"他说。"全都合适;可是——"(唉!法国话里的这个"可是",莫特先生想)"请您饶恕我太不客气。象这种文件,您也知道是很容易丢了的,也很容易让别人拣着的。您也一定会同意,这种文件是不难偷窃的;自然,我决没有说咱们面前的这些东西是这么得来的意思,——万分抱歉——可是您一定会了解,我不能忽略这一个可能,这是我的不幸的责任。还有,先生——"

"我完全了解,先生,"莫特先生打断他的话,一边又伸手到他的皮夹里去摸索。"您是做买卖的人,自然是谨慎为上。拉特斯顿南先生写了一封信给尼斯的车房经理,告诉他车子已经卖给了我。这是那封信的副本,原信自然在您的文件卷里,您可以把它找出来对一对,您的疑虑自然就会消除。"

迈尔先生压铃子叫来一位办事员,叫他把原信找来。他本人就跟莫特先生大谈起巴黎的天气来,过去怎么样,现在怎么样,将来怎么样,可是还没谈上几句,那位办事员已经把原信找来,出乎莫特先生意料之外地快。迈尔先生把副本跟原本一个一个字对读了一遍,然后把两张纸叠在一块,举起来对着头顶上的天窗里来的光,仔仔细细的看,看有无伪造的痕迹。

终于把胳臂放下。"这两封信哪,"他说,"是完全相同。我给您道贺,先生……可是,"他深思地停顿一下之后接着说,"一个伶俐的人,造出这么一封信,寄了出去,保留着一个副本,要用的时候一拿就出,这不是也很容易吗?自然,"他哈哈一笑之后接下去,"我很知道您没有做这种混帐事情,可是您看出我的为难:我不得不根据这个假设行事。您自称是莫特先生;您的护照证实您的话。您又自称在物利格斯东洪先生手上买了一辆汽车;为了支持您的话,您把这些文件拿给我看。可是,"迈尔先生说到这里把两只胳臂张开,仿佛是请求美特先生的合作和怜悯——"您没有给我看您已经付了车价的证据,除了"——伤心地摇摇头,把胳臂放下——"这封信,而这封信,我已经逻辑地证明,技术上是有怀疑之余地的。"

莫特先生看着他扎手舞脚看出了神。忽然,骂一声自己怎么这么笨,他记起了那张签过"收讫"的售货单,这是他的王牌。他又把手伸进他的口袋,那里面鼓起许多文件,那些东西是只要你在巴黎待上几天就会莫名其妙地繁育出一大堆的。他找着了那张售货单,把它摊开。"这儿,迈尔先生,"他一边说一边把它递给迈尔先生,"这是拉特斯顿南先生的收据,他亲笔签了字的。请您仔细看一看。"

迈尔先生当真依了他的话仔细看过;伤心地摇摇头。"这当然是真的,"他说,"可是——唉——没有用的。您看:我相信您是莫特先生;我相信您买了物利格斯东洪先生的汽车(难道就没有一个法国人肯费点事把外国人的名字念对了的,莫特先生想),并且付了车价。我极愿意帮您的忙。给您效劳是我最大的志愿。可是这个!"他又摇了摇头。"谁都知道,先生,一张收据要在法律上发生效力,必得贴上政府发行的印花,证明已经付过交易税,还得由出售人在印花上签个字。这张收据上,您看,什么印花都没有。所以,唉,这笔买卖还没有完结。真是不幸……我很抱歉,先生,非常抱歉。"

"可是,迈尔先生,"莫特先生连忙抗议,这笔买卖是在美国做的;在美国,由于政府莫名其妙的疏忽,在收据上抽税的习惯还没有建立起来,哪儿会有印花呢?

迈尔先生也不得不佩服,他笑了。"您真会说话,先生。可是!咱们这会儿不在美国呀。这,您一定同意,是明显的事实。"在这一点上,迈尔先生是客气,但是不让步。"咱们人在法国,这辆小汽车,这个事件的主脑,也在法国。所以,您看,非有印花不可。我相信您了解我的态度完全是友谊的。我的种种小心不是对您不信任,乃是为这种事情必须办得合乎规则。说实话,正因为这个买卖的两造都是外国人,都是美国人,我的地位更加难处。您想,倘若我不一丝不苟地尽我作中间人的责任,可能引起多大的国际纠纷?"他停止了。

莫特先生慢慢地说,"是,我了解,先生……可是这印花?哪儿去弄来呢?"

"我不知道,严格说,这不是我的事情。可是倘若您要我贡献我的意见,也许你们美国的领事馆能帮您的忙。"

莫特先生站起身来,伸出一只手。"谢谢您,迈尔先生,我马上去。"迈尔先生一路送他到门口,他一路私自庆幸始终能把握自己的现实感,没有发脾气。

莫特先生到了领事馆,朝休息室里一望,那么多的愁眉苦脸的同胞,他拨转身子走了出去,找个咖啡店坐下来怨天恨地。怨恨了一会儿,想出一个主意——凡是在巴黎碰了壁的美国人大多数终于会想到的一个主意。他走到一家熟识的美国律师事务所,找他的帮办。那个帮办的名字叫爱密理。

"爱密理,"他说,"我碰了壁了;怎么办?"他把他的情形说给她听。

爱密理告诉他怎么办。"你需要的,"她说,"是印。你把那个文件给我。"

她拿了那个签了"收讫"的售货单,走进另外一间屋子,一会儿走了出来,那个文件上盖了一颗堂而皇之的印,一大堆火漆,一根红带子。

"这是什么东西?"莫特先生问。

"这是印,"爱密理说。"拿去给领事,告诉他是我叫你去的,请他贴上印花。"

"哪种印花?"莫特先生问。

"别啰唆,"爱密理回答。"再会。"

领事年轻,闷得慌,而且,听见莫特先生提起爱密理的名字,乐于帮忙。他贴上印花——哪种印花莫特先生没问——在印花上签了个大花字,又给莫特先生写了一封信给尼斯的美国领事,预防……可是时候已经迟了,来不及再去找迈尔先生了。

第二天早晨,他带了出门的皮包,交给东车站,为的是万一迈尔先生又有什么新花样,他还有充分的时间会齐普耳特先生赶下午那班车。可是迈尔先生没什么新花样,他一见那光辉灿烂的文件,满眼的愉快。他差不多看都没看。

"好极了,"他说。"我真高兴极了。请您等等儿,先生,我这就写信给鲁经理。"他写了信。"这是信,先生,请您原谅我以往的过虑;给您添许多麻烦,我知道,可是实在没有办法。现在我的责任已经脱卸了。但愿您在我们的风和日丽的天空底下多多游览。"

他们异常亲热地道别,互相说了许多钦佩的话;可是当莫特先生在楼梯头上回转身来作最后告辞的一鞠躬的时候,他发现迈尔先生在向他凝视,他的眼睛里怀疑的余烬还在发亮——莫特先生知道,不是怀疑他的真假,乃是惊诧他的这一串证据怎么这么完备而真实。

到了尼斯,莫特先生和普耳特先生雇了一辆汽车直放车房;鲁经理,满身油腻,嘻嘻哈哈的一个大个儿,热烈地欢迎他们。莫特先生原来还怀着鬼胎,生怕迈尔先生在最后又来一阵疑惑,打个电报来取消那封信,这一下才放心。

鲁经理带他们去看那辆雷诺尔。"喏,车子在这儿,两位先生,要开马上就能开:汽油,机油,水,电池,全部停停当当。很不错的一辆小车。"

莫特先生道了谢,把迈尔先生的信拿出来给他,一面说明这封信的性质。

"哦,这个么,"鲁经理笑了。"您留着吧。我要它没用。物利格斯东洪先生的朋友就是我的朋友。"

"可是您写信给我的呀,"莫特先生不肯罢休,"您说没有这么一封信不能交车。您倒说说,要是没有信,您交车不交?"

"自然还是交的。这是老板吩咐了我。我不得不写信给您这么说。谨慎着呢,那一位。可是,"——他把肩膀一抬——"咱们得记住,他不但是个生意人,还是个北方人哪。你有什么办法?"

鲁经理把信接过去,看也不看就把它折成小小一块(全世界的乡下人都爱这么着),往口袋里一塞,又去忙别的事情去了。

盲　　点

莫特先生一家人在巴黎还有一个星期的耽搁,就要和普耳特家一块儿由瑟堡搭船回美国去;在这一个星期里头。莫特夫妇把孩子们丢下不问,要把来法国以前就打算办可是到了法国以后又一直"过两天""过两天"地推下去的一切事情都赶着办了。显而易见,再没有几个两天可过了;他们发疯似的采买东西,参观展览会和博物馆,这个朋友请吃午饭,那个朋友请吃晚饭,赶来赶去,加以归心如箭,可说是没有一件事情真正痛痛快快地受用了。可是他们确实是把差不多每件事情都办了,连莫特先生认识的住在巴黎郊外阿尔然朵耳地方的一位汽车司机也去拜访了。

这位拉洛希先生是个中年的,谨慎的,迟钝的,健旺的,悲观的,最标准的法国老百姓。他们的友谊建立在一次畅快的谈话上:一个悠长和暖的春天的下午,莫特太太去找她的裁缝,莫特先生懒得下车,坐在汽车里等着,就和拉洛希聊上了。两个人谈的很投机,后来又同到附近一家咖啡店里去喝了一杯啤酒,越发亲热。这以后他们又会见过,而且不止一次。他对于太阳底下一切事情的意见,莫特先生不差什么全都知道——这些意见是人情世故,良好的教育,爱好思索的头脑,以及法国人所特有的推理的能力的综合的结果。莫特先生也知道那个小小的拉洛希家庭里头的一切,对于这位一家之长怀有温暖的友情,这种友情他知道拉洛希那方面也是有投有报；可是友谊是友谊，每逢他觉得小账未免菲薄点儿的时候，友谊也难得拦住他不让他提起莫特先生的注意。在这种时际，盎格鲁撒克逊人的莫特先生不得不唤起他的全副的克己功夫，全副的意志力量，才把他的憎恶之情压制下去。

末后，有一天，拉洛希问莫特先生，他们贤伉俪肯不肯赏个脸到阿尔然朵耳去做一天客，跟他家里人见见面。莫特先生辞谢了，因为他们就要离开巴黎，但是答应他，等夏末秋初回巴黎的时候，准定给他一个信，并且在上船之前一定去拜访。

莫特先生很知道这个邀请是个极大的面子，因为他知道，照美国人的好客的解释，法国人是不好客的——这就是说，他们另有好客的界说，这个界说里头不包括把生客往家里让的这件事儿。莫特先生很知道，法国人的"家"是家里人的；是别的国家的人梦想不到的献身敬爱的对象；家庭的深密无时无刻不是用一种近于宗教的热诚来保护着，很难得——除了在浮薄的社会里——肯让外客，尤其是外国人，来玷污的。所以莫特先生觉得和拉洛希的约会攸关体面，万万不能失信，因此从布列塔尼回来之后就写了个信给他，请他定个日子。

在约定了的那个星期日，下午三点钟，莫特夫妇坐上汽车，开到阿尔然朵耳，稍稍寻问了一下，找着了拉洛希家的房子——一所木板墙的平房，漆成暗红色。两排剪得斩齐的篱树中间一条鹅卵石子路，通到门口，又绕着房子的半边到了背后，走上一个也是鹅卵石铺成的小小的平台，平台上面有两棵香橼树遮阴，树底下摆着一张条桌，桌面上盖着一块红白条子桌布。房子本身和它的后厢房构成平台的两边，第三边往外是一片小小的园地，园地的边上种着三棵果木树。园子的那边有一个木头棚子,莫特先生他们站在后门口等着的时候,听见棚子里咕哇咕的鸽子叫,啄啊啄的鸡叫,嘎呀嘎的鸭子叫。一种恬静,一种和平,一种温暖的安全感,弥漫在法国的这一个小小的角落里,象一个有形的祝福。"而这个,"莫特先生带三分不信又带三分敬服地想,"不过是一个开汽车的人的家!"

门开了,拉洛希穿着一套黑色的新衣服,伸出两只手来。"欢迎,欢迎,先生。进来,进屋子里来,我请您,虽则是这里万万赶不上您住惯的地方,我知道。"可是当他把他们引了进来,给他们介绍一位黑色盛装满脸笑容的姨妈什么似的老婆婆,两个羞羞怯怯的小女孩和一个略微大点儿的男孩子的时候,得意之色洋溢在他的眉宇。大家拉了手,站了一小会儿,找不着话说。

"要是您两位不嫌弃,先生,太太,我就先引您在屋子里头看看,再看看这块小小的园地,然后请用点粗糙的点心,这会儿还在预备着——可实在不象样儿。可惜我们太太不能出来招待。她有点不舒服,可怜的女人。昨天又'充血'一次——"他停住了,指了指过道半边的一扇关着的房门,然后竖起一个又是警告又是道歉的指头来拦住嘴唇——虽然他刚才的欢迎辞至少隔着一条街都听得见。

"啊,这个屋子是我的三个孩子的卧房;他们睡在一张床上,因为我们不是富裕的人家。这里是老太太,我们太太的姨妈的屋子。自然,这间房并不宽大,可是她很满足了。"——拉洛希太太的姨妈拉开嘴笑了笑,表现她的满足,同时表现出一个有黄有黑的孤零零的门牙——"这里是我们的小小的客厅"——一个无纤尘也无空气的体体面面的坟墓,和普天之下处处地方的同类的坟墓一个样儿。莫特夫妇啧啧称好。"这里——您要是不怕麻烦跟我来——对不起——我们的小小的厨房。"

莫特太太衷心地赞赏那一溜儿挂在炉灶上方的紫铜锅和勺子,正赶上星期六洗刷之后,亮的耀眼。她看见屋子的一角有一个石头的水槽,上面有放水的龙头。"喔,您这儿还有自来水呢,"她颇为动容似的说。

"您看见啦?"拉洛希先生说,透着很高兴。他三脚两步走到龙头跟前,把它拧开,开到底。"您请看,灵的很呢。"他又走到水槽和炉灶中间的一个门口,一只手放在把手上,站住了。

"不光是那个!这里——"他演戏似的把门一下推开——"是哇特克洛塞特①,顶摩登的设备。您请看,先生,太太,它也是灵的很的!"——他得意的不得了,伸手进去把链子一拉;然后出神地,肃然地看着那股洪流汩汩地直泻而下又咕喙咕喙地流尽。"您看见没有?……一点不含糊,真正摩登!"

"可真了不起!"莫特夫妇喃喃地说。

"现在,"拉洛希先生接下去说,"让我带您两位看一看园子,等姨老太太她给咱们弄吃的。保罗!华伦丁!安玛利!你们快进去帮着姥姥做事!"他大声叫唤,莫特夫妇在旁边诧异,难道他的生病的太太也是个聋子,也许?

在这片小小的园地里,拉洛希先生种了十七种蔬菜,他一一指点给莫特夫妇看,他们且惊且叹,真正的感动了。在那三棵小果木树上分别结着李子,桃和梨儿;在那木棚里下着鸡蛋,鸭蛋,间或还有鸡肉和鸽子肉。拉洛希先生告诉他们,除了牛肉,酒,面包之外他不用买什么;这个园子供给得了。他很得意,恬静地得意。

"真叫人佩服呢!"莫特夫妇叫了出来。

---

① Water-closet(厕所),法文借用英文字。

他们围着香橼树底下铺着红白条子布的桌子坐下,年老的姥姥把茶点端来,过了一会儿她自己也带着孩子们来坐下。白糖烘饼和一杯白班郁耳——法国比利牛斯山里出产的一种甜而腻的酒——之后,接着是烤子鸡,安茹酒,和莴苣,水芹,冬葱三样拌起来的冷盘。过后是就着一种气味很足也很油腻的勃尔根第干酪吃脆面包,把酒也喝完;末末了儿是可口的野草莓带酸酪,咖啡,又是一杯淡青的辣嘴的家酿李子酒。

他们的主人,割啊,倒啊,布菜啊,切面包啊,谈啊,笑啊,劝酒啊,忙个不停。莫特先生和莫特太太的嘴唇碰了碰酒杯,他赶快就来斟满——然而他的殷勤来的非常自然,客人们一点儿不觉得勉强。他具有完美的主人的本能和仪容——因为他是一个法国人,这是他生来的秉赋。然而,无论这两位客人吃的喝的怎么畅快,夸的奖的怎么热闹,还是赶不上主人家自己的雄壮的满足。莫特夫妇觉得菜好酒好,就说是菜好酒好;拉洛希先生知道它好,也毫不客气的承认它好。吃着吃着,他的脸越过越红,他的手势越发活动,他的眼睛越发亮,他的快活越发显明。莫特夫妇欣欣然,年老的姥姥和孩子们欣欣然,拉洛希先生更是欣欣然。他们吃的多,喝的多,也笑的多;他们不谈别的,只谈好酒好菜的好处,可也真是应该,好酒好菜摆在面前的时候,不谈这个谈什么?吃到水果和咖啡的时候,他们唱起歌来,独唱,合唱,拉洛希先生唱的最大声。太阳照得他们热热和和,宾主周旋得他们欢欢喜喜,酒喝得他们兴高彩烈;真是十二分的美满。

既醉且饱之后,年老的姥姥一边收拾桌子,格儿格儿笑的象个女孩子;孩子们领着莫特太太去看兔子和小猫儿;拉洛希接过莫特先生送过来的一枝英国烟卷儿,解开他的坎肩儿的扣子,往椅背上一靠,长长的吐了口气。莫特先生重新又表示他的钦佩。

是的,拉洛希先生是幸运的,甚至是满足的,照现在这个样儿。可是啊,生活不容易呀。他没法儿留点积蓄,无论他怎么算计,怎么牺牲。有一个不幸的月份,他的太太住在医院里的时期,他竟拉下债来——他,法朗沙·拉洛希,竟落到要向人张嘴借钱!唉,多么丢人哪!勤勤俭俭,巴结出这么点儿安乐来,又有什么用处,要是不能够为将来留下一点保障?而且这种物价!这种捐税!可怕!实在叫人受不了,这种日夜悬悬,这种不安定,自从大战以来的这么多年。

是在这个时候,莫特先生告诉拉洛希先生,要是拉洛希先生肯赏脸,准他帮着减轻一点他家里的经济困难,他是深以为荣幸的。拉洛希先生颇为这番好意所感动,并且知道莫特先生的这个建议,完全出于彼此的友谊和有钱的人的责任感,毫无别的动机——事实上也确是如此。不多一会儿,莫特夫妇告辞就道,这个时候莫特先生心里泛上一阵温暖的爱好之情,对于整个法国,尤其对于这个小小的人家。他们这么老实,和善,而坚定;这么自重,这么有礼,而又这么本能地知道人世间的一切哪个是值得要的!他想起那个小小的园地,和经营出那么个园地来的耐性和辛劳,因而又作第一百回的赞叹,赞叹那统治着法国的坚实而甜美的明智。

几天之后,莫特一家和普耳特一家一块儿在瑟堡登船回国。在一月一日,六月一日,又是一月一日,莫特先生依照当时的约定,准时把他的小小礼物寄到巴黎的银行,转给拉洛希先生,过些时候接到他措辞得体的道谢的回信。再下一个六月一日,他忘了。三个月之后,拉洛希先生写了封很客气的信来提醒他,莫特先生很不好意思,赶紧把钱电汇了去。

不久之后,拉洛希那里又来了一封信,很感激地说是钱已经收到了,接着又说,想必莫特先生事情很忙,所以忘了把三个月的利息算进去。拉洛希先生很踌躇,这么鄙俗的一件事情,好不好向他的恩友提出;可是,莫特先生一定会同意,只有补出这笔息金来,才合乎正义和理性。

莫特先生所受打击之严重,不难想象,他说了并且做了并且想了显然是此时此际该说该做该想的一切;但是当他的怒气平息了一点之后,他明白过来,从拉洛希的观点来看,他的举动只是任何一个不肯把金钱和感情混为一谈的理智清明的人应有的举动。在他的丁是丁卯是卯的法国脑筋里头,这个要求既不至于叫拉洛希先生丧失他的自尊,也不至于叫莫特先生发出忘恩负义的呼声。

因此莫特先生——一边欣然地意识着他自己的豁达大度——把那几个法郎的息金寄过大西洋,又写了个信请拉洛希先生原谅他的疏忽;同时感谢上帝,虽然他永远没有充分了解法国人的希望,也决不会在法国人中间快快活活的过日子,可是他至少能喜欢他们,就照他们的本来面目,连他们的盲点在内。

伊坦·弗洛美

〔美〕华尔顿夫人

华尔顿夫人(Edith Wharton,1862—1937),美国小说家。出身名门,中年以后定居法国。她一辈子在上流社会活动,所写小说也大多取材于上流社会生活,用她的犀利的笔锋对"上等人"的高傲与愚蠢痛加讽刺。她写小说以亨利·詹姆斯为师,重视形式技巧与伦理问题。她的成名之作是1905年出版的《欢乐之家》(The House of Mirth)。1920年出版的《天真岁月》(Age of Innocence)获得当年蒲立泽最佳小说奖。但是她最为人传诵的作品是写新英格兰的黯淡的农家生活的中篇《伊坦·弗洛美》(Ethan Frome,1911)。

自　　序

在我定居在我在这本书里称之为斯塔克菲尔镇的那个地方以前，我早就对新英格兰的乡村生活颇有所知；虽然在我住在那里一些年之后我对于那里的生活的某些方面更加熟悉得多。

可是，即使是在我熟悉那个地方以前，我已经有点不安地感觉到，小说家笔下的新英格兰，除了在草木之名和方言土语方面有些泛泛的相似之外，跟我所看到的荒寒而美丽的土地实在没有多大相似之处。尽管不厌其烦地数说香蕨，翠菊，山桂，一丝不苟地摹写那里的口语，却仍然不能叫我不感到，在这两方面，那从地下露头的花岗岩都被忽略了。这当然只是我个人的印象；这可以用来说明《伊坦·弗洛美》的产生，并且，对于某些读者，这在一定程度上可以为它辩解。

以上说的是这个故事的起源；别的没有什么值得说的，除了关于它的结构。

我面对的问题，照我一起头看来，是我不得不处理这样一个题材，它的戏剧性高潮，或者无宁说是反高潮，出现在悲剧的前几幕之后三十年。这个强制的时间距离，对于任何相信——我一直是这样相信——每一个题材（按照小说家赋予这个词的意义）它本身就包含它自己的形式与规模的人，表明《伊坦·弗洛美》应该写成一个长篇。但是我一次也没有这样想过，因为我同时觉得，我的故事的主题不是一个可以弹出好多变奏的主题。对我的主角们来说,生活一直是素朴的、单纯的,我也就必须这样来处理我的题材;任何使他们的思想感情复杂化的企图必然使整个故事表现为虚假。说实在的,他们是我的花岗石露头;仅仅从泥土里冒出来一半,也不比石头更能说出心里话。

题材和布局之间的矛盾也许给我暗示,我的"情节"是最后不得不放弃的情节。每个小说家都曾经有虚假的"好情节"这个善于迷惑人的精灵光顾过,被那种水仙女似的题材引诱他的小船撞碎在礁石上;她们的歌声最容易被听到,她们的海市蜃楼最容易被看到,是当他正在穿越潜伏在他正在从事的工作的中途的滴水皆无的沙漠的时候。我很熟悉这些妖女唱的歌,我常常把我拴在我的沉闷的工作上,直到那歌声完全听不见——也许在她们的彩虹面罩底下隐藏着一部未能诞生的杰作。但是在伊坦·弗洛美这个问题上我没有担心过遇上女妖的歌声。这是我所曾接触过的第一个题材,对它具有为我所用的价值毫不怀疑,并且对于我有力量把我所看到的至少能表达出来一部分有相当的信心。

其次,每个讲究他那门手艺的小说家都曾经碰上过这样的题材,并且为不借助于装饰或乞灵于光衬而把它全面展现这一工作的难度所吸引。如果我要叙述伊坦·弗洛美的故事,我就要面对这样一个任务。我曾经把我的结构轮廓对少数朋友说过,立即遭到毫不含糊的反对,但是我仍然认为在这个题材上这样处理是有理由的。我觉得,如果故事里的人物是深沉而复杂的,而小说家却让一般的旁观者加以猜测和解说,那末,这个故事的确不免显得造作而不自然;可是如果旁观者是见多识广而他所解说的人物是朴素的,那就不至于有这样的缺点。如果他能够看到他们的各个侧面,那就让他施展他的能耐吧,这是不会破坏故事的可信性的。让他在他的简单朴实的人物和他的脑筋复杂的读者之间充当满怀同情的介绍人,是再自然不过的了。这本来是不言而喻的道理,只是对于那些从来没有想到写小说是一种构图艺术的人才需要说明罢了。

我的结构的真正优点,照我看,在于一个小小的细节。我必须找到一个途径让说这个故事的人既自然又生动地获得这个故事。我当然可以让他跟一位爱好饶舌的村民坐在一块儿,听他把整个事件一口气说给他,可是这样一来我就把我的画图中的两个重要因素给歪曲了:第一,我所要描绘的人物的什么事情都装在心里不说出来的性子;其次,造形艺术上的"圆到"感,这是只有让他们的事情通过哈蒙·高和纳德·郝尔太太这样两双很不一样的眼睛看过去才会得到的。对于这在他们看来是复杂而神秘的故事,他们只能各自贡献出他或她所能理解的部分;只有这个故事的叙述者才有足够的视野让他看到全部,把它还原成它的朴素的本来面目,并且把它放在他的宇宙之中的它所应有的位置上。

我所遵循的方法不是我的创造发明,我面前有《大望楼》和《指环和书》①这样的光辉榜样;我的唯一的功劳也许是认识到那里使用的方法也适用于我这里的小故事。

我写下这短短的分析——在我写过的书中间这是第一次——因为,作为作者对他的作品的介绍,我想对读者最有用的莫过于说明为什么他决定要写这部作品,为什么他选择这样一种形式而不选择另一种形式。这些根本宗旨,他所能说清楚的

---

① 前者是法国小说家巴尔扎克的作品,后者是英国诗人罗勃特·勃朗宁的作品。

唯一宗旨,艺术家必须几乎是本能地感觉到并且依照它行动,才能使他的作品获得那赋予它以生命、保存它一段时间的说不清楚的某种东西。

埃迪丝·华尔顿

伊坦·弗洛美

这个故事我是东一点西一点从许多人那儿得来的,每次听到的都有点不同。

您要是到过马萨诸塞州的斯塔克菲尔镇,您准认得那个邮局。您认得那个邮局,您准看见过伊坦·弗洛美赶辆车子来到这儿,把缰绳往他的瘦马的背上一搭,拖着脚步穿过砖砌的人行道,走近邮局门口的白石柱子,而且您准要问人这是谁。

我第一次,几年之前,看见他就是在那个邮局门口;他让我很吃一惊。就在那个时候,他也是斯塔克菲尔镇上最可注意的人物,虽然他已经残废。引人注意的不是他的个儿高,那一带地方的"本地人"都是细而长,和较为矮胖的外来种极容易分别:是他那种虽然带着铁链似的一步一跛却满不在乎的强劲的气概。

他的脸上有一种苍苍凉凉不可逼近的神气。他的肢体异常木强,头上是白发盈颠,我只当他一定很老了,后来听说他才不过五十二岁,很觉得诧异。这是哈蒙·高告诉我的,哈蒙在没有通电车的日子在贝茨伯里奇和斯塔克菲尔之间赶长途马车,那条路上的人家的历史他全都知道得清楚。

"他自从撞伤以后一直就是那个样儿;这句话有二十四年了,顶下个二月,"哈蒙一边儿回想一边儿说。

也就是因为这一次的"撞伤"——这也是哈蒙告诉我的——伊坦·弗洛美不但是在额角上留下了那个长口子的红疤,并且把右边儿的半个身子扭得又短又曲,从他的马车上下来走到邮局的窗口这几步路都很吃力。他每天从家里赶着车子,正午前后到了镇上,因为这也是我每天来取信的时刻,我常常在邮局门口碰到他,也有时候站在他旁边,一块儿伺候那窗格子背后的分发信件的手的动作。我注意到一件事情:他虽然天天准时而到,却是除了一份贝茨伯里奇《鹰报》以外得不着什么邮件,那份报他看也不看就塞在口袋里。可是有些日子局长交给他一个信封,写的是"细诺比亚——或细娜——弗洛美夫人收",通常在左上角印着一家药房和一种药品的名字。这些文件我的邻人也是一眼不看塞进口袋——好像是看惯了这些,对于它们的数目和种类已经懒得理会——然后默默地朝局长点个头转身就走。

斯塔克菲尔镇上的人个个都认得他,跟他招呼;可是大家都尊重他的沉默,难得才有一两个年老的人留住他说句话。在这种时候,他总是安详地听着,他的蔚蓝的眼珠儿望着说话的人的脸,然后低声应答,声音小得我听不出他说什么;这以后,他就硬僵僵地爬上他的马车,左手挽起缰绳,慢慢地赶车子回家。

"他受的伤很不轻吧?"我问哈蒙,一边儿望着弗洛美的渐行渐远的后影,一边儿想着他那瘦削的棕色的头颅,带上那一头浅色的头发,安在他的壮实的双肩之上该是多么英俊,当他的肩膀还没有扭得不成模样的时候。

"重得很,"哈蒙说。"换了第二个人怕是活不了的。但是弗洛美这一家是结实的。伊坦也许能活上一百岁也未可知呢。"

"哎哟,天哪!"我叫了出来。那个时候,伊坦已经爬上他的座儿,弯过身子来看他早一刻儿放在车子后边的一个木箱——那上边也有一家药房的招牌纸儿——是不是牢稳,这个时候我看见他的脸,当他以为没有人看他的时候露出来的脸。"那个人活一百岁？看他的脸儿活象是他这会儿已经进了阴间地狱似的！"

哈蒙从口袋里掏出一块烟草,削下一片,塞进他的皮袋儿似的脸蛋儿里头。"那也许是因为他待在斯塔克菲尔的日子太长了。能干点儿的十个有九个都跑了出去了。"

"他干吗不走呢？"

"得有个人招呼家里的人儿啊。伊坦家里只有他一个。先是伏侍他爹——后来是他妈——后来是他女人。"

"再后来是撞伤？"

哈蒙冷笑一声。"对了。他要走也走不了了。"

"我懂了。从那个时候起,他们不得不伏侍他了？"

哈蒙若有所思地把那片烟草从这边嘴巴磨到那边。"喔,讲到这个:我看还是伊坦伏侍别人的份儿多点儿。"

哈蒙虽然在他所能理解和体验的范围之内把这个故事尽量展示出来,可是显然还是有遗漏,而且我知道这个故事的深刻的意义恰恰是在那些遗漏的地方。但是哈蒙的话里头有一句牢牢地刻在我的记忆之中,以后我的一切推论都拿它做核心："他待在斯塔克菲尔的日子太长了。"

不久之后我就懂得了这句话的涵义。我到这个地方来已经是世风不古的日子,有电车,有自行车,有乡镇邮局,在那些分散的山村之间的交通已经很方便,那几个位置在山洼子里的大点儿的市镇,象贝茨伯里奇和沙德福尔都已经有了图书馆,戏园子,青年会,山上的年轻人已经有下山来玩儿的地方。然而当寒冬封锁了斯塔克菲尔,当这整个的乡镇盖在雪衣底下,而那件雪衣又从灰色的天空获得继续不断的补充的时候,我开始了解在伊坦·弗洛美的青年时代这个地方的生活——或者不如说是生活的否定——是怎么个样儿。

我那个时候是奉公司的命做着和考白里车站的大动力厂有关的一项工程,离那儿最近的可住的地方是斯塔克菲尔镇;因为木匠们罢工,一罢就罢了多少天,把工程耽误下来,把我也羁留在斯塔克菲尔过了大半个冬天。头上我还愤愤不平,后来在每天的刻板工作的催眠力之下渐渐在那种生活里头找着一种阴森的满足。在我居留在那儿的前半期,我对于那种气候的强劲和那些人们的消沉这二者之间的不相侔很感觉诧异。十二月的雪季过了之后,一天又一天,蔚蓝的晴空向地面倾泻光明和空气,雪白的地面又更强更烈地把它们送回。谁都会设想这种气候不但是让人血行加快,也准能叫人感情敏捷;然而不然,它徒然使斯塔克菲尔的迟钝的脉搏更加迟钝。当我再住在那儿长久一点,看见这一个冰莹晶澈的局面之后继之以长期的阴寒,当二月的风雪包围住这个苦命的乡镇而三月的狂飙又急急前来增援的时候,我才开始了解为什么在六个月的围攻之后出现的斯塔克菲尔活象是饿得半死的戍卒投降而不邀宽恕。二十年之前,抵抗的器械远无今日之多,这多少个被围的村镇之间的通道全都在敌人控制之下;想想这些情形,我才感觉到哈蒙的那句话的凶恶的力量:"能干点儿的十个有九个都跑了出去了。"然而,要是果真这样,象伊坦·弗洛美这么个人,又有什么障碍能拦住他不让远走高飞呢?

我居留在斯塔克菲尔的时候,寄住在一个中年的寡妇,大家管她叫纳德·郝尔太太的家里。郝尔太太的父亲是三十年前这个镇上的律师,"华努谟律师公馆"是镇上最神气的房子,现在我的房东还跟她的老母住在里边。这所房子在大街的尽头,从它的古典风的柱廊和细格子的窗户看出去是一条石板小路,路的两边长着两棵挪威枞,往远去看得见公理会教堂的细长的白色的尖顶。华努谟家的家道显然已经中落,可是母女两人还是尽其所能保持着相当的体面;尤其是郝尔太太,具有一种黯淡的优雅态度,和她的灰色的旧式房子恰恰相称。

在那间"内客厅"里头,在汩汩作响的卡塞尔灯光淡淡地照着的桃花木桌椅之间,我每天晚上倾听郝尔太太谈说斯塔克菲尔的故事,是另一个并且是更有剪裁的一个版本。这并非说郝尔太太怎么样自居高贵;只是因为她生来灵敏而又多受了一点教育,这虽然是一个偶然的情况,可是在她自己和她的乡邻之间安上了一个距离,恰恰足够使她能超然地观察和判断。她也很乐于运用她这个才能,我很希望能从她那儿获得伊坦·弗洛美的故事里所阙漏的一些事实,或者不如说是希望她能给我一个关于这个人的性格的启示,可以调整我已经知道的那些事实。郝尔太太的肚子里装满了无恶意的遗闻轶事;只要是她认识的人,随便问起哪一个,她都能源源本本的给你说半天;可是关于伊坦·弗洛美,完全出于我意料之外,她非常缄默。她的缄默里头并不含有鄙薄的意思;我只觉得她异常不愿意谈论这个人或这个人的事情。轻轻的一声"是的,我认识他们两个……惨得很……"好像是她的窘迫对于我的好奇所能作的最大的让步。

郝尔太太提起伊坦·弗洛美的名字,神色大变,似乎有无限的悲哀;因此我又把这件事情请教哈蒙·高,虽然我不免有点踌躇。哈蒙哼了一声。

"路德·华努谟自来就是这样胆小,象耗子似的;也难怪她,他们让人救起以后,她是第一个看见他们的人。出事的地方就在华努谟律师家邻近,在考白里大路拐弯儿的地方,差不多正是路德跟纳德·郝尔订婚的当儿。这一班年轻人全都是好朋友,她简直就是不忍提起他们这件事儿。她自己的日子也够她烦恼的。"

斯塔克菲尔的居民,也和那些个大城市里头的人们一样,他们的日子都够他们烦恼的,因此对于别人的烦恼也就管不了许多。虽然大家都承认伊坦·弗洛美的烦恼超出寻常的限度,谁也不肯给我一个关于他的脸上的独有的神情的解释,他那种神情我怎么都不能相信是贫穷或病痛的结果。然而,我也许只能自己满足于这一鳞一爪地凑合起来的故事,倘若不是因为郝尔太太的缄默给我一个疑团,并且——不久之后——我又偶然和伊坦本人接触。

我初到斯塔克菲尔的时候,就和那个镇上的有钱的杂货铺掌柜爱尔兰人邓尼斯·伊迪订了合同,每天由他的铺子里的马车送我到考白里场,从那儿我搭火车到考白里车站,这样过了半个冬天,有一天伊迪的马染了瘟症,走不得了。这种瘟症在本地流行,差不多镇上所有的马全都传染上了,有一两天我简直找不着一辆车子。哈蒙·高跟我说,何不找伊坦·弗洛美来谈谈,他的马还没有病倒,他也许愿意送我这一截路。

我有点诧异。"伊坦·弗洛美?哟,我连话也没有跟他说过一句呢。他怎么会肯为了我找这个麻烦?"

哈蒙回答我的话叫我更加吃惊。"我也不敢说他准肯;可是我知道他乐意挣一块两块钱。"

我听人说过,伊坦家道不好,他的枯瘦的几英亩田地和那个锯木坊不够维持他一家人度过一冬;但是我没想到他穷得象哈蒙的话里暗示的那么样利害,我把这个意思告诉了哈蒙。

"唉,他的日子不太好过,"哈蒙说。"一个人坐在家里二十多年,眼看着许多该做的事情做不了,您说他焦不焦?有劲儿没劲儿？弗洛美家那儿英亩地自来就是猫儿舔过的牛乳锅儿似的光溜溜的；那么个老磨坊今日之下还值几个钱儿您总也知道。早年弗洛美能打天亮到天黑去蘑菇它们的时候,还对付着勒揩点儿什么出来；可是就在那个时候,他一家人几张嘴儿也就把那点儿吃尽喝光,这会儿他怎么混来着我可想不出。先是他爹在地里割草的时候摔了一跤,脑子有了毛病,花钱象施善书,好几年才死了。接着他的妈又'出了怪',吃喝起倒都得人招呼,象个小孩儿,又拖上好几年；再就是他的女人,细娜,她自来就是个爱吃药的。病痛和祸害,这是伊坦的家常便饭,从他能吃饭的时候算起。"

第二天早上,我看见那瘦脊背的栗色马站在华努谟家门口两棵枞树的中间,伊坦·弗洛美一手揭开他的一半磨光了的熊皮毯子,让我爬上他的雪车,坐在他旁边。打这一天起,一连七天,他每天早晨把我送到考白里场上,每天下午他又到场上来接我,赶冰冷的夜路送我回斯塔克菲尔。这两个地方只隔着三英里,可是他那匹老马的脚步太慢了,虽然车脚底下的雪很结实,我们一来或一去还是得有一点钟。伊坦·弗洛美默然地赶着车子,缰绳松松地挽在左手；他的褐色长疤的侧面的脸,在尖顶的帽子底下,衬着一望皆白的雪地,象一个英雄的铜像。他不回过脸来朝我看,我问他话或是偶尔说一两句笑话,他也不答理我,只简简单单哼出一个字或两个字。他象是那沉默的忧郁的风景的一个部分,那个冻结了的苦闷的化身,他身上的一点热和情全都结结实实埋藏在表面之下；然而他的沉默里头没有丝毫敌意。我只觉得他生活在深深的孤独之中,轻易不能接触；我又觉得他的孤独不仅仅是他的个人的厄运的结果,虽然我猜想得到那个是够悲惨的,而是如哈蒙所说,那里边含有太多的斯塔克菲尔的冬天所累积下来的阴冷。

只有一次或两次，我们两个中间的间隔曾经暂时打破；这样得来的一瞥增加了我更想多知道一点的欲望。有一次我偶然提起我前一年在南方佛罗里达州做过的一件工程，因而说起那个地方的冬天的风景和我们目前所遭遇的迥不相同；出乎我意料之外，弗洛美忽然说："对了，我在那儿待过一阵，后来还常常能回想那个地方的冬天的样子。可是现在已经想不起来了，让这儿的雪给盖住了。"

他不再说下去，我只能从他的说话的声音的变化和他的突然中止上推测其余的一切。

又一天，我已经上了火车，带在身边路上看着的一本通俗科学书——好像是一本讲生物化学上的新发明的——找不着了。我也没有理会这件事。到了下午又坐上伊坦的雪车，我看见那本书在他的手里。

"您走了过后我才看见您把这本书忘了，"他说。

我把那本书放在口袋里，我们两个又沉在照例的静默之中；但是当我们开始爬上从考白里场到斯塔克菲尔冈上那一截上坡路的时候，我在暮色里隐约觉得他已经转过脸来朝我。

"那本书里有好些个事情我简直一点儿看不懂，"他说。

他破例说起话来使我诧异，可是远不及他的深以为憾的语气使我更诧异的利害。他显然因为他自己的无知而惊异，并且有点儿生气。

"这一类问题你感觉兴趣吗？"我问他。

"是的，从前。"

"这本书里有一两个算是很新的发明：这门学问近来很有些长足的进步呢。"我顿了顿，等他的回答，他不作声；我接着说：

"你要是想看这本书,我可以借给你。"

他迟疑一下,好像要屈服于一阵偷偷儿掩袭上来的惰性;终于,"多谢——我借来看看,"他简短地回答了一声。

我希望这件小事能促进我们两个中间更直接的交往。弗洛美是个纯真而直率的人,我相信他要看那本书是真正对于那里边讲的东西感觉兴趣。象他这么样儿的一个人,有这样的嗜好和知识,使他的外在的境遇和他的内心的需要之间的对比格外尖锐;我希望他能因为有宣泄他的心事的机会而揭开他的嘴唇。但是他的过去的身世或是他的现在的生活之中似乎有个什么东西逼得他只肯跟他自己打交道,偶然的冲动决不能拉他回来和别人亲近。第二天我们会面的时候他一字不提那本书,我们的交往好像注定了永远得是消极的,片面的,好像他的沉默从来没有打破过一般。

弗洛美天天送我上车站,大约有了一个星期,那天早晨我隔窗望出去,看见漫天大雪。篱边和教堂的墙脚下堆积的雪已经很高,可知是已经下了一夜。我想野外的雪势一定更大,火车大概要脱班;偏偏我那天下午非得上那动力厂去一两点钟不可,心里想要是弗洛美来了,我还是赶到考白里场去等候火车。我不知道我为什么心里有这么个"要是",因为我并没有猜疑弗洛美会不来。他不是下雨下雪可以阻止他干他的事情的那种人;到了约定的时刻,他的雪车在纷飞的雪片里滑了过来,象戏台上纱布幕后出现的鬼魂。

我已经深知他的为人,不至于对于他的守约表示惊奇或感激;可是当我看见他把马头拨转,对着和考白里大路相反的方向的时候,我不禁诧异而叫唤出来。

"铁路塞断了,考白里场过去不远有一列货车冲进了一堆积雪,进退不得,"他解释给我听,我们的雪车一边儿在向着刺骨的风雪中一蹦一跳的前进。

"可是——你现在送我上哪儿去呢?那么?"

"抄近路儿一直上考白里车站,"他回答我,拿鞭子指着学堂山。

"上考白里车站——下着这么大的雪?哟,足足的十英里呢!"

"这匹马对付得了,只要你让它慢慢儿走。您不说了您今儿下午在那儿有点事情要办吗?我要把您送到。"

他说得那么稀松平淡似的,我只能回答他:"真是太费心了。"

"没什么,"他说。

到了学堂门口,这条路就岔开了,我们的车子打左手边一条小路下坡去,路两边长着罕乐枞,树枝让雪压得向下挂着。我星期日散步常常走过这条路,知道靠着山脚下有孤零零一个屋顶露出在落了叶子的树梢之间,那就是弗洛美的锯木坊。它看上去毫无生气,休闲的轮子停在浮流着带黄带白的泡沫的黝黑的溪流之上,那一簇木棚被顶上的积雪压得弯弯的。我们经过那儿的时候,弗洛美连头也不回;过了那儿,我们又在静默之中开始爬上第二个山坡。这以后我们走上了一条我从来没有走过的路,走了有一英里光景,我们来到一个果木园,枯瘦的苹果树扭扭曲曲地长在山坡上,夹杂着露出地面的板岩石块,那些石块从雪堆里钻出头来,好像野兽伸出鼻子来呼吸空气。果木园的那边是一两块田地,田界已经被积雪掩盖;在这两块田地的上边儿,蜷缩在一望皆白的大地和长空之中,是使这寂寞的风景愈加显得寂寞的一所孤独的新英格兰农舍。

"那是我的家,"弗洛美拿他的拳曲的右肘向旁边一指,说;在这四周景色的凄凉和压迫之中我不知道回答一句什么的好。雪已经不下了,淡淡的一闪日光把我们前面山坡上的那所房子的可悲的丑陋暴露无遗。雪止了,风又刮大了;落尽了叶子的藤萝拍着门廊,剥净了油漆的薄板墙好像在风中瑟缩。

"在我父亲手上这个房子还大点儿:几年之前我把'L'拆了——不得不拆了,"弗洛美接着说,一边用左手一拉缰绳,拨转了马头,那匹老马显然已经打算穿过那破烂的篱门回家去了。

这个时候我才明白,那所房子的异乎寻常的孤苦伶仃的相貌有一半是由于失去那新英格兰地方的人称之为"L"的后厢房:那个通常和正房成直角的狭长而屋檐很低的一溜房子,用来做储藏室和木作坊,一头连接正房,一头连接柴房和牛棚。也不知是因为它的象征的意义,因为它显示一种连系于田地的生活,因为它本身包含温饱的源泉,也不知是因为它所给予的安慰,使住在那种酷虐的气候之中的人们能不冒风寒而着手早晨的工作,反正是以新英格兰农舍而论,一个人家的实际的中心是那个"L"而不是那个正房。我在斯塔克菲尔地方随便闲走的时候早就注意到这一点;也许就是这个联想使我在弗洛美的话里听出一种怅惘的调子,并且在这个残缺的住房里看见他自己的萎缩的身躯的影子。

"如今这个地方是背了时了,"他接着又说,"在铁路没有通考白里场之前,这还是个大路呢。"他又抖了一下缰绳把那迟迟不前的马唤醒;然后,好像是因为把他的住房指点给我看已经让我与闻他的机密,不必再保守缄默似的,他又慢慢地说下去:"我老是想,我妈末末了儿那场病跟这个有关系。她的风湿病发得利害,不能走动的时候,她常常坐在那儿眺望这条路上的过往行人,半天半天地混过去;有一年,大水冲坏了贝茨伯里奇的大路,修理了六个月才修好,在这个期间哈蒙·高不得不把他的长途马车绕这条道儿走,妈竟能挣扎起来走到篱笆门边来看他。可是自从火车通了以后,就没什么人再走这条路了,妈永远想不透这个道理,一直到死都是郁郁不乐。"

我们走上考白里大路的时候,雪又下起来,隔断了那所房子的最后一瞥;弗洛美的沉默跟着雪一块儿落下,又在我们中间竖起旧有的障壁。这一次,风不因为雪的重临而停止。反而,越刮越大,破絮似的天空时而刮开一块,透出一片淡淡的阳光,照着乱纷纷的山水。但是那栗色老马不辜负弗洛美的话,我们在漫天风雪之中终于到达车站。

下午住了风和雪,西边的天上清了出来,在我的无经验的眼里好像预约着大好的晚晴。我匆匆的结束了我的事情,早早向斯塔克菲尔出发,很有希望能赶晚饭之前到家。但是到了太阳下山那一刻儿,天上又彤云密布,一会儿就黑了,雪片从无风的天空笔直地无间断地落下,轻轻地可是广泛地散布开来,比了早半天的闹一阵息一阵更加恼人。有点象是那越来越浓的黑暗的一部分,象是冬天的夜晚它本身一层又一层地降落在我们头上。

弗洛美的马灯的微弱的光线一会儿就完全埋没在这个使人窒息的空间,到后来连他自己的方向的感觉和那老马的归家的本能都毫无用处。有两三次,幽灵似的地形标记跳了出来,警告我们已经入了歧途,一会儿又隐入雪阵之中无影无踪;等到我们重复走上正路的时候,那匹老马已经开始透着疲竭。我觉得全是我自己不好,当初不该接受弗洛美的提议;匆匆讨论之后,我说服了他,让我爬下雪车,跟着马的旁边步行。这个样儿我们又挣扎着走了一两英里,终于到了一个地方,在我看来是不辨形状的黑暗里,弗洛美凝神一看,说:"那儿就是我的篱笆门了。"

最后那一段路是最困难的一段。刺骨的寒气和崎岖的山径差点儿叫我倒下;我的手扶着马的肚子,觉得它滴答滴答象钟摆。

"喂,弗洛美,"我说,"你不必再往前走了——"我的话没有完他就抢着说:"你也不必了。这个玩意儿谁也干不下去了。"

我明白他的意思,他让我在他家里寄宿一晚;我也不回答,只是跟着他走进篱笆门,跟着他走到马房,帮着他把马解下,伏侍它躺下。他这才把车上的灯拿在手里,走出门,回过头来叫我:"这边走。"

远远地在我们的前头有一方块的亮光在雪做的屏风背后闪烁。我一步一颠地跟着弗洛美往那灯光走去,在黑地里差点儿跌进正房前面的一个很深的雪堆里。弗洛美蹬上门廊前的溜滑的台阶,拿他的穿着长靴的脚掘开一条路。然后举起灯来,找着门上的暗扣,推开门走了进去。我跟在他背后走进一个矮而暗的过道,尽头的地方露出半截楼梯。在我们的右手边有一线灯光指示房门所在,这就是我们刚才看见有灯光的那间屋子;在门的背后我听见一个女人的声音在拌嘴似的嗡嗡地响。

弗洛美在破旧的油布上蹬了两脚,把脚下的雪蹬干净,把手里的灯放在过道里的唯一的家具那张椅子上。然后把门推开。

"请进来,"他说;他一开口,那嗡嗡的声音就停止了。

就在那一晚,我找着了了解伊坦·弗洛美的线索,开始把他的故事组织起来……

一

　　整个的乡镇埋在两英尺深的雪的底下，迎风的墙角有更深的雪堆。在铁色的天空，北斗的星点象冰柱，南天的猎户星射出寒冷的光芒。月亮已经下去，但是夜色清朗，榆树中间的一所所白色的房子让积雪衬托着变成灰色，灌木丛在那上面造成一些黑的斑点。教堂的地下室的窗户送出一条条黄的灯光，远远的横在无穷的雪浪之上。

　　年轻的伊坦·弗洛美顺着已经没有行人的街道快步走去，走过银行和迈克尔·伊迪的新杂货铺，走过门前有两棵挪威枞的华努谟律师的住宅。正对着华家的园门，马路开始下降往考白里谷地去的地方，矗立着教堂的苗条的白色的尖顶和细瘦的列柱。教堂的上层窗户是黑的，但是从下层的窗户里，沿着那地势陡然下降到考白里路去的一边，长长的光线射了出来，照出那通到地下室门口去的小路上面的一些新的脚印，并且照见近旁的木棚底下一溜雪车和重重地盖着毡毯的马匹。

　　夜很静，空气干燥而洁静，叫人不很觉得冷。在弗洛美的感觉，仿佛是完全没有大气，仿佛是在他脚底下的白色的大地和他头顶上的金属般的穿梁之间没有比以太更浓的东西横亘在中间似的。"倒象是在蒸汽已经跑完了的蒸馏器里头，"他肚子里想。四五年之前，他曾经在乌司特的工业学校里读过一年的课程，跟一位蔼然可亲的物理学教授在实验室里摆弄过一程子；虽然他回家以后过的是另一种生活，在那儿得来的许多印象还常常复现，在想不到的时刻，经由迥不相同的别种联想。他的父亲的死和相继而来的种种不幸使弗洛美不能继续求学；但是他所学的课程虽然很浅薄,不够有什么实用,却已经滋长了他的想象力,使他隐约感觉在一切事物的日常面目之后隐伏着巨大而模糊的意义。

当他在雪地里迈步前进的时候,这个意义之感觉在他脑子里炽盛起来,和他身上因疾行而生的体热混和在一起。走到街尽头,在教堂的黑暗的正面之前,他收住了脚步。他在那儿站了一会儿,急剧地呼吸着,朝街的这头和那头看望,一个人影子也没有。从华律师家门口那两棵枞树往下去那段考白里大路是斯塔克菲尔镇上大家最喜欢的一个滑雪场,在星月之夜,教堂的转角处滑雪的人笑语喧哗,往往到半夜；但是今天晚上在那雪白的斜坡上看不见一个雪橇的黑点子。午夜的肃静罩住这个乡镇,镇上还没有睡觉的人全都聚集在这教堂的窗户的背后,从那里边跳舞的音乐随着灯光流到外边来。

那个年轻人绕着教堂的侧边往地下室的门口走去。为了避开里面射出来的明朗的灯光,他在未经践踏的雪地里绕个圈儿走过去。一直藏在黑地里,他一步一步地挨近第一个窗户,把他的瘦长的身子靠后,把他的颈项伸长,偷偷地窥视屋子里边的情形。

从他立足的洁净寒冷的黑地里看过去,这个屋子好像在热雾当中沸腾。煤气灯的金属射光板把一阵阵的光波射到白粉墙上,屋子那头的煤炉门象是吐送火山里出来的火焰。屋子当中挤满了年轻的男和女。顺着朝对窗户的墙壁摆着一排椅子,坐在那儿的岁数较大的女人们刚刚站起。这个时候音乐已经停止,乐师们——一个拉提琴的和一个星期日弹小风琴的青年女子——正在餐桌的一角匆匆进食,那张桌子放在屋子一头的讲台上，一桌子的吃空了的烤面饼盘子和冰淇淋碟子。客人们已经准备散会，人们的脚步已经趋向悬挂衣帽的过道，忽然一个两脚矫捷一头黑发的青年男子跳到屋子的中央，拍动他的手掌。这个记号立刻发生效力。乐师们疾疾走到他们的乐器跟前，跳舞的人——有几个已经穿上外衣——在屋的两边排列成行，年长的旁观者又在椅子上坐下；那个青年在人堆里钻来钻去，终于拉出一个业已在头上蒙上一条樱桃色披巾的女子，引她走到舞场的尽头，然后合着一支弗吉尼亚旋旋舞的轻快的曲子旋风似的领着她向场子的这一头舞了过来。

弗洛美的心跳得快起来。他正在伸长了脖子寻找那块樱桃色披巾底下的人面，没想到另外一双眼睛比他的眼睛更快。那个旋旋舞的领步人——他的容貌透着有爱尔兰人的血统——舞得很高明，他的舞伴感染了他的热情。她一路舞了过来，她的轻盈的身子这边摇到那边，圆圈儿越转越快，披巾飞了起来，飘扬在肩膀背后；她每一转身，弗洛美瞥见一下她的笑着喘着的双唇，她的覆额的乌云似的黑发，和她那一双黝黑的眼珠，这好像是这一团翻飞不定的线条之中唯一固定的两点。

跳舞的一对越舞越快，乐师们为了凑合他们的步子，使劲打击他们的乐器，象赛马的人在最后一截路上拼命抽打他们的坐骑一般；可是在窗子外边的那个年轻人看来，这场旋旋舞象是永远没有尽期。他时而转移他的目光从女子的脸上到她的舞伴的脸上，那个脸在跳舞的狂热之中俨然有"佳人属我"的神情。邓尼斯·伊迪是迈克尔·伊迪的儿子，迈克尔·伊迪是那个野心的爱尔兰杂货商，他的花言巧语和厚脸皮使斯塔克菲尔镇上的人初次尝着"新式"商业方法的滋味，他的新盖的砖墙铺面是他的成功的明证。他的儿子大概要继承他的事业，而同时在应用同样的技术征服着斯塔克菲尔的青年女子。在今日以前,伊坦·弗洛美只是肚子里说他是个卑鄙的家伙;可是现在恨不得拉他出来痛痛快快给他一顿鞭子。奇怪得很,这位姑娘好像一点也不觉得他这个人的讨人嫌:她居然能和他笑脸对笑脸,她居然能把她的手放在他的手里。

弗洛美惯常步行到斯塔克菲尔街上接他女人的表妹玛提·息尔味回家,在镇上的节令娱乐把她吸引了来的那些个不常有的晚夕。玛提初来他们家里住的时候,是他的女人说的,这种娱乐的机会不要让她错过。玛提是斯丹福城里人,当她加入弗洛美的家庭作为细娜表姐的帮手的时候,他们觉得,她既不拿工钱,最好不要让她太感觉沉闷,斯塔克菲尔农家的生活和她过惯了的城市生活太悬殊了。倘若不是因为这个——弗洛美半嘲半恨地想——细娜是再也不会留心到这个女孩子的娱乐问题的。

他的女人初次提议放玛提晚出一次的时候,伊坦心里老大的不愿意,在田里辛苦了一天之后还要他额外跋涉两英里到街上,再两英里回来;但是不久之后他已经到了一个程度,巴不得斯塔克菲尔夜夜都有聚会。

玛提·息尔味在他家里住了已有一年,从早起到晚餐相会,中间也常有看见她的机会;但是没有一个聚会的时候比得上他们手挽着手,她的轻盈的脚步飞也似的合着他的大步,在黑夜里走回家来的那些个时刻。他第一天看见这个女孩子就喜欢她;他赶车子去考白里场去接她,她在火车的窗口对他微笑扬手,夹了个包袱下车来,一边儿大声叫唤"你一定就是伊坦"!他呢,一边打量着她的纤细的身材,一边儿想:"这不象个能做多少家务事的姑娘,可是倒也不是个愁眉苦脸的,总算是好的。"但是玛提来了之后,不仅仅是他的房子里有了一点儿有希望的年轻的生命,象冷炉里头生着了火一般。这位姑娘,不仅仅是他所设想的那个快活的能做事的女孩子。她有一双能看的眼睛,她有一对能听的耳朵:他能拿东西给她看,说事情给她听,他能在她心上留下种种印象,随时可以唤起,他因此有深深的幸福之感。

他最深刻地感觉这种心灵的感应的甜味是在他们夜晚步行回家的时候。他对于自然之美自来比他四周的人更加敏感。他的未竟全功的学业使他的敏感更加具体化,甚至在他最苦闷的时候田野和天空还是能给他深深的有力的感动。但是从前这种情绪只有他自己感觉,所谓"冷暖自知",因而在引起这种情绪的美景上面罩上一层悲哀的面幕。他甚至不知道世界上有没有第二个人和他同样地感觉,还是只有他一个人是这个不幸的天赋的牺牲。他现在知道了,至少还有一个心灵曾因同样的惊奇而震动:他现在知道了,在他的身旁,住在他的屋顶底下,吃着他的饭,有一个人,他可以对她说:"那儿,下边儿,是猎户星;右手边的大家伙是牛目星,那一簇小的——象一群蜂子似的——那是七姊妹星……"他也可以站在崛起于羊齿丛中的一片花岗石的面前展开冰期的全景,谈说宇宙的始终,叫她出神忘倦。玛提不但对于他讲说的事物惊诧不已,同时对于他的博洽多闻也钦佩无穷,这也是他引以为乐的。此外还有别种感兴,比这些个更难捉摸可是也更加精微,用无言的愉悦把他们拉在一块儿:冬天的山后的冷而红的落日,已刈已获的山坡之上的飞云,罕乐枞投在晴雪之上的深蓝的影子。有一天她跟他说:"看起来仿佛是画出来似的!"伊坦觉得没有比这句更好的形容,他的秘密的灵魂终于找着了表达的词语……

他站在教堂外面的黑地里,这些回忆兜上心头,象已经消失的物件一般的痛切。一边儿看着玛提跟着另外一个人这样回旋而舞,一边儿想自己怎么那么糊涂,会以为他的沉闷的谈话能叫她感觉兴趣。他,除非和她在一块儿,从来没有高兴的时候;她现在这样兴高采烈,明明是对于他并不另眼相看。她的脸,当她看见他的时候,总是象映着晚霞的窗子,现在她把它抬起来向别人。他甚至注意到两三个姿势,他一向痴心以为是保留给他一个人的:一个是未笑先仰头,仿佛要自己先尝尝笑味然后再放它出来;一个是有所喜悦或感动的时候慢慢地把眼皮儿耷拉下去。

这一切使他不快,他的不快又唤起他潜伏着的恐惧。他的女人没有露出过嫉妒玛提的意思,但是近来常常埋怨家务杂事的繁重,想出种种间接的方法叫他注意这位姑娘的不中用。细娜一向是斯塔克菲尔地方的话所谓"怯生生"的身子,弗洛美也承认,要是她的病痛当真象她自己所想的那么利害,她需要一个强健的帮手,比夜晚回家时候温柔地挂在他胳膊上的更强劲的一只胳膊。玛提没有管家的天才,她的教育也丝毫不能补救这个缺点。她很聪明,学什么都一学就会,但是爱忘事,爱梦想,什么事情也不肯认真。伊坦有这么一个想法,要是她嫁给一个她心爱的人,她的隐伏的本能会醒过来,她的烘饼蛋糕能成为一乡的珍品;但是抽象的所谓"家务"不能引起她的兴趣。她初来的时候笨手笨脚的,伊坦不禁失笑;但是她自己也跟着他笑了起来,这就使他们成为更好的朋友。他尽力帮她的忙,比平常起得更早,去厨房里生火,隔夜就把木柴搬进来,并且少去锯木坊,多在田里做活,时时可以帮她做点儿家里的杂事。他甚至在星期六半夜里,两个女的已经睡了之后,悄悄的下来擦洗厨房的地板;有一天他在搅牛乳取油,细娜出其不意的走来,又一声儿不言语走开,冷冷地望他一眼。

近来还有别的形迹表示她的不高兴,同样的不可捉摸但是更加令人不安。一个冬天的早晨,他已经起身,正在梳洗,他的蜡烛在窗户缝里透进来的风里头摇动,他听见她在他背后的床上说话。

"大夫说我不能没有人替我做事,"她用她的单调的似哭非哭的语调说。

他打量她还没有醒呢,她的说话声音吓了他一跳,虽然她平常也会半天不声不响忽然迸出一句话来。

他回过头来看她,印花布的被窝上现出她的模糊的轮廓,她的颧骨颇高的脸映着白布枕头带上点灰色。

"没有人替你做事?"他反问一声。

"你不说玛提走了你雇不起女工吗?"

弗洛美回过头去,拿起剃刀,弯下身子凑着那挂在洗脸架上边儿的斑斑点点的镜子照他的脸蛋儿。

"玛提干吗要走呢?"

"这个——她嫁了人,比方说,"他的女人的慢腾腾的声音从他背后过来。

"喔,只要你需要她,她不会丢下我们走了的,"他回答她,一边儿使劲刮脸。

"我倒不愿意让人家说闲话,说我不让玛提那么个穷人家姑娘去嫁给邓尼斯·伊迪那么个漂亮人物,"细娜打起悲调来表白她这番牺牲自己顾全别人的意思。

伊坦的眼睛看着镜子里边的脸,仰起脖子来把剃刀从耳根底下往下巴颏儿拉。他的手是稳定的,但是这个姿势供给他个借口,可以不立刻回答。

"可是大夫又说我不能没有人帮着做事,"细娜接着说。"他要我跟你说,他认得一个人家有个女孩子,也许能来——"

伊坦放下剃刀直了直腰,哈哈一笑。

"邓尼斯·伊迪!要是你说的是这个人,大可不必亟亟找雇工。"

"唉,我要跟你谈一谈,"细娜坚持不放。

伊坦在那儿急急忙忙穿衣服。"也好。只是我这会儿没有工夫;饶是这么赶,已经迟了,"他回答,一面掏出他的旧的银壳表来凑着蜡烛光一看。

细娜不再言语,躺在床上默默地看他拉上背带,套上上衣;但是当他走到门口的时候,她突然地并且深刻地说:"我怕你再也不会不迟了,现在是天天都得刮脸啦。"

这一枝冷箭比了邓尼斯·伊迪呀什么的更加叫他惊惶。这是一个事实,自从玛提来了之后他变得每天刮脸了;但是他每天在黑地里从她身边爬起来的时候,她总象是还睡着,他也糊里糊涂的以为她不会注意他的容貌上有什么变化。在过去也曾有过一两次他曾因为细诺比亚的怪脾气而多少有点感觉不安;她让一些事情发生,好像没有留神,过了多少天甚至几个月之后她忽然不经意似的说句话,显露她早就注意并且曾经放在肚子里推敲。可是近来弗洛美的脑子里已经没有容留这些疑虑的余地。连细娜这个人也由一个咄咄逼人的实体褪成一个虚无缥缈的影子。他生活在玛提·息尔味的身上,眼睛里看见的是玛提,耳朵里听见的是玛提;他不能想象他的生活能有别的样式。但是现在,他站在教堂的外头,看着玛提跟着邓尼斯·伊迪一路旋转过来,他平常置之度外的一切暗示,一切冷言热语,兜地重上心头……

二

跳舞的人从屋子里拥拥挤挤的出来,弗洛美把身子闪在外层木板背后,看着那些衣巾臃肿的人影子逐渐散开,时而有一线摇曳的灯光照出一个既饱且乐的通红的脸。镇上的人,因为步行,先爬上斜坡,走上大街,住在乡下的慢慢地坐进车棚里头的雪车。

"不坐车吗,玛提?"从车棚边上人堆里出来一个女人的声音,伊坦的心突然一跳。从他站在那儿的地方他看不见屋子里出来的人,要等他们走了几步,过那扇木板门,才看得见;但是打从那扇门的缝隙里他听见一个清朗的声音回答:"哟,不!这样的夜晚坐车?"

然则她已经近在咫尺,只隔开他一层薄板了。一霎时她就要走出户外,他的已经习惯于黑暗的眼睛将要清清楚楚看见她,如同白昼一般。他忽然一阵害羞,退却到墙角黑暗处,站在那儿不作声,不走上去迎接她。他们两个的交往打头就有这么一个特点:她是两个里头较为敏捷,较为细致,感情较为外露的一个,可是这不但没有使他相形之下愈加退缩,反而把她的轻快和洒脱分了一点给他。但是今天他不禁自惭形秽,好像又回到他的学生时代远足的时候想和那些本地姑娘说笑而又不敢一样。

他躲避在黑地里,她一个人走了出来,在离他几步的地方停了步。她差不多是最后走出屋子的一个,她站在那儿四面张望,好像在纳闷他为什么还不出现。一会儿一个男人的影子走近前来,直到她的身边,两个人的影子混成一个模糊的轮廓。

"绅士朋友失了约啦？唉，玛提，这有点儿跟你开玩笑吧？不，我不会去给你宣传。我不那么小气。"（弗洛美听见这些无聊的调笑，恨得直咬牙。）"可是——嗨，你说是运气不是？老头儿的小马车在这儿等着咱们。"

弗洛美听见女孩儿带笑带不信的声音："你父亲的马车来这儿干吗呀？"

"呃，等着我坐啊。我连小斑马也弄来了。我好像知道今天晚上得放一趟车似的，"伊迪得意非凡，在他的卖弄的词语里加进点儿多情的调子。

那位姑娘好像有点动摇了，弗洛美看见她迟疑不决地拿指头儿摩弄披巾的角。他怎么样也不肯走一步或是咳声嗽，虽然在他肚子里好像他的生死决于她的下一个举动。

"你等等儿，我去把马牵过来，"邓尼斯一边儿迈步往马棚，一边儿对她说。

她站在那儿一动也不动，望着他的后影，她的安详地期待的态度可把黑地里守着的那个急坏了。弗洛美注意到她不再东西顾盼，不再在黑暗里寻找另外一个人的影子。她让邓尼斯·伊迪把马牵出来，让他爬上车座，让他揭开熊皮坐褥让她上车；然后，她突然扭转身飞也似的冲上斜坡向教堂大门口跑去。

"再会！但愿你车子坐得安乐！"她回过头来叫唤。

邓尼斯哈哈大笑，一鞭子把马催上坡，一会儿追上了她。

"来吧！快点儿上来！这一截子滑得要命呢，"他大声叫唤，一边探着身子伸出一只手去接她。

她笑着回答他："再会，再会！我不上来了。"

这个时候，他们已经走远，弗洛美听不见他们说话，只能目送他们的侧影顺着坡脊前进。他看见伊迪过了一会儿跳下车，一只胳膊挽着缰绳往那女孩子身边走去。他伸出那只胳膊去挽女孩子的胳膊；可是她灵巧地闪开了，弗洛美的一颗心也从黑暗的深渊上头摇摇荡荡回到安全的窝里。一刻儿工夫，他听见马车的铃声渐远渐小，远远看见一个人影子独自向教堂前面的阒无行人的雪地里走去。

在华律师家门口的枞树底下他追上了她，她回过头来"喔！"了一声。

"打量我忘了你了吧，玛特？"他腼腼腆腆似笑非笑地问她。

她正正经经地回答他："我只当是你也许来不了啦。"

"来不了？干吗来不了？"

"我知道细娜今儿个有点不舒服。"

"喔，她早就上了床了。"他顿了一顿，一句话梗在喉咙口。"那末你打算一个人走回去？"

"我是不害怕的啊！"她笑了。

他们站在枞树底下的黑影里，在他们四周一个虚寂的世界在星光底下闪耀，苍苍然茫茫然。他把那句话吐了出来。

"你既然估料着我来不了，那你为什么不坐邓尼斯·伊迪的车子回去呢？"

"怎么着？你在哪儿来着？你怎么知道的？我怎么没看见你？"

她的惊诧声和他的笑声滚在一块儿，象春雪既融之后的山溪。伊坦觉得他做了件机灵的淘气的事儿。为了延长这个效果，他要寻找一句精辟的话，一会儿终于欣欣然地叫了出来："来吧！"

他伸出一只胳膊挽住她的胳膊，象伊迪那样；他仿佛觉得把它往她身边拢了一拢。但是两个人谁也不动。枞树底下暗得很，他差点儿看不出靠在他肩膀旁边的她的头。他很想把他的脸低下去偎弄偎弄她的披巾。他恨不得和她两个站在那个黑暗之中直到天亮。她往前走了一两步,然后在考白里路开始下降的地方又站住了。那一段冰雪掩盖着的坡道让无数雪橇的底板划破,象小旅店里许多客人扒搔过的镜子。

"月亮没落下去的那会儿,多少人在这儿滑雪来着,"她说。

"你也愿意哪天晚上来跟他们滑一阵子不?"他问她。

"喔,你来不来呢,伊坦?一定是多有趣的!"

"要是明儿有月亮,咱们明儿就来。"

她又徘徊了一会儿,紧紧地挨着他。"纳德·郝尔和路德·华努谟差点儿撞上了底下那棵大榆树。我们全都以为他们完了。"她的寒战传到他的胳膊上,那岂不太可怕吗?他们俩正在这么快活的时候!"

"喔,纳德的驾橇真是要不得。我想我能好好儿的滑你下去!"他傲然地说。

他知道他是在"说大话",跟邓尼斯·伊迪一样;但是他有点喜欢得忘其所以,还有,玛提说起那一对订了婚的"他们俩正在这么快活的时候",她的语调使他觉得她好像在暗射着她和他。

"那棵榆树的确很危险,可是。该把它砍了,"她坚持她的意见。

"我来给你驾橇,你还怕吗?"

"我早就跟你说了,我不是害怕的人,"她回答他,冷冷淡淡地;忽然,她迈开快步向前去。

她这种一会儿一个情调,叫伊坦时而灰心时而高兴。她的心灵的转动象枝头小鸟的翻飞一样的不可捉摸。因为他没有资格对她表示感情,借以挑拨她表白她的感情,所以她的一颦一笑无不使他异样的重视。一会儿他觉得她明白他的意思,他害怕;一会儿他又相信她不明白他的意思,他失望。今天晚上,一连串的疑虑把天平朝失望这一头压下;她的冷淡,因为紧接在她的挥去邓尼斯·伊迪叫他大大快活之后,格外觉得寒气逼人。他和她一路走上了学堂山,默默地走上往他的锯木坊去的小路;他实在忍不住了,得有个确实的着落。

"要是你不跑回去和邓尼斯再来上那场旋旋舞,你一出门就看见我了,"他不很自然地说了出来,他提到那个人的名字喉咙里的肌肉就得紧张一下。

"唉,伊坦,我怎么会知道你在外头等着呢?"

"我怕人家说的话是真的,"他不回答她的话,自顾自说下去。

她忽地站住,他在黑地里觉得她抬起脸来看他的脸。

"怎么着?人家说什么来着?"

"无怪乎你要离开我们了,"他顺着他自己的思想滚下去。

"这就是他们的话吗?"她带点嘲笑反问他;然后,忽然从她的悦耳的高音直落下来:"哦,你的意思是细娜——她不高兴我,不是?"她讷讷然地说。

他们的胳膊分开了,他们站在那儿一动不动,各自在黑暗中辨认对方的脸色。

"我知道我不能干,"她接着说;他要想辩白苦于找不着适当的语句。"有多少事情是一个女工能做而我至今还做不好的——我的力气也不够。可是只要她肯说给我,我都愿意试试。你也知道的,她简直不开口,我有时候也看得出她不快活,然而不知道是为了什么。"她忽然对他愤愤地。"你该告诉我啊,伊坦·弗洛美——你怎么也不言语呢?要不就是你也要我走——"

要不就是他也要她走！这句话在他的创口敷上了一层油膏,铁铸的天也融化了,降下了甘霖。他又挣扎着寻找一句表白一切的话,找来找去还只有一个"来吧",一边儿他的胳膊又挽住了她的。

他们默默地走完了那条两边长着罕乐枞的小路,掠过伊坦的锯木坊,到了比较开朗的田野。空旷的田地在他们面前展开,在星光之下,灰白而凄凉。有时候他们的路经过高耸的冈阜的脚下,或是穿过半明半暗的一簇落了叶子的树林。这儿,那儿,一所农舍远远地植立在田地的中间,无声无气象一块墓碑。夜静极了,他们听得见脚下的冻雪吱吱格格地响。远处林子里被雪压断的树枝落地,象鸟枪一样轰鸣；有一个狐狸嗥叫,玛提偎紧了伊坦,加快脚步。

他们终于远远地看见了伊坦家门口的一簇落叶松；当他们一步步走近的时候,"今天又完了"之感把伊坦的话找了回来。

"那末你是不得离开我们的了,玛特？"

她的声音小得叫他不得不低下头来才听见："我要走又往哪儿去呢？"

她的答话叫他心痛,但是她的声调叫他快活。他忘了他还有什么话要说,只是把她紧紧挽住,贴在自己身边,觉得她的热气钻进了他的血脉。

"你没有哭吧,玛特？"

"不,我不哭,"她抖抖地说。

他们走进篱笆门,在一道矮矮的石墙围住的弗洛美家的墓园旁边走过,那里边的多少块墓碑在雪地里横斜倚伏。伊坦好奇地看了看。多少年来,那些个同住的躺在那儿不声不响地讥讽他的浮躁,嘲笑他要求变动和自由的欲望。每一块墓碑上都好像刻着"我们一个也没有能跑开——你怎么能作此妄想?"进进出出打这儿经过,每次都不寒而栗,心里想:"我也就只能在这儿混日子,到末末了儿也往这里头一躺。"但是今天,一切变动的要求都消失了,这小小的墓园给他一种温暖的延续和安定之感。

"我相信我们永远不会放你走,玛特,"他悄悄的说,好像连那些死人,他们在生的时候也都曾你亲我爱着,现在也帮他说话,劝她别走;他的脚步走过墓园门口,心里想:"我们永远一块儿在这儿过活,有一天她将要躺在那儿,在我的旁边。"

他让这个幻景占据他的全身,当他们一路爬上坡走近房子的时候。他和她在一块儿的时节,再没有比放任他自己作这些梦想更快活的了。爬到斜坡的半路上,玛提脚下让什么一绊,一把抓住他的袖子稳住身子。一阵热浪散布他全身。他第一次偷偷的把他的胳膊拢住她的腰,她也不拒却。他们继续前进,象飘浮在夏天的溪河里。

细娜照例一放下晚饭碗就上床,没安木头窗板的窗户现在是黑的。门廊上头一根枯了的胡瓜藤在风中摇摆,活象丧事人家门口挂着的黑纱,伊坦的脑子里忽然一闪:"要是细娜——"立刻他又看见他的女人睡在他们的卧室里,她的嘴微微张开,她的假牙放在床头边一个茶盅里……

他们绕到房子的后边,在硬僵僵的鹅莓丛中穿过。细娜的惯例,每逢他们从镇上回来得太晚的时候,她就把厨房门的钥匙放在门口的小席底下。伊坦站在门口,他的脑子里梦想,他的胳膊围住玛提的腰身。"玛特——"他叫了一声,又忘了他想说什么。

她一声儿不言语溜出他的胳膊,他弯下身去摸钥匙。

"哎哟,不在这儿!"他吓了一跳,伸直了身子。

他们在冰冷的黑夜里你望着我我望着你。这样的事情从来没有过。

"也许她忘了,"玛提小声抖抖地说;可是他们两个都知道细娜不是粗心的人。

"怕是落在雪里头了,"玛提接着又说,在他们站着凝神细听了一会儿之后。

"一定是我摸的时候把它推开了,"伊坦用同样的语调应和。另外一个怪想在他脑子里一闪。万一有个流浪人来过——万一……

他又聚精会神倾听,仿佛听见屋子里远远有点声音;他在口袋里摸出一根火柴,刮着了,跪下去,在台阶边上的积雪里慢慢地寻找。

跪在那儿他的眼睛和门的下半截嵌板一样高,在那底下瞥见一线淡淡的灯光。在这个沉寂的房子里有谁还醒着呢?他听见楼梯上一个脚步声,他又想到流浪人。门开了,他看见他的女人。

衬着厨房的黝暗的背景,她显着高而瘦削,一只手提着一条棉被遮着她的平塌的胸部,那只手掌着一盏灯。灯光齐着她的下巴颏,照亮她的皱缩的喉头和提着棉被那只手的突出的腕骨,把戴着一圈儿鬈头发的夹针的高颧骨的脸照得高处更高,洼处更洼。对于依然置身于五色云中的伊坦,突然面对这明确而强烈的景象,犹如惊醒之前的最后一场恶梦。他觉得他以前从来没有看清楚他的女人的容貌。

她一声儿不言语往旁边一闪,玛提和伊坦走进厨房;刚刚从干冷的野外进来,里头的阴寒象墓穴。

"还当是你忘了我们了,细娜,"伊坦半玩笑似的说,一边儿蹬去靴子上的雪。

"我倒没有忘了。只是怪不舒服的,简直睡不着。"

玛提走上前,一边解开她的披巾,披巾的樱桃色留在她的鲜嫩的嘴唇和两颊。"真是对不住,细娜!还有什么事情我可以帮你吗?"

"没有;没有什么事情,"细娜转过身去。"你该在外头把雪拍了进来呀,"她对她的男人说。

她领头儿走出厨房,在过道里停了脚步,把灯高高举起,好像是照着他们上楼。

伊坦也止了步,故意摸索墙上挂衣帽的木头钉子。两间卧房的门隔着狭小的楼梯头相对,今天晚上他特别觉得不愿意让玛提看见他跟着细娜走进房去。

"我想我还得有一会儿再上去,"他说,转过身去好像要回进厨房。

细娜站住了望他一眼。"怪了——你待在底下干什么?"

"我要算一算锯木坊的账目。"

细娜继续目不转睛地望着他,没有罩子的灯把她的愁眉苦脸照得纤屑无遗。

"在这个黑更半夜?不把你冻死!火熄了多久多久了。"

他也不答话,抬起脚来往厨房里去。这个时候他的眼光遇上了玛提的眼,他好像看见她的眼睫毛底下偷偷的发出一个警告。再留心一看,她已经奁拉着眼皮儿走在细娜头里开始登上楼梯。

"你的话不错。这儿可真冷,"伊坦一边说,一边低下头跟在他的女人身后,走进他们卧房的门。

三

他的林场里有些个伐下来的木料要运到镇上去,伊坦第二天早早的就起来。

冬天的早晨水晶般明澈。纯净的东边天上朝日烧得通红,林子边上的影子是暗蓝色,隔着那耀眼的白漫漫的田野远处的树林象挂在半空的烟云。

是在这清晨的寂静里,当他的肌肉做着那习惯的工作,他的肺深深地吸入山间的空气的时候,伊坦的思想最是清楚。他和细娜自从关上房门之后没有交谈过一句话,她从放在床头的椅子上的一个药瓶里倒出几滴,把它吞下肚,拿一块绒布把她的脑袋裹好,就脸朝里睡了下去。伊坦急急忙忙脱下衣服,把灯吹熄,免得上床的时候看见她的脸。他躺在床上听得见玛提在她屋子里走动的声音,她的蜡烛把它的小小的光线送过楼梯头,在他的门底下透过一线淡到难于看见的亮光。他凝视着那点儿微微的光,直到它灭了。于是屋子里头完全漆黑,也听不见什么声音,只有细娜的带喘的呼吸。伊坦心里乱糟糟地,觉得有许多问题要思索,但是在他的搏动的血脉和疲倦的脑子里只有一个感觉:靠着他的肩膀的玛提的肩膀的温暖。他抱住她的时候为什么不亲她的嘴呢?几个钟头以前他不会问这句话。甚至几分钟之前,他们两个人站在房子外头的时候他也不敢想起亲她的嘴。可是自从他看见灯光之下的她的双唇之后,他觉得这是属于他的。

现在,在明朗的清晨空气里头,她的脸依然在他的眼前。太阳的殷红,雪的洁白,这里头都有她在。自从她来到斯塔克菲尔之后,这个女孩儿的变化多利害!他还记得他在车站上接她那一天看见的那个苍白瘦弱的东西。整个那一冬,当北风撼动那薄薄的墙板,雪片象雹子似的拍打那关不严密的窗户的时节,你看她抖得那个样儿!

他曾经担心她会怨恨这艰苦的生活,怨恨这儿的冷和寂寞;但是她从来没有抱怨过一句。细娜的解释是:玛提不喜欢斯塔克菲尔也得喜欢,因为她没有第二个地方可去;可是伊坦不以为然。至少细娜自己没有应用这条原理。

他尤其可怜这个孩子,因为她的不幸的命运仿佛把她押给了他们。玛提·息尔味是细娜的一个表叔奥林·息尔味的女儿,那位表叔从山村里跑到康涅狄格州,娶了一个斯丹福城里的女子,继承了她的父亲的颇为发达的"药房"生意,曾经使本家亲戚们又妒又羡。不幸,这个心高志大的人死得太早,没有能证明他的目的足以辩护他的手段。他的账目仅仅披露了他一向的手段是如何;而账目的审核是在他的热闹的丧事之后,总还算是他的寡妻孤女的万幸。他的太太在事情的披露之后不久就相从地下,丢下刚二十岁的玛提,凭着出卖她的钢琴的五十元要在这个世界上谋生。为了这个目的,她的教育,虽然繁复,还嫌不够。她会修饰一顶帽子,她会做糖果,她会唱"今儿个晚上没有钟声",她会弹"失去的一根弦"和《卡尔门》里头的杂曲。当她想朝速记和会计方面去发展的时候,她的身体支不住了;六个月在一家百货店里站柜台的生活更不象是可以恢复她的健康。她的亲戚们曾经信她父亲的话把他们的积蓄放在他手里,虽然在他死后慨然地尽了基督徒以德报怨的责任,尽量贡献他的女儿种种意见,可是谁还能指望他们在空言之后继以实惠?当给细娜瞧病的大夫劝她找个人儿帮她做活的话传开了以后,亲戚们立刻看见从玛提身上找点儿赔偿的机会。细诺比亚,虽然她信不及这位姑娘的本领,可禁不起有吹毛求疵之自由而无得而复失之危险的诱惑;于是玛提来到斯塔克菲尔。

细诺比亚的吹求是不声不响的,但是并不因此减少它的利害。在开头几个月,伊坦一会儿盼望看见玛提公然反抗,望得心里冒火,一会儿害怕反抗的结果,怕得心里发抖。慢慢的形势缓和下来。纯净的空气,长夏的野外生活,恢复了玛提的活泼和弹性,同时细娜有了更多的闲工夫招呼她的复杂的病痛,也渐渐的少留心这位姑娘的阙失,因此伊坦虽然终年在他的荒瘠的田地和萧条的锯木坊的重担之下挣扎,至少能自己安慰自己,总算是一家人和和气气。

真的,就以此刻而论,也没有明显的不和气的形迹;但是自从昨天晚上起,一种模糊的恐惧挂在他的天边。他记得细娜的执拗的沉默,他记得玛提眼睛里的突然的警告,他想起在清晨的万里晴空里那些瞬息即逝的隐微的预兆,告诉他不到天黑要有雨。

他的恐惧非常强烈,使他和所有的男子一样尽量延宕,不敢追问一个究竟。他在林场里装载那些木材,晌午过才了手。这些木材是要送到斯塔克菲尔街上交给建筑商安特鲁·郝尔的,他要是图安闲就不妨自己赶车子送木材,让他的雇工约坦·包威尔回到地里去做活。他已经爬上车,横跨着坐在木头堆上,俯视着他那一对长毛蓬鬃的灰色马,忽然在他和两匹马的冒热气的脖子之间他又看见了昨天晚上玛提递给他的警告的眼色。

"要是有什么乱子,我要自己在那儿,"这是他的模糊的念头;他说给约坦一个意外的命令,要他把马解下来牵它们回马房。

在积雪很深的田亩间走路快不了,两个人走进厨房门,玛提已经从炉子上提起咖啡锅,细娜已经坐在饭桌上。她的男人看见她,呆住了。她穿的不是她平常的印花布衫子和手织的围巾,是她的最好的一套棕色麦利奴衣裙,在她的还保存着鬈浪的几缕稀疏的头发的上头竖起一顶直挺挺的帽子,伊坦还记得为了这顶帽子他不得不付五块钱给贝茨伯里奇百货公司。在他脚下地板上,直立着他的旧提包和一个用纸包好的硬纸盒。

"怎么,你上哪儿去,细娜?"他叫了出来。

"我的刺痛太利害了,我要到贝茨伯里奇去在马大·皮尔斯婶娘家住一宿,找那儿的那位新大夫,"她平平淡淡地回答,好像她说的是到储藏室里去看看蜜饯或是阁楼上去检点检点毯子似的。

细娜虽然好静不好动,这种突然的决断也不是没有先例。从前有过两三次,她忽然带了伊坦的提包往贝茨伯里奇甚至斯普令菲尔去,给一个新来的大夫瞧病,她的男人对于这种远行颇为畏惧,因为花钱不少。细娜出去一趟回来,一定带上许多贵重的药品;她最后到斯普令菲尔去那趟尤其可以纪念,她花了二十块钱买了一对电池回来,始终也没有学会怎样使用。但是以目前而论,他只感觉心里一块石头落地,一点也不想到别的事儿。他现在完全相信细娜昨天晚上说她怪不舒服睡不着是说的实话:她突然决心去找医生,证明她是和平常一样,一心一意的注意她的身子。

仿佛是预防她的男人的抗议似的,她带点悲伤的调子接下去说:"你要是忙着装运木料不得分身,我想你可以让约坦·包威尔套上那匹栗色马送我去考白里场搭火车。"

她的男人简直没有听见她说什么。冬天这几个月,斯塔克菲尔和贝茨伯里奇中间没有长途马车,在考白里场打停的火车是慢车而且没有几班。匆匆的一算,伊坦知道细娜顶早也得明天晚上才能回家……

"我要是知道你不肯让约坦送我……"她又重新开头,认为他不言语就是不赞成。在动身出门之前她常常忽然话多起来。"只是照我目前的样子,"她接着说,"我可实在撑不住了。现在一路疼下去已经疼到了脚腕子,要不然我尽可以两只脚走到斯塔克菲尔,请迈克尔·伊迪让我搭他的马车上考白里场,他的车子天天都去车站接货的。自然,这么一来,我得在车站里等上两个钟头等下行车,可是我宁愿等两点钟,在这样冷天等两点钟,不愿意听你说一句——"

"当然,当然,约坦可以送你去,"伊坦唤醒他自己作答。他忽然觉察,在细娜跟他说话的时候他在那儿看着玛提,他勉力把他的眼睛拨到他的女人脸上。她脸朝窗坐着,窗户外头的雪映过来的苍白的光把她的脸照得比平常分外绷得紧,分外没有血色,使她的耳朵边连到嘴巴上三道平行的皱纹分外显明,并且从她的瘦削的鼻子旁边画上两条怨气冲冲的线挂到她的嘴角。她虽然只比她的男人大七岁,而他才二十八,可是她已经是一个老女人了。

伊坦想找两句应景的话来说说,但是他心里只有一个念头:自从玛提来他们家,这是第一回细娜不在家里过夜。他不知道这个女孩子心里是不是也在想着这个……

他知道细娜心里一定在纳闷,为什么他不说自己送她去车站,让约坦·包威尔送木料上斯塔克菲尔;起头他也找不着一句话来借口。过了一会儿他说:"我本想自己送你去,只是我要乘

333

便把木料钱收来。"

这句话才说出口他就后悔,不但是因为这是个谎话——他没有向郝尔收现钱的希望——尤其因为他从过去的经验知道,在细娜出发访医临行之前让她知道他手头有钱,是万分的不妥。可是这会儿他的唯一的希求是避免陪她坐在只会慢慢踱步的老爹的栗色马后头长途跋涉。

细娜不说什么:她好像没听见他的话。她已经把饭碗推开,从她肘旁的一个大瓶子里倒药水出来。

"这瓶药吃了一点效也没见,可是既买了来我想还是吃完了它的好,"她说;接着把空瓶往玛提那儿一推,说:"你要是能把里头的药味儿洗干净,也还可以装泡菜。"

四

他的女人的车子走了以后,伊坦就打木头钉子上把衣帽取下。玛提在那儿洗碗碟,嘴里哼着一支昨天晚上跳舞会里的舞曲。他说了声"再会,玛特",她也轻快地回了一声"再会,伊坦";两个人都没有再说什么。

厨房里头又暖又亮。太阳打朝南的窗户里斜斜的照进来,照在那个女孩子的转动的身子上,照在蜷伏在椅子里瞌睡的猫儿身上,照在盆子里的牦牛儿上,这个花儿是夏天里伊坦种在厨房门外给玛提做"花园儿"玩儿,天冷了才移在盆子里拿进来的。伊坦很想多流连一会儿,看她把东西拾掇好,坐下来做针线;但是他更想快点儿把木料送了赶天黑之前回家。

他赶着车子往镇上去,一路上继续想念回家和玛提相会。这间厨房是个不挺可爱的地方,不象他小时候他的母亲管家的时候那么"漂亮";但是说也奇怪,细娜一走开,这间屋子立刻换了个样子,象个家。他心里描画着今天晚饭后他和玛提坐在里头的时候这间屋子的景象将是怎么样。这是头一次屋子里头只有他们两个人在一块儿,他们将要相对而坐,一个在炉子的这边,一个在那边,象一对夫妻,他脱了鞋,抽着烟斗,她笑着说着,另有她的一种风格,老是让他觉得这是头一回听见她说话的声音似的。

伊坦脑子里装上这一幅甜蜜的画,又因为对于细娜要"生事"的过虑已经烟消云散,他大大地高兴起来,平常老是这么不声不响的人,这会儿也嘴里哼哼卿卿唱起歌来。伊坦的性格中本来有一点潜伏着的"乐与人交"的性质，斯塔克菲尔的悠长的冬天也没有完全把它扑灭。虽然他自己是天生稳重沉静的人，他可也很羡慕别人的嬉笑和放浪，有人和他亲近他也觉得暖入骨髓。在乌司特上学的时候，他是有名的孤独朋友，对于赏心作乐完全是外行，可是偶尔有人拍拍他的背，叫他一声"老伊"或"老傻"，他嘴里不说，心里可高兴。回到斯塔克菲尔以后，再没有人和他这么玩笑，这也增加他的寂寞。

在斯塔克菲尔，他的寂寞一年深似一年。自从他父亲出了事情以后，丢下他一个人在地里和锯木坊里两头忙，也就没有工夫去镇上闲逛或聚会；他母亲病了之后，屋子里的寂寞更在田野之上。他母亲早年本是个健谈的人，可是自从"出了怪"，就不大开口了，虽然她并没有失去言语的能力。有时候，在漫长的冬夜，她的儿子忍耐不住，问她为什么不"说说话儿"，她就伸出一个指头来，回答他："因为我在这儿听着；"有时风雨之夜，他要是和她说话，她会告诉他："他们在外头说话的声音太大，我听不见你说的什么。"

一直到了她病重，他的表姐细诺比亚·皮尔斯从隔山的乡镇里过来帮着他照料她老人家，这个屋子里才有了人声。在他的长期沉默囚禁之后，细娜的刺刺不休在他耳朵里也成了仙乐。他觉得他自己说不定也会象母亲一样的"怪"起来，要是没有这个新的人声来支持他。细娜好像一眼就看明白了他的处境。她笑他不知道怎么伏侍病人，叫他"走你的"，让她料理一切。服从她的命令，感觉有行动的自由，可以一心在外头做活，并且有和别人说话的机会——光是这个事实已经足够恢复他的均衡，并且扩大他对于细娜的感激。她的能干叫他羞愧也叫他钦佩。她好像天生会管家，而他学习了这么多年还没有学会。到老母临终的时候,也是她拿主张,叫他套上车子去找办丧事的人;到了处置母亲的遗物的时候,他还说不出母亲的衣服和缝衣机给谁,她觉得他简直幼稚得可笑。母亲下葬以后,他看见她收拾行装,他忽然一阵不可理喻的恐怖,怕又剩下他一个人;连他自己也不知道怎么一来,他已经把细娜留下来陪他了。过后他常常想,事情也许不至于如此,倘若他母亲不死在冬天而死在春天……

他们结婚的时候,本来约定,一旦他把因为老太太的久病欠下来的债务还了,他们就把田和锯木坊卖了,搬到大城市里去另谋出路。伊坦爱好自然,可是并不因此喜欢在地里做活。他要做工程师,住在城市里,有演讲,有大图书馆,有"干事业"的人。在乌司特上学的时期他曾经有机会去佛罗里达州做过一点小工程,这个一方面增加他对于自己的能力的自信,同时也使他更加急切去见识见识这个世界;他相信,凭他自己再加上细娜这么"能干"的一位贤内助,不上几年他就会在这个世界上打出一个位置。

细娜的家乡比斯塔克菲尔稍微大点儿,离铁路也近点儿,她一起头就让伊坦知道,隔离在山里的庄稼生活不是她结婚时候的希望。但是买田的人迟迟不来,伊坦一天天等下去,慢慢的明白移植细娜的不可能。她瞧不起斯塔克菲尔,可是她也不能住在一个瞧不起她的地方。连贝茨伯里奇或是沙德福尔都不会注意到她的存在,到了伊坦心向往之的那些大城市里头她更加会象一滴水落在海洋里。而且在他们结婚之后不到一年,细娜就"怯生生"起来,从此连在那个富有疑难杂症的乡镇上也有了名。她来伏侍他母亲的时候,伊坦把她看成健康之神,但是不久他就觉察,她的看护的技术是由于她十分注意她自己的病象而得来的。

于是她也沉默起来了。也许这是山间的农家生活的不可避免的效果,也许是,照她自己有时候的说法,因为伊坦"不理不睬"。她的埋怨不是毫无根据。她一开口就是诉苦,而且诉说的是他没有力量补救的事情;为了抑制自己的恶声相报的倾向,他养成一个习惯,先是不答她的话,后来变成她说她的,他想他自己的事情。可是最近,因为他不得不更仔细地观察她,她的沉默开始使他忧虑。他想起他母亲的渐渐不说话,他不知道细娜是不是也在往"出怪"的路上去。女人家常常犯这个病,他知道。细娜说得清楚整个这一区里谁生什么病,历历如数家珍,在伏侍他母亲的时候就数出好些个同类的例子;他自己也知道有几个孤独的田庄里有这种病人在那儿苟延残喘,还有几家曾经因为这种病人的出现产生突如其来的悲惨。有好几回,他看着细娜的闭了眼的脸,不由自主的打寒噤。可是也有些个时候她的沉默好像是有意借此遮盖她的深谋远虑,她的因疑因恨而生的不可测度的神机妙算。这个假设比头一个更加令人不安;他昨天晚上看见她站在厨房门口那一刻儿就疑心她是这样。

这会儿,她动身往贝茨伯里奇去,又把他心头的忧虑解开,他一心只想到晚上和玛提相聚。只有一件事情使他不能宽心,就是他告诉了细娜他的木料能收现款。他预料这句话的后患不堪设想,因此万分无奈决计向安特鲁·郝尔开口要他先付一点儿。

伊坦的车子走进郝尔的院子的时候,这位建筑商正从他自己的车子上下来。

"嗨,伊坦!"他说。"你来得正好。"

安特鲁·郝尔生得一张红脸,两撇花胡须,双下巴颏儿上露出一片胡子根;他不戴领子,可是雪白的衬衫领口扣着一颗嵌钻石的钮子。你可别误会他当真是个富翁,他的生意虽然好,他花钱可也随便,儿女又多,所以他实际上常常是斯塔克菲尔地方话所谓"不凑手"。他和伊坦家里一向有往来,他家是斯塔克菲尔镇上细娜间或去一去的有数几家人家里头的一家,也因为郝尔太太年轻的时候求医服药比这个镇上哪一位女子都更有经验,至今还是一位关于病和医的公认的权威。

郝尔走近那一对灰色马,拍拍它们的汗津津的腰背。

"哎,老兄,"他说,"你这一对家伙养得可真有你的。"

伊坦开始把木头卸下,卸了就把郝尔的嵌玻璃的账房门推开。郝尔一双脚搁在炉边,背靠着一张旧书桌,桌子上堆满了各项单据;这个地方象他这个人,温暖,亲热,而不整齐。

"坐下来取个暖儿,"他招呼伊坦。

伊坦不知道怎么开口,过了好一会才结结巴巴的提出他的要求,请他先付五十块钱。郝尔一脸的诧异之色,伊坦反而面红耳赤的不好意思起来。这位建筑商的惯例是三个月之后付款,他和伊坦几年以来都没有货到付现的先例。

伊坦觉得,要是他同时说明他要这笔钱有个急用,郝尔也许肯设法凑一下;但是他一来不愿求告,二来也本能地觉得这个不妥当,终于不说明缘故。自从他父亲死了之后,他很费了些个事才能爬起来,他不愿意安特鲁·郝尔,或是斯塔克菲尔镇上任何人,误会他又要栽下去。而且,他天生不愿意撒谎;他要这个钱就是要这个钱,谁也不能问他为什么。所以他开口的时候有点硬硬僵僵的,象一个傲气的人不肯自己承认他是低头求告;郝尔的拒绝倒也在他意料之中。

郝尔的拒绝是很婉转的,他这个人无往而不婉转:他把它当作一个玩笑,他问伊坦是打算买一架大钢琴哪还是要在他房子上头添造一个圆顶阁楼;要是造阁楼,他可以效劳,不取工钱。

伊坦不久就技穷了,尴尴尬尬的待了一会儿之后,就起身告辞,拉开账房的门。他走出门一两步,那个建筑商在后头叫住他:"嗨——你别是等着这个钱吧?"

"不,"伊坦的傲气一口把他回绝,他的理智来不及阻止。

"很好。因为我倒有点不凑手,有那么一点儿。说实话,我本来还想请你多宽点儿期限来着。一来是生意清淡,二来我正在预备给纳德和路德盖个小房子,他们快结婚了。我自然乐意给他们出点力,可是得花钱哪。"他的神情是在求伊坦谅解。"年轻人爱个好看。你自己该知道:早不了多久你不是也为了细娜把你们家装修一番的吗?"

伊坦把他的马寄在郝尔的马房里头,上街去办些个别的事情。他一路走着,郝尔的最后一句话还逗留在他的耳朵里,他不禁感慨,他和细娜同住的七个年头在斯塔克菲尔这些人看来还是"早不了多久"。

天渐渐暗了下来,这儿那儿的玻璃窗里已经有灯光射出,地下的雪照得分外洁白。风寒刺骨,镇上的人都已经躲在室内,一条长街只有伊坦一个人。忽然他听见清脆的马铃声,一匹矫健的马拉着一辆小马车过去了。伊坦认得这是迈克尔·伊迪的斑马,年轻的邓尼斯·伊迪头上戴着新皮帽,探着半个身子伸手跟他招呼。"嗨,伊坦!"他叫了一声如飞而过。

那辆小马车是朝着弗洛美田庄的方向跑,伊坦耳听铃声渐远,心里一阵难过。别是邓尼斯·伊迪听见说细娜上贝茨伯里奇去,利用这个机会去和玛提聚会一个钟头吧!伊坦想到自己的醋劲,自己也惭愧起来。他怎么能存这种心思呢?太配不上那个女孩子了。

他走到教堂转角,到了华努谟家的枞树底下,昨天晚上和她站在那儿的地方。他走进树荫,看见一个不清楚的轮廓就在他的前头。他走近前去的时候,那个影子暂时分成两个,一下子又合拢,他听见接吻的声音,接着一声"喔!"发现了有个人在旁边。那个影子立刻又分开,半个走进华家的花园,砰的一声关上了门,半个匆匆走开,走在他的前头。伊坦无意之中把他们冲散,自己也觉得好笑。纳德·郝尔和路德·华努谟两个,就让人家看见他们接吻,又有什么关系?斯塔克菲尔镇上还有谁不知道他们是订了婚的?伊坦想起了昨天他和玛提心心相印的站在这个地方,今天偏又在这里碰上了一对情人,也可算是巧合;但是想到他们两个不必隐藏他们的幸福,心里又是一阵酸痛。

他到郝尔家把灰色马牵出,开始走上回家的上坡路。外边的寒冷已经不及早半天利害,沉重的云空预示明天又要下雪。这儿,那儿,穿出三五颗疏星,透出背后的深蓝色。再过一两点钟,月亮就要从自己田庄背后的山头升起,在云堆里烧出一条金边的裂缝,又慢慢的被云吞没。一种凄凉的宁静挂在田野之上,好像它们也感觉寒威稍减,在它们的漫漫的冬眠之中伸个懒腰。

伊坦尖起耳朵来听马铃声,但是在这荒凉的山路里没有一点声音打破那个沉寂。他的车子离家不远的时候,他从门口的落叶松的疏枝中间远远望见一星灯火。"她在楼上自己屋子里,"他自己跟自己说,"拾掇拾掇预备吃晚饭呢;"他又想起玛提初来那一天下楼来吃饭,头发梳得光光的,脖子上一条丝带,细娜看见她的时候含讥带笑的朝她瞪眼。

他走过墓园,回过头来朝一块较旧的墓碑望了一眼,他小时候对于这一块碑最感兴趣,因为那上头有他自己的名字。

纪念

伊坦·弗洛美和他的妻恩度伦斯，

他们平安相处五十年。

从前他常常想，同住五十年是颇长的岁月；现在想起来也是一眨眼就过去了。忽然，他又自己嘲笑自己似的想，他和细娜也有那么一天在他们坟前刻上同样的句子吧？

他推开马房门，把头伸进黑暗里去张望，又期待又害怕栗马旁边有邓尼斯·伊迪的小斑马。但是只有他的老马孤孤单单的把它的掉光了牙齿的嘴伸在马槽里啃嚼；伊坦嘴里吹着唿哨，一边儿把两匹灰色马牵上槽，又在马槽里添上一袋燕麦。伊坦没有天赋的歌喉，但是当他锁上马房门，迈步上坡向他的房子走去的时候，粗糙的歌声从他的嘴里跳了出来。他走到厨房门外，拧转了门上的把手；但是门不开。

看见门上上了锁，他吃了一惊，一个劲儿摇撼那个把手；继而想起，玛提一个人在家，自然天黑下来她要把门锁上。他站在黑地里等待她的脚步声音。听了半天听不见，他就大声叫唤："喂，玛特！"他的声音里头有一团高兴。

回答他的是静默；过了一两分钟他听见楼梯上有声音，看见底下门缝里露出一线灯光，跟昨天晚上看见的一样。今天晚上好几件事情都和昨天晚上太巧合了，他听见钥匙旋转的时候他简直准备看见他的女人站在他面前；但是门开了，站在他面前的是玛提。

玛提的姿势恰巧就是细娜的姿势，一手掌着灯，衬着厨房的黑暗的背景。她拿灯拿得一样高，灯光照着她的颈项和手腕一样清楚，颈项纤细而光泽，小小的手腕不比一个小孩的粗多少。

再往上去,灯光照见她的嘴唇发亮,在她的眼睛四边围上一圈丝绒似的影子,在她的弯弯的双眉的上方敷上一层乳白色。

她穿着她平常穿的深灰衣裙,领口没有花领结;但是一条深红的丝带勒住她的头发。这点儿表示今天和往常不同的记号把她变化了,使她更有光辉。在伊坦看来,她高了点儿,丰满了点儿,多了点儿少妇的仪态。她往旁边闪开一步,不出声的笑了笑,让他走进来,然后自己走开,举步柔和而飘逸。她把灯放在桌子上,他这才看见晚饭已经用心摆好,有新鲜的油炸饼,有煮越橘,有他爱吃的几种泡菜,盛在一个华丽的红玻璃盘里。炉子里火光熊熊,猫儿懒懒的睡在炉子跟前,半睡的眼睛看定餐桌。

幸福之感塞住了伊坦的口鼻。他走到过道里去挂上外套,脱下湿靴。他再走进厨房的时候,玛提已经把茶壶放在桌子上,猫儿在劝诱似的摩擦她的脚腕子。

"咦,猫咪儿,你差点儿把我绊倒了,"她大声惊呼,笑意在她的眼睫毛背后发亮。

伊坦忽然又感觉一阵嫉妒。是他的回来叫她这么喜不自胜的吗?

"玛特,有客来过没有?"他不在意似的问她一句,一边弯下身去检点炉子的门。

她点点头,带笑说:"有,一位。"他觉得眉毛一拧。

"谁呢?"他问她,同时抬起半身偷看她一眼。

她的一双眼睛淘气地转动。"约坦·包威尔啊。他回来以后进来了一下,讨了一口咖啡,这才回家去。"

伊坦的眉毛一松。"没别的事吗?我希望你煮了一杯给他。"停了停,他觉得应该再问一句:"我想他把细娜送到车站赶上了火车?"

343

"喔,是的;早得很。"

这个名字在他们中间落下一阵寒气,他们站在那儿互相窥视了好一会儿,玛提才含羞一笑,说:"我看是吃饭的时候了。"

他们把椅子拉近桌子坐下,猫儿也不用人家请它,自己跳上了他们中间的细娜的空椅子。"喔,猫咪儿!"玛提说,他们两个又都笑了。

伊坦早一刻儿觉得自己的话多得很;但是一提细娜的名字,好像再也张不开嘴来。玛提也好像传染上了他的哑病,耷拉着眼皮儿坐在那里,一口一口啜她的茶;伊坦呢,只顾吃炸饼和泡菜,好像吃不饱似的。他想来想去要找一句话开个头,最后,喝了一大口茶,咳了声嗽,说:"好像还要下呢。"

她装作很感兴趣。"当真吗? 你想这要耽搁细娜的归程吗?"她这句话才问出口,脸涨得飞红,把才端起来的茶盅又匆匆放下。

伊坦又夹了一块泡菜。"难说,这个节季儿;考白里场的风势大,雪不定有多深。"这个名字又把他冻住了,他重新又觉得细娜就在屋子里,坐在他们中间。

"唷,猫咪儿,你太馋了!"玛提叫了出来。

原来那个猫儿乘他们不留心,已经不声不响的从细娜的椅子上爬上了桌子,正在偷偷儿的朝着牛乳壶伸长它的身子。牛乳壶在伊坦和玛提的中间,两个人同时探身向前,两只手在壶把儿上碰着了。玛提的手在下,伊坦把它握住,没有立刻就放。那个猫儿利用这不寻常的表演,想偷偷的溜下去;它一步步往后退,一下子碰上了泡菜盘,哗啦一声摔在地下。

玛提立刻从椅子上跳起,蹲在碎片旁边。

"哎哟,伊坦,伊坦——打得粉碎了! 让细娜看见了又不知道要说些什么?"

但是这一回伊坦的勇气来了。"她有什么话,说给猫儿听去!"他笑了一声回答她,一边儿蹲在玛提旁边把湿淋淋的泡菜捞起。

她抬起惊惶的两眼来望着他。"话是不错,可是你该知道,她从来没有打算拿出来用过,有客的日子也不拿出来;她把它和她的最心疼的东西一块儿藏在瓷器柜的顶上一格,我跳在凳梯上才把它拿了下来,她当然要问我为什么要拿它——"

这件事情太严重了,把伊坦的潜伏着的决心全都唤了出来。

"只要你不言语,她不会知道。我明天去买个一模一样的。这是哪儿买的?哪怕是沙德福尔我也去了来!"

"唉,沙德福尔也买不来的啊!这是个送嫁的礼物——你忘啦?它的来路远着呢,是细娜的费拉德尔菲亚城的姑妈送的,就是嫁给牧师的那个。所以细娜才舍不得拿出来用。唉,伊坦,伊坦,叫我怎么办呢?"

她哭了起来,他觉得她的一颗颗眼泪都象烧化了的铅一般倒在他的身上。"别哭,玛特,你别——唉,你别!"他哀求她。

她挣扎着站了起来,把碎玻璃片铺在厨台上,他无可奈何地跟在她背后。他觉得他们的一个黄昏被打得粉碎,陈列在那儿。

"来,拿来给我,"他的声音里头有了突如其来的一股劲。

她往旁边让开,本能地服从他的语调。"喔,伊坦,你打算怎么样?"

他也不回答她的话,只顾把碎片收齐在他的阔大的手掌里,走出厨房,到了过道里。他点着了半截子蜡烛,打开瓷器柜的门,伸出他的长胳膊,刚够得着顶高的一格,把那些碎片拼在一块儿,拼得那么准,他仔细看过,站在地下朝上看再也看不出已经打碎。要是他明天把它用胶水胶上,不定过几个月他的女人才会发觉,在这个期间他也许能在沙德福尔或是贝茨伯里奇配着一个同样的。

已经放心没有立刻败露的危险,他轻轻快快的走回厨房,看见玛提在那儿垂头丧气的拾掇地板上剩下的泡菜粒屑。

"没事了,玛提。来把晚饭吃了,"他命令她。

她见他放心她也放下了心,泪眼里头又露出了喜色;他看见自己的语调完全把她镇住,也得意非常。她连他怎么处理的也不问他。他的胜利之感只有把一根大木头滚下山滚到他的锯木坊里去的时候可以相比。

五

吃过了晚饭，玛提在厨房里收拾锅碗，伊坦出去看看奶牛，又在四处绕了一转。田野黑魆魆的躺在黯淡的天空之下，没有风，异常寂静，时而听见林场边上的树上的雪块掉在地下的声音。

他回到厨房里，玛提已经把他的椅子推到火炉跟前，她自己坐在灯光底下，手上做着针线。宛然是他晌午时候所梦想的情景。他坐下来，从口袋里掏出他的烟斗，伸直了两条腿烤火。在冷空气里头辛苦了一天之后，他这会儿觉得有点懒洋洋又有点轻飘飘，又觉得仿佛是到了另外一个世界，那儿一切都是温暖和谐，时间也不产生变化。他的极乐世界只有一个缺点，从他坐着的地方他看不见玛提的脸；但是他懒懒的不想动，过了一会儿他说："这儿火炉旁边儿来坐。"

细娜的空的摇椅就在他的对面。玛提依着他的话站起身来，在摇椅里坐下。当他看见她的年轻的棕色的脑袋出现在那一向衬托他女人的狰狞面貌的靠枕之上的时候，伊坦骤然一惊。好像是另外那个脸，那个让了位的女人的脸，依然涌现，把新来的那个盖在底下。过了一会儿玛提好像也同样的感觉拘束。她换了一个姿势，把上身往前一探，低下头来做针线，他只看见她的鼻尖和头发里头的一缕红色；又过了一会儿，她轻轻的站起身来，说"这儿看不见做活"，又回到她的灯底下的椅子里去。

伊坦借口起来加柴，再坐下去的时候把椅子挪了挪，可以看见她半边儿的脸和灯光照着的一双手。那个猫儿一直莫名其妙地在旁边看着这些和平常不同的行动,这个时候一跳跳上细娜的椅子,缩成一团,躺在那儿眯缝着眼睛看定了这两个人。

屋子里头静极了。厨台上头的钟滴答滴答,炉子里时而有一块烧枯了的柴落下,犍牛儿的清香混和着伊坦的烟草香味,烟斗里出来的烟在灯的四周笼上一团青雾,在阴暗的屋角挂上些个灰白的蛛网。

两个人中间的一切拘束消失了,他们开始自在而平淡地说起话来。他们谈说家长里短,谈到要不要下雪,谈到下一次的教堂里的交谊会,谈到斯塔克菲尔的恋爱和吵闹。他们说话的家常性质使伊坦生出一种错觉——这是热情的表白反而产生不出的——觉得两个人这样熟识已有多年;他就顺势幻想起来,幻想他们一向都是这样消磨他们的黄昏,以后也天天都是这样……

"今儿个晚上是本来说了要去滑雪的啊,玛特,"他说,说话的语气暗含着今天不去随便哪天都成,因为往后的日子长着呢。

她朝他笑了笑。"我怕是你忘了!"

"没有,我倒没忘了;只是外头漆黑的。明儿个要是有月亮,明儿个去也成。"

她笑了,很快活,头向后仰,灯光照得她的嘴唇和牙齿发亮。"那一定是挺有趣的,伊坦!"

他目不转睛地瞅着她,惊叹她的脸上一句话换一种表情,象夏天的清风底下的麦田。他发现自己的笨嘴拙舌居然能有这种魔力,不由自主的醉了;他要找些个新的途径来使用他的魔力。

"象这样的黑夜跟我滑下考白里路去,你怕不怕?"他问她。

她的脸上又红了些个。"你不怕我也不怕!"

"我怕;我不敢。那棵大榆树那儿不是个好地方。谁要是不睁大了眼,准得撞个满怀。"他的话里头暗示他能保护,他有权威,他很得意。为了延长并且加强这种得意之感,他又找补了一句:"我看咱们还是待在这儿的好。"

她慢慢的把眼皮儿挂下来,正是他最爱看的那个样儿。"对了,咱们待在这儿的好,"她叹了一口气。

她的语调柔和极了,他不禁把烟斗从嘴里取下,把椅子挪到桌子旁边。他探着身子,拿手一碰她在滚着边儿的一块棕色呢布的犄角儿。"嗨,玛特,"他带笑说,"你猜我今儿个回家的路上,在华努谟家门口的枞树底下看见什么来着?我看见你的一个朋友让人家亲了个嘴。"

这句话在他舌尖上滚了已经老半天,可是这会儿一说出口他立刻觉得粗俗不堪,而且不合时宜。

玛提的脸涨得飞红,很快的做了两三针,不知不觉的把那块布的犄角儿从他跟前拉过来一点。"我想是路德和纳德,"她低声说,好像是因为他忽然触及了一个严重的题目。

伊坦原来以为这句话可以打开一条路,说些个笑话,渐渐由玩笑再进一步可以无伤大雅的亲热一下,哪怕只是亲一下手儿也好。但是他现在觉得她的羞颜好像在她身边筑起了一道火焰墙。他想,这是因为他生来腼腆,所以才有这种感觉。他知道在大多数年轻人,和一个漂亮女孩子亲个嘴是不当做一回事的。他又想起昨天晚上他拿胳膊笼住玛提的腰,她也没有拒绝。然而那是在户外,在空旷的黑夜。这会儿在温暖的有灯亮的屋子里头,自古以来的伦常和规矩好像都摆在这儿,她变成辽远而不可接近。

为了松一松他的拘束,他说:"我想他们就要选日子了。"

"是的。说不定就在今年夏天就要结婚也未可知呢。"她说到"结婚"这两个字好像很玩味了一下。好像这是个通往神仙境界的曲径。伊坦心里一酸,扭转身背朝她说:"下一回就轮到你也未可知呢。"

她笑了,有点勉强似的。"你为什么尽着说这个呢?"

他也回她一笑。"早点儿练习练习省得临时不惯哪。"

他又回过身去朝着桌子。她不言语,睫毛低垂,只顾做她的针线;他坐在旁边看她两只手在那块布上一上一下,正如他有一次看见过的一对鸟儿造一个窝儿,一上一下的飞,看得不觉出神。又过了好一会儿,她也不回头也不抬眼轻轻的说:"你说这个话别是因为你知道细娜有什么跟我过不去的意思吧?"

他的原先的恐惧让她这一提又跳了出来。"怎么着?你这是什么意思?"他结结巴巴的说。

她抬起一双苦恼的眼睛对他看,手上的针线落在他们中间的桌子上。"我不知道。我疑心她昨天晚上有这种意思。"

"我倒要问她个为什么,"他愤愤的说。

"细娜的事情难说。"这是他们头一回公然讨论她对玛提的态度;她的名字好像一直播送到屋子的四角又重波叠浪的回到他们身边。玛提等了一会儿,好像要让这个回声慢慢的落下去,这才接着说:"她没有对你说什么吧?"

他摇摇头。"没有,一句也没有。"

她一笑把额角上的头发甩回去。"那么是我神经过敏。我再不去想它了。"

"喔,不——咱们不去想它,玛特!"

他的突然热烈的语调使她又红起脸来,不是一下子涨红,是渐渐的,迟迟的,象是一个思想慢慢的走过她的心头。她坐着不作声,她的手抓住了她的针线,他觉得一股热流顺着那还横在他们中间的那块布片流向他身边。轻轻的,他把他的手心朝下顺着桌子滑过去,直到他的指头尖碰着了那块布。她的眼睫毛微微的一颤动表示她觉察了他的姿势,并且有一股回流流回到她身边;她让她的手放在布块的那一头上,一动不动。

他们正在这样坐着,他听见背后有声音,回过头来。原来是猫儿跳下细娜的椅子去追护壁板里的一个耗子,这个骤然的动作把那个椅子弄得有鬼似的摇起来。

"明天这个时候她本人要在这个椅子里摇晃了,"伊坦自己想。"目前的一切都是梦,今天是我们两个相聚的唯一的一个黄昏。"从梦境回到现实和上了麻药醒过来一样的痛苦。他的身心都因为说不出的疲倦而酸疼,他想不出说个什么或做个什么可以拦住光阴的飞驰。

他的情绪的变化似乎传达到玛提。她怅然地望他一眼,好像她的眼皮已经重沉沉的要她很费了点劲才抬得起来。她的眼睛落在他的手上,那只手已经完全盖住她的布片的一头,紧紧的抓住它好像它是她的一部分。他看见一个几乎不能觉察的颤动在她脸上掠过;他自己也不知道怎么着,低下头来把他手里的布片亲了亲。他的嘴唇还在布片上头的时候,他感觉它慢慢的从他的嘴唇底下溜了过去;他看见玛提已经站起身来不声不响的把它卷起来。她拿一根别针把它别住,又找着了她的顶针儿和剪子,连布片一块儿放在他有一天从贝茨伯里奇带回来送给她的一个花纸裱糊的小箱子里头。

他也站了起来,惘惘然地四处看看。厨台上的钟打了十一点。

"这个火怎么样?"她低声问他。

他打开火炉的门,无目的地抖搂那里头的余烬。再站起来的时候,他看见她把猫儿睡的铺毡的旧肥皂箱拉了过来。她回身又走过去抱起两个犄牛儿花盆把它们从太冷的窗口移开。他跟在她后头,把剩下的几盆犄牛儿,一个破蛋羹碗里的风信子球根,和缠在一个旧针线绷子上的长春藤也都拿开。

这些夜间的工作完毕之后,没有别的,只有到过道里去把锡的烛台拿进来,把蜡烛点着了,把灯吹熄。伊坦把烛台递给玛提,她走在他头里出了厨房,照在她前面的烛光使她的暗黑的头发看起来象遮在月亮上的一片云。

当她踏上楼梯的头一级的时候,他说:"晚安,玛特。"

她回过头来看他一眼。"晚安,伊坦,"她回答他一声,上楼去了。

她的房门关上了,他才想起他连她的手也没有碰着。

六

第二天吃早饭的时候有约坦·包威尔在座,伊坦竭力隐藏他的快活,装作淡然漠然,靠在椅背上扔面包屑儿逗猫儿,"呃"啊"哼"的埋怨两声天气,玛提起身收拾桌子的时候也不站起来动动手帮她点儿忙。

他自己也不知道他为什么这样无理由的快活,他的或她的生活里头并没有丝毫变动。他连她的指头尖儿也没有碰一下,连正眼也没有看她一下。但是这一个黄昏已经让他看见,他要是和她在一块儿过日子,这个日子是怎么个味道;他现在很高兴,他没有做出什么事情扰乱这幅甜美的图画。他有点觉得她也知道他为什么不……

他还有最后一批木头得运到镇上去,约坦·包威尔——他冬天不在伊坦家做长工——特地来帮他了结这个工作。夜里又下了雪,但是随下随化,后来竟变成夹雨夹雪,把路弄得滑溜溜的象玻璃。空气里头还是很有湿意,两个人都觉得晚半晌的天气也许要暖和下来,路上能平稳点。因此伊坦提议,跟昨天一样,上午把木头装好。下午再往镇上送。这个计划对于他还有一个好处,午饭后他可以打发约坦到考白里场去接细诺比亚,他自己把木料运到镇上去。

他叫约坦出去把那对灰色马套上,一时间厨房里只有他和玛提两个。她已经把早饭碗碟浸在洗碗的锡锅里,露出半截子纤细的胳膊在那儿洗碗,热水里头上来的热气在她的额角上凝成些个露珠,把她的蓬松的头发结成些个小圈儿,象铁线莲的卷须。

伊坦站在那儿看她，他的心跳到喉咙口儿。他想说："咱们再也不能这么两个人儿一块儿了。"但是他没有说这句话，却在厨台的上头一个格子里把烟荷包拿下，放在口袋里，说："我想我能赶回来吃午饭。"

她说："好的，伊坦。"他走出去的时候听见她一边儿洗碗一边儿唱歌。

他原来打算，把木头装上就打发约坦回到庄上，自己赶到镇上去买胶泡菜盘子的胶水。他的运气稍微好一点，这个计划本来不难实现；但是一起头事情就糟。还没有走到林场，半路上就有一匹马在一块冰上滑倒，把腿割破；两个人把它抬了起来之后，约坦不得不跑回马房去找块破布来给它裹伤。到了起头儿装木头的时候儿，又夹雪夹雨的下了起来，木头皮子滑得不得了，费了比平常加倍的时间才能把它们抬起来安放在车子上。这是约坦嘴里所谓做活的黑道日，那两匹马在湿透了的毡衣之下打着哆嗦跺着脚，好像也和人一样的不喜欢这个活儿。木头装了已经过了午饭时候好久，伊坦不得不放弃镇上去的打算，他要把受伤的马牵回家去亲自给它洗伤。

他想，一吃了饭就运木料，赶紧买了胶水回来，也许能赶在约坦和细诺比亚的头里先到家；但是他也知道这个机会是微乎其微的。完全要看到镇上去的路好走不好走，贝茨伯里奇来的火车脱班不脱班。过后他想起当时如何盘算这种种机数，看得重要得不得了，不禁惨然失笑。

一放下午饭碗，他立刻又赶紧跑到林场，简直不敢逗留一下让约坦先走。约坦还在火炉跟前烤他的湿淋淋的脚，伊坦只能匆匆的望玛提一眼，在喉咙底下说："我要赶早回来。"

他仿佛觉得她点了点头；凭着这一点点安慰，他又冒雨而去。

他的木料车才走到半路上，约坦·包威尔就追上了他，赶着那退退缩缩的老栗马往考白里场去。"我得赶快点呢，"伊坦心里想，他的车子正在走下学堂山前的坡儿。卸货的时候他象是一个人做十个人的活，卸完了就赶到迈克尔·伊迪铺子里去买胶水。伊迪和他的伙计都"出街"去了，年轻的邓尼斯向来不屑做他们的替工，这会儿正在和斯塔克菲尔的一班少年子弟在火炉边闲谈。他们含讥带笑的跟伊坦打招呼，邀他一同作乐；但是没有一个知道胶水在哪儿。伊坦急于要赶回去和玛提作最后一刻的相聚，心里着急得要命，可是只能逗留在那儿等邓尼斯在铺子里的背旮旯里有气没力地搜索。

"看样子是卖完了。要是你肯在这儿略等一等，老头儿回来也许能找点儿出来。"

"谢谢，我想到荷曼太太铺子里去试试看，"伊坦回答他，一边儿抬腿就走，一刻也不能再等了。

邓尼斯的商业本能逼得他赌咒说伊迪铺子里拿不出来的东西荷曼寡妇铺子里也不会有；但是伊坦不理他这一套，早已爬上了他的雪车赶往另外那家铺子去。到了那儿，荷曼太太找了半天，问他做什么用处，又问他要是找不着胶水面粉浆糊是不是可以对付，这才在一堆咳嗽糖片和挑花束胸里头找着了硕果仅存的一瓶胶水。

当他的灰色马回头向回家的路上去的时候，她追在后头说："希望细娜没有打碎什么心爱的东西。"

下一阵停一阵的雪夹雨已经变成下着不停的雨，那两匹马虽然不拉重载也走得很费劲。有一两次，听见车铃响，伊坦回过头来看,生怕细娜和约坦赶上了他;但是看不见那匹老栗马,他也就咬紧牙淋着雨催马向前。

他把车赶进马房的时候,马房是空的;匆匆把马料理下来以后,他就迈步走到厨房门口,把门推开。

玛提一个人在厨房里,正如他所预料。她弯下身子在火炉上锅子里做菜;听见他的脚步声,她吃惊似的回转身来跑到他跟前。

"嗨,玛特,你看,我找着了修补那个盘子的东西了!让我快点儿把它补了,"他大声说,一只手挥舞那个瓶子,一只手轻轻把她推开;但是她好像没有听见他的话。

"唉,伊坦——细娜回来了,"她悄悄的说,一只手抓紧了他的袖子。

他们站在那儿你看着我我看着你,面如死灰,象一对犯了罪的人。

"可是老栗马不在马房里呀!"伊坦结结巴巴的说。

"约坦·包威尔在考白里场带了点货来给他女人,一直赶车回去了,"她解释给他听。

他茫然的在厨房里四面看看,在下着雨的冬天的薄暮这间屋子显得阴冷而肮脏。

"她怎么样?"他把声音放得和玛提一般低,悄悄的问她。

她避开他的眼睛,迟疑地看着别处。"我不知道。她回家就上楼去了。"

"没有说什么?"

"没有。"

伊坦低低的吹着唿哨吐出他的疑虑,把胶水瓶子塞进口袋。

"不必着急;我夜里起来把它补好就是了,"他说。他又把淋湿了的外套穿上,回到马房里去喂料。

他还在马房里,约坦·包威尔赶了那辆雪车来了。大家把马料理好了之后,伊坦对他说:"你进来吃点儿什么吧。"他乐意晚饭桌上有个约坦打个岔儿,因为细娜出门回来总是有点"神经"。可是这个雇工,虽然他平常难得拒绝不包括在工价之内的一餐饭,这会儿可张开他的木强的嘴慢慢的回答:"多谢你,只是我想还是就回去的好。"

伊坦颇为惊异地看着他。"还是进来烤烤火吧。好像今天的晚饭还有点儿热菜吃呢。"

约坦脸上的肌肉不受这个提议的感动;他肚子里的字眼儿不多,所以还是那句"我想还是回去的好"。

在伊坦看来,他这么坚决的拒绝不花钱的饮食和温暖,这里头有点不祥的预兆;不知道在路上出了什么岔子,叫约坦这样急急求去。也许是细娜没遇见那个新来的大夫,或是那个大夫说的话不中听;伊坦知道,若是有这类情形,她第一个碰见谁就会跟谁生气。

他再走进厨房的时候,已经点上灯,屋子里干净而舒适,和昨天晚上一样。桌子上铺设得和昨天一样的用心,炉子里的火生得旺旺的,猫儿躺在跟前取暖,玛提手上托着一盘油炸饼走过来。

她和伊坦默然地相视;于是,跟昨天一样,她说:"我看是吃饭的时候了。"

七

伊坦走到过道里去,把湿衣湿帽挂起。他听了听,没听见细娜的脚步声音,就站在楼梯口叫了一声。她不回答,他迟疑了一下,走上楼去,推开房门。屋子里头差不多已经全黑,他在阴暗中看见她直挺挺的坐在窗口;从投射在窗玻璃上的有棱有角的轮廓上,他知道她还没有换下出门的衣帽。

"喂,细娜,"他站在门口叫一声试试。

她不动;他接下去说:"晚饭好了。下去吧?"

她回答说:"我觉得一点儿也吃不下。"

这是个历有年所的公式,他预料她跟往常一样,念完了这个公式就起身下楼吃饭。但是她坐着不动,他也想不出什么更能讨好的话,只说了句:"你怕是在路上辛苦了。"

她听了这个话,把头扭过来,郑重的回答:"我的病不如你设想的那么轻省。"

她的话落在他耳朵里,引起他一种特异的惊奇之感。他常常听见她说这个话——别是弄假成真了吧,现在?

他走上前去一两步。"我希望不至于这么严重,细娜,"他说。

她继续在暮色之中看定了他,带着一种黯淡的威严,象是一个被造物有意指派了担当大难的人。"我是个'杂症',"她说。

伊坦知道这是个异常严重的字眼儿。邻近这一带差不多个个人都有"毛病",说得出病在何处,怎么个样儿;但是只有少数不凡的人才有"杂症"。杂症能抬高你的身份,虽然往往也就是阎罗王的请帖。许多人有了"毛病"可以带病延年一年年混下去,可是一有了"杂症"十有九就完了。

伊坦的心摇摆在两种极端的感情之间,暂时间是怜悯之情得胜。他的女人坐在黑地里想着这些个心事,是有点儿凄凉。

"这是那个新大夫跟你说的吗?"他问她,本能地放低了声音。

"是啊。他说的,只要是个正式的医生,都会告诉我这个病非开刀不可。"

伊坦知道,关于施行手术这个问题,这个地方的女人们的意见显然分成两派,有人贪图开刀后的人人钦仰,也有人嫌这个不雅,避之如不及。伊坦,由于经济的动机,一向自己庆幸细娜是属于第二派的。

在她的宣告的严重性所引起的不安之中,他寻找一个安慰的捷径。"说是这么说,可是你知道这位大夫的本领怎么样?一向以来谁也没说过这个话呀。"

她没有张嘴作答。他已经知道话说错了:她需要的是怜悯,不是安慰。

"我不用别人告诉我我一天不如一天。除了你,谁都看得出。要讲布克大夫,贝茨伯里奇那儿个个人都知道他有本事。他的医室设在乌司特,半个月来沙德福尔和贝茨伯里奇应诊一次。伊丽莎·斯比亚士的肾脏病闹得躺着等死,让他瞧了几次,现在是有蹦有跳,还加入圣诗队唱诗了呢。"

"很好,但愿是位好大夫。你倒务必要听他的话才好,"伊坦同情地回答。

她还是看着他。"我是打算这样,"她说。他忽然感觉她的声音里头有了一个和往常不同的调子。既不是委屈,也不是埋怨,是干干脆脆的决心。

"他要你怎么样呢?"他问她,心里盘算着又不知要花多少钱。

"他要我雇一个女工。他说家里一件事情也不能要我动手,一件事情也不能要我操心。"

"雇一个女工?"伊坦站在那儿呆住了。

"对的。马大婶娘当时就给我找了一个。人人都说我的运气好,能找着一个女孩子肯上这个背旮旯里来。我答应多给她一块钱,免得她中途变卦。她明天下午就到了。"

伊坦是又愤恨又着急。他料到她要立刻要钱,可没有想到她要在他的有限的收入里打开这么个长期的漏洞。他不信细娜刚才说的症候利害那些话了:他觉得她这回上贝茨伯里奇去是和她的娘家人去捣鬼,变着法儿要他出钱雇个人。暂时间,愤恨甚于着急。

"你要是打算雇女工,你该在动身之前先跟我说明啊,"他说。

"我动身之前怎么能告诉你呢? 我怎么知道布克大夫要我怎么样呢?"

"哦,布克大夫——"伊坦的不肯相信从短促的一个笑声里溜了出来。"布克大夫他跟你说我拿什么钱付她的工钱没有?"

她的声音跟着他的声音高了起来。"没有,他没有说。因为我没有脸告诉他你舍不得拿两个钱出来赎我的健康,虽然我牺牲我的健康伏侍你的亲娘。"

"你牺牲你的健康伏侍妈?"

"可不是? 那个时候我家的人都说是你要报答我就不能不娶我——"

"细娜!"

在隐藏了他们的脸色的黑暗之中,两个人的思想互相射击,象毒蛇吐舌。伊坦深深感觉这一幕的丑恶,感觉自己参加这一幕的可耻。这和两个仇人黑地里拳打脚踢一样的无聊,一样的凶恶。

他转身向烟囱的上头的木板上摸着了火柴,把屋子里那枝蜡烛点着了。起头儿,微弱的烛光冲不散黑影;过了一会儿,那已经由灰而黑的玻璃窗上衬出细娜的冷酷的脸。

这是这一对夫妻在他们的可悲的共同生活的七年之中第一次破脸,伊坦觉得这一下恶声相报,已经落了下乘,失去了一个永远收不回的优势。但是实际的问题摆在面前,不容你不理。

"你知道我没有钱雇女工,细娜。只好叫她回去:我办不了。"

"大夫说,我要是还是这么着做牛做马下去,准没有活命。他说,他不知道我怎么能支撑了这么些个年月。"

"做牛做马!——"他赶紧缩住。"既然大夫有这个话,我能让你不动一个指头儿。家里的事我自己来做——"

细娜打断他的话:"得了,地里已经够马虎的了。"这倒是句实话,伊坦也没有话说,她顿了顿又语带讥讽的找补一句:"倒不如把我送到救济院里去,万事大吉……反正弗洛美家里我也不是头一个。"

这句话伤透了他的心,但是他不去计较。"我没有钱说什么也是枉然。"

两个人的斗争停了片刻,仿佛各自在检验自己的武器。然后细娜平静的说:"我记得安特鲁·郝尔要付你五十块木料钱。"

"安特鲁·郝尔向来是三个月之后付钱。"他话才出口就想起昨天曾经拿这个做借口不送他女人上车站;他的脸红到那拧紧了的眉毛。

"怎么着？你昨天不是说已经跟他说好了现付的吗？你说是为了这个才不能送我上考白里场去的啊。"

伊坦没有欺骗的技巧。他从来没有让人捉出一个谎，他现在不知道怎么样躲闪。"那是个误会，"他结结巴巴地说。

"这笔钱你没有拿到？"

"没有。"

"你也不打算去要？"

"不打算去。"

"好。我雇那个女孩子的时候不知道啊，是不是？"

"是。"他顿了一顿，控制住他的声音。"可是这会儿你知道了。我很抱歉，可是没有法子。你是个穷人的女人，细娜；只要是我能替得你的，我没有不尽力的。"

她坐着不动有一会儿，好像在思索，她的两臂平伸在她的椅子的扶手上，她的眼睛呆望着虚空。"喔，我想还是有办法，"她温和的说。

她的语调的变换让他放下了心。"当然有办法！有好些个事情我可以替你做，还有玛提——"

他说话的时候，细娜好像在那儿演算着繁复的算题。她得了个答数出来："反正玛提的饭食省下了——"

伊坦，盘算着这一场讨论已经了结，已经转过身下楼去吃饭。他收住脚，还不很了然耳朵里的话是什么意思。

"玛提的饭食省下——？"他说。

细娜哈哈的笑了起来。这是个异常特别而生疏的声音——他想不起多早晚曾经听见她笑过。"你打量我要用两个女工不成？怪不得你要吓坏了！"

他对于她的话里头的话还是有点模模糊糊。他打头就本能地避免提起玛提的名字,他怕,怕什么他也不知道:指摘,埋怨,或是关于她就要嫁的影子话。但是他没有想到她要和她决裂,直到此刻还是没摸着她的意思。

"我不懂你是什么意思,"他说。"玛提·息尔味不是雇工。她是你的亲戚呀。"

"她是个小叫花子,他的父亲拐了我们大家的钱,这会儿她又赖在我们身上。我养了她整整一年;也该别人来轮一番了。"

细娜射出这些刺耳的话来的时候,伊坦听见敲门的声音;他打门口回身进来的时候把它关上了。

"伊坦——细娜!"楼梯头上送进来玛提的轻快的声音,"你们知道什么时候了? 晚饭摆在桌子上半个钟头了。"

屋子里头有一会儿静默;然后细娜还是坐在她椅子上大声说:"我不下去吃饭了。"

"喔,对不起,闹了你。你有点不舒服吗? 拿点什么吃的上来好不好?"

伊坦费劲似的抬起步来,过去把门打开。"你下去吧,玛特,细娜有点累。我就下来了。"

他听见她说"是了!"听见她下楼的声音;然后他又把门关上,回过身来。他的女人的姿势没有变动,她的脸冷若冰霜,他忽然感觉束手无策。

"你不是当真,啊,细娜?"

"不当真什么?"她闭紧了嘴说。

"叫玛提走路——这个样儿?"

"我说过养她一辈子的吗?"

他说下去,越说声音越大:"你不能象撵小偷儿似的把她撵走——一个无依无靠又没有钱的女孩子。她出心出力给你做事,她没有别的地方可去。你也许忘得了她是你的亲戚,别人可忘不了。你要做出这种事情来,你知道人家要说你怎么样?"

细娜等了等,好像要让他慢慢的觉察她的镇静和他自己的急躁恰恰相反。然后她还是用她的平静的声调回答:"我很知道我养她到如今人家的感想是怎么样。"

伊坦的手从房门的把手上落下来,自从他交代玛提下去以后他带上房门就紧紧攥住了把手没放开。他的女人的回答象一把刀子横横的割过他的筋脉,他突然感觉浑身绵软。他本来打算低声下气求细娜,跟她说玛提的饮食究竟也花不了多少钱,跟她说他可以想个法子买一个火炉在阁楼上给新来的女孩子安排一个睡处——但是细娜的话显示了这番说辞的危险。

"你打算跟她说她非走不可——非马上走不可?"他吞吞吐吐的说出来,生怕让他的女人把她的话说完。

好像努力让他明白其中的道理似的,她不慌不忙的说:"那个女孩子明天从贝茨伯里奇来,你想,得有个地方让她睡不是?"

伊坦厌恶似的看她一眼。她不复是那个没精打采的女人,终年快快不乐自怜自悯地生活在他的旁边;她成了个神秘不测的怪物,多年的沉思默想里头分泌出来的一股毒气。他的无可奈何之感加强了他的憎恨。细娜这个人本来是不能动之以情的;但是在他能不理她而制伏她的时候,他倒也淡然漠然。现在,她制伏了他,他不禁不由的厌恶起来。玛提是她的亲戚,不是他的:他没有法子强迫她收留这个孩子。他的坎坷半生,他的葬送在失败、困苦、徒劳之中的青春,这一切的烦恼陡然在他心里恨恨地直涌而出,在他面前化成一个形象,一个步步拦住他去路的女人。她已经剥夺了他的一切别的东西;现在她又要剥夺那足以补偿一切的唯一的东西。有一刹那,一股憎恨的火从他心头烧起,流下了他的手臂,握紧了他的拳头。他猛然向前迈了一步,又忽然收住。

"你——你不下去了?"他昏昏惑惑的问。

"不。我想在床上躺一会儿,"她温和的回答;他转过身来走出屋子。

玛提坐在炉子跟前,猫儿蜷缩在她的膝上。伊坦走进来,她立刻站起,把加了盖的一盘牛肉烘饼拿到饭桌上。

"细娜没病倒吧?"她问。

"没有。"

她隔着桌子笑脸相迎。"那么,快点儿坐下吧。你该饿了。"她揭开盖子,把烘饼盘子朝他这边推了过来。原来他们还可以再有一个黄昏两人相聚!她的一双快乐的眼睛好像在说。

他机械地夹了一块饼,吃了一口;忽然喉咙里一阵恶心,又把食叉放了下来。

玛提的脉脉双睛没有离开一下他的脸,她看见他的一举一动。

"怎么了,伊坦? 味道不好吗?"

"好——味道好得很。只是我——"他把盘子推开,站起身来,绕过桌子走到她身边。她吓了一跳,也站了起来。

"伊坦,一定有什么事儿! 我早知道要有事儿!"

她吓得好像要瘫化在他身上,他一把把她抱住,紧紧的抱住不放,感觉她的睫毛扑打他的脸,象落在网里的蝴蝶。

"什么事儿——什么事儿?"她结结巴巴的问;但是他终于找着了她的嘴唇,冥然忘却一切,只沉醉在它们给他的快乐里。

她留连了一会儿,她也卷入了那同一股急流;这以后,她轻轻的从他怀里溜开,退回一两步,脸上惊惶失色。她的形容刺他的心,叫他悔恨,他叫了出来,好像做梦看见她落在水里要淹死似的:"你不能去呀,玛特!我不能让你去呀!"

"去——去?"她结结巴巴的说。"要我去?"

这些个字的余音在他们两个中间缭绕不散,好像一个报警的火把在黑夜里从这个人手上传给那个人似的。

伊坦后悔自己的鲁莽,不该这样突兀的说出这个消息。他的头发晕,他不得不扶住桌子。同时,他感觉他好像还在亲她的嘴,而又渴想她的嘴唇渴的要死。

"伊坦,到底是什么事儿?细娜跟我生气,是不是?"

她哭了,他这才镇静下来,虽然同时加深了他的愤怒和怜悯。"不是,不是,"他让她放心,"不是这个。是那个新大夫把她吓唬坏了。你知道的,她碰见一个新的医生总归信他的话。这个新医生跟她说,她的病要好,除非整天躺在床上,家里的事一样不管——至少得躺上一年半载——"

他停住了,他的眼睛苦恼地躲开她。她站在他面前低头不语,象一根折断的嫩树枝。她是那么纤小而柔弱,他心里绞一样的痛;但是她突然抬起头来正对着他。"她要找一个比我能干的人来代替我?是不是?"

"她今天是这么说来着。"

"她要是今天这么说,明天也一定是这么说。"

两个人都低头于顽强的事实之前:他们知道细娜从来不改变她的意见,她决意做个什么,就等于那件事情已经完成。

两个人好久好久不说话;后来玛提悄悄的说:"别太伤心,伊坦。"

"唉,上帝——唉,上帝,"他哼了两声。他对于她的白热的热爱已经化成酸痛的柔情。他看见她的敏捷的眼皮把她的泪珠打回去,他恨不得把她抱过来抚慰一番。

"你把你的晚饭冷却了,"她勉强装出一点笑意来劝诫他。

"唉,玛特——玛特——你到哪儿去呢?"

她搭拉着眼皮,脸上一阵哆嗦。他知道她这是头一回认真想到她的前途。"也许能在斯丹福找个什么事儿,"她吞吞吐吐的说,好像知道他知道她没有希望。

他在自己的椅子上坐了下去,两只手把脸蒙住。想起她一个人出去重新登上找工作的艰辛的程途,觉得万念俱灰。在这个唯一熟识她的地方,她还是包围在冷淡或憎恶之中;在大城市的千千万万找饭吃的人里头,她,既无经验又无训练的她,能有什么指望?他想起了在乌司特听见的可悲的故事,记起了和玛提同样的有过快乐的童年的那些个女孩子的脸……他想到这些事情,不由他的整个儿的身心不起来反抗。他突然跳了起来。

"你不能去,玛特!我不让你去!一向都是我顺着她,可是这一会我要她顺着我——"

玛提急急把手一抬,他听见他的女人的脚步在他的背后。

细娜一步一拖的走进屋子,悄悄的在他们两个之间的她的往常的座位上坐了下来。

"我觉得好了一点,布克大夫说我能吃的时候务必要吃,即使胃口不好也得勉强吃点,才养得住精神,"她用她的没有高低的带哭声的调子说,一边伸手从玛提面前把茶壶拿过去。她的"出门"衣服已经换上那套天天穿的黑棉布袍子和棕色毛线披巾;同时她也换上了往常的脸色和姿态。她倒了一杯茶,加了很多牛乳,照往常一样的装上她的假牙,然后开始吃喝。猫儿逢迎似的在她脚上摩擦,她说声"好猫咪",弯下半身去抚摩它,从她盘子里拣了一块碎肉去喂它。

伊坦坐在那儿不言不语，也不装作吃喝，但是玛提勇敢的一口一口慢慢吃，还问问细娜一路上的这个那个。细娜用她日常的声调回答她，说得高兴起来，又有声有色的形容一番她的亲戚朋友们的肠病胃病。她说话的时候对正了玛提看，影影绰绰的微笑加深了她的鼻子和下巴之间的两道垂直线。

吃过了晚饭，她站起来一只手按住她的胸口，说："玛特，你做的烘饼总是叫人吃得有点儿胀得慌。"她这句话不含恶意。她难得缩短玛提的名字。她叫玛特是喜欢她的表示。

"我很想去把我去年在斯普令菲尔买来的胃气散找出来，"她接下去说。"我多久没有吃它了，也许吃点儿能让心口儿松动松动。"

玛提抬起她的眼睛。"我去给你拿来吧？"她大胆试试看。

"不。你不知道在哪儿，"细娜藏头露尾的说，同时神秘不测的望了他们一眼。

她走出厨房，玛提也站起身来收拾碗碟。她走过伊坦椅子边，两个人的眼睛碰着了，依依不舍。厨房里和昨天一样的温暖，一样的宁静。猫儿已经跳上了细娜的摇椅，炉火的热气开始引出牦牛儿的清香。伊坦疲累不堪地慢慢站起来。

"我出去看看，"他说，同时举步往过道里去拿他的提灯。

他才走到厨房门口，就碰见细娜回来，她的嘴唇气得直哆嗦，淡黄的脸涨得飞红。披巾从肩膀上滑下，拖在她脚跟背后，她的手里托着那红玻璃泡菜盘的碎片。

"我倒要问问这是谁的事儿，"她说，她的眼睛悍然地从伊坦看到玛提，又从玛提看到伊坦。

没有回答。她接着又颤颤悠悠的说："我去拿药粉——药粉在父亲的旧眼镜套子里，眼镜套子在瓷器柜的顶上一格，那是我心爱的东西的地方,我只说是放得那么高该没有人去捣乱——"她说不下去了,两滴小小的眼泪挂在她的不长睫毛的眼皮上,慢慢的滚下她的脸蛋儿。"顶上的一格要踏着梯凳才够得着,我结婚之后故意把梅普尔姑妈送我的泡菜盘放在那儿,从来没有拿出来过,只有春天大扫除的时候才拿下来,也还是我亲手去拿,生怕别人不小心把它打破。"她恭恭敬敬的把这些碎片放在桌子上。"我要问问这是谁的事儿,"她抖抖索索的说。

伊坦听见她责问,走回屋子,正对着她,"我可以告诉你。是猫儿打碎的。"

"猫儿?"

"对的,猫儿。"

她使劲的看他一眼,又回过去看玛提,玛提正在把洗碗锅端到桌子上来。

"我要请教,猫儿怎么会跑进我的瓷器柜,"她说。

"赶耗子吧,谁知道,"伊坦回答她。"昨儿晚上厨房里耗子闹了一夜。"

细娜继续看看这个又望望那个;于是发出她所特有的小小的怪异的笑声。"我知道这个猫儿是个能干的猫儿,"她的尖细的声音说,"可是我没想到它竟这么能干,还会把我的泡菜盘的碎片捡起,整整齐齐的拼好放在原来的地方。"

玛提忽然把手从热水里抽出来。"不关伊坦的事,细娜!盘子是猫儿打的;可是是我从瓷器柜里拿出来的,是我的不是。"

细娜站在她的破碎的宝贝旁边,仿佛僵化了成为怨恨化身的石像。"你把我的泡菜盘拿出来——做什么?"

鲜明的红晕飞上了玛提的双颊。"我要把饭桌打扮打扮。"

"你要把饭桌打扮打扮,你等我出了门,去把我心爱的东西里头最心爱的东西,一回没有用过,连牧师来吃饭,连马大婶娘从贝茨伯里奇过来,都没有拿出来——"细娜打了个停,张嘴结舌,仿佛她这一数说这件大逆不道的罪过连她自己都吓坏了。"你是个坏女孩子,玛提·息尔昧,我早就知道。你父亲当初就是这样,我领你来的时候人家就警告我的,所以我才把我的东西放在你够不着的地方——这会儿你把我最心疼的东西——"她抽抽噎噎的几声,过了之后一动不动,比早一会儿更象一个石像。

"我要是听了人家的话,你早已不在这里,也没有这一回的事情了,"她说;她把碎玻璃一片片捡起,走出房门,好像捧着一个死人……

八

当初伊坦因为他父亲的病辍学回来的时候,他母亲把不住人的"客厅"背后的一间小屋子给了他,听他使用。在这间屋子里头,他钉上几层搁架放他的书,用木板和坐垫做成一个沙发床,把他的文件摊在一张方桌上,在没有粉刷的石灰墙上挂上一幅林肯的像和一个附印了"诗人佳句"的日历,打算凭这点儿稀疏的器具把这间屋子装点成个书房的模样,和他在乌司特上学的时候一位待他很好并且借书给他的"牧师"的书房一样。他现在夏天里还到这里来藏身,但是自从玛提来住在他家,他不得不把他的火炉让给她以后,这间屋子一年里有好几个月是住不得的。

那天夜里,当人声已静,床上的细娜的安稳的呼吸之声已经让他放心厨房里这一出暂时没有下文的时候,他就急急下楼走进这个避难之所。细娜走了之后,他和玛提站着不言不语,你也不想走近我,我也不想走近你。站了一会儿,玛提还是过去拾掇厨房里的一切东西,伊坦提着灯去作照例的巡视。伊坦回到厨房里的时候,玛提已经不在里头;但是他的烟荷包和烟斗已经放在桌子上,底下压着一张纸条儿,是从一本菜籽商店的货品目录底面上撕下来的,上面写了五个字:"别着急,伊坦。"

走进他的又冷又暗的"书房"以后,他把提灯放在桌子上,弯下身子就着灯光,把那张纸条儿看了又看。这是玛提头一回给他写信,他拿着这张纸条儿有一种奇异的新的感觉,感觉她近在咫尺而又远在天涯;这张纸条儿加深了他的痛苦,他想起了从此以后他们再也没有别种交通的方法。没有了她的活泼的笑容,没有了她的温暖的声音,只有冷的纸和死的字!

反抗的冲动涌起在他的心头。他年轻,他强壮,他有沛然的生气,他不能这么轻轻易易的拱手让他的希望完全毁灭。难道他只能在这个怨天恨地的乖张的女人身边消磨他的一生吗?他的生命中曾经有过多少前途,一个个牺牲在细娜的狭隘和愚昧之下。牺牲了又曾有什么好处呢?比他初娶她的时候,她的不满和怨恨加了百倍:她现在只剩下一种乐趣,折磨她的男人。所有的健康的自卫本能都在他身上汹涌而起,起来反抗这种浪费……

他钻进他的树狸皮的旧外套,在沙发床上躺下来沉思。在他的脸蛋底下他发觉有个凹凸不平的硬的东西。是他们订婚的时候细娜给他做的一个靠枕——他看见她做过的唯一的针线。他把它扔在地下,把头靠在墙上……

他记得有过这么一回事,山那边有一个人——一个和他差不多岁数的——他也是受不了这样的一种痛苦的生活,终于和他心爱的一个女子逃往西部。后来他的女人和他离了婚,他娶了那个女子,日子过得挺好。伊坦夏天在沙德福尔看见他两个,他们是来看亲戚的。他们有一个鬈发的小女儿,戴一把金锁,穿得象个公主。那个原来的太太也过得不坏。她的男人把田地给了她,她居然找着一个买主,她拿卖地的钱,再加上离婚的赡养金,在贝茨伯里奇开了一个小饭馆,她人也活动了,人家也都看得起她。伊坦越想越有劲。他为什么不能明天跟玛提一块儿走了,要让她一个人走?他可以把提包藏在车座底下,细娜一点也不会犯疑,要到她上床睡午觉,才在床上看见一封信……

他的冲动还浮在外面,他一跳跳起身来,把灯重新点上,在桌子跟前坐下。他拉开抽屉,翻来翻去,找着了一张纸,写起信来。

"细娜,我已经为你尽了我的力,我看不出有什么用处。我也不怪你,我也不怪我。也许分离之后你我都要好点。我到西部去试试我的运气,你可以把田和锯木坊卖了,卖出来的钱——"

他的笔停在这个字上,这个字把他的无情的命运暴露出来。要是他把田和锯木坊给了细娜,他自己拿什么去开创他的生活呢?到了西部之后他知道准能找着工作——要是只有他一个人,他不怕冒冒险。可是有个玛提要靠他,情形就不同了。再还有细娜,她怎么样?田和锯木坊都已经典押到尽头了,即使她能找到一个买主——这根本就靠不住——她是否能找回一千块钱也很成问题。在没找着买主以前,她又怎么样维持地里的农作?现在他们能在这块地里找口粗茶淡饭,完全是靠他早做到晚,一刻不放松,他的女人,即使她的身体不如她自己想象之坏,一个人也万万担当不下。

啊,她可以回娘家去,听凭那些亲戚们怎么办。她这不是正在叫玛提走这条路吗?——为什么不让她自个儿试一试呢?等到她打听出他的下落,提出离婚的诉讼,他大概——不管是在哪儿——已经挣了点钱,能给她一笔赡养费。要不然只有让玛提一个人走开,她是连这一点遥远而不可靠的赡养也是没有指望的……

他找信纸的时候把抽屉里的东西打散在桌子上,这会儿提起笔来,一眼看见一份旧报,一份贝茨伯里奇《鹰报》。露在面上的恰恰是广告页,他的眼睛落在"西部旅行,减价欢迎"这几个引人的字上。

他把灯挪近点,急急的察看底下开列的车价;那份报从他手上落下,他把没写完的信纸推过一边。早一会儿,他不知道到了西部之后他和玛提怎么谋生;这会儿他才知道他连带她到那里去的车钱都没有。借钱,谈不到:半年前为了借钱修理锯木坊,他把最后的一注抵押品已经押了出去,他知道没有抵押品斯塔克菲尔镇上谁也不肯借十块钱给他。无情的事实把他套住,象禁子给犯人套上镣铐。没有一条出路——一条也没有。他是个无期徒刑的囚人,而他的一线光明现在又将被扑灭。

他垂头丧气的走回沙发躺下,两只脚重沉沉的好像永远不会再动一动。眼泪从他喉咙里往上涌,慢慢的一路酸到他的眼皮。

他躺在那儿,看见对面的玻璃窗渐渐透点儿亮,一方块黯淡的月光嵌在无边的黑暗之中。有一根屈曲的树枝映在窗子上,这是那棵苹果树,夏天的薄暮他从锯木坊回来有时候看见玛提坐在这棵树底下。慢慢的,云片的边缘着了火,渐渐的烧得没有踪影,蔚蓝的天空露出一轮皎洁的月亮。伊坦手扶着床抬起半身来看外边的景物在月光的神工鬼斧之下呈现它们的明暗和形状。今晚是他准备和玛提去滑雪的一晚,照明的灯挂在那儿天上!他望出去望见那浸在光明里头的山坡,滚着银边的黝黑的树林,背阴的山峦的幽暗的紫色,好像一切的夜间之美都倾泻出来讥讽他的不幸……

他睡着了。醒来的时候,冬天的黎明的寒气已经进了屋子。他觉得又冷又僵又饿,他因为觉得饿而羞愧。他擦擦眼,走到窗子跟前。一轮鲜红的太阳站在灰色的田野的边际,在看起来黑而且脆的树木的背后。他自己跟自己说:"这是玛特的最后一天了,"他试想玛提走了之后这个地方又是怎么个景象。

他正站在那儿,忽然听见背后脚步响,她进来了。

"喔,伊坦——你一夜都在这儿的吗?"

她穿着她的旧衣裳,围着那条樱桃红的披巾,清冷的晨光照得她的苍白的脸成淡黄色,越显得弱小可怜,伊坦站在她的面前说不出话来。

"你冻死了,"她接着说,没有精神的眼睛钉在他身上。

他走上前一步。"你怎么知道我在这儿?"

"我上床之后听见你又下楼,我听了一夜没听见你再上来。"

他所有的柔情一下都涌到他嘴唇边。他看着她,说:"我就来厨房里生火。"

他们回到厨房里,他替她把煤和引火的柴搬进来,又替她把炉子撤清,她把牛奶拿进来,又把昨晚上剩的半个牛肉饼拿出来。

到了炉子里的热气慢慢散开,一线太阳已经横在地下的时候,伊坦的忧愁也在温和的空气里融化了。看着玛提来来去去做这个做那个,象天天早晨一样,叫他不能相信她会从这幅画景里消失。他心里想,他太把细娜的话认真了,黑夜已经过去,白昼重到人间,她的情绪也将有同样的变化。

玛提弯下身子在炉子上做早饭,他走上前把他的手放在她手臂上。"我也不要你着急,"他说,微微的笑着瞅着她的眼睛。

她红着脸轻轻的回答:"不,伊坦,我不着急。"

"我这么想,事情也许会好转,"他又补了一句。

没有回答,只有眼皮儿迅速的跳了一跳。他接着又说:"她今天早上没说什么?"

"我还没有见她。"

"你见了她也别说什么就是了。"

他叮咛了一句就走出厨房往牛棚走去。他看见约坦·包威

375

尔在早晨的雾气里头走上坡来,这个常见的景象加强了他的安全的信念。

他们两个清理牛棚的时候,约坦扶着他的粪耙说:"达尼尔·柏恩今天晌午上考白里场去,他可以把玛提的箱子带去,我送她走的时候车子可以轻快些。"

伊坦茫然的望着他,他又接下去说:"弗洛美太太说新来的女孩子五点钟的车到,要我就在那个时候把玛提送到车站,让她赶六点钟那趟车去斯丹福。"

伊坦觉得血在太阳穴下打鼓。他等了一下才说得出话,他说:"喔,玛提走不走还不一定呢——"

"是吗?"约坦淡然的说;他们继续做他们的工作。

他们回到厨房里的时候,细娜和玛提已经坐下来吃早饭。细娜的神气和往常不同,敏捷而活动。她喝了两杯咖啡,又拣起盘子里剩下的饼屑来喂猫儿;这以后,她站起身来走到窗口,掐了两三片牻牛儿的叶子。"马大婶娘的牻牛儿一片败叶也没有;可是没有人好生照料的话,花草自然要枯萎,"她沉思地说。于是她回转身来问约坦:"你说达尼尔·柏恩多早晚来来着?"

那个雇工踌躇着望了伊坦一眼。"晌午前后,"他说。

细娜回过脸去对玛提。"你那个箱子放在雪车上重了点,达尼尔·柏恩来就让他带到车站去,"她说。

"多谢你,细娜,"玛提说。

"我打算先和你检点检点各样东西,"细娜继续从容不迫的说。"我知道短了一块粗麻布的手巾;还有一直放在客厅里猫头鹰标本后头的那个火柴箱,我也不知道你拿去做什么的。"

她走了出去,玛提跟在她背后。约坦对他的东家说:"那么,我还是去叫达尼尔来吧。"

伊坦把房子里头和马房里头天天早晨做的事情做了；于是他对约坦说："我要下斯塔克菲尔去。叫她们不必等我吃午饭。"

反抗的火焰又在他心头爆发出来。他以为在清明的阳光之下简直叫人难于置信的事情居然发生了，她派他在驱逐玛提这一出里头做一个无能为力的观众。他是个堂堂男子，竟然袖手旁观，再想到玛提心里对于他这个人的感想，他又羞又气。杂乱的冲动在他的心里搅扰，一面迈着大步往镇上去。他决心要干一下，可是不知道干什么。

早晨的薄雾已经消散，田野躺在太阳底下象一面银盾。这是一个冬天的里头透着春天的气息的日子。那条路上步步有玛提的踪迹，没有一根映在晴空里的枝柯或一丛长在路边的荆棘那上面不挂着一片鲜明的回忆。在静寂之中，一棵山桦上头一声鸟叫，真象她的笑声，他的心紧了一紧又轩然怒放。这一切都叫他明白，非想个办法不可。

他忽然想起，安特鲁·郝尔是一个软心肠的人，要是他告诉他因为细娜的身体不得不雇一个女工，他也许肯重新考虑昨天的话，先付他一点木料钱。郝尔不是不知道伊坦的家境的人，再向他开一次口不至于太失去他的傲气；再说，在他的七情汹涌的胸中，傲气又算得了什么？

他越想越觉得他的打算有希望；要是他能找着郝尔太太，他相信准能成功。只要他口袋里有五十块钱，世界上还有什么能把他和玛提分开？……

他的第一个目的是赶郝尔出门之前赶到斯塔克菲尔；他知道这位营造商在考白里路上有一件工程，也许出门很早。伊坦的脚步跟着他的思想加快，他走到学堂山的脚下的时候，远远望见郝尔的雪车。他快步向前去迎接,但是车子走近的时候,他看见赶车的是郝尔的小儿子,坐在他旁边看起来象一个戴眼镜的直立的茧子的是郝尔太太。伊坦招呼他们把车停下来,郝尔太太探身向前,她的有红有白的眼梢的皱纹里一闪一闪的闪出慈祥之色。

"郝尔先生吗?哦,是的,他在家。他今天不去监工。他今天醒来觉得有点腰痛,我刚才让他敷上一张克德老大夫的膏药,在火炉跟前坐下休息休息。"

象母亲看见儿子似的,她一脸笑容对伊坦说:"我刚才才听见郝尔先生说细娜上贝茨伯里奇找那个新来的大夫来着。她怎么又病得这么利害!真叫人替她着急。但愿那个大夫说他有办法。我真不知道这个乡镇上有谁比细娜更多病。我常常跟郝尔先生说,要是她没有你这么个人招呼她,我真不知道她怎么办;早先你妈病的时候我也常常这么说来着。你的日子真是不好过呢,伊坦・弗洛美啊!"

她的儿子"呔,呔"赶马上路的时候,她还朝他最后点点头表示同情;她走了以后,伊坦站在路中间,目送那雪车的后影渐行渐远。

许久以来没有人象郝尔太太这么关切他了。大多数的人,不是对于他的痛苦无动于中,就是说象他这么个年强力壮的人,前后服侍三个病人也不算什么,无须抱怨。可是郝尔太太说:"你的日子不好过呢,伊坦・弗洛美,"他觉得他的凄凉轻了一半。要是郝尔夫妇这么疼他,那一定会接受他的请求……

他沿着大路往他们家走去,但是没有走了几步他忽然站住,脸上涨得通红。郝尔太太的话让他开始明白他现在做的是怎么回事儿。他正在计划着利用郝尔夫妇的同情用不老实的话去找钱。那逼他匆匆赶到斯塔克菲尔来的混混沌沌的目的,说明白了就是这个。

忽然觉察了他的狂热已经把他赶到什么分寸上,那股狂热就一泻无遗。他看明白了他的生活的真面目。他是一个穷人,是一个多病的女子的丈夫,他要把她丢了她就穷困无告;而且即使他有丢下她的硬心肠,也只有欺骗了两个怜惜他的好人才能办到。

他回转身慢慢的走回家。

九

在厨房门口,达尼尔·柏恩坐在一匹高大的灰色马背后的雪车里,那匹马提起蹄儿来踩雪玩儿,狭长的马头不耐烦地左摇右摆。

伊坦走进厨房,看见他女人坐在炉子跟前。她的头包在披巾里,她正在看一本叫做《肾脏病及其治疗》的书,这本书几天之前才到,他还付了过重的额外邮资才取了来的。

他进来的时候,细娜身也不动,头也不抬;过了一会儿,他问她:"玛提在哪儿?"

她不把眼睛从书上抬起,回答他:"大概在搬箱子下来吧。"

热血冲上了伊坦的脸。"搬箱子下来——她一个人?"

"约坦·包威尔林场里去了,达尼尔·柏恩说他不敢离开他的马,"细娜回答。

她的男人来不及把她的话听完,已经跑出厨房,跨上楼梯。玛提的房门关着,他站在楼梯头上踌躇了一下。"玛特,"他轻轻的说;没有回答的声音,他把手放在房门把手上。

玛提的房子里他只有在夏初修理屋漏的时候进去过一次,但是屋子里头的样儿他记得清清楚楚;她的小床上的红白花的盖被,抽屉柜上头的漂亮的针荷包,以及挂在柜子上的她的母亲的放大的照片,镶在一个已经发黑了的银框子里头,框子背后还有一束染了色的草。现在,这些个东西以及她的别的踪影都已经不见了,屋子里头空空洞洞的,跟她头一天来细娜领她进来的时候一般的落寞。在屋子的中间直立着她那口箱子,在箱子上坐着玛提,穿着出门的新衣,背朝着门,手捧着脸。她没有听见伊坦叫她,因为她正在抽抽噎噎的哭;她也没有听见伊坦的脚步,直到他走到她背后,把两只手放在她肩膀上。

"玛特——哎,你别——哎,玛特!"

她吓了一跳,站起来,把她的涕泪纵横的脸抬起来朝着他的脸。"伊坦——我只当是再也见不着你一面了!"

他把她搂在怀里,紧紧的抱住,拿他的哆里哆嗦的手轻轻掠开披在她脑门子上的散乱的头发。

"见不着我一面?你这是什么意思?"

她抽抽噎噎的说:"约坦说的,你叫他跟我们说不必等你吃饭,我只当是——"

"你当是我打算躲开?"他带三分苦笑替她说完。

她不回答他的话,只是紧紧的赖在他身上,他把嘴唇放在她的头发上,她的头发软软的可是又有点弹性,象向阳的山坡上的薛苔,又有象新锯下来的木屑晒在太阳地里似的一股清香。

在门外,他们听见细娜在底下大声说:"达尼尔·柏恩说,要是你要他带那口箱子,得赶紧一点了。"

他们分开了,凄然的相对。反抗的话冲到伊坦的嘴边,又咽了下去。玛提摸出一块手绢,擦了擦眼睛;然后弯下身子攥住了箱子一头的把手。

伊坦把她推开。"你放手,玛特,"他吩咐她。

她回答他:"转弯的地方要两个人才对付得呢;"伊坦依了她的话,攥住那一头的把手,两个人把箱子抬到楼梯头上。

"放手吧,"他又说;于是他一个人把箱子扛下楼,穿过过道,走进厨房。细娜已经回到她火炉旁边的椅子上,他走她跟前过,她看她的书,头也不抬。玛提跟在他后头出来,帮着他把箱子放进车子的后头。放好了箱子之后,他们并肩站在台阶上,望着达尼尔·柏恩赶着他的烦躁的马奔下坡去了。

伊坦觉得他的心让许多绳子捆住,有一只看不见的手跟着钟声的滴答一下一下的把它收紧。他两次张开嘴来想跟玛提说话,声音不肯出来。最后,她回过身往屋子里去的时候,他才轻轻的拉住她。

"我送你去,玛特,"他悄悄的说。

她悄悄的回答:"细娜要约坦送我去。"

"我送你去,"他又说了一遍;她不说什么,走进厨房里去了。

在午饭桌上,伊坦一口也吃不下。他要是抬起头来,他的眼睛是落在细娜的脸上,她的薄薄的嘴唇的两角微微的颤动,大有笑意。她吃得很多,自己说天气转晴她也舒服多了;约坦·包威尔盘子里的豆子完了她又让他添上点,平常她是不理会他的饱饿的。

吃过午饭,玛提还是照往常一样,收拾桌子,洗锅碗。细娜喂过猫儿之后又回到火炉旁边她的摇椅里去;约坦,平常最爱逗留到末末了儿一个的,也无可奈何似的推开椅子,往门口走去。

一只脚出了门,他又回过头来问伊坦:"我多早晚过来送玛提?"

伊坦站在窗口,机械地把烟草往烟斗里装,一边儿看着玛提来来去去的忙。他回答道:"你不必过来了;我自个儿送她去。"

他看着玛提的一半回过去的脸上红了起来,也看见细娜的头忽然抬起。

"今儿个我要你在家,"他的女人说。"约坦可以送玛提去。"

玛提飞了个眼色给他,求他别找麻烦,但是他也不说多余话,只重复了一句:"我自个儿送她去。"

细娜继续用她的平静的调子说:"我要你在家里乘那个女孩子没到的时候把玛提屋子里的炉子拾掇拾掇。那个炉子不大通风快有一个月了。"

伊坦勃然把嗓子提高。"玛提能对付,我想一个女工该也能对付。"

"那个女孩子跟我说来着,她先做的那家人家的屋子里安的是有管子的大火炉呢,"细娜还是用她的单调的不疾不徐的语调说。

"那么她还在那家做得了,"他愤然回答;接着回过头来对玛提,坚决地说:"你准备好三点钟动身,玛特;我在考白里场上还有点事情。"

约坦·包威尔已经往马房里走去,伊坦迈开大步跟在他背后,气冲冲地。他的额角上的脉扑通扑通的跳,他的眼睛里有一团雾。他机械地做着这样那样事情,连自己都不知道是什么势力在那里指挥他,也不知道是谁的手和脚在执行它的命令,一直到了他已经把栗色马牵了出来,把它拉到雪车的车辕子中间,他才重新意识到自己的动作。他把笼头套在马头上,把两头在车辕子上扣牢,这个时候不禁想起早先也有过一天,做着同样的一套事情,为了赶车子到车站上去接他的女人的表妹。不过是一年多一点儿之前,也是这么一个柔和的下午,空气里头也有这么一点儿春天的意思。那匹栗色马,睁大了一对圆的眼睛看着他,拿鼻子拱他的手心,完全是一个样儿;从那一天到今天中间的日子一个一个地冒出来,站在他的眼睛跟前……

他把熊皮褥子甩上车,爬进车箱,把车子赶到家门口。走进厨房,厨房里没有人,但是玛提的提包和披巾端端正正放在门口。他走到楼梯脚下听了听,楼上没有声音。可是过了一会儿仿佛听见有人在他的书房里走动,他把门推开,玛提在里头,戴着帽子,穿着外套,背朝外站在桌子旁边。

她听见他的脚步声音,吓了一跳,赶紧回过身来,说:"时候到了吗?"

"你在这儿干吗,玛特?"他问她。

她腼腼腆腆的看着他。"我来看看罢了——没什么,"她回答他,勉强笑了笑。

他们默然的走回厨房,伊坦把她的提包和披巾捡起来。

"细娜在哪儿?"他问。

"她吃了饭就上楼去了。她说她的刺痛又发了,叫人不要去闹她。"

"她没有跟你说声'再见'吗?"

"没有。她就只说了那两句。"

伊坦慢慢的在厨房里四面看了看,想起了几个钟头之后他就要一个人回到这里来,不禁心里发抖。他忽然又感觉这一切都是幻境,他不能叫自己相信站在他面前的玛提是最后一次站在他面前。

"走哇,"他几乎有点欣然地叫她,一边把门开开,把她的提包放进车箱。他跳上车,她也跟着爬了上去,他弯下半身把皮褥子在她身边掖好。"好了,走吧,"他一头说一头把缰绳一抖,那匹栗色马一颠一簸的走下坡去了。

"时候还早,咱们可以好好儿的玩儿一会,玛特!"他说着话就在皮褥子底下找着了她的手,紧紧的攥住。他的脸上又有点麻又有点痛,他的眼睛有点花,头有点晕,倒象是大冷天在镇上的酒店里喝了两杯过后似的。

车子出了园门,他不往斯塔克菲尔去,反而一抖缰绳把马往贝茨伯里奇路上赶。玛提坐着不作声,也不露出惊异的颜色;过了一会儿,她说:"你打算绕影子湖那条路,不是?"

他笑了,他说:"我知道你知道!"

她又往皮褥子底下缩了缩,他回过头来看她,只看得见她的鼻尖和一绺随风披拂的棕色头发,底下就让他自己的袖子遮住了。他们顺着在淡淡的日光底下发亮的田亩中间的那条大路走去,一会儿又往右边儿一条两边长着枞树和落叶松的小路上岔下去。在他们的前头,远远的一带点缀着黑色林木的小山,衬着天空,象一溜儿白色的波浪。那条小路走进了一个松树林,树干在斜阳里发红,雪地上铺着纤细的青色的影子。他们进了树林,风息了,一阵和暖的寂静仿佛跟着落下来的松针一同落下。这儿的雪干净得很,小野兽的细瘦的脚印子在上面留下些个繁复的花纹,从雪底下冒出来的松树果子象些个古铜饰物。

伊坦默然的赶着车子,到了一个松树比较稀疏一点的地方;这才把车子停下,扶着玛提下来。他们在那些芳香的树干中间穿来穿去,脚底下的雪让他们踩得切切嚓嚓的响,终于走到一个四边都是树木的池子旁边。池子里的水已经冻得结结实实,迎面有一个独立的小山,背着夕阳送来一片长长的尖圆的影子,这个湖就因此得名。这是个害羞的秘密的地方,充满着无言的愁闷,和伊坦心里所感觉的一样。

他在那片狭小的铺满鹅卵石的滩头上上下下的搜寻,找着了一根倒在地下一半埋在雪底下的树干。

"那儿就是咱们那回子野餐时候坐在那儿的,"他提醒她。

他说的那回是他们一同参加过的有数几回里头的一回:那是一个"教友聚餐",时候是夏天,那个平常人迹罕至的地方在那个长长的下午突然热闹了半天。先是玛提要他陪她去,他拒绝了。后来,太阳快下山的时候,他在山里砍了半天树下山来,让几个走散了的聚餐的朋友看见了,拉到池子边上大队里来。玛提的身边围着一圈嘻嘻哈哈的年轻人,她头上戴着一顶阔边的帽子,漂亮得象一棵乌莓,正在一堆野火上煮咖啡。他想起那个时候的情景:他身上穿的是做活的旧衣服,走上前去的时候怪不好意思,她看见他来脸上露出喜色,手里端着一杯咖啡冲出圈子来接他。他们在池子边那棵倒下来的树干上坐了几分钟,她发现她的金锁丢了,让那些年轻人去替她搜寻;还是伊坦在藓苔里找着了……也不过就是如此;可是他们一向以来的交往就是这个样儿,一些不连贯的闪电,在黯淡的生活中忽然碰上了一阵快乐,好像在冬天的树林里捉住了一个蝴蝶儿似的……

他一只脚往一簇茂密的越橘丛里一踢,说:"我找着你的锁片就在这儿。"

"我从来没有看见过眼睛象你这么尖的人!"她回答他。

她在太阳照着的那棵树干上坐下,他坐在旁边。

"你戴上那顶粉红的帽子,漂亮得象画里的美人儿,"他说。

她愉快的笑了出来。"喔,漂亮的是帽子!"她回答。

他们从来没有这样听说过彼此的心事,暂时间伊坦又幻想他是一个自由的人,在向他心里要想娶来做妻的一个女子求爱。他看看她的头发,很想再亲它一下,他想告诉她她的头发有新锯开的木头的香气;但是他从来没有学会怎样说这些个话。

她忽然站起身来,说:"不能多耽搁了。"

他依然迷迷忽忽的目不转睛的看着她,象是一半醒来一半还在梦里。"还早呢,"他回答她。

他们站在那儿你看着我我看着你,好像各人的眼睛都在努力要把对方的面貌吸进去牢牢的关住。伊坦心里有好些话要在分手之前对玛提说,但是他不想在这个充满了夏天里的往事的地方说那些话,他转过身默然的跟在她背后走到车子那儿。他们的车子走开的时候,太阳已经落在山背后,松树的树皮从红色转成深灰。

他们绕着田亩中间的一条曲曲弯弯的小路绕上了斯塔克菲尔的大路。在空旷的天空底下,光线还是很亮,东边那一带小山上映出一片冷红。雪地里一簇一簇的树木好像挤挤缩缩缩成一团,象把头缩在翅膀底下的雀儿似的;天色渐渐暗淡,天也渐渐升高,大地越发显得寂寞。

他们走上斯塔克菲尔的大路之后,伊坦说:"玛特,你打算怎么办呢?"

她没有立刻回答,过了好一会儿她才说:"我打算想法找一个店铺子里的事情。"

"你知道你干不了那个。空气又坏,又要一天站到晚,那一回差点儿没把命送了。"

"我现在比没有来斯塔克菲尔之前结实多了。"

"可是你现在要去把斯塔克菲尔给你的好处一下扔了!"

这个话好像无从回答,他们又走了一程,大家不言语。一路上三步五步就有一个地方,他们曾经在那儿站下来,一块儿笑着,或是一块不作声,这些回忆抓住了伊坦,把他拉住不让走。

"你本家里头就没有谁能帮你个忙儿?"

"没有一个是我愿意向他开口的。"

他把声音放低了说:"你知道,为了你,我什么都肯干只要我能办得到。"

"我都知道。"

"可是我不能——"

她不作声,但是他觉得靠在肩膀上的她的肩膀轻轻的发颤。

"唉,玛特,"他脱口而出,"我要是能这会儿跟着你一块儿去,我一定就去——"

她回过脸来朝他,在她怀里掏出一张纸片儿来。"伊坦——我找着了一点东西,"她结结巴巴的说。天色虽然暗,他看得出就是他昨天晚上给他的女人写的信,写到中间写不下去又忘了把它毁了的。他又是诧异又是一阵惊心的快乐。"玛特——"他叫了出来;"要是我能这么着,你肯不肯?"

"唉,伊坦,伊坦——有什么用处呢?"她忽然一抬手,把那张纸撕得粉碎,往车子外头一扔,纷纷落在雪地里。

"告诉我,玛特!告诉我!"他恳求她。

她有一会儿不言语;然后轻轻的,轻到他要把头低下去才听得见,说:"我有时候也这么想来着,夏天的晚上,月亮亮得人睡不成觉的时候。"

他的心甜得打转。"那个时候你已经?"

她不假思索就回答,好像这个日子在她是早已确定了的:"头一回是在影子湖。"

"所以你才先拿咖啡给我喝,把别人撂在后头?"

"我不知道。我先给你喝的吗?我都忘了。你不肯陪我去,我很丧气;后来看见你在路上过来,我就想你也许是故意走那条路回家去;我心里就高兴起来。"

他们又不说话了。车子已经走下伊坦的锯木坊那儿的洼地,黑暗跟着他们下去,象黑色的面幕似的从罕乐枞的浓密的枝头落下来。

"我是两手两脚都捆住了,玛特。我一点法子也没有,"他又说起头。

"你要常常给我写信,伊坦。"

"唉,写信又怎么样?我要伸出手来摸着你。我要替你做事,照料你。我要在你跟前,你有病的时候,你寂寞的时候。"

"你千万不要不放心,你总要想着我混得不错。"

"你不需要我,是不是?你要嫁人,啊!"

"哎哟,伊坦!"她叫了出来。

"我不知道你怎么叫我这么难过,玛特。我简直宁愿你死不愿意你嫁人!"

"唉,我死了就好了,我死了就好了!"她抽抽噎噎的说。

她的哭泣的声音把他从闷怒中唤醒,他觉得惭愧。

"咱们不说那些个,"他轻轻的说。

"是真话呀,为什么不说?我从昨儿晚上到这会儿无时无刻不这么想,死了就好了。"

"玛特!你别!你别乱说!"

"除了你,没有过一个人待我好。"

"这个话也别再说了,我连一个指头也不能抬起来帮你个忙儿!"

"这有什么的?你待我好,我还不知道?"

他们已经到了学堂山的顶上,斯塔克菲尔就在他们的脚下,罩在暮色里头。一辆小雪车迎面爬上来,在一阵快乐的马铃声中打他们旁边过去了。他们直了直腰,严肃的脸儿朝着前面看望。顺着那条大街,许多人家的窗子里已经透出灯光,零零落落的人影子走进这家那家的门口。伊坦一摇鞭子,让栗马的脚下加快。

他们走近这个乡镇的尽头的时候,传来一阵儿童的叫唤的声音,他们看见一簇孩子,各自背后拖着一个雪橇,在教堂门口的空场上分散开来。

伊坦抬起头来看看温和的天空,说:"恐怕他们这一场过后得有两天滑不成了。"

玛提不作声,他又接着说:"本来说了昨儿晚上咱们也来滑一回的呢。"

玛提还是不言语;仿佛要找个事儿把他自己和玛提混过这个悲苦的最后一点钟,他又絮絮叨叨的说下去:"你说怪不怪,咱们一块儿滑雪就只去年冬天有过那么一回。"

她回答道:"我根本就难得到镇上来呀。"

"可不是,"他说。

他们已经上了考白里路的高墩;在教堂的模糊的白墙和华努谟家的黑沉沉的枞树之间,他们面对着一泻而下的山坡儿,一个雪橇也看不见。也不知是什么淘气的冲动在作怪,伊坦忽然说:"这会儿我带你滑一回怎么样?"

她勉强笑了笑。"哟,没有这个工夫了!"

"这点儿工夫有的是。来吧!"他现在唯一的心思就是不想拨转马头上考白里场去,延宕一刻好一刻。

"可是那个女孩子,"她迟疑的说。"那个女孩子要在车站上等着了。"

"让她等等儿就是了。反正不是她等,就是你等。来吧!"

他的坚决的语调好像把她镇住了,他跳下车之后,她也就让他把她扶下来,只稍微表示一点不愿意,说:"可是一个雪橇也没有啊。"

"有,有一个!那边的枞树底下不是?"

他把熊皮褥子搭在马身上,那匹马很听话似的站在大路边,低垂着它的沉思似的脑袋。

她依着他的话坐上雪橇,他坐在她背后,紧紧的挨着,她的头发擦着他的脸。"坐好啦,玛特?"他大声问她,倒象是隔了三丈宽的大路似的。

她回过头来说:"暗得很。你看得清楚不?"

他傲然的笑出来:"我闭了眼睛也能滑下去!"她也和着他笑了,好像喜欢他的大胆。说是这么说,他还是静静的坐了一会儿,睁大了眼睛朝下看,因为这会儿正是最迷乱的黄昏时刻,最后的微明和方兴的薄暗交织成模糊的一片,在这一片模糊中物象辨不真切,远近也捉摸不定。

"下去了!"他叫了一声。

那雪橇跳了一跳滑了下去,他们两个在暮色里飞向前去,越来越滑溜,越来越快,黑夜在底下张开大嘴,风声在耳朵边呱喇着象风琴演奏。玛提坐得端端正正,一动不动,但是当他们滑到山脚下转弯处,就是那棵大榆树伸出一枝致命的胳膊来的地方,他仿佛觉得她偎得更紧了一点。

"别怕,玛特!"他得意洋洋的叫唤,那个雪橇早已安然让过,又飞也似的滑下第二个山坡;等他们到了底下的平地上,雪橇已经渐渐慢下来的时候,他听见她放出一个小小的快乐的笑声。

他们跳下雪橇,回头走上山坡。伊坦一只手拖着雪橇,一只手伸进玛提的胳膊弯儿。

"你怕我把你撞在榆树上不怕?"他孩子似的笑着问她。

"我早就跟你说过,跟你在一块儿我从来不害怕,"她回答他。

他也说不出来是怎么样的高兴,平常从来不爱说大话的他也把持不住了。"说是这么说,可真是个淘气的地方。差这么一点点儿,咱们就别想再回来了。可是我能算到一丝一毫不差——

自来有这个本事。"

她低声说:"我一直说你的眼睛最准……"

深深的静默跟着没有星的夜色落下来,他们两个偎在一块儿不言不语;但是每爬一步,伊坦心里说一句:"这是我们俩一块儿走着的末末了儿一回了。"

他们慢慢的登上了山头。走到教堂门口的时候,他低下头去问她:"你累了没有?"她喘着气回答:"真痛快!"

他的胳膊紧了紧,领她走到那两棵挪威枞底下。"我想这个雪橇准是纳德·郝尔的。不管怎么样,我把它放在原来的地方。"他把雪橇拉到华努谟家园门口,靠着篱笆把它放下。他伸直身子的时候忽然觉得玛提在黑地里偎紧了他。

"这就是纳德和路德亲嘴的地方不是?"她上气不接下气的低声问,两只胳膊把他抱住。她的嘴在他脸上摩来摩去找他的嘴,他也紧紧的把她抱住,且惊且喜。

"再会了——再会,"她结结巴巴的说着,又亲了他一下。

"唉,玛特,我不能让你走!"昨晚上的叫唤声又从他嘴里冲了出来。

她挣脱身子,他听见她哭的声音。"唉,我也不想走啊!"

"玛特!有什么办法呢?有什么办法呢?"

他们手牵着手,象一对小孩子,她的身子哭得一抖一抖的。

万籁无声,只听见教堂顶上的钟打了五点。

"唉,伊坦,是时候了!"她叫了一声。

他又把她抱过来。"怎么叫是时候了?你打量我还能放你走吗?"

"我要是赶不上火车就往哪儿去呢?"

"你要是赶上了火车又往哪儿去呢?"

她站在那儿不作声,她的手放在他手里,冰冷的,一丝力气也没有。

"咱们两个,你没有我,我没有你,走到哪儿去是有意思的地方?"他说。

她一动不动,好像没有听见他的话,过了一会儿,她挣脱了双手,一把抱住他的脖子,把她的湿透了的脸蛋儿偎在他的脸上。"伊坦!伊坦!我要你再带我下去!"

"下哪儿去?"

"下山坡。一直下去,"她喘吁吁的说。"下去了不再上来。"

"玛特!你这……这是什么意思?"

她把嘴挨紧了他的耳朵说:"一直对着那棵大榆树。你说了你能。咱们这就再也不会分开了。"

"什么,你这是说的哪家子的话?你疯啦?"

"我不疯;我离了你才要疯呢。"

"唉,玛特,玛特——"他哼着说。

她抱住他的脖子又紧了点。她的脸紧紧偎着他的。

"伊坦,我离了你又往哪儿去呢?我不知道我一个人怎么活下去。你刚才也说了这个话来着。除了你没有第二个人待我好过。你家里又要来这么个外头的女孩子……她要睡在我的床上,我天天夜里躺在那儿听你一步步上楼来的床上……"

她这些话象是从他自己心里掏出来的。跟着这些话来的是那个想起来就恨的景象——他今晚上要回去的屋子,天天晚上要爬上去的楼梯,在那儿等着他的那个女人。玛提已经表白了她的深情,他知道他经历了的她也经历了,这一切的新奇和甜美使另外那个景象相形之下越发可怕,使另外那种生活越发不能忍受……

玛提的哀求还在断断续续的呜咽声中送进他的耳朵,但是他已经不听见她说些什么。她的帽子已经有一半退在脑后,他的手在摩弄她的头发。他要把这个感觉吸进他的手心,埋藏在那儿,象种子藏在冬天的地里。他又亲了她一次,他们恍惚又一块儿到了八月里骄阳之下的湖水旁边。但是他的脸碰着了她的,她的脸又冷又湿,他看见黑地里往考白里场去的大路,他听见远处火车的汽笛声。

两棵枞树把他们卷在黑暗和寂静里头,他们仿佛已经进了棺材,埋在地下。他自己对自己说:"也许就是这么个样儿……"又说:"这以后什么也不感觉了……"

忽然他听见老栗马在路那边悲嘶起来,心里想:"它大概是在那儿纳闷,怎么还不喂它的晚饭……"

"来吧,"玛提悄悄的说,拉拉他的手。

她的阴沉的威力制伏了他:她好像是命运的化身。他把雪橇拉出来;从树荫里走到空地上的透明的夜色里头,他的眼睛眨得象出窠的夜鸟。他们的脚底下的山坡上空荡荡的。斯塔克菲尔镇上的人都坐在晚饭桌上,教堂面前的空场上没有一个人走过。天上涨满了预告融雪的云,直压到人头顶上,象夏天里暴风雨之前一样。他在暗地里睁大了眼睛看看,好像没有平常的尖锐,没有平常的能干。

他坐上雪橇,玛提立刻在他前边坐下。她的帽子已经掉了,他的嘴唇钻在她的头发里头。他把两腿伸直,把脚跟踩在地下,拦住雪橇不让滑下去,两只手把她的头捧住。忽然,他又跳了起来。

"起来,"他吩咐她。

这是她平常一听就服从的语调,但是她在她的座位上往下一缩,使劲的说,"不,不,不!"

"起来!"

"干吗?"

"我要坐在前边儿。"

"不,不! 你在前边儿怎么能驾驶呢?"

"不用驾驶。顺着路下去就得了。"

他们说话的声音低到不能再低,好像怕黑夜也在偷听。

"起来! 起来!"他催她;但是她还是问:"你为什么要坐在前边儿?"

"因为我——因为我要你抱住我,"他结结巴巴的说,一边把她拉了起来。

他的回答好像能叫她满意,要不然就是她屈伏于他的坚决的语调。他弯下身子,在黑地里摸着了以前滑雪的人压出来的一条滑溜的路,把雪橇的脚端端正正放在中间。她站在旁边等他盘腿在雪橇的前边坐下;然后她赶快在他的背后蹲下,两只手紧紧抱住他。她的呼吸吹在他脖子上,又叫他发起抖来。但是他立刻想起另外那条路。玛提没有错:这个比分离好。他扭过头来,找着了她的嘴……

他们开始滑动的时候,他听见老栗马又在那儿叫唤,这个听惯了的有所冀望的呼声,以及它带来的许多杂乱的意象,跟着伊坦滑下头一截路。这条路到了半路上忽然一落,又一升,然后又是一泻而下。当他们滑到这一截的时候,伊坦觉得他们真是飞一般,飞上了云端,飞进了黑夜,斯塔克菲尔远远的在他们底下,象一粒微尘落在太空里……这以后,那棵大榆树在他们前面冒了出来,伏在路的转弯角上等着他们,他咬紧了牙齿说:"咱们赶得上;我知道咱们赶得上。"

他们飞向那棵树的时候,玛提的两只手抱得更紧,她的血仿佛流进了他的血管。有一两次,雪橇在他们底下歪了一下。他随即把身体扭过一点,让它对正了那棵树,嘴里不住的说:"我知道咱们赶得上。"同时,她说过的一言半语兜都涌上了心头,又跳了出去,在他的眼前飞舞。那棵大树越来越大,越来越近,他们向前直闯,他心里想:"它在等着我们:它好像知道我们要来。"忽然在他和他的目标中间冒出一个脸,是他的女人的歪曲的丑恶的眉眼口鼻,他要把它赶走,不由自主的一动。他的身子底下的雪橇跟着也一歪,他又把它拨正,笔直的对着那突出的黑色的一团撞上去。最后一刹那,空气在他身边射过去,象千千万万根冒火的铜丝;以后,就是大榆树……

天上的云还是很浓,但是他看见一颗孤零的星,他模模糊糊的计算,这是天狼星啊,还是——还是——他觉得累得很,不能用心思;他把重沉沉的眼皮合上,想着还是睡吧……四下里是深深的寂静,只听见一个小动物在近旁的雪底下什么地方嘤嘤的叫。是田鼠似的一种细小的受惊的叫声,他懒懒的想不知道它是不是受了伤。他忽然明白过来,它一定是痛得很:他知道这是一种惨酷的痛楚,而且神秘得很,他竟觉得这个痛楚在他自己身体里头盘旋。他想翻个身朝着那个声音来的方向,但是他翻不过来,只把左边的胳膊在雪地里伸了出去。现在,这个嘤嘤的声音又好像不是听见而是摸着;好像就在他的手心底下,他的手搁在一个软和而有弹力的什么上头。他想念着这个小动物的痛苦,心里受不了,挣扎着要爬起来,可是爬不起来,好像有一块大石头,或是什么别的大块,压在他身上。他继续用他的左手小心地摸来摸去,想摸着那个小动物救它一救;忽然,他知道了,他刚才摸着的软和的东西是玛提的头发,他的手现在在她的脸上。

他挣扎着跪了起来,那个千斤担子跟着他一同转动;他的手在她脸上摸了又摸,他感觉那个嘤嘤的叫声是从她嘴唇里出来……

他把自己的脸贴着她的脸,把耳朵送到她嘴边,在黑暗之中他看见她的眼睛睁开,听见她叫他的名字。

"唉,玛特,我只当是咱们赶上了,"他哼着说;远远的,在山坡的顶上,他听见老栗马的嘶叫,心里想:"可把它饿坏了……"

我走进弗洛美家的厨房,那个拌嘴似的声音停止了,厨房里坐着两个妇人,我不知道刚才说话的是哪一个。

两个里头的一个,我进去的时候,她把她的高大的身子站起,不是欢迎我——因为她只惊讶地看了我一眼——只是准备做晚饭,弗洛美迟迟没有回来,晚饭耽搁下来了。一件破旧的罩袍挂在她肩膀上,几绺稀疏花白的头发从她的半秃的前额向后梳,在脑后用一把断了一截的梳子勒住。她的灰色的晦涩的眼睛不显露她的衷心,也不反映外物的印象;她的薄薄的嘴唇是和她的脸一样的黄土色。

那一个妇人瘦小得多。她蜷缩着坐在火炉旁边的一张圈椅里,我走进门她很快的回过头来朝我,但是身体一动也不动。她的头发和她的同伴一样的花白,她的脸一样的无血色,一样的干皱,但是微微带点琥珀色,鼻子旁边和太阳窝那儿都有点黑暗的影子,显得高的越高,洼的越洼。她的拥成一团的衣服掩盖着她的柔弱的不动的身体,她的漆黑的双眸有脊髓病人所常有的那种明亮的妖女似的凝视。

那间厨房,就在这一带地方,也透着太寒碜。除了那个黑眼睛的妇人坐着的那张椅子有点象乡镇上拍卖来的富户人家的破旧的遗物而外,所有的家具都是再粗糙不过的。满到处是刀印子的饭桌上放着三个粗瓷的盘子和一个缺嘴的牛乳壶,顺着墙壁疏疏朗朗的摆着一对草织座儿的椅子和一个无油无漆的松木厨柜。

"喔噢,好冷!火快没了吧,"弗洛美跟在我背后进来,一边抱歉似的四下里望望,一边儿说。

那个高个儿妇人只当没有听见,只顾向厨柜走去;但是那个偎在椅子里靠枕上的妇人埋怨似的回答,声音高而且尖:"刚才才重生起来的啊。细娜睡着了,好久都不醒,我害怕我要冻僵了。好容易才把她叫醒了,让她去招呼了一下。"

我这才知道我们进门的时候说着话的是她。

她的同伴刚刚端了一个破盘子过来,里头放着小半个冷的碎牛肉烤饼,她把这盘食之无味的菜放在桌子上,仿佛没听见人家对她的控诉。

弗洛美站在她面前迟疑了一下;然后朝我看了看,说:"这是我的女人,弗洛美太太。"又停了一停,转身朝着圈椅里的那个,说:"这是玛提·息尔咪小姐……"

∴∴∴∴∴∴

郝尔太太,这位温柔的太太,只当我是迷失在考白里场,活埋在雪堆底下了,第二天早晨看见我安然回来,快活极了,我觉得我的危险已经让她多喜欢我几分。

她和她的母亲华努谟老太太,听见说伊坦·弗洛美的老马居然在这一冬之中最利害的一场风雪中把我送到考白里车站又接回来,诧异得了不得;又听见说弗洛美把我让到他家里住了一宿,更加诧异得了不得。

在她们惊诧的话语底下,我发现有一种隐藏的好奇心,要想知道我在弗洛美家这一夜所得的印象怎么样;我知道要打破她们的缄默,最好的办法就是让她们来刺探我。所以我只没事人儿似的说:他们招待我很好,弗洛美在楼下一间屋子里给我开了个铺,那间屋子好像在当初日子还好过的时候曾经布置得象个书房什么的。

"在这种大雪天,"郝尔太太带点儿沉思似的说,"我这么想,他一定觉得不把您往家里让可真有点儿说不过去——可是我敢说,伊坦很为了一阵难。我相信,二十多年里头,您是第一个踏进他的屋子的生客。他倔强得很,连他的老朋友他都不愿意他们上门;人家也就都不去了,除了我和大夫……"

"您还常去吧?"我试探一句。

"出了那回事情之后我倒是常去看看他们,那个时候我刚刚结婚;过了些个时候,我有点觉得他们看见我们反而更不好受。慢慢儿,一件又一件的事儿来了,我自己的磨难也……可是我总还是安排着在新年前后去他们那儿一次,在夏天里去一次。只是我总是找一个伊坦不在家的日子。看见那两个女的坐在那儿已经让人够难受的——可是他的脸,当他在那空空的屋子里举目四顾的时候,他的脸简直要我的命……您知道,我还记得起他母亲在日,他们的苦难还没有降临的时候,他们家是怎么个样儿。"

这个时候儿,晚饭已过,华努谟老太太已经上楼去睡觉,她的女儿和我独自坐在严肃而幽静的客厅里。郝尔太太一边说一边偷偷的看我,好像要知道我已经自己看出了多少,为她自己说话定个分寸;我心里想,她这些年来一直把这件事放在肚子里不说,就是为的等一个看见了只有她一个人曾经看见过的景象的人。

我等了等,让她信任我的心已经增强之后,我才说:"可不是,看见他们三个人在一块儿,真是怪不好过的。"

她把她的和善的双眉往中间一拧,很感痛苦似的。"一起头就是凄惨得很。我正在这个屋子里,人家把他们抬了上来——他们把玛提·息尔味放在您现在住着的那间屋子里。她和我是很好的朋友,我们春天里结婚本来定的是她当我的伴娘的……她醒来之后,我上去陪了她一夜。他们给她吃了点儿什么止痛的药,她一直糊糊涂涂的,到快要天亮的时候她忽然清醒过来,睁开她的那双大眼看着我,说……哟,我不懂我干吗儿跟您提这些个,"郝尔太太说不下去,哭了起来。

她把她的眼镜儿取了下来,擦了擦上面的水气,哆哆嗦嗦的又把它戴上。"第二天大家才知道,"她接着说下去,"细娜·弗洛美匆匆把玛提打发走,因为她有一个雇工的女孩子就要来到;可是镇上的人怎么样也不明白,她和伊坦应该赶紧上考白里场去赶火车的时候,却逗留在这儿滑雪,到底是怎么回事……我自己也不知道细娜肚子里是怎么个意思——我到现在还是不知道。细娜有什么意思,谁也摸不着。不管怎么样,她听见出了事儿,立刻赶了来,陪在伊坦身边,在对面那所牧师的住宅里。赶后来大夫们说玛提可以挪动了,细娜就打发人来把她抬回家去。"

"她就在那儿待到现在?"

郝尔太太回答得很干脆:"她有哪儿可去呢?"我心里一阵酸,想到穷人们谈不到愿意不愿意。

"可不是,她就一直待在那儿,"郝尔太太接着说,"细娜尽她的力量伏侍她,伏侍伊坦。真是件了不得的事情,想起她自己的病病痛痛的身子——可是说也奇怪,天意要她出来的时候,她也就能挺了出来。这不是说她从此不要找大夫,不要吃药,她也还是常常好一阵病一阵的;但是她居然有那股力气伏侍这两位二十多年,在没有出那个乱子之前,她老觉得连她自己她都伏侍不了的。"

郝尔太太停了一会儿,我也不说什么,埋头在她的话唤起来的幻景之中。"三个人都不好受,"我叽咕了一句。

"对了,真是难。而且三个人没一个是性子好的。在那回子之前,玛提是个好性子;我没有见过比她更好说话的。但是她吃的痛苦太多了——人家跟我说她的脾气坏得怎么样怎么样,我总是这样譬解。细娜她自来就怪。平心而论,她对玛提可真是耐烦而又耐烦——我亲眼看见过。但是这两位有时也要你来我往的拌个几句,那个时候儿伊坦的脸简直叫你心碎……我看见他那个脸的时候我老觉得痛苦最深的还是他……反正不是细娜,因为她没有那个空工夫……可是啊,"郝尔太太叹了一口气结束她的话,"不幸得很,他们全都关在那间厨房里。夏天,天气好的日子,他们把玛提挪在客厅里,或是抬到门外院子里,那就松动了点儿……可是一到冬天,不能不就着一个火炉;弗洛美家里一毛多余的钱也没有。"

郝尔太太深深的吸了一口气,好像她的心里松去了一副岁久年深的重担,她再没有什么要说的了;但是忽然间她觉得还有几句话非吐不快。

她又取下眼镜,隔着桌子朝我探着点身子,把声音放低了说:"有一天,约莫是出事之后一个星期,大家都当是玛提活不了了。唉,照我看,她死了倒也罢了。我有一次当着我们的牧师就这么说,他老人家大不以为然。可是玛提那天早晨醒来的时候他老人家没有跟我在一块儿……我说啊,要是她死了,伊坦也许就活了;现在他们这个样儿,我看不出弗洛美家里住在屋子里的那几个跟躺在坟圈里的那些个有什么分别;除了这么一点:躺在那儿的全都安安静静,女人们要拌嘴也拌不成。"

五个短篇小说

美丽的大海

〔英〕西奥多·弗朗西斯·波伊斯

戴牧师相信,只要穆妈妈肯信人的劝,哪一天逢星期或放假,丢下她那小杂货店——同时也是多道村上的邮政代办所——到海边上去走走看看,她的灵魂准可以因此获救。

戴牧师老是说,"一天到晚在这些浆粉啊,鞋油啊,麻绳啊里头打转,她的灵魂一定很难受,一定盼望能避一避开,哪怕只是一两个时辰。"

戴牧师每回到穆妈妈店里去——冬天的时候,在那石板小路上得留神,一不小心就踹在水坑里——把邮票钱付了之后,一定很恳切地劝她,"穆妈妈,您应该出去走走,看看那美丽的大海。"穆妈妈总是回答说,"喔,听听那海上的涛声,在我已经很够了,我不想去看海。"

有些时候,戴牧师要形容那个海。"那个海啊,就有那雨过的青天那么美;那海水泛出来的种种颜色啊,真可爱,就象"——戴牧师就要很兴奋地四下里找——"就象您那架子的顶上的一格里头的花花糖儿那么个样儿。"

"到海边去很有一截子路,不是?"

"才一英里多点儿啊,"戴牧师回答。

穆妈妈最爱整齐,她那小小的铺子拾掇得井井有条,你要个什么,她立刻知道该往哪儿伸手。她那圆圆的脸蛋儿永远透着一团和气,两绺花白的头发挂在两边,往里一鬈,象一对好看的铃铛。穆妈妈一摇头,这一对铃铛儿也就跟着摇。每回穆妈妈告诉贝提糖已经卖完,贝提就说,"她的铃铛儿又响了。"

三月里有一天,戴牧师带了一对小白鼠来送给穆妈妈。他说,"您觉得寂寞的时候,这个也许能给您解个闷儿,虽则是万万赶不上大海的美丽。"

"喔,我相信大海赶不上这个好看,"穆妈妈说着话,把小白鼠放在一个抽屉里头,让它们自个儿去玩儿。"它们在这里头保管舒服,"她说,"我这个抽屉里头不放汇票,也不怕它们咬坏。"

多道村里的人个个喜欢这一对小白鼠,就是戴牧师送给穆妈妈、穆妈妈说比大海更好看的小白鼠。

虽说是穆妈妈的圆圆的和气的脸上差不多天天挂着知足常乐的笑容,可也有透露出疲劳和厌倦的日子,例如城里的邮政局长重手重脚地推开店门走进来盘问她的时候。

邮政局长的问题总不外乎一个"钱"字。他问起话来两个眼睛钉住了穆妈妈不放,倒象是他知道穆妈妈准定在邮票和汇票上做了不该做的事。

"你要是让谁赊欠一分邮票钱,那你就是自寻烦恼了,"洪局长很不客气地说。

穆太太偷偷地看她上司一眼,仿佛准备他立刻撤销她的差使,让她上养老院里去,这是穆太太认为和地狱隔堵墙的地方。

有两回,已经把穆妈妈问得差点儿哭出来,把她的响亮的铃铛儿问得毫无声息之后,那位邮政局长忽然挺高兴挺神气的——这完全是打白鲁柏大乡绅那儿学来的,一面把那穿着长统袜子的腿儿一伸,那也是学的白乡绅——问她,"这儿离海有多远?"穆妈妈一边想着回答这个问题,一边说不定就会把一包胡椒末儿递给已经站在门口老半天等着买鞋带的贝提·勃令。

"喔,戴牧师倒是常提到大海,"穆妈妈忸忸怩怩地回答,"可是,不怕您笑话,我从来没有去过,所以说不出离这儿有多远。啊呀,坏了,贝提要买鞋带,我把胡椒拿给她——她又走了。"

穆妈妈不做梦便罢,做起梦来不是丢了邮票就是错了汇票。在冬夜的北风摇撼长春藤的时候,或是夏天的大月亮照在她床前的时候,她往往一吓吓醒,听见洪局长用他对待下属常用的呼来喝去的腔调骂她,说她是个偷儿,是个撒谎精——她,世界上心肠最好的老妈妈!他骂她偷儿,她还不太生气,因为她记得"圣经"上有一个偷儿,死在耶稣的身旁,耶稣说他可以进天堂;可是骂她"撒谎精",她受不了!

在她梦里,洪局长老是把这三个字叫得震天价响,吓得穆妈妈醒来直哆嗦。这以后,她就把戴牧师形容那美丽的大海的种种话拿来想,这才慢慢的重又睡着。

夏天到了,戴牧师站在橙黄的沙滩上,深恨没能劝动穆妈妈来这儿看看海景。海是那么样的美,海水那么样的清,可以看见小鱼在里头游,可以看见水底的五颜六色的石子儿。

戴牧师心里想,"她要是能来啊,保管她的灵魂要跳出来,叫出来。"

牧师抬起头来看远处,看海和天相接的地方。

"她的灵魂准定不甘心拘束在眼睛看得到的地方,准定要冲上前去,直到上帝的跟前,"他说。

在穆妈妈的店里,穆妈妈让贝提双手捧起那只名字叫通尼的小白鼠来玩儿,让她捧起它来亲嘴。

贝提说,"通尼倒是挺有趣,只是能不能再让我玩儿一下小葛提呢?"

穆妈妈直摇头,把她的一对铃铛儿闹得丁当不息;她笑着悄悄的对贝提说,"小葛提啊,我相信它快要做妈妈了,玩儿不得。"

"明儿我给你一个小的,跟通尼一模一样的,"穆妈妈说,一边把贝提要的邮票拿给她,也没问她收钱。

"明儿准有,"穆妈妈说,说着话她的铃铛又响起来了。

第二天早晨,穆妈妈一觉醒来,很有希望,很快活;她相信,等她下楼到那个抽屉边偷看一看,一定已经添了几只小的小白鼠。可是她快活的还不但是这一件事儿;还有一件可喜的事情,邮政局长分明已经把多道村忘了。

"也许啊,他从此就不上这儿来了呢,"穆妈妈肚子里头想,这就透着有点太天真了。

穆妈妈慢慢儿的穿上衣服,站在镜子面前,摇摇她的鬈曲的头发,自己听了听,也好像听见铃铛儿响。

穆妈妈拉开抽屉来看生了几只小的小白鼠,数一数有七只。她快活极了,竟没有注意那旁边收邮票和汇票的抽屉已经让小白鼠咬了个窟窿。直等到她擦了擦眼镜儿,仔细看那小白鼠的窝,才看见是些花花绿绿的小纸屑铺成的。穆妈妈吓了一跳;一辆汽车已经停在她的店门口,一个人正在打汽车里走出来。

洪局长吆吆喝喝的走进门,立刻要穆妈妈报账,卖了多少邮票,多少汇票,穆妈妈脸都白了。

穆妈妈正在找账簿,贝提·勃令推开门,递过几个铜子儿,说,"穆妈妈,这是昨天欠您的邮票钱。"

洪局长朝贝提瞪眼睛,贝提吓得手一松,铜子儿全掉在地下。

洪局长看看账目,说,"好,请你把余存的邮票和汇票拿来。"

局长把穆妈妈交给他的存货点了一遍,说,"还有在哪儿呢?"

"小白鼠,"穆妈妈哆嗦起来,满脸做了亏心事的样儿。

"你是个撒谎精,"局长大声叫唤。

穆妈妈想起大海来了,小杂货店从她眼睛里消退,洪局长也象一场恶梦似的走开,她面前是大海,一切正如戴牧师所形容。

洪局长离开了多道村,他究竟对她说了些什么话她也记不清了,只知道确确实实说了三个不好听的字;连贝提在窗子外面偷着看,也听见了。

穆妈妈拿起她的帽子和外套。

她在巷口遇见戴牧师,他正在石头上一步步拣着走,就象是冬天的水坑还在那儿。牧师看见穆妈妈,止住了步,张开两只手,诧异得说不出话。

"我去看美丽的大海去,"穆妈妈说,点点头,她的一对铃铛儿又响起来。

西奥多·弗朗西斯·波伊斯(Theodore Francis Powys, 1875—1953),英国现代小说家。生在一个世代做牧师的人家,他的哥哥约翰·考珀(John Cowper),兄弟卢埃林(Llewelyn),妹妹菲利巴(Philippa)都有文名。他有好几个弟兄都是剑桥大学出身,只有他是在家里就学的。他从小爱文学,不到三十岁就隐居在南方的一个乡村里,每天以一定的时间写作,如此二十年,一九二三年才发表第一个短篇集《左脚》(The Left Leg),渐为世人所知。一九二七年《韦司顿先生的好酒》(Mr. Weston's Good Wine)出版,声誉大著。他的小说多数拿英国南方的乡村生活做题材,作风偏于写实,其中亦有"幽默",而泼辣锐利,他的哥哥约翰·考珀比之于"大乌之喙的扑啄"。

老　太　太

〔美〕赛拉·温斯洛

一

老太太一惊而醒，隐隐约约觉得有一件事情要做。接着又重新倒在枕头上，舒舒服服的吐了口气，想起来了。今天是她旅行的日子。

就是在平常日子，老太太也不肯躺在床上享清福。今天，有这么些个事情要做，更不用说，得早点儿起来忙一阵。她的车是十二点正——车票跟卧铺票是早一个星期就定了的，她的箱子也已经理好，只有两三件零碎要放进手提包——可是这一早晨是够忙的，在弗雷德家里天天早晨都够忙的。

老太太赶着洗了澡，穿上衣服；她的风湿疼伸不直的指头抖抖索索的抢着把一个个钮扣扣上。跟往常时一样，她是头一个进洗澡房。今天她格外高兴。因为弗雷德家里，弗雷德是老太太的二儿子，她这一阵住在他家里——他家里只有一个洗澡房，可是除了老太太，一家子还有八口，要是你把两个小的也算上的话。要是你不抢着头一个进洗澡房啊……

老太太穿上她的轻便的家常衣服，跟平常日子一样。待会儿再换出门衣服，把便服往手提包里一塞就是了。又把她的薄薄的花白的头发随便梳掠了几下,待会儿再去打扮也不迟。

老太太听见走道那头那间屋子里头一个小孩子哭了起来。那是路提,耐利的小女儿,刚满一岁,是老太太两个重孙里头的一个。老太太很喜欢小路提,怪逗人爱的孩子——可是从今天起又有好久可以不必要老太太招呼这孩子,这也不坏。并不是说老太太不高兴做事——她天天做事,她喜欢手上有事——只是在弗雷德这儿她简直不容易有片刻空闲。也不是弗雷德一家子都欺负老太太——你要那么想,老太太头一个要生气。他们不是跟她一样的忙,甚而至于比她还忙吗?尽管七十三岁,老太太还是异常强健;无怪乎他们要留一份事儿给她,而且她做了这份事儿他们也不挂在嘴上叨叨念念。

弗雷德是个好儿子,好丈夫,好父亲。你还能向他苛求责备?只是弗雷德可真不会做生意。四十九岁了,还是跟十五年前一般长短,在哈颇食品公司里当个记账员,时景好的年岁这么个位置也还不坏,可是在如今柴米油盐无一不贵的年头,他那个薪水儿也就不够做个什么。说也没有用,徒然加他几分烦恼,他的能耐只有这么点儿。弗雷德从来无所谓野心,从来不想"爬上一步"。多年之前他买了这所房子,这是一件好事情。当时也觉得这个房子太大太空来着。如今看起来,倒是大小恰好,虽则不怎么挺新式,又不挺容易收拾得老是干干净净。

爱玛,弗雷德的媳妇儿,是一个好太太,好主妇。而且不象一般人家的儿媳妇。她从来不跟老太太拌嘴——说实话,她待人真好,尽管带三分急躁。老太太有时候觉得她有点太乱——不过,象爱玛那么忙的人,还能……

爱玛的岁数跟弗雷德差不多。他们结婚有二十五年了,她算是很能尽妇道。他们有三个孩子,全都是姑娘。有一程子,老太太很不称心,要是弗雷德有个儿子帮着他养家,岂不更好?可是现在似乎一切都还顺遂——比早两年好些,至少他们自己那么想法——啊,只要他们自己满足,谁还……

弗雷德的大女儿耐利四年前已经结了婚,自己去开门立户。可是她的男人荷麦·毕林斯勒病了将近有一年,他们又把房子退了,来和"老家儿"同住。他们有了两个孩子,弗雷底和路提,都很可爱。老太太喜欢这位孙女婿,只是看他那跟他丈人一样无雄心也无才力的样儿,又不免有三分替他着急。现在他的病已经全好,依旧回到马尔顿五金号里去做事。那个生意似乎没有多大出头的机会。可是荷麦是个好孩子,也很爱他的妻子和儿女。

弗雷德的二女儿爱德那在第一国家银行里当办事员,一星期得十五元。爱德那长得很好看,实在是一家之秀。她把伙食钱算给她妈,可是爱丽思的衣裳也是她管,而且既在银行里做事,不免要在衣饰上多花点钱,因此也就剩不了几个钱。爱丽思是小妹妹,一十七岁,还读着中学。老太太也很喜欢爱丽思。自然,这个孩子有点儿不懂事,她很可以帮着她妈做点儿家务杂事,不就帮着她大姐带带孩子,可是老太太也知道要十七岁的姑娘扫地领孩子什么的真也有点太难。年轻人谁不贪玩儿?

老太太住在弗雷德家里的时候,总有她的一份工作。就是今天,最后的一个早晨,她也还是照平常一样的做去。

她急急忙忙走到路提睡觉的屋子里,把奶瓶拿给她含着,路提就不哭了。老太太知道怎么样消毒,虽则当初她抚育自己的儿女的时候听都没有听见过这回事。老太太把曾孙女儿哄住了,就去料理开早饭。一个人面前一个盘子,一把刀,一把匙;盐瓶,胡椒瓶,这还是弗雷德和爱玛结婚的时候人家送的礼物;一个盛黄油的碟子,里边一片厚薄不匀的黄油;一个糖碗,盛着一半已经结块的半碗糖和一把边上已经起了狗牙的糖匙;再还有一碟子家里做的蜜渍梅子。老太太刚把饭桌子铺设停当,就看见爱玛愉快而急促地一声"妈早",急急忙忙走进厨房,煮起咖啡来。

七点半钟的时候,除了爱丽思一个,大家都梳洗完毕,准备吃早饭。老太太已经把麦片粥从炉子上拿了过来,又煮了两个鸡子儿给荷麦,荷麦病才好,得好生调补。一家人坐上桌子,老太太把牛奶跟糖加在小弗雷底的粥碗里,看着他吃了——弗雷底不挺爱吃麦片粥,得看着他吃。

"妈,"大个儿的弗雷德说,他光穿件衬衣,挺舒服似的坐着,"今天是您出门的日子了。"

"是啊,"老太太笑了笑。

"您倒碰上了一个挺好的日子,让我算算看,您是今天十二点列克星敦开车,明天两点到纽约,对不对?"

"对了,弗雷德。"

"您知道,"弗雷德一头嚼着面包,一头说下去,"我相信您最爱出门儿什么的。我从来没见过您这样的。我觉得,象您这么个岁数儿的老太太,早就该住定下来过两天安静日子了。您尽可以在这儿住着不走,只要您愿意,这是您知道的。您在这儿可以一个人儿住一间屋子——不必象在玛利家里那么挨挨挤挤——可是住不上四月五月您又要去了。您就把这儿当自己的家,不好?"

"唉,"老太太用她那柔和的平静的语调说,"弗雷德,你知道,我的孩子不是你一个。还有亚尔培,还有玛利。"

"是了,"弗雷德把眉毛一皱。他连亚尔培的名字都不愿意听见,听了就来气。"只是我们真想留住您,妈,真的。您走了过后,爱玛跟耐利姐妹只是想您叨念您。"

"真的,这是实话,"爱玛说。

老太太笑了。至少在弗雷德家里他们欢迎她,她也能帮他们个忙儿。要是她再小个儿岁,多个几分气力啊!在玛利家里,亚尔培家里,差不多有一种默契,一满四个月,她的寄住期就自动地机械地完结。"妈,再多住两天吧,"全是虚文客套。

弗雷德跟荷麦吃了早饭,各自到店里去上班去了。爱丽思打楼上下来,老太太把留给她的热咖啡和麦片粥拿来给她,爱玛已经开始收拾吃过的盘子碟子。

爱丽思匆匆的吃了,亲了亲老太太,说"再会"——她晌午不回家——赶着上学校去了。老太太跟爱玛婆媳两个洗碗碟,洗了碗碟又去拾掇床铺,一个站在一边,同时动手,把褥单拉直,把盖被铺上。

"妈,真是少不了您,"爱玛说。"耐利简直帮不了什么。这也不能怪她。弗雷底只管粘着她脚跟,小的那个又一会儿就要哭。"

爱玛在拾掇楼下屋子的时候,老太太帮着耐利给两个孩子洗澡穿衣。一会儿,门铃响,旅行社的人来了,老太太赶到大门口,把衣箱交代给他,把提单放在钱袋里。又回到楼上把她自己住的一间屋子打扫干净。这就不差什么,是该预备出门的时候了。平常日子,这些事情一了,老太太就帮着料理做午饭,洗菜,削皮,摆碗碟。

老太太把出门的衣裳换上。一件灰色软缎袍子,领口滚了一圈米色细花边。这是两年前老太太过生日亚尔培孝敬的。外面罩一件玄色起棱缎子外套,也是亚尔培的礼物。头上一顶雅静的帽子——已经有五年了,只是年年修修改改,一点不显得陈旧。

爱玛跟耐利忙着做饭带孩子,没法儿送老太太上车站,好在打这条街拐角儿经过的电车是一直到车站的,荷麦跟弗雷德又说了要在车站等着送车。十一点钟的时候——老太太宁愿早点儿,说不定路上会有什么耽搁——老太太跟爱玛,耐利,弗雷底,路提,一个个说了"再会",把路提紧紧的抱一下,跟弗雷底亲个嘴,弗雷底正吃着一块蜜渍梅子,闹得老太太一嘴唇粘呼呼的。老太太拿起她的小提包,三脚两步赶出门——老太太的风湿疼的脚迈不开也走不快——登上电车。

到了车站,老太太轻轻的在一条长凳上坐下,小心的把袍子拉一拉,避开地下的可疑的水点,静候弗雷德跟荷麦跟火车。

火车快到了,弗雷德跟荷麦才到,两个人一块儿,喘着气。荷麦送老太太半斤的一盒糖果,弗雷德给她一袋子水果。

火车到了,弗雷德跟荷麦扶着老太太上车,领她到她的座位,响亮的亲了一下,赶紧走下车——特别快在列克星敦只停一分钟。

火车动了,老太太在窗口扬手和弗雷德两个道别,又叹了一口气,心里很快活。她又在旅行了!

二

不知不觉的——当然,要是你给她说明,她决不会承认这个可怕的事实的——老太太一年到头盼望她那几个旅行的日子。她每年照例有三次旅行,路程的长短大致相同。这些旅行的日子是老太太一年之中最快活的日子。这并不是说她其余的日子过得不快活——自然是快活的——只是这个——唉,又是另外一种快活。

在弗雷德家里,老太太是快活的——自然咯,个个都是和和气气欢欢喜喜的,虽则是一天完结,她的一双脚有点儿疼,她的脑袋也有点儿疼,有时候连她的脊梁也有点儿疼。一个人活到七十三,究竟比不上年轻时候了;年轻的人常常忘了七十三岁的人应了无数次的门,爬了无数级的楼梯,洗了无数的碗碟,够多累的。老太太不爱吃闲饭,这是不错的,只是有时候可真想多得一点儿空工夫,能坐下来歇息歇息——要是弗雷德和亚尔培的两个家能怎么样合并一下,那就好了。

老太太有三个儿女。他们小时候,家里就从来没有宽裕过,可是老太太辛辛苦苦把他们拉扯大。那个时候,一家子都住在列克星敦,三个孩子一般的抚养长大,结果却大不相同。先说弗雷德,生在列克星敦就留在列克星敦,过的是结结巴巴的日子,可是一门快活。玛利在二十四岁上嫁给约翰·法尔铿纳,家住在圣路易;再就是亚尔培,三兄妹里头最逞强的一个,他到纽约去发洋财,居然如愿以偿。

要是弗雷德跟亚尔培不那么倔强,那一年不吵那一架,那多好!可是他们要闹。亚尔培定要替弗雷德拿主意,弗雷德偏不听他的话。以后总算是言归于好,可是弗雷德再也不愿意让他哥哥过问他的事情,就是亚尔培有心要帮他个忙,他也不要。弗雷德说到他哥哥,不提他的名字,老爱说"那个纽约财主",又常常说"我没有他的钱,也一样的快活"。可是话得往平处说,亚尔培也真是一年到头难得想着他还有一个兄弟。除了老太太初到,问一声好,别的时候再也不提到弗雷德。老太太一想到两个儿子这么生分,心里老大一个疙瘩,可是她知道她也没法儿让他们亲热起来。悠长的岁月和各别的环境把两兄弟拉得太开了。

老太太没有一个偏爱的孩子,除非说是因为女儿只有一个,不知不觉的要多疼她点儿。老太太也很爱亚尔培；她很高兴，现在正在往亚尔培那儿去的途中。她只有一点儿遗憾，但愿亚尔培不这么——该怎么说呢？——唉，不这么冷淡。他不是有心冷淡，自然。一个人一天到晚在交易所里忙，自然没有工夫管到旁的事情了。再说，象亚尔培这么有钱的人，应酬就有那么多。亚尔培待她可真不错，老太太老是自个儿跟自个儿说。老太太一到，亚尔培一定要问她短什么不短。隔个十天半个月的他就要孝敬老人家点儿什么。老太太不肯多拿亚尔培的钱，她的生活很简单。她觉得多拿儿子的钱是不对的，虽然她上一回在亚尔培这儿的时候倒是收了他点儿，瞒着弗雷德偷偷的给了耐利，买点儿补品给荷麦——他那个时候病还没有全好。

老太太在亚尔培家里很好。一个人还能不知足？老太太活到七十三岁，早已学会了一切处之坦然。亚尔培是老太太的大儿子，现在五十二岁。他的家庭是：他的太太弗罗伦斯；一儿一女，儿子小亚尔培，二十四岁，学着做华尔街上的生意；女儿亚怜，二十岁；另外有六个下人。

亚尔培·肯宁汉一家住在派克路，在一家公寓房子里占了一层楼面。肯宁汉夫人是纽约的一个旧家的女儿。亚尔培第一次遇见她正在他的生意初次获利之后，不但是爱上她的相貌，也爱上她的门第。在那个时候，亚尔培已经知道为将来打算。结婚之后，亚尔培夫妇在纽约的高门巨族的社交场中很奋斗了几年，近来这几年倒是安安静静的过日子。亚怜的成年会已经在去年举行了，现在常常招待招待亲友，也常常出去赴宴会。小亚尔培很有几分少年老成，虽则也很乐意在他能参加的社交场中周旋周旋。总之，一家人全都还相当懂事，相当可取；有点儿势利，也许；太为自个儿打算，那也是实情；可是没有什么真正要不得的坏处。

亚尔培·肯宁汉一家人的家庭生活之中,老太太最不能了解最不能欣赏的一点,是那股冷淡和拘束。老太太的理想中的圆满的家庭生活是弗雷德家里那个样儿,再多几个钱,多点儿闲暇,多点儿娱乐,再用上一两个下人,大家和和气气,嘻嘻哈哈,亲亲热热。在亚尔培家里,生活是异乎寻常的寂寞,疏远。老太太老觉得不自在,老觉得这不是她的家。她在这个家庭的生活里头没有一个确定的地位。她常常害怕做错了事,比在玛利家里还要怕些;在玛利家里,尽管大家批驳她,还是比在亚尔培家里好些。在亚尔培家里,谁也不说老太太什么。亚尔培,不苟言不苟笑;弗罗伦斯,有礼有道,文文静静;小亚尔培,处处象他父亲;亚怜,文雅,冷淡,沉默——对老太太全都很和气。只是全都不知不觉地不理会她。她是个多余的人,她自己知道。

在亚尔培家里,老太太独占一间卧房,一间洗澡房,跟他们四个一样。早饭是不在一块儿吃的。亚尔培父子九点钟光景吃早饭,吃了早饭坐汽车上公事房。弗罗伦斯母女各自在卧房里吃早饭。八年前老太爷过世之后,剩下老太太一个,亚尔培接她来住,她倒是到饭厅里去吃早饭来着。弗罗伦斯跟她说,她老人家还是在卧房里吃早饭舒服些。以后,每天早晨九点钟左右,弗罗伦斯自己的丫头忒利就把老太太的一份早饭拿到她房里,照例问一声"老太太还要什么不要?"老太太是不大喜欢用丫头的。就让是七十三岁吧,难道连洗澡穿衣这些个事情自己也照顾不了?忒利敲房门的时候,老太太总是已经穿得齐齐整整的。

在亚尔培家里,老太太整天儿没有事情做。家务杂事全不用她帮忙,她第一次来这里就发觉了。缝衣补袜不用她费心——忒利做不了的,有一个女裁缝过不了几天来做一天。亚尔培早先在老家里爱吃的菜,现在也不挺爱吃了,管厨房的仆妇也不愿意谁来厨房里插个手。老太太一点钟吃午饭,弗罗伦斯和亚怜在家的时候就同在一块儿吃,可是她们在家的日子也不多。下午,天气好,老太太就坐个汽车出去兜一转,有时候两个车子全都开出去了,她也就不出去。老太太出去的时候,多半是独自一个,各处看看街景倒也很快活;有时候弗罗伦斯陪她一块儿出去。弗罗伦斯难得也带老太太去赴个茶会啊音乐晚会啊什么的,老太太觉得乏味得很,没一回觉得自在。

老太太老是想,纽约的老太太们都在哪里啊?她很难得看见一两个。在戏院里头——亚尔培和弗罗伦斯有时候也带她去——她看见好些老年的贵妇人,雪白的头发还是烫得服服帖帖,脸上涂抹得很光滑,穿着袒胸露背的晚礼服。老太太意思里头不是指的这些漂亮高贵老太太。老太太寻找的是自在随便的老太太,清清楚楚梳个分头的,肥肥胖胖的老太太,手指头有些个风湿疙瘩,脸上有些个横纹竖皱的,可是她从来没遇见一个。

亚尔培家里七点钟吃晚饭。没有外客的时候,天天的菜大致差不多,都是很好的东西,只是席面上太冷淡,太生分。老太太老是想着这个菜得这样吃,那把刀得那样使,别让弗罗伦斯和亚怜看了笑话,虽则她们很客气很周到,从来不笑她。仆妇上菜的时候,老太太老是怕把汤汁溅在外面,又怕拿多了不好看。上菜是打老太太这儿起头儿,所以她没法儿看旁人怎样拿,拿多少。

家里请客的日子,老太太觉得让她一个人在卧房里吃最是各方面都方便。其实她也乐意这个办法——坐在自己的房里,一张小桌子,无须拘拘束束,倒也很不错。亚尔培家里的人差不多一个月有半个月不在家里吃晚饭——亚怜兄妹常常赴人家的宴会，就是亚尔培夫妇也时常有饭局。这些日子老太太时常是独自一个在那大饭厅里用她的晚饭，多少张空椅子和无数个银盘子玻璃杯子中间一个渺小的孤零的老人。她很想把这些日子的晚饭也开在卧房里，只是不愿意说这个话——弗罗伦斯似乎要她在饭厅里用饭。老太太的饭菜倒是都做得很可口，只是一个人儿在一间庞大的沉静的屋子里吃饭可也真没意思。

晚饭之后，间或也邀老太太来和客人周旋周旋，可是大多数的时候是让她一个人坐在书房里，到个九点十点钟的时候就寝；亚尔培他们晚上在家的时候也都是这样。他们不断给老太太预备两本有趣的小说和杂志，只是老太太年轻的时候没有过充分的闲工夫养成看书消遣的习惯。看不上多一会儿，瞌睡就来了。

老太太会结毛线东西，所以这几年手织毛线品重又时行起来，老太太很高兴，至少有一件事情可以赶上潮流。亚尔培家里人赞成结毛线。老太太去年在这里住着的那几个月很结了些个毛线袜毛线衣，捐给恤贫会里去义卖。现在她很高兴，又可以结毛线了——打从去年离开亚尔培家里以后就一直没有工夫干这个。

真正的——亚尔培一家子都待她很不错。尽管他们不十分理会她，尽管他们的日子照平常一样过下去，就象没有老太太在座似的——尽管这样，他们并没有存什么心眼儿。他们天天问她的安，"好吧，妈？"他们买东买西孝敬她。只是想起她在卧房里枯坐的寂寞，想起那晚上无言相对的腻烦，老太太对于在亚尔培家里寄住的日子，也就不十分热心。

三

玛利，法尔铿纳夫人，老太太的最小的孩子，自来最得老太太的宠爱。玛利结了婚就搬到圣路易城，现在还住在那儿。她有四个孩子，两个儿子，大的十八，小的十四，两个女儿，十六和十一。约翰·法尔铿纳是个律师，手上也还有几个钱，家里可吝啬得很。他比弗雷德有钱，可是住的房子比弗雷德的小得多，虽然房子新式些，邻居也上等些。房子小了，老太太只得和两个外孙女儿共一间卧房。玛利家里有一点强似弗雷德，她用了一个老妈子，做饭洗衣全是她，扫地抹桌子也是她做一大半，没有多少事情要劳动老太太。老太太觉得住在玛利家里应该很快活。可是法尔铿纳家里的人不好相处。老太太尽量马虎，他们的毛病只当不看见，可是要叫她心里舒服那也难。

法尔铿纳一家的人全都爱挑剔。没一件事情让他们觉得如意。玛利老是跟老太太说，要不是她老人家一力促成，她不会嫁给约翰——她要是再等个一两年，结果准比现在圆满。法尔铿纳小时候也是列克星敦人，有一年回到老家去看看，认识了玛利，不久两个人就结了婚。老太太想不起她曾经一力促成这回事，她只说过一句"约翰还不坏，也许能做个好丈夫"——当时仿佛玛利倒比老太太更热心。可是每逢约翰露出他的坏脾气的时候，玛利一定要埋怨老太太。

玛利不称心的事情多得很：她的社会地位不称她的心，约翰给她的家用钱不称她的心，她养的儿女也不称她的心。玛利提起亚尔培他们来总是轻嘴薄舌的说"有钱有势的人家"。玛利爱问老太太亚尔培家里过日子的样儿，可以模仿的事情就如法炮制一下,模仿不了的就拿来做议论的资料,怪刺耳的轻薄一阵。

"我这么想,亚尔培是看不上这些饭菜的吧?妈,你老人家倒不嫌我们这里寒磣,真是了不得,又没有管家的伺候开门关门,又没有丫头给您往卧房里送早饭,"再不然就是"亚尔培和弗罗伦斯居然不爱我们的爱梨,也真是怪事。我敢打赌,她要比他们的自命不凡的亚怜漂亮三分。可是亚尔培再也不肯照应爱梨,除了圣诞节送个小盒子——去年给爱梨一块不值钱的手表——就在圣路易这里就买得着。好意思拿出来送人!"

法尔铿纳家的四个孩子全都没有礼貌,吵吵闹闹的。最爱这个说着话,那个来插嘴,要不就大伙儿抢着说。吃饭的时候,桌子这边就一只手伸到桌子那边去拿菜。老妈子是只有一个,又是个没经过训练的,厨房里够她忙的,饭桌上就不能周到,把菜碗往桌子上一放就没有她的事。约翰装作分菜,可是一两道之后就"大家传过去吧,各人自个儿拿"。

他们倒也老实,不虚情假意的特别优待老太太——从来不先分菜给她,谁最是赶着要走的谁先吃头一份,通常是大少爷汤姆——因此一盘菜或是一碗汤到了老太太手上往往就剩不了多一点儿。老太太倒也不在乎这个,除非那样菜凑巧是老太太爱吃的——这些个小小的牺牲,老太太几十年生男育女,早就弄惯了。好在面包和黄油总是够吃的。

老太太在玛利家里最不以为然的是那种扰扰不安的精神,不和气的态度,互相冷嘲热骂的言语,那些吵吵闹闹的声音,纷纷乱乱的秩序。个个都爱批评老太太,告诉她拿叉子拿得不合式,虽则他们自己饭桌子上的样子也就够叫人讨厌的。他们又批评她吐音不正,指出那些列克星敦的土话字眼儿,和不合文法的词句。他们很把这些个当一回事,常常学给老太太听,学完了哈哈大笑。还有,要是有什么现代化机器之类老太太弄不来,他们也当是一个大笑话,拿来做饭桌上的新鲜话把。

玛利一家大大小小的袜子都是老太太补,老有那么多,尽自补不完;老太太睡的那间屋子也是由她拾掇,那两位外孙女儿乐得偷闲。拾掇堂屋也是老太太的事,因为玛利不爱做这些事情,一头做着一头咕哝着,那老妈子事情多,也顾不到这里。可是老太太在玛利家里并不太忙。她本来爱做事,倒不嫌忙。她只是不爱听那些讥讽嘲笑,那些带刺的一言半语。约翰·法尔铿纳时常让老太太觉得在吃他们的闲饭,就象是没有老太太家里就可以省一大笔费用似的。玛利呢,不是骂她婆婆家的人——其实他们都住在旁的城市,也难得往来——就是埋怨她的丈夫,说他怎么吝啬,说要不是听了妈的话,她不至于过这种日子;再不然就是诉说孩子们不听她的话,爱吵嘴,爱花钱。老太太照例是在玛利家里住过了到弗雷德家去;虽然她知道弗雷德那儿堆满了事情等着她,知道脚要疼,背要酸,她反倒盼望早点儿过那边去。

四

现在,老太太又踏上了旅途了。火车离列克星敦一里远一里,老太太也就把刚才卸下的辛苦烦劳,玛利家里的不愉快的回忆,以及在前途迎候着的局促和无聊,一古脑儿丢开。老太太把这些摆脱得干干净净,换了一个新人,一个出门作客的可爱的快活的小小的老太太。老太太变了她理想中的老太太,她睡梦中几度幻想成的老太太,可惜一年之中只有三天实现的老太太。

老太太坐定了,就按铃子叫车上的侍役。老太太身边有的是钱，亚尔培每回都寄她一笔宽裕的旅费。她喜欢做个有面子有身份的客人。侍役来了，老太太就用那弗罗伦斯常用的优雅的语调跟他说，拿一个纸口袋来装帽子，拿一个枕头来枕头，拿一个小凳子来搁脚。老太太给他的小费足够叫他满面笑容的道谢，并且一听见她压铃子就赶紧过来伺候。还曾经有侍役见了老太太，说"老太太好，您上回也坐的是我的车呢"来着。

老太太从手提包里拿出一顶小小的玄色花边纱的便帽儿，上面还有一条挺俏皮的藕色的缎带，老太太把它戴上，压住那薄薄的一层头发。在玛利家里，他们老是告诉她她的头发薄得多难看，那小的个外孙甚而至于说是老年人该装上假头发。去年圣诞节亚尔培送老太太的礼，里头有一色就是这顶便帽，老太太平常也舍不得戴，留着出门用。老太太又戴上一副金边眼镜儿。她早就该戴眼镜了，可是起头儿呢，她很自负她的眼睛好，不肯认输，后来也就因循下去。在弗雷德家里，她一天忙到晚，也没有工夫理会到这件事；在亚尔培家里，别人又不十分理会她；在玛利家里，他们只是取笑她的近视眼儿，可不给她想办法儿。到了去年住在亚尔培家里，她实在忍不住了，才跟亚尔培说她要配副眼镜儿，第二天弗罗伦斯就陪她去找眼科大夫。她很觉得不该麻烦弗罗伦斯，为的陪着老太太们配眼镜儿这些事情不在弗罗伦斯的人生行事范围之内。

老太太把弗雷德跟荷麦两个送给她的廉价糖果放进手提包，他们真是待她好。她又在提包里拿出毛线织物，时间一分一分的过去，毛线一排一排的加上去。

老太太又压铃子叫侍役。侍役还没有来的那一刻儿工夫，老太太抬起头来看一看同车的客人，她出门的时候最爱看看同车是些什么旅伴。在老太太之前两排坐着一个四十左右面带倦容的女客,瘦瘦的绷得紧紧的一张脸。老太太一头结着毛线,一头轻行缓步的走到那女客跟前。

"您好?"老太太带笑招呼她,"我不知道您肯不肯赏我个脸一块儿吃杯茶,跟一个老年人做个伴? 一个人儿吃茶,多么——多么孤独啊。"

那位女客喘了口气,看着老太太。她看见是一位穿得齐齐整整,舒舒服服,小个儿的老太太,脖颈和手腕边露出软纱的花边,花白的头发上一顶小小的玄色便帽,疙里疙瘩的手上结着灰色的毛线,是一位举世皆然的画本上的老太太。

"喔,不敢,我——那真是太客气了,"她说。

老太太带路走回她原来的座位。侍役来了,她就要了两份茶点:茶,吐司,蛋糕,三明治,"再来一碟你们这条路上经常备着的那种好橘子酱。"

老太太没有吃午饭,可是她不说明。侍役把小小餐桌支起,把茶点端来,老太太就伸手倒茶,让客人吃点心,就象是在她自己家里天天都在一张可爱的小茶桌上做惯了这一套似的。

老太太很同情的倾听那位女客说她自己的身世。老太太知道个个出门的女客都有一肚子事情要说,只要有人肯听。可是她并不十分关心——她年年听过的太多了。等她的客人说完了,老太太起头儿说她的。

老太太说的并不多。她说她的两个好儿子,一个好女儿,她说她轮流巡视他们三家的情形。老太太说着这些事情,这些事情也都换了一副面目;旅行在老太太身上加了一层光辉,同样也在这些事情上加了一层光辉。她说的那么逼真,连她自己都不由得不信。

"我有三个孩子,所以,自然咯,我一年就在他们家里一家住四个月。个个都要我长住着不走——就有这么孝顺——所以最好的办法就是大家均分。我今天是上我大儿子家里去。您在纽约住过，也许听见过我儿子的名字——他在证券交易所里占一席，又是好些家公司的董事——他叫亚尔培·摩勒尔·肯宁汉。他娶的是摩宁顿家的小姐，他们有两个好得很的孩子，一男一女。女儿叫亚怜，去年就开过成年会，出来参加交际，您可以想见她现今多快活，跟她在一块儿多有趣，她也真漂亮，怪不得个个见了喜欢她。我在他们家里差不多没一天空着，不是开个车子出去逛公园，就是听戏啊听音乐会啊什么的。我真是让纽约把我住得太放浪了——真是个繁华世界。

"我离开纽约就到玛利家去，我只有这么一个女儿，我对她的感情您猜也猜得着。她嫁给圣路易城里的一个大律师，他们有四个最可爱的孩子。头一个是男孩子，十八岁，顶小的是个女儿，也有十一岁了。真是个理想的家庭，您说是不是？玛利的丈夫手上很有几个钱，可是他们只是舒舒服服简简单单的过日子，一点儿也不闹排场。玛利不大出去交际，一个丈夫和四个孩子把她拘得紧紧的，可是和她往来的全都是有面子的人家。

"我现在刚从我们老二弗雷德那儿来。在他那儿——您也许不信，人家都恭维我说我看年轻，连我自己都信以为真了——可是我确是有了两个重孙，大的三岁，小的刚刚周岁，一对怪可爱的小东西。他们的妈，耐利，我的大孙女儿，她和她女婿带着两个孩子全都住在我儿子家里。弗雷德和他媳妇儿哪里肯放他们走。当初小两口儿也曾另住过一程子，弗雷德他们很不以为然——实在舍不得他们。耐利底下还有两个女孩子。他们一家住的是一所老式的大房子，门前一大片草地，种了多少花树和草花。房子是弗雷德自己的，买了很有好些年了。他买这么一所大房子算是买对了，这么多的儿女，小点儿可真住不下。那些孩子们住在一块儿真有趣——再说，在如今的年头，也只有和年轻的人同住才能叫咱们不觉得老下去，不是？"

老太太说完了，就在手提包里掏出一叠照片来。那些照片，从列克星敦的有光纸出品，到纽约五马路的黄色美术片，全都表现出照相馆的化装技巧，把玛利脸上的快快不乐的皱纹摩平，把她的孩子们的桀骜犯上的颜色洗清，在弗罗伦斯和亚尔培脸上加上点儿人情和友意，让弗雷德一家显出几分安逸和兴隆。照片给老太太说的话做佐证，连那小路提也是两个酒窝儿，一脸的笑。

老太太的说话，一点儿也不是夸嘴，只是一个简单的老实的故事：一位七十三岁的老太太，过着安闲舒适的日子，刚才离开一群她爱他们他们爱她的儿孙，到另外一群他们爱她她爱他们的儿孙那里去。

吃过了茶点，老太太轻轻的点一点头，说一声"多谢您给一个老年人做了半天的伴"，让那位女客回到她原来的座位。老太太又一头结毛线一头观看起旅客来。回回都是一样，但凡老太太一坐上火车，在那一群旅客之中总能找着她要找的那些个。

一个矮胖的女子抱着一个胖娃娃，恰好坐在老太太后头一两排，偏左边。老太太走到她身边去，这一回。

"我给您抱着孩子，好不好？"她问道。"我知道，您整天抱着个孩子，一定累得很，尤其是出门做客，上车下车的。我有两个重孙，大的个比您这个孩子大些，小的个比他小些。我有时候也抱他们一会儿，我知道抱孩子多么累人。"

老太太轻轻的把孩子抱了过来，让他舒舒服服的睡在她怀里。

"待会儿开饭的时候,"老太太说,"您先进去用饭。我给您招呼着孩子。您可以乘这个工夫歇息歇息——带着个孩子出门够麻烦的——也可以吃顿安逸饭。有时候,我们带了那两个重孙孩子出去野餐……"

老太太从两个小孩谈起,谈到他们的母亲,谈到她自己的儿女。她甚至于依照母亲们和母亲们谈心的惯例,谈到他们小时候的淘气事儿,可是说来说去,末末了儿总是说回来,说到现在的情形,说到她寄住在他们那里的生活,一切都蒙上一层玫瑰色。老太太可不是故意撒谎。她没有说弗雷德怎么有钱,怎么一呼百诺,她也没有说亚尔培怎么有说有笑。可是一件件稀松平淡的事实,从她嘴里说出来,都渲染上了浪漫的光彩,这都是受旅行之赐。一个个故事都活画出一个受欢迎,被爱戴,快活的老太太,三个孝顺,体贴,能干,成功的儿女。听老太太说她的事情,你也不知不觉的给迷住了。一个七十三岁的老人家把她一生辛苦所得的宝藏一件件指点给你看,你还能嫉妒她?只有跟着她一同快活的分儿。

老太太含笑陪那小母亲和她的孩子坐着。老太太含笑抱着那重沉沉的一扭一挺的包裹,让那母亲去吃饭。

那母亲从餐车里回来,接过她的孩子,给老太太道谢,老太太说:"能给您帮这么点儿小忙,真是一件乐事。"

老太太仔仔细细洗了个脸,然后自己去吃饭。她在手提包里抽出一条干净手帕,花色雅静,藕色的边,去年圣诞节弗雷德的二女儿爱德那孝敬她的礼物。又在手帕上滴了两滴香水,那是二年前爱丽思送她的。又把头发抹抹平整,把衣袖上的灰尘掸干净。餐车里又有新的奇遇在等着她。

她挪动僵硬的细小的脚步,一步步扶着客座的靠背,走完三个车厢。一路含笑,朝孩子们笑笑,也朝大人们笑笑,笑得也许有点儿倚老卖老的嫌疑,可是这么高贵的快乐的老太太她还能有别种笑法儿?

在餐车里头,坐在老太太对面的是一个壮实的中年男子,面前要了很多的菜。老太太朝他笑了笑。他决不至于误会——七十三岁的人还会调情?

"今天真是出门人的好日子,不是?"她说。"我上回出门,四个月之前……"

老太太谈她的三个孩子,谈她的旅途来往。

老太太点菜很仔细——一块牛排,出门的时候吃块牛排决不会有错儿,一盘新鲜素菜,一盘生菜,一盘轻淡的点心,一杯咖啡,不加牛奶。老太太的点菜,显出是个常点菜而又不随便的人。她自己觉得不外行,不寒碜,是个场面上的女客。对座的男客,吃得津津有味,又颇为老太太的故事——她的快活的幸福的生活,她的亲爱孝顺的儿女——所感动,在老太太身上看出她博得儿女敬爱的原故。他殷勤起来。

"老太太,我知道您的少爷小姐们为什么这么孝顺。连我也恨不能有一个象您这样的个祖母或母亲,"他一边吃着一边说。

老太太也不弱。

"唉,我吗?我还不是我的孩子们把我造成的?就拿您来说,您对一个老妇人这么恭维,您真配给世界上最慈爱的母亲当儿子。"

他们两位的话越说越好听。那男客差点儿成了花言巧语。老太太呢,老脸上也起了红云,这才算账付钱,又赏了那照例不菲的小费——那个客人要代她会账,可是老太太不肯,自然老太太站了起来,那客人也站了起来,恭恭敬敬的扶着老太太穿过那几个车厢回到她的座位上,站在那儿又谈了一会儿。

老太太晚上不能结毛线。车子一颠一簸,加上不太亮的电灯,她的老眼掌不住。她把毛线放进手提包,掏出一副华丽的纸牌,背面金碧辉煌,显然是人家送下的礼物。老太太选了三个斗牌的伙伴,两个年轻的女子,一个三十来岁的漂漂亮亮的男子。她用同样的一句话问他们。

"您高兴不高兴玩一会儿牌?一个人儿坐在卧车里头,多寂寞……"

也真怪,三个人都会斗纸牌,而且都高兴玩一会儿。侍役拿过一张小桌子,他们就斗起牌来。牌是斗的不挺好玩——老太太本领平平,两个年轻女子里头有一个更不如老太太——可是两三个钟点就这样很热闹的消磨了。斗过了牌,老太太在手提包里把水果拿出来。老太太告诉他们,这是她的二儿子弗雷德赶到车站送她的;他们一头吃着,老太太一头说给他们听,她的行程,她的儿女,她的孙儿女和外孙儿女,还有那两个小小重孙。那三位牌友真是听得很入神,自然又得把那一束照片拿出来传看欣赏一番。

客人们各回原座以后,老太太让侍役把卧榻铺设起来。老太太对于这件事向来不马虎——她要把脚对着车头的方向。老太太认为,知道头该睡在哪一头,脚该对着哪一头,这才不愧为老于行旅。再说,她也真不爱倒退着走路。

她在更衣室里换上了她的堇色的睡衣,三年前弗罗伦斯送她的节礼,一直留着出门用的。又换上一顶米色睡帽,免得睡觉时候灰尘落在头发上。她把一个小皮匣子——六十八岁那年过生日时候的礼物——打开,里面装着一套象牙的旅行用品,一面梳洗刷牙,一面跟一位恰才走进来更衣的太太闲谈。

老太太睡得还算好,醒来几次是坐夜车免不了的事,醒来的时候就拉起窗帘来看看车旁飞驶过去的景物,时而有两三星火,时而过一个小站。旅行真是有味。

老太太七点钟起床,很快就梳洗穿着完毕。半夜里上来了一位女客,占了老太太对面的座位,一个衣履合时,年近四十的女子,一副都市里的机灵神情。

老太太含笑跟她招呼。

"车子走得很不慢,"她说。

"对了,"那女子说,"真是旅行的好天气。"

就象老出门的对待老出门的一样,老太太谈了几句,就让那个女子过来一块儿坐着。愉快的谈话使老太太觉得浑身舒泰。谈着谈着,老太太就提议吃早饭。她们两位一块儿走进餐车,车子经过一个弯道,摇撼了一下,那年轻的女客轻轻的把老太太扶稳。

很愉快的一顿早饭。老太太要了一个煮三分钟的鸡蛋。她吃鸡子儿最爱的就是这种吃法,可是很难得吃着。在亚尔培家里,要厨房这样做法好像未免太摆架子,点这样点那样的——在弗雷德家里和玛利家里呢,唉!

老太太和她的新朋友谈纽约,谈去年时行的几个戏。她们谈论各种菜肴,谈论生活程度,谈论下人,不外是不很熟识的两位太太偶然遇合的时候寻常谈论到的一切事情。那位新朋友一点也不拿身份。她怎么能在老太太跟前拿身份呢?老太太既不是一个冷淡的无情的家庭中的赘疣,又不是一个操作过度的老婆婆——她是一个理想的老太太,有修养,又机灵,又和气。无怪乎吃过了早饭她们两位要在老太太座位上盘桓一会儿,老太太要拿出她的全家照片来让她的朋友欣赏一会儿,让她赞叹她好福气,有这么出色的两位少爷,这么漂亮的一位姑娘,这么有趣的孙子和重孙子。

看过了照片,那女客又提议上客厅车去坐坐;不多一会儿,老太太就坐在一张扶手椅上,一头结毛线,一头看风景。

那一个上午,老太太在车上认识的人全都过来和她周旋。那面带倦容的瘦女人请她吃糖果。老太太又跟那胖母亲谈了一阵,吃午饭的时候又给她抱着孩子。那结实的男客也放下杂志过来问好,又问她有什么可以效劳之处没有?那三位牌友现在已经很熟了,围着老太太谈天说笑。还有几个别的认识人,走进客厅车,看见老太太,也都过来周旋一两句。

老太太和她最后认识的朋友又一块儿吃午饭。吃了午饭,老太太就料理下车的事情;其实还有整整一点钟,老太太向例是早早准备的。她把脸上手上的煤灰尽量洗干净。她把那花边纱便帽摘了,从纸口袋里把那顶大方的半新帽子取出戴上。在软缎袍子上加上那件玄色外套。又拿出一块干净手帕,洒上几滴香水。又把荷麦送到车站来的廉价糖果取出,这才把手提包关上。老太太很得体的笑着把那包糖果送给那有孩子的胖太太。能送人点儿什么都不错——再说,这包糖带到亚尔培家里又怎么办呢?她自己是不爱吃糖的,给下人连下人们也瞧不起这个。

老太太关上手提包,坐下来等着。她的熟人走过,点点头,笑笑,说一半句话。老太太真是个要人,一位可亲的快活的老太太,有一群孝顺的儿女,心安理得的把她的时间消遣在他们三家中间。这些人全都熟悉老太太的身世。不是都曾听见过老太太说她的儿女,孙男女,和曾孙男女的吗?不是都曾看见过他们的照相的吗?不是都知道她才在她二儿子弗雷德的快乐的有趣的家里住了四个月，现在坐火车到她的又有钱又有地位又和气的大儿子亚尔培家里去吗？

五

火车进了纽约的总站。老太太哆嗦了一下——旅行很容易使七十三岁的人兴奋得打哆嗦——让侍役给她掸了掸外套，对车上的熟人说了再会，跟着她的手提包走过甬道，进了车站。

一个穿着汽车司机制服的人接过老太太的提包，恭恭敬敬地叫了声"老太太"，告诉她，肯宁汉先生和肯宁汉夫人很抱歉，旁的地方有约会，没有能亲自来接她。他们和她约了，七点钟用晚饭的时候见。

老太太挪动短促的摇摇不定的脚步，走出车站，坐上那等在外面的汽车。在她眼睛里头有了一点差点儿就成了眼泪的东西。到底啊，一个人活到七十三岁，出个门儿也就不挺舒服。外面那壳子——光彩，自由自主，有身份，有人爱惜，有人体贴——这个壳子落了下来。老太太又依然是个渺小的，疲倦的，寂寞的老太太。老太太的一年三度的浪漫的旅行又有一个过去了。

赛拉·S.温斯洛（Thyra Samter Winslow，1893—1961），生于美国中部阿肯色州，毕业于密苏里大学及哥伦比亚大学。所作小说，笔触细腻，婉而多讽，与鲁思·苏科（Ruth Suckow，1892—1960）齐名，同为写实派后来之秀。短篇小说有《画框》（Picture Frames，1923），《近在眼前的人们》（People Round the Corner，1927）等集。

黄　昏

〔美〕佐纳·盖尔

厄尔尼·孟登霍尔今年四十二岁了，还没有找着一个和他共享一个家庭的人。他的家是奥德希尔城里的一所白色的房子，院子里头有很好的蜀葵。自从四年以前他的父母去世，他就一个人住在那儿，四年里头时而添置一件旧木器，或是一条地毯，或是别的小东小西。每逢他添置一样东西，街坊们就说："厄尔尼·孟登霍尔一定是要结婚了。"可是他一直没结婚。他的职业是给住在城外的一位作家当半天儿的秘书。天天早起，街坊们看见厄尔尼的细长的身子匆匆走过，右手一前一后的摇摆，左手垂直不动，嘴唇动着象是和谁说话。他们就说："他倒是说些什么呀，这么自言自语的？他自个儿没有什么账目可算哪。"

一个夏天的星期末，作家家里有一个宴游会，亚拉·文特令是他的客。星期天的早晨，她走进厄尔尼在里头工作着的书房。他看见这个脆弱的美人儿，裹在粉红的袍子里头，以及她的精致的侧面，和她的丰盛的头发。这个袍子，这个侧面，这个头发，一块儿向他袭击，和时症一般的袭击，而他犹如一个立刻感冒并且周身感冒的人。

她说："那个老书桌在这间屋子里头吗——文塞洛普州长的书桌……"

"有，"厄尔尼好容易应了一声，又鞠了一个躬，这才发现他没有朝她鞠躬，是朝书桌鞠了一个躬。

他竭力应酬她几句关于那张花梨木的书桌的话。过后他回想起来，自己也记不真是不是说的："它有一个漂亮的侧面，有丰盛的头发，外面裹着粉红色。"而且无论他过后怎么样用力回想她说的话，他一个字也记不起，只记得一声"嗯"，一都卢呢喃，一阵香气。

这以后，他远远的听见他自己对她说，要是她喜欢旧木器，他家里还有几件看得过的，要是她不怕麻烦……她说她一点不怕麻烦，是不是这会儿就可以去看？厄尔尼完全不想到作家，象想不到远处的山崖上的一只老鹰一般，抬起腿来就走出屋子，走上奥德希尔城的街道，在他旁边走着她。

她不多说话——他喜欢她这样。她走的快——这个他也喜欢。她没有他高，她注意路旁的花草，她停步和一个小孩子说话——她真是十全十美。

谢天谢地，他从小就养成一个习惯，把家里布置得井井有条。他打开大门，让她进来，请她观赏他的地毯，他的樱桃木椅子，和他的独一的一件檀香木器。就在这个檀香木的风琴面前，亚拉·文特令站住了脚坐了下来，拉出塞子，在那万分不愿的乐器上按出它的残余的几个声音。听到这个音乐，出于她的手，在他的家里，厄尔尼的等着的悠长的岁月打他的喉咙里叫出这几句话来："你能不走吗？你能住在这儿吗？你能做我的太太吗？"这个，他没有远远地听见他自己说。因为他已经化在这几句话里头。

她四面看看这间屋子，小小的，甜蜜的，五光十色的，又看看窗子外头一动不动的蜀葵。"有什么不可以？"她说。

"你能吗？你肯吗？"连他自己也拿不稳他说了这个话没有。他只听见她说，"有什么不可以？"当她走向门口去的时候，他陪着她在枫树底下走，一边诉说他的生平。他一直想对谁诉说诉说他的生平，可是每逢他一开口，对面的人就要瞅他。人的眼睛会表示：惶惑，好笑，鄙夷。亚拉不朝他看。她只是在他旁边走着，听着。厄尔尼诉说完了，又问了一声："你能吗？你肯吗？"

"有什么不可以？"她又说，带着深深的悲哀。

在作家的住宅的走廊上，她和他拉拉手，只说了句："孟登霍尔先生，再见——今天下午，也许。"

但是那天下午，客人们决定赶回城去。厄尔尼把他的工作拉长，直做到下午，听见他们走，看见他们走；他们走了，他还坐在他的座位上，耳无闻，目无见。

三天之后，他收到亚拉一封信：

"你的心情我完全了解。我也曾向一两个男子求过婚，后来深悔不该轻易启齿。请你不必放在心上，在奥德希尔度过那么四十二年——就让你见了谁都求婚，在哪儿都求婚，也不足为怪……那天下午我本打算来和你讨论风琴的事的。我推测你那些东西是可以出让的，要是那个风琴的价钱在我的能力范围之内，我极想买它下来……"

天天早起，街坊们看见厄尔尼的细长的身子匆匆走过，嘴唇动着，象是跟谁说话。

他在写信给亚拉·文特令呢，一边走路，一边在肚皮里打稿子。他告诉她他过的生活，它的呆板，它的空虚。这些信，他乍着胆子写了出来。当她的接洽事情的信到了作家这里的时候，他把她的住址抄了下来，藏在他的书桌抽屉里。有一天晚上外面下着雨，他把写给她的那些信拿出来，一封封看了一遍，挑了一封最平淡的,写上了地址,放在口袋里,那封信在他口袋里装了好些天。有一天他伤风了,他把那封信打口袋里拿出来,投进邮筒。

那封信一寄出,他就想象她的回信,好些个回信。温暖的,冷淡的,残酷的。这些信他在心里一封封写过。一天天过去,回信还是不来,他自己对自己说,她到外国去了。等他的信终于到了她的手上,在一个寂寞的生疏的地方,她将因为他的想念她而多么感动啊。他想她将要回信:"亲爱的朋友,你使我深深的感动了。"他曾经有一次替作家写信,听作家嘴里念过这一句:"亲爱的朋友,你使我深深的感动了。"回信还是不来。他因为腰痛在家里养病一星期的时候,他又挑了一封写给她的信,寄了出去。第三封信是作家跟他生气的那天寄的,第四封是一对结婚的夫妇不请他喝喜酒那天寄的。厄尔尼一共寄了六封信。可是邮政局是靠不住的,他知道。所以他还是继续悬拟她的回信。到后来,他把这些回信一一写下,晚上一个人在家里,就拿出来看:"亲爱的朋友,你使我深深的感动了。"一边看着,一边动着嘴唇。他记着她的信里和他自己信里的词句;他顺着马路走去,右手一前一后的摇摆,左手垂直不动,街坊们说:"他倒是说些什么呀,这么自言自语的?"

有一天晚上,一个人在火炉边坐着,看她的一封回信,厄尔尼忽然觉得老是那几句话说得有点腻味了。她将说些什么别的话呢?他想不出什么别的话。这些话当然有点腻味了——他的病,他的寂寞,她要到奥德希尔来。连"亲爱的朋友,你使我深深的感动了"说来说去也说腻了。带三分恼意似的,他招呼她的影子,问她怎么颠来倒去老是那几句?她就不能想两句别的什么?

他开始讨厌她了。觉得一阵风吹在他的后脑上,他很生气的问她干吗儿不把窗子关上。看见火小下去了,他又跟她说,连劈柴带搬柴都由他一手办了,难道连一举手之劳,放根柴进去,她都不干?听见那个钟误打了钟点,他又对她叫唤,他一天忙到晚挣钱养家,她在家里也该把钟上一上啊。第二天早晨他去浇花,发现水滴在檀香木风琴上,他就抱怨她:亏你还充作喜欢这个檀香木风琴呢,你怎么也不想个法子保护它?她出其不意的回了他一句利害的,他吓了一跳。赶紧推开大门走了出去。

他觉得每天下班回家有了一种新的滋味。他急急忙忙推门进来,叫唤道:"怎么?火还没有生?晚饭还没有得?男人为你一天到晚做牛马,你这个样儿待他!""做牛马!"她的清清楚楚的回答,"给人家写几封信,拿人家三个半钱!我真想把你的檀香木风琴拿去卖几文用用呢。"他一听这个话,气得说不出话,晚饭也不吃了——真的他那天没吃晚饭;幻想着亚拉·文特令·孟登霍尔做了一盘洋葱牛排,独自个儿吃了个香甜。有时候他自己笑自己;可是这种时候越过越少。

过了几天,作家的夫人养了一个儿子,厄尔尼大为震动。那天早晨他来上班,听见楼上的轻微的啼声。整整一天里头,那个孩子一哭起来,他就一点事不能做,竖起耳朵来听。那天回家的时候,亚拉·文特令·孟登霍尔也养了个儿子。

可是现在他的幻想力不中用了。他想不出对她说什么话。他连看都不能看她。忽然,她不在他面前了,她被一阵孩子啼哭的声音包住,他看不见她了。有时候他能看见她的低下的头的轮廓,但是赶她把头抬起来朝着他的时候,她的脸一下子就不见,戏法儿就完了。他坐在火炉旁边,幻想她是在楼上。他不到楼上去。过了好些夜她才下来,又和他在一块儿,他正坐在那儿做牛奶吐司,她出了屋子。他肃然的望着她,一声不言语。正在这个时候,他的牛奶开了,漫出来了,他说:"煮牛奶是女人的职务不是,你倒说说?"一会儿吐司又烤焦了,他的气更大了。这以后,他们又温习起早些个天的口角来。每逢她没良心地叫他生气的时候,厄尔尼就要匆匆地在街上走过,喃喃地演习怎么回她的话。街坊们也就要说:"厄尔尼·孟登霍尔过去了,你看他是一边儿走着一边儿猜灯谜儿不是?"

圣诞节快到了,他在这个小城的那些商店里转来转去,要找一件礼物给她,找一件给孩子。他拿拿这个又放下,看看那个也不好,全都配不上她和她的孩子。他买了一个小小的礼物,一个花瓶。搁在她的风琴上——他认定这是她的风琴——到了圣诞节的晚上,他插了一瓶子的玫瑰花,在旁边看她低下头去赏玩,还抱着她的孩子。他心里想,"也许圣诞节的意思,就是指的类似这个。也许和一个不从肉体里养出来的人有关——"可是他随即丢开这个,说是未必如此。他迟迟不去睡觉,坐在那儿打扮一棵幻想中的圣诞树,挺高的一棵树;终于又和她拌起嘴来,嫌她挂的金纸条银纸片太多,弄得到处都是;看见火炉里头的火又灭了,这才叽咕着她的不听话和不小心,怀着一肚皮不快活去睡觉。可是他夜里醒来一次,闻见那玫瑰花的香气。

三天之后,一个阴沉的下午,他下了班拖着脚步回家;当他看见他的住宅和那几棵白皮的枞树的时候,他心里一阵说不出的疲倦。他知道这是一个游戏完毕时候的疲倦。他知道这个游戏已经磨完了。一切都完了,好像是;连丧事也完了。他走进他的房子,又是他没有会见她以前的模样。他巡视那些个空虚的房间,另是一番景象,荒凉透进了他的全身。他能觉得,然而他不能相信,她是去了。

在他的信箱里,一封信等着他。他没有拆开,就知道是她的。亚拉·文特令写的是:"孟登霍尔先生大鉴:檀香木琴未售出否?鄙人已于春间结婚,顷正迁入新居,拟稍事布置——"他回她的信:"文特令女士大鉴:檀香木琴不拟出售。将藏之久远,以为纪念——"他走出去,在黄昏朦胧里把这封信投进邮筒,他早先那些信也都投在这个邮筒里,想来她也都收到的;他走回他的住宅,她死在这里头的。

他已经爱过一个女子,尝过家庭生活,感觉过腻味,又在圣诞节星期之内被抛弃下来——他,和那个没有人养他出来的孩子。他一边走着一边追念这些事情。街坊们看见他,说:"厄尔尼·孟登霍尔这个人,一天到晚老象和谁说着话似的。"

佐纳·盖尔(Zona Gale,1874—1938),美国现代女作家。大学毕业后任记者,至 1904 年辞去,一意写作。所作有长短篇小说,诗,剧本,游记等,尤以长篇小说为有名,其尤著者为《诞生》(Birth,1918)和《露露·贝特小姐》(Miss Lulu Bett,1920),都曾经作者自编为剧本,后者且获蒲立泽剧作奖金。本篇刊出于1926年纽约《书人》杂志。

号　　外

〔美〕罗伯特·舍伍德

下面的马路上传来一阵一切声音里头最叫人害怕的声音，雨夜里头两个大嗓子叫唤着的"号外！号外！"

"号外！号外！"

惠登先生，一边儿看他的晚报（中午版，那里头什么新闻都没有），一边儿想又不知出了什么事。叫唤的声音一阵阵朝他的耳朵进攻，可是他听不出叫唤的什么。对于他，这两个卖报的无异于两个俄国人。可是他们的声音里头有一点不祥——警告着黑暗的灾难——暗示着战争，瘟疫，屠杀。

"他们哪儿找来这种嗓子的人？不卖号外的时候儿这些人又干些什么？"他想。

惠登太太从厨房里冒了出来，她正在那儿洗晚饭碗。

"外头叫卖号外，洛爱，"她宣布。

"听说是号外，"先生说。他有时候也爱开个小玩笑。

太太走到窗口，把窗户打开，把脑袋伸到雨里头。底下，在隔着五层楼的马路上，她看得见两个卖报的。

"号外！号外！"

惠登太太打窗口回过来。

"一定出了什么事情。"

她这句话里头有一个惠登先生知之有素的陪音。这是暗示惠登先生去做一点他不很乐意做的活动的一种语调。惠登先生宁愿她干脆说一声，"下楼去买一份来，"可是她从来不肯这么说。她老是在她的命令的前头左绕右绕的绕圈子。

"不知道是什么事情啊？"她问，好像估量着她的先生知道似的。

"哦，这个——大概没什么。那些号外向来是无中生有。"

惠登太太又回过身子朝窗口。

"一定闹了什么乱子，"她说，埋怨的语调更加明显。

惠登先生在他的椅子里局促地挪了挪身子——全家最舒服的一张椅子——他亲自买来给自己坐而为了这个颇颇的有过些口舌的椅子。他知道什么事情已经临头；他不愿意站起来，走下四层楼梯，又走上四层楼梯，为了一个对于他的生活不会有一丝一毫影响的消息。

"你不想知道吗？"太太问，显然已经到了活泼的阶段。她的先生知道，要是他不下去把那该死的号外买来，无异于在已经冒烟的地方浇油，准要烧到半夜。然而啊，这个椅子多么舒服，外面又是风雨交加，楼梯又是那么不好爬……

"我不想下去了，爱玛。那些号外尽都是骗局，反正；再说，果真有什么了不得的事情，明儿个早报上准有详细记载。"

叫卖"号外！号外！"的吼声震动一条马路，死劲儿撞击那些没有电梯的公寓住宅的墙壁，冲进惠登家客堂的敞开的窗户，搅动那台灯的垂着流苏的灯罩，那书架上的摆设，那通到小过道里去的门帘。

"你就是懒罢了，洛爱·惠登，"惠登太太说。"你坐在那儿看你的报——一个晚上又一个晚上——一个晚上又一个晚上。"

她转过身去,仿佛朝对一排看不见的陪审官,气忿忿地申诉她的多年的苦难。然后,象一个富有经验的检察官似的,突然转过来诘问被告:"你都是看些什么?你说!你都是看些什么?"

惠登先生知道这一问纯粹是作势。她并不要他回答。

"你什么也不看。你就是坐在那儿,瞅着那糊涂报纸——还许是瞅着那些报丧的广告呢。真正出了大事,你才不爱理它呢!连走出去看一下都懒待。"

"你怎么知道它是大事?"惠登先生问,想表示一点气概,虽然明知这是不聪明的举动。

"你怎么知道它不是大事?"惠登太太回炮。"你怎么能知道大事小事,打听一下都嫌麻烦?"

惠登先生把交叉着的两腿松开,接着又把它们交叉起来。

"你大概是等我下去买那个报吧,"惠登太太叫唤起来,她的嗓子已经赶上了卖报的。"我有那么些事情要做——碗要洗,孩子要喂奶,还有……好!我去!我走下四层楼去买那份报,免得劳动老爷您的大驾。"她这会儿的语调可真有点刺人。

惠登先生知道完了。七年以来,这一场戏演了又演,不知演了多少回。要是她太太的戏词儿台步儿能稍微有点变化啊……可是从来没有。一起头,他竭力玩漂亮,一看苗头儿有一点儿不对,立刻认错,乖乖儿的做她要他做的事情;可是这个姿势——不久之后他不得不承认这已经只是一种姿势——慢慢的让侵蚀作用剥削完了,让那连续七年的侵蚀作用剥削完了——白天在得意街的一个不通空气的写字间里,在一本本账簿上写一个个数目字写了七年,晚上在家里听那无穷无尽的数说和抱怨听了七年。惠登先生的心灵里无论有过多少对女性的尊敬和怜爱,都已经让她太太的坚持不懈的和日增月盛的脾气冲得粉碎。他知道,现在,要是他让步,也是为了怕她,不是为了爱她。

他扔下手上的报纸,站起身来,走进卧房去取外衣。小康拉德睡着在那里,肚皮朝下,脸抵着床头的栏杆。

在小床上头的墙上,挂着一幅印度的泰伊玛哈尔宫的彩色照片,那个可爱的洁白的宫殿惠登先生老想看而始终没能看过一眼。他也想看看新加坡,以及海峡殖民地,以及非洲的西海岸,这些地方他在他看的书里看见过。

他正在想念这些地方,正在想着小康拉德将来会不会看见这些地方,忽然听见他太太在隔壁屋子里咬着牙齿追问他:

"到底是你去哇是我去?"

"我这就去,亲爱的,"他说,一个疲累得很的人的口音。

"那末,快点儿!那卖报的这会儿已经过去好一截子路了。"

惠登先生穿上外衣,看了看小康拉德,又看了看泰伊玛哈尔,走下楼去了。

楼梯有四层,外头又下着大雨。

十二年之后,惠登太太(现在是白查太太了)坐在一个中上人家住宅区内的一所很不坏的房子的门廊里做针线。是一个响晴天,台阶两边的八仙花正在开始烂漫起来。

"你当真的没收到过他一封信吗?"冷特太太问她,冷特太太也坐在那儿做针线。

"一个字儿也没有,"白查太太安静地说,倒也不怨天怨地。"十二年里头没有得到他一个字。头几年他有时候打银行里寄点儿钱来,可是银行里头人怎么也不肯说钱是打哪儿寄出的。"

"我这么想,他去了也不值得你伤心。弗雷·白查是个好男人。"

"你要看见我早年的景况才知道我现在过的是好日子。唉,我的天哪!想起我嫁给洛爱·惠登那七个年头啊!"白查太太长长的叹了口气。

"你是不是有时候也怕他忽然跑回来呢?"冷特太太问。

"他才不会!就让他来了,又怎么样呢?弗雷背剪着手也能把他踢老远。弗雷·白查是个真汉子。"

她有一会儿不言语,做她的针线。

"自然,我有点为康拉德担心。他只知道他爸爸死了。你懂吧,我们不愿意他知道失踪啊,离婚啊这些。我们不能让这孩子驮着他父亲的羞耻开始他的一生。"

过了一会儿,冷特太太回去了,白查太太走进屋子去看看那个老妈妈是不是在那儿做活。她看见她的儿子康拉德蜷缩在一张椅子上,看一本什么书。

"这么好天气,坐在家里看书!快点外头去活动活动!"

"只是,妈——"

"你听妈妈的话,出去。你就不能做一回象个孩子的孩子吗?"

"这本书实在好玩儿,放不下呀。"

"好玩儿!只要是白纸上印黑字,都比新鲜空气和室外活动好,是不是?你活脱儿就是你的——你就不能一时半刻不看书吗?早晚你的人也会变成一本书……快点把书放下,外头去。"

康拉德走到院子里,没精打彩地拿一个旧的高尔夫球在从门廊通大门的水泥路上拍打。正在拍着球的时候,马路上走过来一个陌生人,在大门外站住,找那个已经脱落的门牌。

"嗨,小弟弟,这是白查太太家是不是?"

"是呀。要见她吗?"

这个人矮矮的,瘦瘦的,一点儿不雄壮;虽则他明明是个下等阶级的代表——也许是一个流浪人——康拉德一点不怕他。这个人脸上有一种友好的表情,一种和平的表情,仿佛跟谁也没有什么过不去。

"你叫什么名字?"这个人问。

"我叫康拉德——康拉德·惠登。"

康拉德不懂,这个人干吗那么睁大了眼睛瞅他。

"我早年认得你母亲,"这个人解释,"在我到海上去以前。"

"哦,你是一个水手!"康拉德显然颇为感动。"你到过些什么地方?"

"喔,哪儿都到过。刚才从马赛来。"

"喔嚄,"康拉德说。"我也想到马赛去,我正在看一本书,里面就讲到马赛——这本书叫做《金箭》。"

那个人笑了笑。

"你的名字就是纪念这本书的作者取的呢,"这个水手说。

"我竟不知道。"

"我想你不会知道。连你的母亲也不知道呢。"

就在这个工夫,白查太太出现在门廊的台阶上,也许是被那水泥过道上高尔夫球的啪啪之声的突然停止吸引出来的。

当她看见她的前夫靠在大门上的时候,她的第一个念头是:"有这么奇怪的事!早不了十分钟我还和阿黛尔·冷特说他来着。"马上她又害怕起来,看见她的儿子实实在在的和他的父亲说着话。她心里想,不知道这个无聊的洛爱说了……

"康拉德,你给我进来!"

康拉德慢慢的打水泥路上走过来。

"我跟你说了多少次了,别跟过路的陌生人讲话?"

"他是个水手,妈。"

"哦,水手,水手!"不知道为什么,这个叫白查太太有点烦恼。"你快给我到后院儿去玩儿你的,明儿让我再看见你和浪人说话——水手也一样——我不……"

康拉德朝那从马赛来的人望了一眼,绕到房子后头去了。

白查太太大大方方的走下台阶,到了大门口,面对着洛爱·惠登。

"你当了水手了,原来!"她一边说,一边上下打量他,从容地,满意地。"我一向就觉得你是个浪荡汉。我早就知道你不会有出息。"

"你这个话一点儿也不错。"

他笑着说的这句话。他的语调的软和随便,他的眼睛里头的沉着自信,反而让白查太太啼笑皆非。

"你为什么一去不回?"她问他。

"我也不知道为什么。那是一个雨夜,我听见河里的雾里行船的放气的声音。"

"原来你是扔下我来就那雾里的放气的声音去的!"

"对了——我知道你不会怎么样的。你娘家有钱,我又寄了点儿给你。"

"你寄钱!你寄了多少钱?"

"我知道那只是不多一点儿——可是我只省得下这么一点。"

"这个不去说它。我问你,这会儿又浪荡到这儿来干什么?你要什么?钱?那是你别指望。一个镚子也没有。我早已跟弗雷·白查说了,要是你露头儿,他一脚把你踢走。他没什么做不出,而且!我劝你趁他没回家早点儿走开。"

"你别着急,我就要走的。我的船六点钟开。"

"哦,你的船就要开,啊哈! 我敢说是个挺漂亮的船。"她闭了眼想,洛爱·惠登能在上头找着工作的船是个什么样儿的船,哈哈哈笑了起来。"你又怎么知道我住在这儿的呢?"

"我从银行里打听你的行踪。我知道你什么时候离婚成功,什么时候重新结婚。"

"那末你为什么还不肯放松我呢?你又上这儿来鬼鬼祟祟干什么呢?"

"好奇罢了。我要看看我的孩子长的多大了。"

"那末——你现在已经看见过了。"

"是的,看见了。我的目的已经达到了。"

他挺了挺身子,抬起脚来预备走开。"那末——再会了,爱玛。"

"再会,我希望你在那个漂亮的船上很快乐。"

他已经朝马路那一头走了几步,忽然听见她叫他:"洛爱!"他一听到这个熟悉的叫唤之声,突然站住。

"有一件事情我一直要问你,"她问他,用了一种向来没有的迟疑的语调。"那个——那个号外到底是怎么回事?"

他摸了摸他那不挺光滑的下巴颏儿,想了一想。

"让我想啊,"他说。"是关于……不对,那是后来的事情。我怕我已经忘了。"

"是不是棒球锦标赛呢?"她问他,仿佛在竭力的提醒他。"第二天早报上大登而特登的。是不是这个?"

他松了一口气,笑了笑。"自然——是这个! 红袜队打赢了!"

罗伯特·舍伍德(Robert Emmet Sherwood,1896—1955),美国现代作家。哈佛大学未毕业就去投军,参加第一次世界大战。1919年以后,担任《虚荣市》、《生活》等刊物编辑。后来从事剧本的写作,很有成就。《到罗马的路》(1927)攻击战争之无谓。《成为化石的树林》(1935)和《白痴的恩物》(1936)叙述玩世不恭的主角终于觉悟,为了别人而牺牲。《林肯在伊利诺斯》(1939)和《不让黑夜降临》(1941)描写和平主义者终于投身战争。在这些剧本里,舍伍德的主题思想是:只有为别人而牺牲生命才能使自己的生命有意义。他曾三次获得蒲立泽最佳剧作奖。《林肯在伊利诺斯》这个剧本使他认识了罗斯福总统,成为他的演说辞的代笔人。他跟罗斯福的交往给他提供了写作《罗斯福和霍普金斯》的材料,这本书获得1949年的蒲立泽最佳历史著作奖。

拿破仑的帽子

〔美〕曼纽尔·科姆罗夫

在巴黎近郊,在枫丹白露离宫里,在一个玻璃柜里边的一个绣花缎子垫子上面,放着拿破仑的帽子。拿破仑从厄尔巴岛溜回来跟他的闻风而集的部队相见的时候就戴的是这顶帽子,后来他就带着这支部队走上滑铁卢战场。可是这都是多年以前的事情了,一百多年以前了,向导们对一拨又一拨参观离宫的游客们这样说。

在这个陈列着这么一个历史文物的玻璃柜子的跟前,现在站着一对从乡下来的新婚夫妻。她是一个玫瑰色脸儿的、农民的女儿,他是一个农民的儿子。他们是从法国南方来巴黎度蜜月的。

他们站在玻璃柜子跟前。她用手指头摩挲她的彩色丝带,他凝视着柜子里的黑色呢帽。他们的红通通的脸和红通通的手都反映在玻璃上。他们的身体在摇摆,象几天前站在乡间神甫面前听神甫念结婚誓言的时候那样摇摆。

"他是世界上最伟大的人物,"她说。

"对了,他是个大人物。他是差不多整个世界的皇帝。"

"愿他的灵魂安息。"

"皇帝一定不好当啊。我想我不会喜欢干这个,要看的文件太多,看不过来,而且一切都……象一年之中的秋天,人们只能关上门坐在家里,树叶都干了,脆了。当皇帝很不自然,对不对?"

"对,爱弥尔。一定很难当。可是我想,你这个人是想干个什么就能干个什么的。谁也没想到你今年夏天就把养鸡房给盖好,尤其是咱们还得同时对付那些个漏酒的酒桶,对付那些个糟蹋蔬菜的虫子。可是当皇帝不一定得看好多文件。人家告诉他文件里说些什么,他的事儿就是签上个名字。这,你是干得了的,对不对,爱弥尔?"

"对。"

"可是我的麻烦就大了,爱弥尔。这个地方住住倒不坏。可是这些用人一天到晚盯着你。我不要陌生人一天到晚盯着我。可要是你当上皇帝,我就不能不干我的事儿,不能说什么。"

"干什么事儿,玛利?"

"啊,要干的事儿多了。盯着厨房,别让那些坏蛋偷东西。还要做太太们做的事儿,象铺床啊,缝新衣裳啊。还得照料整个房子。"

"皇帝一定不好当。我想我不会喜欢干这个。"

"要是你当皇帝,我相信你不管什么都干得成。你能干着呢——我真爱你。"

他们终于从装着拿破仑的帽子的玻璃柜子跟前走开,走进了花园。他们在花园里吃了中午饭,彼此对瞅着。

他们好久不说话,然后她抬起头来说:"爱弥尔,你看,咱们得在离宫关门之前再进去看看那帽子。"

"可怜的拿破仑,"爱弥尔说。

"是啊。怪可怜的。他一度是整个世界的皇帝,差不离,可现在呢,死了。"

他们走回去又看了看那帽子。第二天早晨,借口到火车站去是顺路,他们又去了一趟,对着玻璃柜子里的拿破仑的帽子看了最后一眼。

在火车上,她叹口气说:"这个蜜月太美了,爱弥尔,你说对不对?"

"对极了。"

然后她悄悄的对着他的耳朵说:"我爱你,爱弥尔。"

他坐正了,抓住她的红通通的手。"我——还当是你也许爱上了拿破仑呢。"

"啊,那也对,可是不一样,爱弥尔。"

"怎么不一样?"

"嗳,他早已死了,我为他伤心——太凄惨了。他是那么个大人物,当皇帝又有那么多的麻烦。你自己就是这么说的——你该记得你说过。"

"我说过,可是我是说我自己,不是说拿破仑。他一点儿不为难,因为他一直……啊,他一直在干大事……他是个将军。一个将军干什么都不为难。"

"他很勇敢,所以……"

"所以你爱上了他。"

"我也爱你呢,爱弥尔。我要你也成为大人物,让人们保藏你的帽子……但是别当皇帝。"

爱弥尔还是吃拿破仑的醋。他老盯着车窗外边,看那一片绿油油的田地和一排排高高的白杨。

那天傍晚他们回到家里。碧绿的矮树丛和松软潮湿的泥土的香味儿钻进他们的鼻孔。有几处地方,在他们离开的这几天里,草也长高了。这是个第二次收割的机会,他们赶紧脱下他们的节日的衣服,穿上他们的宽大舒适的木屐。那种木屐踩在法国的土地上几千年了。太阳落山以前只有一两个小时了。

那天夜里他们躺在床上喘气,她悄悄的说:"啊,爱弥尔,回到家里多好啊!"

他捏一下她的手。

"住在皇宫里一定不好受,"她又说。

他又捏一下她的手。

"而且怪可怜的。"

"你在想那死皇帝的帽子!"他放开她的手。

"不,爱弥尔,我刚才想的是蠢事。我爱你,爱弥尔。"

她伸开她的胳臂抱住他,他亲她的眼睛,亲她的胖胖的脸蛋儿,亲她的潮润的朱红的嘴唇——潮润来自田间的露水。

拿破仑没有再闯进他们中间。只有一次他又出现在他们面前。这是大约一年之后的事情,爱弥尔得了个胖小子,成了个骄傲的爸爸。

"他是个顶呱呱的孩子,"做父亲的说。

她逗弄着孩子的下巴颏儿,说:"咱们要把他陈列出来……放在玻璃柜子里。"

然后他们把他们想得起来的古来的国王和皇帝的名字一个个念了一遍,可是在他们的乡下耳朵里这些名字听起来全都不亲切,有点儿凄凉。

葡萄熟了,地里的活挺忙,可是他们得空也还在想给孩子起名字的事,也常常想到陈列在柜子里的拿破仑的帽子。但是最后他们给他们的儿子取名为约翰。

曼纽尔·科姆罗夫(Manuel Komroff，1890—1974)，美国作家，生于纽约。曾在耶鲁大学攻读工程学，俄国二月革命时去俄国办报，十月革命后回到美国，从事电影评论和编辑工作。1925年起写小说，1929年出版的《王冠》(Coronet)获得显著成功，以后还写过小说多种。他的小说多数取材于17—18世纪中欧历史。此外，他还写过剧本《堂吉诃德和桑丘》，以及许多以历史人物和事件为题材的儿童读物。他还翻译了《马可波罗游记》(有中文译本)。

四个独幕剧

哥儿回来了

〔英〕A.A.米尔恩

[人物]　詹姆士叔叔

　　　　爱密理婶婶

　　　　腓立

　　　　玛利（女仆）

　　　　赫金斯妈妈（女厨子）

[时间]　大战结束后一天

[景]　克伦威尔路詹姆士叔叔的住宅里的一间屋子。詹姆士叔叔的家里间间屋子都是厚厚实实的维多利亚中期式样的布置；这间起坐间也许还是其中最结实最有气派的一间，从屋子正中间的那张厚实的桌子起，到四面墙上挂的厚实的版画为止。有两个门。背后的门通过道，旁边的门通餐厅。

腓立从过道里进来，进餐厅去。显然在餐厅里没找着吃的，又回到起坐间，到处看了看，按铃子。时候是十点钟，他要吃早饭。他随手拿起一份报纸，在火炉跟前的一张厚实的圈椅里坐下。他今年二十三岁，面貌和悦，体格魁梧，神气坚决。女仆玛利进来。

玛：少爷，您按的铃子？

腓（心不在焉）：嗯；我要早饭，请你给我拿来，玛利。

玛（冷冷地）：早饭开过了有一个钟头了。

腓：就是这个话了。要不我干吗要按铃子？你给我煮两个鸡子儿什么的。我要咖啡，不要茶。

玛：我真不知道赫妈妈要说什么话。

腓（站起来）：赫妈妈是谁？

玛：管厨房的。她从来没让人这么支使过。

腓：你看她会说什么吗？

玛：我不知道她会说什么。

腓：我告诉你，你要不愿意说就不说。反正也吓不着我。一个人在军队里听的多了。（他和悦地朝她笑了笑。）

玛：好吧，我去试试看，少爷。可是老爷的规矩是八点正开早饭，跟您没出去打仗去以前一个样儿。

腓：我没出去打仗前头做过的蠢事儿多着呢。这会儿不必再搬出来说了。（语调变简劲。）两个鸡子儿；要是有火腿，也拿来。（回过身去。）

玛（准备走，疑疑惑惑地）：唉，我真不知道赫妈妈要说什么话。（玛利下。她出去的时候，让路给爱密理进来。爱密理是个好心肠的旧派太太，从来没有过投选举票的欲望。）

爱：你下来了，腓立！你好，宝贝。你睡的好吧？

腓：不坏；好得很，谢谢您，婶娘。您好吗？（他亲她的脸。）

爱：你早饭吃得好吧？你这淘气的孩子，开早饭都没赶上。我只当在军队里头非起早不可呢。

腓：是起的早啊。所以才一走出军队就起的这么晚哪。

爱：嗳呀！我只说是有了四个年头的习惯就一辈子没改移了呢。

腓：四年里头我哪一天早上打床上跳下来的时候儿不说，"等着！总有么一天！"（笑。）这还能让习惯待得牢吗？

爱：嗯，我知道了，你是要还这一笔睡觉账呢。我还担心来着，说，在战壕里待了那么些年，忽然给他一张这么舒服的床，怕一夜都睡不着呢。

腓：嗳，不是一年到头待在战壕里的啊。有假期的——只要是个官长。

爱（埋怨地）：你的假期里上我们这儿来的日子可不多啊，腓立。

腓（拉住她的手）：我知道；可您是了解的，是不是，好婶娘？

爱：我们是不会热闹的人，我知道你自然要热闹热闹，假期是那么短。可是我觉得，在你叔叔心里，这是个疙瘩。你总算是跟我们过了有好几年，况且他还是你的监护人呢。

腓：我知道。您是真疼我，婶娘。只是（尴尬地。）叔叔跟我——

爱：自然，他这个人有点难说话儿。我是弄惯了。可是我相信他实在是很爱你的，腓立。

腓：哼！我一直怕他……我想他还是老样子。昨个晚上他就好像还是老样子——嗯，他还是八点钟吃早饭。很发了点财了吧，我想？

爱：他从来没有仔细告诉过我，可是有一次提起过超额利润税，说是荒谬。你知道的，果子酱是军队里少不了的。

腓：倒是没有少吃。

爱：这让他高兴，因为他觉得总算出了一份力，给前方可怜的人们帮了个小忙。（玛利上。）

玛：赫妈妈有话回太太。（她朝腓立看，其意若曰，"你瞧！"）

爱（站起身来）：好，我就来。（对腓立。）我得去看看她要什么。

腓（坚强地对玛利）：叫赫妈妈这里来。（玛利迟疑，望望她太

459

太。)请你快点。(玛利下。)

爱(惊):腓立,我不知道赫妈妈会说什么——

腓:嗯;好像谁也不知道。所以我想不如今儿个把她找来问问。

爱(往门走):也许还是我去——

腓(一只胳臂勾住她的腰):喔,不,您别去。您懂吧,她实在是有话要跟我说。

爱:跟你说?

腓:嗯;早五分钟我叫拿早饭来着。

爱:腓立!可怜的孩子!你怎么不跟我说?你跟我说了,我能给你弄了来。虽则是我不知道赫妈妈会——(外边有一个气呼呼的声音,赫妈妈走了进来,胖胖儿的,盛气凌人的。)

赫(准备闹一场):太太,您叫我?

爱(不安地):嗯——我——我想要是你——也许——

腓(泰然):是我叫你来的,赫妈妈。我要吃点儿早点。玛利没告诉你吗?

赫:早饭是八点钟。从我进这里起,一直都是这么着,往后也是这么着,除非另有吩咐。

腓:嗯,现在不是另有吩咐了吗?两个鸡子儿,要是有火腿——

赫:吩咐!咱们说的是吩咐。我倒要问问,在这个宅子里我得听谁的吩咐?

腓:拿这件事儿来说,听我的。

赫(拿出她的王牌):要是这么着,太太,我就告退了,照规矩再做一个月。今天在内。

腓(抢在他婶娘前头):当然。说老实话,你八成儿愿意太太辞你,你就能马上就走了。那倒也容易安排。(一边掏出自来水笔跟支票簿,一边对爱密理说。)您给她多少钱一年?

爱（无力地）：四十五镑。

腓（按住膝盖上写）：十二除四十五……（和悦地对赫妈妈,可是不抬起头来。）我希望你不讨厌柯克斯的支票。有人不喜欢；可是这张支票决无问题。（撕下支票。）喏！

赫（吃惊）：这是什么？

腓：这是你的一个月工钱,算是太太辞你的。你可以就走了。

赫：谁说要走的？

腓（惊异）：对不起；大概是我听错了。

赫：要只是一点儿早点,我有什么办不到的,只要好好儿的说啊。

腓（收起支票）：那末我再说一遍,"两个鸡子儿,火腿,咖啡。"让玛利先把火腿拿来,我可以先吃起来。（回过身去。）多谢,多谢。

赫：唉,我——唉——唉！（默然下。）

腓（惊异）：她就只会说这个吗？那也没有什么可怕的啊。

爱：腓立,真有你的！要是我,早就吓坏了。

腓：唉,您懂吧,我在前方干您这份事儿干了两年。

爱：哪份事儿？

腓：伙食团干事……我去看看火腿来了没有。（他朝她笑了笑,走进餐厅去。爱密理在屋子里兜圈子,这儿摆摆正,那儿拉拉齐,这是她的习惯。就在这个时候詹姆士进来了。詹姆士个儿不大,穿着那件黑色的便服也并不怎么威严；在他的稀稀朗朗,散散落落,开始花白的胡子背后,也不隐藏着一个有力的下巴；可是他有一种严厉的神气,在弱者的眼中算是刚强。）

詹：腓立下来了没有？

爱：在那儿吃着早饭呢。

詹（看表）：十点了。（把表喀的合上，放回口袋里去。）十点了。我说十点了，爱密理。

爱：是的，亲爱的，我听见了。

詹：你没有什么意见？

爱（含糊地）：我想他累了，打了那么长久的仗。

詹：那也不能作为不守时刻的借口哇。我想他在军队里该学会了守时刻啦。

爱：我想他是学会了的，可是他告诉我说现在又忘了。

詹：那他还得再把它学会，越快越好。我今天特地晚点儿上厂里去，准备跟他谈一谈，可是（看表。）十点钟了——十点过了——还看不见他的影子。我差不多是白丢了一天工夫。

爱：你打算跟他谈谈什么呢？

詹：自然是关于他的前途了。我已经决定了，他最好是马上就到我厂里去。

爱：詹姆士，你是真的跟他谈一谈呢，还是就只叫他进厂？

詹（惊异）：你这个话是什么意思？还不是一个样儿？我们自然先谈一谈，谈过了——嗯——他自然会依顺我的意思。

爱：那是他简直没有多大办法，可怜的孩子。

詹：二十五岁以前由不了他，反正。等他满二十五，他的钱他拿去，爱怎么花就怎么花。

爱（胆小地）：可是我想你也该问问他的意思，亲爱的。他毕竟是替咱们打了仗的啊。

詹（背向火炉）：诺，这种无聊的感情话，你也这么说，他也这么说，我真听腻了。我坚决反对。不是我夸口，我也可以说是尽了我的一份责任。我把我的侄儿贡献给国家，并且——

嗯——土豆三天两头的缺货,我吃的苦大概你也不会知道。幸而你在那个时候发现你并不真正喜欢土豆,要不然我真不知道咱们的日子怎么过下去。再还有,我想我跟你说过了的,那个超额利润税我看简直是太无聊的法律——可是我还是照付,付了那么多,还从来不向谁说一句。

爱(没有信服):嗯,我觉得腓立在外头那四年工夫让他变了个大人了;看样子不象个可以呼来唤去的孩子了。我相信他在四年里头学了点儿什么。

詹:我也相信他学了点儿什么——学会了——嗯——扔炸弹,还有——嗯——手枪的子弹打哪头儿出去,还有——排成四行纵队。可是我看不出这些个事情能帮他决定,在这战后的情况之下,一个年轻人的最合式的职业是什么。

爱:唉,我只能告诉你一句话,你会觉得他跟早先不一样了。

詹:昨天晚上我没看出什么两样。

爱:我想你会觉得他比早先——我想不出该怎么说,你问赫妈妈,她会说明白我说不明白的意思。

詹:自然,要是他喜欢用别的方式谋生,我也不拦住他;可是我看不出他有什么办法,要是我不把钱拿给他。(看表。)你还是通知他一声的好,我等不得了。(爱密理推开通餐厅的门,隔着门对腓立说。)

爱:腓立,你叔叔等着你说话,说了话还要上厂里去呢。你还有一会儿吗,亲爱的?

腓(从餐厅里):他忙吗?

詹(简短):嗯。

爱:他说有点儿忙。

腓:他能不能过这边来谈呢?我一边儿说着话一边儿吃,没有关系。

詹：不。

爱：他说他要你到他这儿来谈。

腓（无可奈何）：唉，好吧。

爱（对詹）：他就过来，亲爱的。你先在火炉跟前坐下舒服会儿，看看报。他不会要你等多久的。（她给他安排。）

詹（拿起报纸）：早晨不是舒服一下的时候。这是个危险的习惯。我刚才在火炉跟前差点儿睡着了。我不喜欢这种悠悠忽忽，浪费时间。（他打开报纸。）

爱：你能睡自然该睡会儿，亲爱的。昨个晚上咱们听腓立说那些事情，睡的太迟了。

詹：对的，对的。（他打了半个呵欠，赶紧用手捂住。）爱密理，你不能把你的事情扔下。我相信你也有许多事情要做。

爱：好，詹姆士，那末我就把你撂在这儿了。你可别太难为了这孩子啊。

詹（带睡意）：我一定公平办理。爱密理，你放心。

爱（往门口走去）：我怕你还是没有明白我的意思。（爱密理下。詹姆士现在已经很舒服，开始打盹儿，他忽然惊醒，翻过一页报纸，又打起盹来。一会儿工夫，他睡熟了，呼吸深沉，双眼紧闭。）

腓（进来）：抱歉得很，要您等，可是我的早饭晚了点儿。（掏出烟斗。）咱们就言归正传，还是怎么？

詹（掏出他的表）：晚了点儿！照我算是两个钟头。

腓（和悦地）：好，叔叔，就算是晚了两个钟头。也可以说是早了二十二个钟头吃了明儿个的早饭，要是您喜欢这么说。（他坐在桌子的这一边，跟他叔叔面对面。点上烟斗。）

詹：你现在抽烟啦？

腓（一惊）：我什么？

詹（对他的烟斗点点头）：你抽烟？

腓：我的老天爷！您打量我们在法国干什么来着？

詹：你要在这个宅子里满到四处抽烟，也得先问你婶娘一声啊。

（腓立诧异地看看他叔叔，然后走到门口。）

腓（叫唤）：婶娘！……婶娘！……您反对我在这儿抽烟不反对？

爱（从楼上）：自然不反对，宝贝。

腓（回到原来座位，对詹）：自然不反对，宝贝。（把烟斗送还嘴里。）

詹：腓立，你得明白——不能要我说了再说——你在我家里一天，不但是得守时刻，还得知轻重，有礼貌。我看不惯这种轻狂。

腓（不为所动）：嗯，我要跟你谈的也就是这个，叔叔。就是关于住在您这里这件事。

詹：我不知道你这个话是什么意思。

腓：是这么个意思：咱们爷儿俩的脾气不挺对劲儿，我想来着，也许我还是在外边另找个地方住的好。您先给点儿零用钱，等我能拿到我的钱。要不您也可以这会儿就把钱交给我，要是您真愿意这么办。我不大清楚父亲留给我的钱是怎么个留法儿的。

詹（冷冷地）：你满足二十五岁就可以拿那笔钱。你父亲很明白，他觉得把一大笔钱交付给一个二十一岁的孩子简直是引他做坏事。无论我有没有权力改变他的安排，我也决不愿意改变。

腓：要是这么说，那我已经二十五岁了。

詹：当真？我好像记得这件事情还要过两个年头才发生呢。请问你是多早晚满二十五的？

腓（平静地）：是在松末河上。我们第二天要进攻，我的那一连是预备队。我们待在一条所谓战壕里头，在一个树林子的边儿上——一个坏透了的地方，简直受不了。连长派人回去请示能不能挪个地方。指挥官说，"不行；守住阵地。"我们守住那个地方；一点儿什么不能做，您懂吧——就只是钉在那儿等明天。我们的计划德国鬼子自然全都知道。他们尽揍，我们尽挨……（伤心地。）可怜的别利！挺好的一个……别利是我们的连长，您懂吧。他们把他打死了，可怜的家伙！那就轮到我代理连长了。我派了个通信兵去请示能不能换个地方。我自己曾经出去侦察了一下，发现右方五百码远近有一个仿佛象个战壕的东西。当然不是真正的战壕，可是比起那个树林子来——嗯，简直就是天堂了。我让通信兵说明那个地势，请示能不能挪到那儿去。我的通信兵一去不回来。我等了一个钟头，又派了一个人去。他也上了西天了。嗯，我不能再派第三个人去了。那简直是叫他送死么。我不能不自己拿主意了。这个时候我们这一连已经损失了一半人，您懂吧。嗯，我有三条路可走——钉在老地方，不顾上头的命令挪到另外那个战壕里去，再不然就是亲自上指挥部去说明我们的处境……我把弟兄们挪走了……然后我上指挥部去报告已经挪了地方……然后又回到我的队上……（平静地。）就在那一天我满了二十五……也可以说是三十五……也可以说是四十五。

詹（勉力恢复镇静）：啊，是的。是的。（尴尬地咳嗽。）自然，在火线上这种事情常常会有的。你在前方干的很好，我很高兴。

我相信你的长官也一定夸奖你。可是你现在已经脱离军队,要选择职业,这你就不能太看轻我的意见了。你父亲显然是这么个想法,要不然他也不会把你托付给我了。

腓:父亲没料到有这次的战事。

詹:是的,是的,可是你也未免把这次战事太看重了。你们这班小伙子好像以为你们打法国回来,是来教我们怎么办事似的。你们不久就会知道,要从头学起的不是我们,是你们。

腓:我准备学习;我愿意学习。

詹:好。那这件事儿就算是定规了。

腓:嗯,我到底学哪一行,这还没有定规呀。

詹:这没有什么为难的。我打算让你到我厂里来。你得打底下做起头,自然,可是你的前途是有希望的。

腓(沉思地):我明白了。原来您已经替我决定了?果酱生意。

詹(厉声):做果酱生意有什么丢人的不成?

腓:喔,没有,没有什么,只是凑巧不合我的胃口罢了。

詹:你要是知道你的面包哪边儿涂了黄油,那就会很合你的胃口了。

腓:只怕有了果酱我就看不见黄油了。

詹:我不爱听这种无聊的俏皮话。你们在前方挺喜欢果酱来着,我相信。

腓:嗯,是的。也许就是因为这上头我现在才这么讨厌它……唉,这个不成,叔叔;您给我另外想个行业。

詹(讥笑):也许你已经另外想了个行业?

腓:嗯——我曾经想到学建筑——

詹:你打算二十三岁开头学建筑?

腓(微笑):嗯,我没有法子提早点儿啊,是不是?

467

詹：对了。现在你会发现已经晚了。

腓：晚了吗？从今以后不会再有建筑师，医生，律师了吗？就因为我们全都损失了四个年头，所有的职业都要消灭了吗？

詹：你想想看，等你有资格当建筑师挣钱，你多大岁数了？

腓：人家几年学成，我也几年哪，要说是我晚了四年，人家不是也都晚了四年？

詹：嗯，我觉得你该马上开始挣钱了。

腓：喂，叔叔，您当真以为您还能把我当刚出中学大门的孩子看待吗？您以为在前方干上四年不会让人两样些吗？

詹：要是有什么两样，我以为该是格外的肯服从命令，承认权威。

腓（歉然）：看样子您是决心要闹一场。也许我不如千句并一句告诉您，那个萝卜瓠子的生意我是不干定了。

詹（勃然大怒，拍桌）：也许我不如千句并一句告诉你，少爷，我不打算让一个胆大妄为的乳臭小儿顶撞我。

腓（回忆）：我记得有一次惹翻了我们的旅长。他浑身都是红，一张通红的脸，挂了二十来个勋章，一双冷冰冰的蓝眼珠子，他跟我说他怎么生气，说了足足有五分钟，我足足立了五分钟的正听着。我怕您没有他那么叫人害怕，叔叔。

詹（有点沉不住气）：哦！（沉住了。）幸而我有别的法子让你害怕，在这个世界上，金钱大有作用，我打算用它一下。

腓：我明白了……对的……那倒有点儿不妙，是不是？

詹（欣然）：我想你会发现，甚为不妙。

腓（沉思地）：对的。（詹姆士高兴地笑了一声，坐下来看他的报，好像谈话已经终了。）

腓（自言自语）：恐怕非邀请一位说客不可。（他打兜儿里掏出一支手枪热爱地盘弄。)

詹(在腓立盘弄手枪的当儿忽然抬头看见——一惊):你在那儿干什么?

腓:法国带回来的纪念品。叔叔,您知道不知道这支手枪打死过二十来个德国人?

詹(劲捷地):哦!别在这儿玩这个,一不留神它会打死英国人的。

腓:嗯,倒也难说。(悠然地举枪对准了他的叔叔。)是个挺好的小家伙。

詹(怒):放下来,少爷!你在军队里干过,该不会这么胡闹了。你该知道拿空手枪对准人也是不行的。意外的事情常常是这个样儿发生的。

腓:上过手枪课,摸熟了它的构造,那就不会有意外了。再说,这支手枪不是空的。

詹(大怒,因为他忽然害怕):马上放下来,少爷!(腓立移动枪口,不对詹姆士,不经意地检查手枪。)你这是怎么回事?你忽然疯啦?

腓(轻和地):我当是您会对它发生兴趣呢。它打死过这么多德国人。

詹:嗯,现在用不着它了,你快把它弄走,越快越好。

腓:是吗?叔叔,您可曾想到,英国有十万人有手枪,用惯了手枪,可是——现在没有人供他们练习。

詹:没有,我当然没有想到过。

腓(沉思地):我不知道这有没有关系。您懂吧,一个人杀人会弄成一个习惯。要他忽然明白人不该杀人,反而有点困难。

詹(站起来):我不知道你这些无聊的玩笑是什么用意,要是有用意的话。可是请你记住,明天九点钟我等你跟我一块儿上厂里去。请你注意守时刻。(回过身去预备走开。)

腓(柔和地):叔叔。

詹(回过头来):我不想再——

腓(对士兵训话的口吻):妈的!立正!你这是跟官长说话!(詹姆士本能地回过头来,站直了身子。)嗯,这才象个样子;你要坐可以坐下。(他用手枪指挥詹姆士坐下。)

詹(战战兢兢的走向椅子):你这是玩的哪门子的空城计?

腓:这不是空城计,这是真而又真的。(举枪对詹姆士。)坐下。

詹(坐了):威胁,嘎?

腓:劝说。

詹:拿手枪顶着劝说?你用武力来解决争论?啊哈,少爷!咱们打这一仗为的是什么?就是为的要克服这个啊。

腓:咱们打这一仗!咱们!咱们!叔叔,您真是个幽默大师。

詹:好,你要说你们,就算是你们。虽然我们待在国内的人——

腓:对的,不必再提那超额利润税了。我能告诉您我们打仗是为了什么。我们用武力来克服武力。这也就是我现在做着的事儿。您刚才用武力——金钱的武力——来强迫我照您的意思做事。现在我用武力来取消它。(他又举起枪来。)

詹:你——你拿枪打你的年老的叔叔?

腓:为什么不行?我打死了多少个年老的叔叔——Landsturmers①。

詹:可那是德国人哪!打死德国人是另外的一回事儿。你现在在英国呢。你打死人不怕良心责备?

---

① 德语:民团。

腓：啊，可是您得想想，一个人打了四年仗，不会还把人命看得多么神圣了。是不是？

詹：你会发现那些陪审员的观念没有多大改变，我想。

腓：对的，可是手枪也常常走火。您自己刚才就这么说了的。这一回的事情将要是偶然而又偶然。您在报纸上没有看见过吗？"死者之侄甚为懊丧——"

詹：你以为打前方回来拿支手枪吓唬吓唬一个没有自卫能力的人是勇敢的行为吗？军队里头教给你们的就是这种公平竞争吗？

腓：天哪，不是这种是哪种？您不会以为您得等敌人调来跟您一样多的炮您才动手进攻吧？您实在是运气好。严格说，我该先朝您扔上半打炸弹。（打兜儿里掏出一个。）不巧得很，我只有一个。

詹（十分惊慌）：快把那东西收起来。

腓（把手枪放下，拿起炸弹）：右手拿着——这么着——留心把杠杆压住。然后拿指头扳住销钉——这么着，这就——您也许对这个不感兴趣？

詹（把他的椅子朝旁边移动）：快把那东西放下，少爷！天哪！要出事儿。

腓（把炸弹放下，又拿起手枪）：叔叔，您可曾想到，英国有三百万人懂得炸弹，知道怎么扔炸弹，而——

詹：我当然没有想到过。我怎么会想到这些事情？

腓（看着炸弹，舍不得似的）：按说一个当军人的不该这么着，可是为了稍微公平点儿起见——（慷慨地。）把这个给了您吧！（忽然把炸弹向着他叔父递过来。）

詹（又向后退缩）：不成，少爷。这个东西说炸就炸的。

腓(把炸弹放进兜儿):哪儿;这是个没有用的;里头没有信管……(厉声。)嗯,咱们来谈正经的。

詹:你要我怎么样?

腓:严格说,你应该把手举起,说"Kamerad!"①可是我饶了你这个。我只要求你一件事,通点儿商量。

詹:要是我不答应,你就要打死我?

腓:嗯——我也说不好,叔叔。我想咱们也许明天又得演习这么一场。您不大能欣赏吧,是不是?嗯,往后多着呢。咱们每天演习一回。要是您还是这么不通商量,有一天哪,这个东西会响起来。自然,您猜想我是没有胆子开枪的。可是您也说它不定。百分之九十九我是不会开枪的——只是还有百分之一的……害怕——害怕是最可怕的。上了年纪的人会吓死的,有时候。

詹:啐!你唬不了我。

腓(忽然):您这个话对;您不是那种一唬就唬住的人。我弄错了。(仔细瞄准。)我只有直截了当的办理。一……二……

詹(跪下,两手高举,极端恐怖):腓立!饶了我!你说你的条件。

腓(抓住他的脖子把他拉起来,送他到椅子里):好小子,这才象个说话的样子。我去把条件拿来给您。您烤一会儿火,等我回来。这是您的报纸。(他把报纸递给他叔叔,走进过道。)

    *   *   *

(詹姆士一惊把眼睛开,困惑地四面张望。他摩摩脑袋,掏出表来看了看,然后又朝四面打量一下。饭厅的门打开,腓

---

① 德语:同志。

立走进来,手上拿着一块吐司。)

腓(嘴里满满的):叔叔,您找我吗?

詹(依然困惑):没有什么,腓立,没有什么。你在那儿干什么来着?

腓(惊讶):吃早饭哪。(把最后一片送进嘴。)晚了点儿了吧?

詹:没有关系。(尴尬地笑了笑。)

腓:怎么了?您不象您平常那么高兴啊。

詹:我——我好像让火炉把我烤的睡着了。我是难得睡着的。真是难得。

腓:这让您得个教训,别再起的那么早。自然,在军队里头,这是没有办法的。谢天谢地,我已经脱离军队,自己作得点儿主了。

詹:啊,这就是我要跟你谈一谈的事儿了。你坐下来,腓立。(他指点火炉跟前的椅子。)

腓(在桌子边的一张椅子上坐下):您坐那儿,叔叔;我坐这儿很好。

詹(亟亟):不,不;你这儿来。(他把安乐椅让给腓立;自己在桌子边坐下。)要不然我又要睡着了。(尴尬地笑。)

腓:恭敬不如从命。(他把手伸进他的兜儿。詹姆士打哆嗦,惶恐地望着他。腓立掏出他的烟斗,詹姆士脸上露出一丝如释重负的惨笑。)

詹:你们在法国抽烟抽得利害吧,我想?

腓:对!没有别的事儿啊。这儿可以抽烟吧?

詹(亟亟):嗯,嗯,不成问题。(腓立点上了烟斗。)嗯,腓立,你现在脱离了军队,你打算干个什么呢?

腓(迅速地):把制服烧了它,把手枪卖了它。

473

詹（听见"手枪"二字瞿然一惊）：把手枪卖了它，嗯？

腓（诧异）：当然喽，我现在用不着它了，是不是？

詹：嗯……用不着……嗯，当然用不着了。嗯，我看不出你还要它干什么。（局促地笑了笑。）你现在是在英国了。在英国用不着手枪——嗯？

腓（瞪眼看着他）：嗯，用不着，我希望用不着。

詹（丞丞）：对。这以后呢，腓立？得给你找个职业啊。

腓（呵欠）：免不了吧。关于这个问题，我实在没有怎么考虑过。

詹：你没有打算过学建筑？

腓（诧异）：建筑？（詹姆士抓抓脑袋，他不懂怎么会想起建筑来的。）

詹：或是类乎此的什么。

腓：有点儿太晚了吧，是不是？

詹：你晚了四年，人家还不是也都晚了四年？（他朦胧地觉得在哪儿听见过这个理由。）

腓（笑着）：说老实话，我是无所谓的，反正。您说什么好就是什么——只要不当守门的。我绝对不愿意再穿上制服。

詹：到我厂里来怎么样？

腓：果酱厂？啊，我说不好。您不会要我每天早上向您敬礼吧？

詹：好孩子，我哪儿会！

腓：好，您要让我试试我就试试吧。我不知道我学得出学不出——您那儿有些什么事儿呢？

詹：你有管理跟——嗯，对付人员的经验，我希望这是有用的。

腓：这个我还行。（尽情地伸了个懒腰。）叔叔，您可知道，我从此可以不再敬礼，不再穿制服，不再淋雨——淋的湿到骨头——不再检查士兵的脚，不再立着正听人家训话，不再——嗯,多着呢。尤其好的,是可以不再害怕。您尝过害怕的味道没有——真正的害怕?

詹(窘):我——嗯——这个——(咳嗽。)

腓:不,您不会尝过——不会真正尝过怕死的味道,我是说。嗯,那已经是过去的事了。多谢上帝!我可以把这一辈子消磨在大英博物院里,快快活活……

詹(站起来):好,我让你来厂里试试看。可是我想你愿意先放几天假吧?

腓(站起来):我的好叔叔,这不就是放假吗?人在伦敦就是放假呀。买个晚报——穿个坎肩儿——赶个公共汽车——这一切——这都是放假呀。

詹:那末很好,你现在就跟我去,我把你介绍给彭福特。

腓:好。彭福特是谁?

詹:我们的经理。有点儿古板,可是人很好。他一定很乐意听见你参加我们的事业。

腓(笑着):也许我还是把手枪带着的好,万一他不乐意。

詹(勉强痛快地笑,两人一块儿走向门口):哈,哈!这个话俏皮!哈,哈,哈!这个话俏皮——当然,只是说着玩儿罢了。哈,哈!嘻,嘻!(腓立出。詹姆士跟在他后头,在门口回过头来朝屋子里到处一看,困惑地。是梦吗?是真吗?他永远不会明白。)

——幕下

《哥儿回来了》的作者 A.A.米尔恩(A.A.Milne,1882—1956)是英国现代名作家,剑桥大学出身。他不光写剧本,也写散文,写儿童读物,写侦探小说,并且当过幽默杂志《笨拙》的副主编。他的剧本有《剧本一集》(First Plays),《剧本二集》(Second Plays),《三个剧本》(Three Plays),《四个剧本》(Four Plays)等集。他的另一个独幕剧 The Camberley Triangle 曾经由赵元任先生译成汉语,改名《最后五分钟》(中华书局)。

家　　教

〔美〕乔治·米德尔顿

[人物]　乔治·欧立凡(父)
　　　　爱密理(母)
　　　　玛利(女,演员)

[景]纽约州内地一个市镇上欧立凡家的起坐间。暮春的一天晚上。

一间简单朴素的屋子,陈设古旧,右面有几个旧式的立地长窗,通外面走廊,廊下是花园;背后有门通过道。左面一个大壁炉,有一架绣花的屏风拦住;马鬃椅子,几个陶俑,墙上一两幅木刻版画,叫人油然生怀古之情。桌子上一盏灯,背后那个门旁边的墙上一盏灯。月光从长窗透入。

欧立凡一家人都在这里。玛利二十五岁上下的年纪,长得不很好看,颇为敏感的样子,站在那里对着窗外的花园出神。她母亲爱密理快有五十岁,安详沉静,坐在桌子旁边修改一顶帽子。她间或看看玛利,放下针线,朝她丈夫看一眼,累得慌似的把眼闭上一会儿,然后又拿起针线。沉默继续了一阵子,只偶尔被欧立凡翻阅本地报纸的声音打破。欧立凡中年将了,快入老境,脸上的表情坚强果断,可也不是完全没有仁慈挚爱的成分。他看完了报纸,把它折起来,放在桌子上,把烟斗里的灰敲落在手上,扔在壁炉的屏风背后;一面取下眼镜来揩拭镜片,一面也对他的女儿看过去,她这个时候依然出神地伫望着花园。终于,迟疑了一下之后,他走到女儿身边,一只手拢住她;她吃了一惊,可是甜甜地笑了笑。

欧(亲热地):玛利,回家来快活不快活?

玛(支吾):花园儿挺好。

欧:没有变样儿,嘎?

玛:好像有点两样;也许是因为晚上看起来要不同些。

欧:我看哪,这花园儿赶不上早先的样儿了。这一春就没看见你母亲上花园里去过几回。

爱(安详地):这一程子天干,花儿长不好。

欧:只有家花才要人培植;我看见我山上的野地里的花长得那么茁壮,就不禁要这样想。(转身向爱密理,拍拍她。)爱密理,那种喷雾药还有剩的没有?

爱:我近来没去查看。

欧:我明天再去买些个。(又拿起烟斗,找烟。)女儿,你要能给那些玫瑰花儿隔两个星期喷一次药,我觉得倒是个办法,今年春天的虫子真利害。我的烟呢?

爱:壁炉搁板上。

欧:你最好老给我搁在桌子上;你知道我的脾气,我最恨变来变去的。(欧立凡走到壁炉边,把烟斗装满;背着他的眼,玛利迅速地对她母亲做了个询问的手势,她母亲无可奈何地叹了口气。玛利思索了一下。)

玛：爸爸,哥哥这两年过得怎么样?

欧：你哥哥没给你信吗?

玛：只有过一封——我离家的时候给我的;他也不赞成我走。

欧：做哥哥的总想要照管妹妹的,玛利。

玛：是的;我知道。他混得怎么样?

欧：他开始可以站得住了。现在的时候儿,一个人开基立业是颇要花点儿工夫花点儿钱的。

玛：他现在还是跟着培特·泰勒,是不是?

欧：是的。他当初要是跟着我干,跟我当初跟着你们爷爷一样,这会儿他该有个样子了。一代传一代,这里头是有个道理的。我给他这么个机会,并且劝他接受,这一切你妈全都知道;可是那个大学里的朋友——人倒挺好,听说——把他的心引到别的路子上去了。(点着了烟斗,慢慢地吸。)要是一个年轻人坚持一套主张,还是随顺着他的好;可是我真愿意咱们一家人现在全都聚在这里。这个房子大得很,就是他要结婚也还是够用的。你母亲跟我搬到这儿来的时候,你知道吧,你爷爷也还活着呢。

玛：那么哥哥现在还没在那儿挣钱?

欧(无可奈何地)：嗯——还谈不上。

爱(安详地)：可是他跟他爸爸说了的,他将来要还他的钱,玛利。

玛：我知道了。(沉思地。)送他进大学,又供给他费用让他慢慢的可以自立,都只因为他是个男的。

欧(自以为有理)：他将来要养家活口;我不得不考虑这一点。

玛：我很想跟他畅谈一次。

欧：爱密理,他的信上说是多咱来看咱们的?

爱：月半。

玛：要到月半吗？真是不巧。

欧：嗯？

玛（跟她母亲互相递了个眼色，壮了胆儿）：爸爸，我希望您没误会我回家的意思。

欧：没什么误会。谁没个错儿？——尤其是年纪轻的时候。你离家的时候，我也许性子急了点儿，可是我知道要不了多久你就会明白过来，知道我的话是对的。我可没想到要有两年工夫——要是我早点写信给你，你也许会早点回来的。我跟你妈说，我愿意给你个方便，让你回家来。

玛：是妈提议要您写信的吗？

欧：也不妨这么说。我一直觉得她认为我待你太严厉了点儿，可是我这个人是不轻易收回我的话的。

玛：那么爸爸您就不能怪我固执了，我是您的女儿嘛。

欧：这本旧账不必再去算它；我当时自然不免有点失望。

玛：那是因为您一直不把我的话当真，没想到我真的走了。

欧：那个时候我不明白——现在我还是不明白——怎么一个女孩子会要扔下这么个要什么有什么的家往外跑。你不知道你是多么运气好——也许现在你知道了。你到处看看去，看别人家女孩子过的什么日子。能跟咱们家比较吗？树木，花草，有山有水的风景，全县里头数一数二的。坐在这里就可以闻到，尝到，那个好空气。我每到外头去跑一趟生意回来，这个地方就叫我耳目一新，精神一爽。你问你妈。是不，爱密理？在凉风习习的晚上，外边走廊上一坐，一种心满意足与世无争的感觉就油然而生，我知道这个房子跟庭园是我的，我有儿有女，而且照顾得他们周周到到。本恩不得不出去,也许——他是个男孩子;可是我以为至少你会留在这儿,留在这个老家里,你是生在这儿的,我也是生在这儿的,你小时候的亲戚朋友——

玛(战栗):我讨厌亲戚朋友。

欧(看她一眼):嘿,我倒要打听打听,你这种思想是哪儿来的。决不是我跟你妈教你的。我们喜欢亲戚朋友,爱密理,是不是?你妈来到这儿之后就没大出去过——可是你,你就待不下去,非跳起身来往外跑。

玛:对了。爸爸,您这句话对;我待不下去。

欧(停止抽烟,尖锐地看着她):待不下去?谁叫你待不下去?

玛(无可奈何):我心里有个什么叫我待不下去。

欧(熬不住):呸——废话!

玛(迅速地):别说了,免得又闹僵了。

欧:是我弄僵的吗,玛利?是因为我反对你丢下你妈一个人在家吗?

玛:我记得;您说我是个"戏迷"的傻丫头。

欧:那又有什么的,你现在已经明白过来了,不是吗?

玛:那您就又弄错了,爸爸。(慢慢地。)所以我刚才先问您,您没有误会我回家来的意思吧?

欧(生疑):那末你干吗又回家来的呢?

玛:我也是个人哪;我要看看您跟妈,所以您既肯给我写信,我就来了。可是我不打算住在家里服侍园子里的花儿的啊。

欧(谛视玛利,努力抑制怒意):哦,你不打算住在家里陪伴你妈跟我?

玛(亲热地):我一定常来这里看您二位——

欧:把你的家当作旅馆?(玛利不言语。)你不看见你母亲又老

481

了些,要有人在家里照应着她吗?

爱(安详而自信地):我好得很,我心满意足。

欧(温柔地):爱密理,我比你清楚;你一天天瘦了,老了,我还看不出?(不让她辩白。)这件事儿你交给我得了,亲爱的。是女孩子就得待在家里。我的意见你是知道的。要是你妈有个三长两短,你叫我怎么办?

玛:哦,您不光是为母亲打算?

欧(简单而有劲地):我是为你打算——你的地位是在家里,做女子应该做的一份事儿。我不觉得让女儿出去自谋生计是我的什么光荣,倒象是我养她不活似的。

爱:乔治!

玛:我原来以为您只反对我演戏呢。

欧:唔,演戏也不是什么了不起高贵的事儿,是不是?这儿很有些个老顽固骂我糊涂,放你出去;他们的意思我有什么不懂的;我笑笑,不去跟他们说什么。你是我女儿,我爱你,我不想让他们知道你的出去没有得到我的同意,免得他们说你的坏话。

玛(慢慢地,明白过来似的):原来叫您伤心的是这个。

欧:当然,也怪我自己不好,带你去看戏,并且我自己也喜欢看。

玛:这儿的人不多几时就会把我忘了,只对你同情了。

欧(劝说):唉,玛利,我给你留了地步,让你很容易住下。我告诉个人,你这次回来不再出去了。他们会笑我老糊涂,要是——

玛(温柔地):您的意思是好极了,爸爸,可是您不该说这个话。真是抱歉得很。

欧:我那么说,是因为我认为你已经明白过来了。

玛（坚定地）：我现在明白得很。

欧（率直地）：那末你只是固执——冥顽不灵——失败了还是不肯承认。

玛（吃惊）：失败？

欧：报纸上的评论我都见了；本恩寄来给我的。

玛：寄的是哪些？

欧：全都寄来了吧，大概。

玛：给我说好话的寄来给您没有？

欧：有吗？

玛：哦，我懂了。原来哥哥是只把您看了高兴的那些个挑了出来的。

欧（讽刺）：我看了高兴的？

玛：唔；因为您跟他都不要我成功；因为你们认为失败会逼我回家。可是你们别以为我会让几个乳臭未干的记者指挥我的行止。我决不失败了回家——决不。

欧（和蔼地）：你哥哥跟我都只是要保护你，玛利。

玛：干吗男人老要保护女人呢？

欧：因为我们认识这个世界。

玛：是的，可是你们不认识我。爸爸，您还以为我只是一个戏迷了的傻丫头，要的是花篮，男朋友，挂头牌这些。可是我要的不是这些个。

欧：那末你要的是什么呢？

玛：喔——我要做个艺术家。我想您是不会明白我的意思的；一起头，连我自己也不明白。我生下来就带着这个，可是我一直不认识这是个什么，直到您头一回带我去看戏。

欧：原来都是我的不是？

玛：不是谁的不是；只是一个事实。从那天起,我知道了我要干什么。我要演戏——要创造。演一个女主角还是演一个老妈子,这我倒不在乎,只要我能演的有真有美。

欧：唔,不管是女主角还是老妈子,反正你没演过几回,是不是? 我们的不幸换来了什么? 你的前途有个什么?

玛：没有什么——一定。

欧(难于相信)：可是你还是不撒手。

玛：唔。

欧：爱密理,你觉得怎么样?

玛：我星期一回纽约去。

欧(坚持地)：你到了纽约又干什么?

玛：过去干什么还干什么；找事儿,跑马路,到那些办事处去访问,听那些办事员冷言冷语——一直这么着不放松,等到找着一个事儿。

欧：嗨,玛利；你别叫我按捺不住性子。没什么脸上下不来的。你要逞性,也算是逞过一场了。你已经尝试而失败。丢下了吧。待在这儿家里舒舒服服过日子。

玛(激昂地)：爸爸,我不能丢下。他们怎么样待我,我得了多少回"解约"的通知,连他们的标准都够不上,这些全没有关系,我不能丢下。我就是不能丢下。这个东西咬我的心,啃我的肺,非要我去干。这点儿东西在那儿——始终在那儿；我知道,只要我坚持下去,我会成功的。我知道；我知道。(玛利大为激动,在椅子里放身坐下。爱密理的眼睛一直跟着她转,好像很同情地响应她,但欧立凡站着不说话,显然不能了解地望着她。)

欧(未尝不和蔼地)：咬你的心,啃你的肺。嘿! 爱密理,你懂得她说的是些什么不懂?(玛利伤心地一声短短的叫唤,迅速地走到窗口,努力抑制自己。)

爱(柔和地,一面望着玛利):我想我懂得。

欧:我是不懂。有个东西在她里边儿咬她啃她。我从来没有这种东西跟我捣乱。这到底是个什么意思呢?

爱(安详地):世界上有多少人,用的是同样的字眼儿,可是你懂不了我的意思,我也懂不了你的意思。

欧:唔,玛利,别管这是个什么,你好像认为这是挺了不起似的;我可受不了。要是你有点儿成绩给我们看看,我倒也甘心。可是你还是那么长那么短,又何妨把它丢了呢?

爱:乔治!

欧:我呢,演戏这一道算是个门外汉,爱密理,可是本恩内行着呢。他说你不是名角儿的坯子,玛利;你是没有指望的。

玛(回身):爸爸!

欧:你还看不出来吗?你的失败不是你的过错。要是你长得漂亮,象海伦·塞福或是谁谁那些"明星"——可是你长得不漂亮,咦,你连好看都说不上,还——

玛(满肚子怨愤):喔,别再往下说了。我知道,我全都知道,可是我在台下的相貌如何,我是不在乎的,只要我在台上能美起来。我要用我里头的力和美来创造,让观众忘了我的相貌,只看见我的思想和感情。这个我能做到;而且曾经做到;我曾经叫观众感动,甚至因此得到"解约"的通知,因为舞台经理说我"太自然"。海伦·塞福——她是个什么?一个职业的美人儿,空有个外表,里头一点什么也没有。您想到她的眼,她的嘴,她的侧面;可是她感动过您,让您记住过没有?我知道她的成就。等着吧,等我有和她同演一场戏的机会——这个机会他们会给我的,因为我不好看——我要在开幕十分钟之内叫他们忘了有她这么个人在台上——是的,连您跟哥哥也在内,只要你们来看。海伦·塞福?嘿!有一天大家会记得我,而她只是个石印的美人图儿。

欧:唔,那末为什么你没得着这么个机会呢?

玛(迅速地):因为大多数经理的想法跟您和哥哥的想法一样。我没有漂亮的侧面,没有苗条的身材,所以就连念剧本的机会也难有,更不用提上演了。叫我伤心的是这个,妈;叫我每一次坐下来化装的时候儿就恨我的这个脸儿。

欧:唔,这不能怪我啊。

玛(走向她母亲,母亲抓住她的手):爸爸,您笑话我得了;您不了解的。说也没用。啊,妈,为什么象海伦这种女人,无须长得好看,老天偏让她长得好看;我有真正的创造天才,偏偏长成这副嘴脸,叫我要干个什么都干不成?(坚决地。)可是我要——最后我要成功的,不管我的外貌怎么样;这样成功的例子不是没有。这份多余的苦我不会白吃,它会让我的艺术更加伟大。

欧(平板地):你不觉得这是自视过高,虚荣心作怪吗?

玛:随便您怎么说,我不在乎。我是凭着这点儿自信才能工作下去。

欧(快):工作?没有戏园子约你,你怎么工作?

玛:这就是干我们这一行的难处了;要等,等,等一个工作的机会。可是您别以为我没有聘约的时候就站着不动。那我是不敢的。我还是要练嗓子,练舞蹈,练——

欧(忽然打断她的话头):没有聘约的时候还在练舞蹈,练嗓子。我倒要问问你,谁拿钱养活你?

玛（怒）：爸爸！

欧：我想我有权利问你。

玛：您有这个权利？

欧：我是你父亲。

玛（安详而尊严地）：当初您给我穿衣吃饭，您就以为可以强迫我待在家里，要我怎么样就怎么样；您既不管我的衣食，您就不再有那个权利了。别忘了自从我出去以后，您就没帮我找过工作，也没给过我一个钱。

欧（疑心）：玛利……你不是因为这个才离家的吧？

玛：不是。

欧：还是在那儿认识了什么人——？

玛：不是。

欧：一定有个男人。

玛：为什么一定有个男人。

欧：妈的，我知道这些家伙。（声音变了。）天哪，玛利，我的宝贝，你没……？女儿，你回答我的话。

玛（平静地）：没有；没有这个需要。（欧立凡起了这个疑心的时候，感情激动，听了玛利的回答，注目地看看她，相信她的话，柔和地继续说下去。）

欧：那末谁给你钱的呢？本恩？

玛：他怎么能给我钱呢？难道只有男人会帮女人的忙吗？

爱（轻轻地）：玛利，告诉你父亲；最好这会儿跟你父亲说了。

欧（惊奇地回过脸来对爱密理）：你知道，可是不告诉我？

爱（放下手里做着花的帽子，安详地）：我发现我的那点本事还没忘光，虽然已经有这么多年没拿起画笔——还是我们结婚以前的事，乔治。我有一个想法，我觉得一定灵验：纸做

487

的小人儿,另外的纸上画衣服;这比印的那种软和些,小孩儿们喜欢软和的东西。我写信给阿尔文先生——你还记得他吧——多年以前他很帮过我的忙。你不在家的时候他曾经来看过我一次,问我还画画儿不画。他从前老觉得我的画儿很有希望的。他有机会用我的纸人儿作为特制的出品,经我跟他说明之后,他又拉拢了另外几家铺子把我画的小人儿全都收买了去。他们给我很好的价钱。在玛利闲下来的时候,我每个月挣的钱足够帮她度过。

欧(不信似的):你!她出去的时候,你没听见我说我一个钱也不给她吗?

爱(亲爱地望着玛利):你不也给本恩钱吗?

欧:这个——这个又当别论的啊。

爱:一样的儿女,我不明白为什么不能一样的看待。

欧(回答不了这句话,回过脸来问玛利):你也居然拿这个钱?

玛:唔。

欧:你知道你母亲的钱怎么弄来的?

玛:唔。

欧:你母亲为了弄钱来给你,自己做出病来,你竟肯拿这个钱?

爱:我已经跟你说过,我辛苦得快活,我从来没有这么快活过。

玛(简单地):我不能讲感情。我得用功。什么钱我都要,哪儿来的钱我都要。我得活命。您不维持我。哥哥跟我的出走都是您不赞成的,可是您维持他,因为他是您的儿子。我只是您的女儿。(欧立凡看了她一眼,好像自己跟自己争执。好久不说话,母女两人看着他。最后,几度欲言又止之后,他激动地说。)

欧:玛利,我——自己也不知道自己怎么舍不得你,直到——直到这会儿,想起要是我不维持你,你会出什么样儿的事儿,这才知道我扔不下你。你——你,要是你妈不拿钱给你,你会不会还在纽约待下去?

玛(坚定地):是的,父亲;我还要待下去。

欧(停了一下):那末你的意思坚决,你妈跟我说的话是动摇不了你的了……要是我现在愿意帮你的忙,你是不是不屑于接受呢?

玛(简单地):不,父亲;我愿意接受您的帮助,直到我成了功。到那个时候我要如数还您,跟哥哥说的一样。

欧(委屈地):女儿,你以为我是爱惜这几个钱吗?不是的。

玛:我知道不是;是您的父亲在说话,还有他的父亲,还有他的父亲的父亲。(有所思地朝旁边看。)也许我是替我以前的女儿们说话,她们不敢说,或是说了没人理她们。

欧(诚恳地):你刚才说你有一种感觉,拉你走出家庭,我不明白是怎么回事,现在你又说什么从前的父母儿女,我还是不明白。可是你说的儿子和女儿这一层,我倒懂了。你好像以为儿子跟女儿是一样的。可是怎么会是一样的呢?男人跟女人是不一样的。你也许不明白,你可以问问你母亲。我们起头认识的时候,她也跟你一样,有许多古怪想法。她穷,没有母亲维持她,必得自食其力。我遇见她的时候,她已经差不多山穷水尽了——晚上工作,白天学画。可是她聪明;一个可靠的,能养活她的男人来了,她就嫁给了他,安安顿顿的组织起家庭来。你看她多快活,有一个名副其实的家——有亲戚朋友,有儿有女。要是她坚持要靠画画儿过日子,不知现在会成何光景。会画画儿的男人太多了,会给辛苦工作的男人当太太的女人太少了。生儿育女,这是上

489

帝的法律。不久你也会明白这个道理,跟你母亲一样的舍己为人。有一天,会有一个男人来到你跟前,你觉得要嫁给他。要是你一面还要继续的工作,到处跑码头,又怎么能跟他结婚呢?

玛(轻轻地):您不也有时候把妈扔在家里吗?

欧:那是我不得不啊!

玛:我也会不得不的。

欧:那末孩子们呢?

玛:他们也占有我的生活的一份。

欧:我告诉你,他们要占有你的生活的大大的一份,要是你的人性不丢掉的话。你问你妈,生孩子,带孩子,是不是容易的?

玛:可是现在孩子们掉头不顾的走了。亲爱的母亲,她又怎么打发她的日子呢?

欧:好,要是你一脑子这种思想居然找着一个丈夫,你就会知道一个为人妻的怎么打发她的日子。(他走近她。)玛利,你说这些话,心里未必好受。你妈跟我孤零零的在家里,我们的看法也许跟你不同。你要是有一天回心转意,不干你那一门,或是干来干去出不了头——我们还是在家里等着你的,记住没有?

玛(走近父亲,吻他):我知道您说这个话心里多么难受。您别忘了,我也许得胜回家的啊。

欧:是的。我想你们全都是这么个想法儿;这才熬得下去呀。可是有这么一天,你恋爱了,结婚了,你就又是一种想法了。

玛:父亲,要是那个男人不来呢?——那些孩子不来呢?

欧:嗯?——(他停住了,好像回答不了这句话。)胡说。他会来的,没有问题;他们到时候一定来的。

玛：不敢说。

欧（亲热地走近爱密理；他们刚才这一番对答的时候，她始终呆望着前面）：爱密理，亲爱的。怪道那些花儿没有人去管它了。好，往后你有工夫去浇花了。我明天就去买浇花的药水。（温存地吻她。）画纸人儿，画纸人儿衣服！这点儿钱叫我拿出来，我觉也不觉得，要你费那么大的事！不能再搞那一套了，亲爱的；没有搞那个的必要了，现在，我不能让你累坏了，病倒了。什么事儿可以马虎，这个事儿马虎不得。（他拍拍她，看看表，慢慢的走到长窗跟前。）嗯，不早了。我要锁门了。（看看天空。）报上说的，明天要下雨呢。

爱（很轻，只有玛利听见）：在美术学校的时候，他们说我用色用得最好。你父亲待我真不错；可是他不知道我多么高兴再拿起笔来画几下——哪怕是画那些纸人儿。

玛（意外地明白过来）：妈！您也？

爱（生怕欧立凡听见）：嘘！（欧立凡把窗关上，深思地朝母女二人看了一眼。）

欧：你们来的时候最好把那几个窗户也闩上，明儿见。（徐徐走出，母女二人对坐。）

——幕下

《家教》的作者乔治·米德尔顿（George Middleton, 1880—?）是美国人，哥伦比亚大学的毕业生。他一直从事写作，提倡独幕剧最出力，他自己写的也以独幕剧为多。《家教》是他最好也最出名的短剧之一。这个戏用 Tradition（传统）这个字做名字，有点一语双关：一方面欧立凡这个老头儿代表一种传统的观念,演戏不是高尚的事儿;另一方面,欧老太太可同情女儿,因为她自己有志未成,她们母女之间又有了一个世代相传的关系。现在勉强译作"家教"。

星期四晚上

〔美〕克里斯托弗·莫利

[**人物**]　戈登·钟斯（年轻生意人）
　　　　　劳拉（戈登·钟斯夫人）
　　　　　薛老太太（劳拉的母亲）
　　　　　钟老太太（戈登的母亲）

[景]戈登·钟斯夫妇的将将就就的住房里的一间小厨房。不久之前刚做过一顿饭，钵儿，锅儿，擦碗布，还乱纷纷的。后面墙角有一冰箱。后面中央有两个分层的橱柜儿，一个里头放着油盐酱醋和日用零碎，一个里头放着磁器和玻璃杯盘。后方，左，一个火油炉。靠近炉子一个衣架，上面挂着些尿布和小儿衣裳（十个月上下的婴儿穿的）。右面有门通宅外；右面墙上有两个窗户，门左门右各一。左面有门通饭厅。后面左墙角有门通后楼梯，由此登楼。左面近台口，靠墙，有水槽，旁边有油布盖着的木架子。舞台中央有小桌子，盖着油布。右边近台口有一个木头椅子。

开幕时戈登跟劳拉正在由左门搬运脏盘子进来。他们出出进进好几回，有条有理地安排着清洗工作。他们把盘子堆在水槽旁边的木架子上。戈登从水槽底下的钩子上取下洗盘子的锅，从火炉上的水壶里倒热水，把锅装满。劳拉是个漂亮的小个儿，年纪大约二十三岁,因为家事和孩子忙了一整天,又做了一顿四人吃的饭,并且逐一端上桌子,神经有点紧张。

戈：行了,人儿,你等着,等我把烟斗点上,咱们就来拾掇这些。
（点着了烟斗,卷起袖子。）
劳（从屋角的椅子上拿起一条围裙）：你先把这个围上。你就有这么一条见得人的裤子了。
（薛老太太上,捧了些盘子。）
薛：你们去吧,去玩你们的。这儿让我来。
劳：不,不,妈。您去跟奶奶说说话儿。（强调地。）别让她这儿来。
薛（十足母亲地）：可怜的孩子,她累了。你整整一天没坐过一会儿,现在让妈来给你洗盘子吧。做这么一顿饭不是容易的。
劳：也不会比您累些,亲爱的妈妈。午饭是您做的呢。
戈：你们娘儿俩全走开；我用不了一会儿就把这些拾掇完了。
薛（拍拍劳拉的脸）：为孩子忙了一下午,又做了这么好吃的一顿饭——心肝,你就不肯让妈给你帮这个忙？
劳：这间厨房里挤不下这么多人——
（钟老太太上,捧了些盘子。）
钟：戈登,你跟劳拉去歇息歇息。让我们两个老的——
戈：您两位听我说,这是我的事儿。星期四晚上总是我洗碗——
钟：你去看你的报。我看得出,你累得不成样子了,在办公室里待了那么整整一天——
薛（对劳）：请你去躺下,宝贝。你太累了。

劳(渐失耐性):您两位去玩儿玩儿去;戈登跟我来对付这个。

(他们俩轻轻的把两位老太太推出门去。)

戈:来,咱们还是老办法!(他把舞台中央的小桌子搬起来,小心地挪到水槽和碗橱的半中间。把右边靠前的椅子拿过来放在桌子旁边。劳拉在椅子上坐下。他把银器和盘子洗过了逐一递给她,她接过来擦干净。)

劳:先洗银器,乘水还干净的时候。

戈:对,咱们是一对好搭档,是不是?

劳(拿起一把小银壶):这个可爱的牛奶壶,还是妈小时候用的呢。

戈:我最爱咱们的小小的星期四晚饭。我觉得比哪天都够味儿。

劳:你这个话叫我高兴,戈第。

戈:星期四爱赛儿出去,咱们吃的还比她在家的时候好些。

劳:我今儿个晚上特别巴结的啊。有些客人爱挑眼儿呢。

戈:可是真好。我怕你为了点儿难了,人儿,妈凑在今儿个来。(稍停。)尤其是刚巧你妈也在这儿。

劳:她不知道我妈在这儿吗?

戈:不知道。我没告诉她。你想,你妈在这儿的日子多得多。我不知道她今儿个没走。我怕妈有点儿不挺高兴——

劳:妈在这儿帮我不少的忙。要是做了人家太太就不能让她的亲妈常常来她这儿走走,那也就太奇怪了——

戈(意识到危险,另换题目):天哪,爱赛儿把那个哥本哈根盘子碰伤了。(劳拉不言语。)那是咱们结婚的时候妈送咱们那一套里的。

劳:那是一种普通的花式。随便哪家百货店里都买得到的。

戈:我敢打赌,这家伙没有把冰箱底下盆子里的水倒了就出去

495

了。我就没看见过哪个厨子记住这件事的——

劳：要是你非得出去上天下地的找厨子，你就不会这么挑剔。有这么一个总比没有强。

戈（走到冰箱跟前，打它底下取出一个大盆子，里头的水已经满了）：我说的对不对！（水从盆子里晃出来，他小心翼翼地把它倒在水槽里，把盆子还放在冰箱底下。）

劳：你最好再烧点儿热水。你刚才把冰水倒在洗盘子的锅里了。

戈（有点儿性子上来；重把水壶装满水，放在炉子上）：没有一间储藏室放冰箱，真是荒谬。放在这儿，火炉的热气一下就把冰化完了。（回到冰箱跟前把冰箱的门使劲关上。）自然，她是从来不把门好生关上的。（又回到水槽跟前，继续洗盘子。）真好笑！

劳：什么好笑？

戈：啊，一个据说是有脑筋的家伙不知道冰箱的门是要关紧了的，这样冰才禁事。那些小夹子她以为是做什么用的？（劳拉不言语。戈登也不再说话，在吃过的盘子里刮去残余的食物。有几块盘子他相当仔细的检查，拣出一些大片的肉，莴苣，牛油等等，放在旁边的一块盘子里。过了一会儿，他似乎恢复了他的好脾气，重新点上了烟斗。）嗨，两位老人家全来这儿，倒也好玩儿，是不是？

劳：戈登，亲爱的，你把银器放到柜子里去，别让它再弄湿了。（戈登把桌子上她面前的银器收起，由左门出。劳拉走出右门，提了个垃圾桶回来，放在水槽旁边。她开始洗盘子，看见戈登先前小心地放在一边的那一盘子的零零碎碎。她把那里头的东西一古脑儿刮在垃圾桶里。她还在洗着盘子，戈登由左门上。）

戈：嗯,人儿,这个让我来。别把你一双好看的手糟蹋了。(拿起她的双手,跟她亲热。)

劳：我看洗盘子也不会比洗尿布更糟蹋手。

戈：来,来,来,老朋友,让我。(轻轻地把她从水槽旁边拉开,推她到桌子旁边的椅子跟前。她坐了下去,他把盘子一个个递给她,她把它们擦干。)咱们有两个人,也就要不了多一会儿了。

劳：戈第,这些盘子不怎么挺干净。没有热水你休想把油腻弄走。

戈：我想水壶这个时候该热了。(走到炉子跟前,伸手去壶里试试。)让它再烧一分钟。(站在炉子旁边,抽他的烟斗。自以为没有问题了,傻瓜似的重新打开一个危险的话题。)你知道吧,我有点为妈担忧。

劳(把盘子推开)：为什么？

戈：我觉得妈没有往常好。她那个冷盘简直没有怎么动它。

劳(回过头来好像有句话要说,又顿住了,停了一下。这一回是她诚心要躲开那快到头上的风暴)：嗨,戈第,我忘了告诉你了！小家伙今天就着杯子喝水了——头一次！

戈：有他的！这小流氓！

劳：你看,就是这个杯子。(拿起一个小杯子给戈登看。)

戈(亲热地,拿一支胳臂抱着她)：好,好。(看杯子。)这是什么杯子？我好像不记得——

劳：嗯——妈带来的。她小时候用的。

戈：我受洗时候用的那个怪好的大杯子呢？我想小家伙也愿意偶尔用用那个。

劳：我把它收起来了,亲爱的。生怕爱赛儿把它弄瘪了。

戈（打火炉上把水壶取下，回到水槽跟前）：我希望妈没有病。吃晚饭的时候我觉得——

劳：有热菜的时候，上等人是管它叫晚餐的——

戈（小心地看她一下，忽然好像醒悟过来他们已经站在深渊的边缘）：心肝，你累了。你去休息，我来拾掇。

劳：不，谢谢你。我要看见一件件东西擦得干干净净。有人会偷偷的来巡查，关于我的管理家务又会有些风言风语。自然，我承认我是从小没学过做厨子——

戈（打算在烟斗里找灵感，重新把它点起。拿起一个好看的银的咖啡壶）：有一件事情我解决不了，就是怎样不让咖啡渣流下水槽去。（他一个劲儿说话，努力渡过这双方都看清了的危险点。）要是我能发明一种拦住咖啡渣的东西，也许咱们就能发财了。你做的那个咖啡真好，人儿。

劳：小心那个壶，咱们所有的漂亮东西就只有这几件。

戈：这个壶真美。

劳：贾克·戴维斯送我的——

戈（厌恶地放下）：我看我还是去收拾垃圾吧。

劳（紧张）：已经收拾了。

戈：我喜欢星期四，因为只有这一个晚上爱赛儿没有机会扔掉五块钱的好好儿的吃食。

劳：我已经把垃圾收拾了。你把桶提出去吧。

戈（在水槽旁边架子上的那些盘子里找来找去）：我放在这里的那个盘子呢？里头有好些个能吃的东西，是我拣出来的。

劳（终于爆发）：嗯，你要是以为我会把你妈拣剩下来的东西留起来——

戈（抓住垃圾桶，把它提到水槽上，开始检查里头的东西。他的导火线也越来越短了）：天哪，怪不得咱们钱不够花了，大把大把的当垃圾倒掉嘞。（拣出各种吃食。）浪费！你看那块干酪，你看那些土豆，把这些东西拿来，再加上这里的肉，剁成末儿，不就是又好又经济的午饭菜吗？——

劳：真奇怪，你没有到清洁队里去找个事儿干干。我从来没有听见过象你这样的男人，在垃圾桶里翻来覆去的找吃的。

戈（爆发）：你知道最最不能饶恕的罪过是什么？最冒犯圣灵的罪过是什么？是浪费！我想起来要发疯，一天到晚狗一样的工作，工作，挣来的钱倒有一半让一个无知无识的家伙扔掉。你看这个，你看！（拾起一个叫人害怕的东西。）这块骨头上头的肉足够做一碗汤。天哪，这是那一瓶鱼子酱！（拿起来。）我记得是你特地为我买的。我正在诧异它到哪儿去了。我还只吃了顶上头一点儿呢。

劳：嗯，你把它留着，留着，都长了霉了。

戈：刮了就是了。一点儿霉害不了人。要是这种事情继续下去，我的银行里的存款也要长霉了。（还在检查垃圾桶。）你看，五六片面包。难道面包也长了霉吗，我倒要问问。

劳：我从来没听见过这么叫人恶心的事情。巴住个垃圾桶找吃的。你干你的正经去，我的事我会管。

戈：把我辛辛苦苦挣来的钱扔掉，这个事儿我想我管得着，是不是？

劳：你是挑错儿的能手。我也知道爱赛儿太粗心浮气，可是在这个倒楣的乡下地方我找不着比她好的人。也许你肯替我找一个好用人。一个有训练的老妈子不肯上这种垃圾堆里来，连个煤气都没有。你是得福不惜福。你晚上回家，看见家里拾掇得整整齐齐，我象牛马一样地忙着弄晚餐，你有过

499

一个"谢"字没有？你才不呢！你一心一意只是挑错儿。我不知道你是怎么个家教。你妈——

戈：别把我妈拉扯进去。我看我妈没惯坏了我，不象你妈那么惯你。自然，我不是个独养女——

劳：我倒愿意你是。那我就不会嫁给你了。

戈：我想你大概是以为，要是嫁了贾克·戴维斯或是另外一位投机倒把的人，就一辈子不必踏进厨房了。

劳：要是小家伙长大了跟你一样的脾气，我没有别的话说，只有希望他一辈子不娶老婆。

戈：他要是娶老婆，我希望他娶个懂得一点什么叫做经济的女孩子——

劳：他要是娶老婆，我希望他有点男人气，不一天到晚挑错儿——

戈：嗯，他不娶老婆！我一定让他知道结婚是怎么回事，一天到晚这么吵吵闹闹的——

劳：不，他要娶老婆！我要他娶老婆！

戈：嗳，这真是太荒谬了——

劳：我要他娶老婆，至少做个好榜样，叫他父亲看着害臊不害臊。我要教导他怎么样做个象模象样的丈夫。

戈：戴上镣铐，我想——

劳：而且他的老婆不必坐下来洗耳恭听他母亲的滔滔不绝的批评。

戈：你既然这么瞧不起婆婆，你自己又急于要做婆婆，这就怪了。你还是一位候补婆婆呢！

劳：好，你要下流就下流吧。我敢说你要不下流也办不到。

戈：哎哟，你以为结婚是怎么回事，到底？你以为可以活它一辈子,什么事都有别人替你做好,自己不必辛苦一点儿,使生活更加有趣一点儿吗?

劳:说话就说话,非得叫唤不可吗?

戈:让我告诉你一两句话。你见多识广,看你能不能赞成?你以为世界上有比这件事更残酷的没有——把一个女孩子带大,对于居家过日子任什么都不知道,相信她一辈子都有人伺候得无微不至,相信结婚只是无尽期的卿卿我我,如醉如痴——

劳:有你在旁边,要醉也醉不成。

戈:我相信,要是有一分钟没有人亲热你夸奖你,你就会觉得你的一生都毁了。你假充相信结婚是神圣的。可是两三个油腻盘子就把你吓得手足无措了。我喜欢我的神圣观,就是常识的神圣观。结婚的仪式不应该在教堂的祭坛跟前举行,应该在厨房里的水槽跟前举行。

劳(狂怒):我早应该知道油跟水是合不拢的。我早应该知道一个下流的、自私的、自以为了不起的男人不会叫一个上等人家出身的女孩子快活的。我是薛家的姑娘,怎么能到钟府来做媳妇。"钟"——我想无非是"假充"的"充"字罢了。你太平凡太庸俗了,得福不知惜福。你娶了一位漂亮的高贵的太太,却盼望她干苦活象一个洗衣服的婆娘。你要毁灭她的生趣,毁灭她的精神。你只应该娶个冰箱——这是这个房子里头唯一得你垂青的东西。

戈:你听着——

劳(不让他打断):要讲惯——嗯,你妈才惯你呢,把你惯得自以为你是世界上唯一的男子。(讽刺地)她的可怜的、过度工作的孩子,这么努力办公,这么一天累到晚,这么高贵地奋斗,为了养活他的家庭！我不知道你喜欢不喜欢我这一份活儿,管家,养孩子,带孩子,将就这么个无知无识的老妈子,做了四个人的一桌饭,还要受人家讥笑,得不着一句好话。你只晓得捧起个垃圾桶来挑错儿——

戈(傻瓜似的)：我倒没有找着错儿。我倒找着些好好儿的饭菜让人糟蹋了。

劳：好,要是你喜欢那垃圾桶胜过你的太太,你跟它去同居得了。(把它手上的擦碗布扔在地下,由左门下。戈登站在水槽旁边没有主意,在那没有洗完的盘子中间闷闷地动了几下。对垃圾桶注视。于是小心地把他认为还可用的一些食物收集起来,木然地凝视一阵,然后把它们放在一个盘子里,迟疑了一下之后又把盘子放进冰箱。提起垃圾桶送到右门外边去。回到厨房里,忽然怒从心上起。)

戈：老是这一套！(扯脱围裙,扔在地下,由右门下,砰的一声把门带上。)

(过了一会儿,台后通楼上的门小心地推开,薛老太太轻轻地走进来。她在这杂乱的厨房里周围一看,打地下把擦碗布跟围裙捡起,迅速地开始清洗的工作。通楼上的门又跟刚才一样悄悄地推开,钟老太太进来。这两位老太太用女人们天生的机灵彼此打量一番,默然地实事求是地合作起来,整理一切。钟老太太管洗,剩下来的那些盘子,在她的一双能干的手底下打转。薛老太太打她手上接过来,很快的擦抹干净,放上架子。她们的动作井井有条,准确而且省力,而且时间配合得那么好,每逢钟老太太递过一块洗过的盘子,恰好薛老太太就从碗橱那边回过身来,接个正着——您看了这个情景,准觉得富有喜剧的意味。她们象机器人一样的工作,差不多有两分钟一声儿不言语,她们俩时时用她们敏锐的眼光互相偷看,象是在探测对方的情绪。)

钟:要不是这么可悲,我真要笑出来。(小停,两个人忙着工作。)

薛:要不是这么可笑,我真要哭出来。(又小停。)我想这是我的不是,可怜的劳拉,我怕我真的把她惯坏了。

钟:是我的不是,我想。丈母婆婆一块儿来,哪家小两口儿也受不了。我不知道您在这儿,我要知道,我不会来的。

薛:劳拉太小心眼儿,可怜的孩子——

钟:戈登在公司里太费劲。您知道吧,他在那儿想往门市部里爬呢。我想这也影响他的脾气——

薛:要是劳拉雇得起一个奶妈子帮着她带带孩子,她就不会累得这么着——

钟:戈登说是他打算去保点儿寿险,所以他才这么讲究经济。不是为他自己呀,他是最不自私的——

薛(带三分尖酸):可是,我总觉得,有时候——(她们停下来迅速地互相对望了一眼。)我的天,咱们也要拌起嘴来了,要是再不留神的话!(她走到衣架跟前,把上面的衣服整理了一下。她拿起一件小人儿衬衣来,两个人都笑了。)

钟:小心肝肉儿!我希望他长大了别象戈登的坏脾气。这是钟家的遗传,我怕是。我的娘家姓安——我没出嫁以前就不知道什么叫脾气——不管是我自己的还是戈登他爸爸的。

薛:我娘家姓棠——海棠的棠,您知道吧,祖上是罗德岛人。家家都有脾气。所有丈夫的家里,至少是。

钟:戈登他爸爸常说,亚当跟夏娃是得福不知惜福。他说人家管伊甸园叫乐园,就是因为这个。

薛:因为什么?

钟：因为伊甸园里没有丈母跟婆婆。

薛：可怜的孩子们,他们有多少事情还得好好学习呀!我真觉得难为情,亲家,劳拉太不懂规矩,我也一直太惯她。在她认识戈登以前,她是让人照顾惯了,象个活宝贝似的,她也就忘了她是谁了。

钟：我恨不得戈登岁数再小一点,我要把他按翻了打他一顿屁股。他太倔强,太不懂得应付——

薛：我怕我确确实实犯了个错误。劳拉小的时候玩得太称心了,我老是为她担心,怕她结了婚以后要大大的失望。可是她父亲那个时候手上宽裕,常常说,"一个人一辈子只年轻一回,让她去快活快活吧。"

钟：戈登他爸爸也是目光短浅。他自己没法子不省吃俭用,把儿子也教得一个铜子儿也不敢乱花。

薛：这是对的啊。我恨不得她父亲也这么把钱勒紧些。我回家去必得告诉他,他的放任政策结果怎么样。可是,说真格的,听着他们小两口儿拌嘴,我不由的羡慕他们起来。(叹了口气。)叫人想起早年的情形!

钟：可不是!(小停。)可是咱们不能让他们这么着下去。偶尔有个言轻语重的,那也有个好处。是一种精神上的泻药。可是他们闹得太利害了。

薛：他们可真伶俐。连小宝宝未来的丈母娘都拉扯上了。我想她该还没有出学堂呢,不管她是姓张姓李。

钟：做丈母,做婆婆,跟做母亲一样的操心。

薛：我觉得,在一男一女结婚之前,先得让两家的母亲定下一个和平公约。只要她们能够互相谅解,将来的结果准定圆满。

钟：您这个话对极了。要是各人帮着自己的孩子说话,那就完了。

薛（低声）：嗨，我觉得我有办法让他们自己觉得惭愧。他们这会儿在哪儿？

钟（小心地走到左边门口，向外偷看）：劳拉倒在起坐间的沙发上。我想她是在那儿哭着呢——她的脸埋在靠垫里。

薛：好极了。这么一来，她就是全神贯注在两个耳朵上了——（踮着脚走到右边窗前。）我看不见戈登，我想他是在花园里蹓跶着呢——

钟（轻轻地）：只要咱们说话稍微大声点儿，他就会在后门口台阶儿上坐下来听的——

薛：对。现在您听我说！（她们头靠头打喳喳；听众听不见说什么。）

钟：好！嗯，好得很！（薛老太太又打喳喳，听众听不见。）且慢。由我来夸奖劳拉，您来夸奖戈登，您觉得是不是更好呢？这是他们料想不到的，也许能叫他们惭愧——

薛：不，不！您想——（又打喳喳，听不见。）

钟：您的话对。蛇一般的狡猾，鸽子一般的和善——（她们小心地把左右两扇门虚掩。）

薛：我只希望咱们别把小宝贝闹醒了——（她们重新继续洗盘子，说话的声音很高，装着拌嘴。）

钟：这些装点心的盘子放在哪儿？

薛：放在这一层。

钟：您在这儿的时候比我多，劳拉的安排您自然知道得比我清楚。

薛：今儿个幸亏我在这儿。在这种烦死人的时候，要没有我，我真不知道可怜的劳拉怎么办——

钟：还可怜的劳拉呢！我说呀，她的运气算是很不错了，有这么个丈夫——

薛：象她这么个富贵惯了的女孩子，竟要过这种日子，我觉得是有点儿惨——

钟：戈登在公司里很有进展，真是了不起——

薛：那还用说。有这么个可爱的家，管得一丝不乱，象一只钟——

钟：嗯。象一只闹钟。

薛：唉，我不能看着我女儿的幸福叫人给毁了——

钟：我早就知道我们戈登是个好丈夫，不知道谁家的女孩子——

薛：也许。可是他好像挑错了人。我们劳拉的骨头硬了些，不让人欺负——

钟：那么，也许从头就是一场错误。可怜的戈登，他这么辛辛苦苦的干工作。我相信他鬓角儿上的头发都白起来了。

薛：鬼话！那是他早上刮胡子的肥皂沫儿。他太马虎了，没有把它洗了。

钟：一个年轻人象他那么做牛做马的苦干，实在不应该——

薛（显然冒火了）：您觉得在公司里做牛马能比得上在家里做牛马吗？我觉得象劳拉这么个漂亮女孩子，关在一个鸽子笼似的房子里，上厨下灶带孩子，看了也心疼。想想看，她的孩子要她自己带！哼，简直是侮辱。戈登要是还有三分象个男子汉，他该给她雇一个有训练的奶妈子，免得她不得不看那可怜的小东西——

钟（刻毒地）：对了，正当那个孩子需要科学看护的时期，戈登不得不把他交给一个外行，这多可惜！

薛：可怜的劳拉宝贝——她不该养孩子的。

钟：戈登的脑筋太好了,不该拿这些家庭琐屑来搅他。该让他聚精会神的干他的工作。

薛（走近钟老太太,装作大怒,可是扮个鬼脸,表示是演戏）：要是您觉得我女儿配不上您儿子,我可以带她回我们家去。我想我们家里还有她容身之地,那个孩子可以把他送进育婴堂去。（两位老太太差点儿笑了出来,赶快忍住。）

钟：不劳您烦神。我把这孩子带走。他是钟家的孩子,不是薛家的。您看着戈登就是了,解除了这些家庭麻烦,没有人跟他吵闹,您看他怎么样。他会有出头的日子。他太好了,不该让一个不了解他的女人给绊住。

薛：劳拉听了这个话该多高兴啊！我那性子又好、又聪明、又好看、又会当家、又识大体的小女儿,这可自由了。她这一段结婚的生活简直是一场恶梦。那个傻大个儿自私自利的男人想把她踩在脚底下,让她得不着一点儿生趣。哼,休想。

钟：我还没听见过谁家的年轻丈夫有象戈登这么不顾自己的。我相信他从来没有跟朋友们晚上出去消遣过,也从来没有在自己身上花过一个钱——

薛：我觉得劳拉把她这个小小的家真是管得好。您看她把这个厨房弄干净得费多大的事——这个倒霉的、不方便的小厨房,又没有煤气,又没有储藏室,又没有象样的老妈子。要她忍受这种痛苦,真是太可怕了——（她们停下来,到左边门口偷听,厨房里现在已经干净利落。钟老太太打手势表示劳拉正在认真倾听。）

钟：好,这件事算是完全解决了。

薛：嗯。我是劳拉的母亲,我不能让她这么吃苦吃下去。又要招呼丈夫,又要料理家务,又要带孩子——哪个女子也受不了。

钟：这样了结,双方都好。我从来没听见过这种牛马生活。戈登再也对付不了了。整块的肉骨头,三大片的面包,就这么扔了!我不懂他怎么没有气疯了。

薛：总算没有太晚,咱们把他们救下了。(她们会心地相视,带着那种了却一重心愿的神气。然后把台后的门悄悄的打开,往楼上去了。)

(冷场片刻;左边的门象爆炸似的打开,劳拉冲了进来,她站住了一下,张大两眼,愤怒地顿脚。然后在衣架上取下一件小儿的衬衣,一屁股在桌子旁边的椅子上坐下,哭起来。她把头埋在胳臂弯里,把衬衣也盖住了。戈登从右边门进来。他迟疑地站着,显然不知如何是好。)

戈：对不起,我——我把烟斗落在这儿了。(在水槽旁边找着了烟斗。)

劳(脸还埋着)：啊,戈第,这是一场错误吗?

戈(为难,搭讪地拍拍她的肩膀)：你听着,人儿,你别。回头哭出病来。

劳：我再也想不到会听到这种话——从我自己母亲嘴里出来。

戈：我从来没听见过这种混帐话。她们准是疯了,两个都疯了。

劳：那么你也在那儿听来着——

戈：嗯。你看,她们有意离间咱们。

劳：要是她们知道咱们会听见,她们不会敢说这种话。戈登,我想这是不合法的——

戈：我怕法律不会保护咱们,叫咱们不受母亲们的言语。

劳(可怜地)：我想她的话是对的。我是让人惯坏了,我是不懂事,我是太会花钱——

戈：别说傻话，宝贝，那全是胡说八道。我没有太辛苦；就让是，我也愿意，只要是为了你——

劳：我不要给小宝雇奶妈。我不要家里多一个奶妈。（坐起，头发蓬散，把一直握在手里的小衬衣抖开。）戈登，我不是外行！我爱小宝，我懂得科学育婴。我每星期都给他过磅，都记下来。

戈：对的，我知道，心肝。戈登了解的。过两天咱们就能买一个你要的磅秤，就不必再把他放在称肉的磅秤上去称了。

劳：谁也不能把我的心肝小宝抢去——

戈：是我的不是，亲爱的。我是倔强，是脾气不好——

劳：关于乱扔东西的事情，我要跟爱赛儿说——

戈：爱赛儿不坏。有她这么个人就算是咱们的运气。

劳：戈登，你不许太辛苦。你知道吧，我现在就只有你一个人了——（呜咽。）妈也跟我不对了。

戈（拍拍她）：我觉得真是岂有此理，她们说的那些话。她们这是什么用意，要破坏咱们的快乐家庭吗？

劳：咱们真的快乐，是不是？

戈：怎么不快乐。你听见我埋怨过一句没有？（把她抱在怀里。）

劳：没有，戈第。她们要想在咱们中间挑拨是非，真是太狠心了——只是，也许，她们的话里头还有一两句——

戈：有道理？——

劳：也不能说是有道理，亲爱的，只是——有意思！——你妈的话是对的，你是太苦了，我要想法子——

戈（打断她的话）：不，你妈的话对。我太蛮横——

劳：嫁给你这么个丈夫是我的幸运——（他们沉默片刻。）

戈：我想你会觉得太煞风景吧——

劳：什么事,亲爱的?

戈：咱们弄点吃的?

劳(快乐地)：好极了。拌嘴总会叫我饿。(他们走到冰箱跟前。)吃晚饭的时候我简直没有吃什么,担心这个担心那个的——

戈(开冰箱)：你该说晚餐,心肝——照上等人的说法!

劳：别讨人嫌。来,咱们来找吃的——(她发现戈登拣出来的那盘子剩菜。)

戈：把那块臭肉扔了——我太蠢了,把这种东西也留下。

劳：不,戈第,你对。咱们能省则省。四五颗莴苣就能给小宝做件新衣裳。

戈(不懂)：莴苣?

劳：我是说,只要少糟蹋四五颗莴苣,省下的钱就够给小宝买件新背心。他长得这么大了——(她把那盘剩菜端到桌子上,又拿了些别的冷食。)

戈：嗯,这才差不多。(他们坐下。)

劳(思索着)：你知道吧,戈第,咱们不能让她们知道咱们听见她们的话。

戈：嗯,不能让她们知道。可是她们这种说话真是难以原谅。

劳：她们的话尽管不中听,我想她们的心是为咱们好——

戈：咱们得冷淡点儿,生疏点儿,等这件事情慢慢的冷下去。

劳(沾沾自喜地)：我要是有一天做婆婆,我要努力体贴点儿媳妇——

戈：对的,人儿。你记得不记得我为什么管你叫"人儿"?

劳：我还会不记得?

戈：省了一个形容词,你记得吧。

劳：啊,戈第,这就是结了婚之后才会有的毛病。多少个好形容词就这么省了。

戈：有了太太的人的座右铭：别断了形容词的供应！——你记得那个形容词是什么？

劳：你说给我听。

戈："可爱的"啊。是"可爱的人儿"的缩短哪——（抱她。两个人十分快乐。）我喜欢咱们的星期四晚上。

劳（从他怀里挣脱一半）：嘘！（倾听。）是小宝不是？

——幕下

《星期四晚上》的作者克里斯托弗·莫利（Christopher Morley,1890—1957)是一个数学教授的儿子,大学毕业后曾留学英国。回国后做记者,在《星期六晚邮》上写专栏,以文笔优雅见称。后来也写小说,但不及他的小品文更为人称道。他的剧作不多,《星期四晚上》最有名。小两口儿拌嘴,两位老太太用计调解,表面上看来只是开开玩笑的故事。可是这里揭示一个真理：人们的成见,在他本人无不持之有故,言之成理,可是经别人拿来一夸大,连他本人也看出来它的不合理。这就是所谓"寓庄于谐",是喜剧的本色。

沈普生先生

〔英〕查尔斯·李

[**人物**]：施德琳（姐）
　　　　施洛琳（妹）
　　　　沈普生（房客）

[景]英国南方西部的一家乡下人家的厨房。舞台后方中间有格子窗，窗沿上有几盆洋绣球。窗户的右边（观众的观点）有门通前院；左边有很高的"老爷爷钟"；再往左有一个壁橱。舞台的右方有一碗架，陈列盘子碟子很多；有一层有一小堆书籍。碗架过去，又有一个门。在舞台的左方有一个炉灶，灶里有火。

在屋子中间的一张桌子旁边，施洛琳，一位温良的、胆小的、胖胖的、年纪四十岁上下的老小姐，坐在那里补袜子。开幕时，钟打四下。洛琳对它看了一眼，开始跟它说起话来，正如别的孤独地生活的人往往爱跟猫儿鸟儿说话一样。她的工作需要特别注意的时候，她就暂时住一住嘴；有时候她的心思散漫，她也会做梦似的把一句话重说一遍。

洛：四点啦，爷爷？姐姐晚啦，是不是？她去赶集，从来没有晚回来过——我知道,您也知道。您是很难得会叫她害臊的……我是比不上她的。礼拜六下午四点钟了,面包还没有进炉,沈先生的袜子还没有补——唉,真是荒唐!我简直没有脸见您,爷爷,这是实话——没有脸——见——您……什么事儿拉住她呢?她去赶集从来没有这么晚回来过,一十五年都没有过。而且沈先生不定哪会儿就要来付房钱,顺便说说话儿,我又是个要我的命也不知道跟他说些什么的。跟您说话是容易的啊,爷爷;可是一个活人,一个会问你话、要你回答的人——那可不一样啊,而况我还没跟他混熟呢……他是个一板三眼的人——慢条斯理的,可是一丝不乱的,就象您自个儿一样。我常常觉得他的脸象您的脸——圆圆的,一本正经的。他有个话儿要说啊,先得打喉咙底下唿噜两声,就象您报钟点之前那个样儿……可是您是我们的老朋友;他呢,三个月之前我们看都没有看见过;所以呀,您不犯着吃醋——不,爷爷不犯着吃他的醋。(她叹了口气站起身来,走到炉子跟前去照料照料,又到窗户跟前朝外看看,一边儿还是说着话。)对的,您要是还记得,他搬到隔壁儿来住,到礼拜二恰好是三个月;这么看看,象是已经有三年,那么看看,又好像是三个礼拜。时间这个东西就是这个样儿,爷爷,永远是这个样儿,尽管您的滴答滴答是始终如一。它呀,要就是蚂蚁一样爬,要不然就象肉店里运肉的车子那么赶……哎呀!……(这个时候她已经又坐了下来。)姐姐晚了,爷爷!从来没有看见她晚回来过。要是出了什么事啊!(通前院的门上有轻轻的叩门声,洛琳闻声一惊。门开,沈普生在门口出现。略有老态,行动木强,言语迟缓;一圈花白的连腮胡子包围着他的红红的圆脸。洛琳露出含羞的窘态。)

沈(深深地咳了两声,调一调他的不惯于运动的喉咙):您好,二小姐!

洛:沈先生吗?

沈(张望):大小姐在家吗?

洛:不在家,沈先生,还没有回来呢。我正在有点着急。她平常不会过四点的,现在已经四点过了。

沈:那末家里只有您一个人?

洛(敏锐地意识到这个事实):只有我一个。(经过显然的努力。)沈先生,不进来坐坐吗?

沈(想了一想):不,谢谢您。这儿很好。嘴里有块烟叶子,您懂吧。在这儿外头吐唾沫方便些。(他躲在一只恭而敬之的手背后表演了一下这种方便。)我走过来的时候好像听见有人说话来着。只当是大小姐回来了呢。

洛:有人说话?哦,是我,是我自个儿跟自个儿说着玩儿。也可以说——(害羞地格儿格儿笑了笑)——我跟爷爷说说话儿。

沈(探着脖颈向屋子里头巡视):爷爷?哦,是的,钟!跟爷爷说话儿,啊?(哈哈了一声。)好极好极,您倒找着了一份事儿!

洛(局促地跟着他笑了一声):傻得很,我知道。可是我一个人在家的时候常常跟爷爷说说话儿。(鼓起一点勇气。)他是极好的个伴儿——差不多就是个活人呢。姐姐常常说有他在家就象有个爷们在家。您可知道,沈先生,我们的一举一动都有他管着呢,叫我们做这样,做那样,一天到晚没有住时;一会儿是起身生火,一会儿是赶紧做饭,一会儿又要撒灰睡觉。真是,爷爷是我们的家长,我一点不怀疑。我们两个孤零零的女子,没有谁可以依靠,自然就把他奉为一尊了。再说,这一带地方也就没有个钟比他靠得住些,比他漂亮些。

沈：是个气派堂皇的老家伙,一点也不错。(停顿；沈先生换了换脚；洛琳低下头去做了几针。)那是我的袜子？

洛：是的,沈先生。是您的,快完了。(又一停顿。)那烤饼吃着还好吧？

沈：挺不错的烤饼。(他向房内走进一步。)您太为我费心了,小姐,您跟您姐姐。

洛：一点也不,沈先生。我们不能看着您哪,您住在我们隔壁,孤零零的,没有一个人伏侍您,您自己又象个刚落地的小孩儿一样,自己招呼不了自己。

沈：我简直不会弄饭,这是不成问题的。(他又前进一步。)煎煎炒炒,那自然可以对付对付；可是一个人不能就只煎煎炒炒过日子啊。至于补袜,——那我也试过。简直跟鱼网一样,越补洞越多。嗯,我觉得我现在舒服得很。一辈子没这样舒服过。

洛(认真地)：您这么说,我真高兴。您知道的,我们有什么可以效劳的地方,只要您说一声就是了。

沈：谢谢您,小姐；您待人真好。(他又向前走进一步,露出有机密话要说的样子。她的羞容又象潮水一样的涌回来。)我倒是真有一句话要说——有一句要紧话非说不可——这会儿来就是为了这个。可是这件事跟您两位有关,我想还是等大小姐回来再说的好。(他慢条斯理的准备坐下来。)

洛(看见将有一番密谈到来,害怕得了不得)：想不出什么事儿牵住了她。她从来没有这么晚回来过。沈先生——

515

沈：嗯？

洛：您肯不肯——要是您不嫌我要求的非分——您肯不肯走到大路上去一两步，看能不能望见她的影子？

沈（慢腾腾地站起来）：当然可以，要是二小姐要我去。可是您真不必担心。她是不要人招呼的。可是您要是不放心，我可以到十字路口去观望一下。（走出去。）您别着急；她一定会回来的。（他走了。）

洛（走到窗口看他走得望不见）：他走路太强得很呢，爷爷。他刚刚坐下来要舒服一阵，又把他赶了出去，真是太不应该。可是我没有办法呀。有姐姐在就没有关系；要我一个人跟个爷们坐在一个屋子里头——那可不成！就算是一个女孩儿家可以这么着，我也办不了。（她离开窗户，开始清理桌子，同时继续跟老祖父说话。）有要紧的话要说？我想不出——（激动。）决不会是来退房子！不会的！别胡说八道，爷爷！他不是那种三心二意的人；您不该冤枉他。"一辈子没这样舒服过"——这是他亲口说的话；您也听见的……可不知道究竟是什么。（忽然起了一个惊人的念头。）呀，要是——！唉，太荒谬了！他从来没有过一点表示，嘴里没说过，脸上也没露过。还有一说，要是那句话，爷爷，您看，不管是姐姐是我，他只会跟一个人开口；可是他特别说明要跟我们俩说……嗯，反正一会儿就可以知道了。（她走到钟跟前。）啊，爷爷！四点十分了！准是出了事儿了；我知道，准是！（她往一张椅子上一倒，抽抽噎噎起来）喔，德琳！喔，亲爱的！……（她狠狠地对钟看了一眼。）滴答，滴答！你是不在乎的！即使世界末日到了，你也还是滴答你的，直等到火烧上你的身。说老实话，你不过一个木头匣子装上些个齿轮罢了,你有什么心肝!(悔恨。)唉!我不是存心要骂你;你知道的,一个人遇到不顺心的事儿会怎么样。(差点儿哭出来。)你——你自己也曾经打过十七点,就是春上大扫除的时候搬动了您一下……啊!(听见外面有声音,她赶快跑到窗户跟前。)好了,爷爷;姐姐回来了,谢天谢地!(门冲开;德琳匆匆进来,筋疲力竭的,倒在一张椅子上,她比洛琳大几岁,比她活泼得多。她的行动快而突兀,象一只鸟,说话的时候手舞足蹈。她胳臂上挎着一只篮子,里面是一星期的食品。)

洛(极端担心):德琳,是什么事儿?喔,姐姐,是什么事儿?

德(喘息未定,有气没力地):喔,我的脑子!唉,想不到会过到今儿这么一天!(把篮子放下。)咱们再也抬不起头来了!……妹妹,咱们一辈子脱不了这个羞辱了!

洛:姐姐啊!(她倒在她的椅子里,哭了起来。)

德(努力恢复了镇定):别哭,洛琳,等我给你点儿哭的材料。够叫你哭的,我告诉你。(她带忧郁而又兴奋,滔滔不绝地叙述她的故事。)上礼拜我就疑心有了什么花样,我看见她们几个交头接耳的,点点头,又朝我笑笑——巴太太那个老毒蛇,她是一个,蒲格蕾也是一个,她们俩交头接耳起来就不会有好话说出来,你放心就是了。我可没理她们;她们这种人的眉眼我才懒得去理睬。好,今天我把几只鸡卖了——鸡落到一块九一磅,还不容易卖掉——我把鸡卖了,买了面粉,买了糖,买了肉——很好的一块肥猪肉,六便士的嫩牛肉——东西都买齐了,只剩下黄油一样——(立起身来脱了帽子等等)——这个礼拜黄油特别缺货,价钱上去了两便士,家家都卖完了,除了巴太太——她的黄油总是末了一个脱手,那也很有理由——好,我是非买点黄油不可的,哪

517

怕是她的臭货也得将就买一点,所以我就去买了她一磅,拿到手上就闻了闻,这我也不赖;她也没说什么,等我给了钱,她把钱稳稳妥妥的放进口袋——你放心,她先得照料这个——这才开口,"施小姐,是很好的黄油呢,"她说,仿佛是向我挑战,看我敢不敢说这不是好黄油,可是要我撒谎来讨好她这种人,那是休想,我说,"不好也得好哇,巴太太,买不到好的啦,"我说;她的话来了,"你早先不这么挑精拣肥呀,"她说。"想来你们意中人的胃口细巧着呢,"她说。

洛(莫名其妙而又惊慌):意中人!姐姐!这可是谁呢?

德(冷酷地):在这附近周围我知道的只有一个人。

洛(张嘴结舌地):沈先生!

德(木石一样地冷静):就是他:咱们的意中人——你的,也是我的;我一听她这句话,浑身发软——找不着一句话还击,只觉得脸上发烧。这就轮到蒲格蕾——这个老狐狸,没有问题,她是站在旁边等机会呢——她开口了,"施德琳,你真也该红脸的,"她说,"你要肯听我一句好意相劝的话,"她说,"你们该赶紧点儿了,你跟你那个傻头傻脑的妹子,快点儿亡羊补牢,"她说,"叫你们那个沈普生快快把你们俩娶一个过去吧,"她说。(洛琳尖叫一声把脸埋在她的围裙里。德琳也差点儿掌不住,可是她沉住了气又接着说下去。)简直混帐,嗯!咱们向来安分守己,与世无争,既不当面骂人,又不背后造谣。她们为什么不能放松咱们呢!(她走到炉子跟前,拨弄炉火。)得想个办法,还得快点儿。(思索了片刻。)他在哪儿?

洛(声音让围裙包住,断断续续抽抽噎噎地):他刚才还在这儿……说是有要紧话跟咱们说……不肯说,非要等你回来……出去到大路上去等你去了。

德：我是翻岗上的小路回来的；所以这么晚才到家。我是不急于在大路上多碰见两个熟人的，这你大概也猜得出。（她坐下。）哼！有要紧话跟咱们说，啊？也许咱们倒有要紧话跟他说呢！

洛（放下围裙）：姐姐！你别告诉他！你要告诉他，我羞都羞死了！

德（犹豫）：我不知道。总得想个办法。可恨我竟想不出。我的可怜的脑子！——全搅糊涂了。

洛（惊起）：姐姐！大门！我听见铁搭的声音！有人来了！

德（冲到窗户跟前）：是他！不能让他进来，可是！从此以后不能让他再走进这个屋子。（她跑到厨房门口，把门闩上。）嗯！（姐妹二人的两双眼盯在门上，大气儿都不敢出，等候事件的到来，一阵轻轻的敲门声。过了一会儿，搭扣让外面的人扭开，摇撼得叽里嘎拉的直响。又停了一下，听见沈普生的声音。）

沈：有人在家吗？

德（走到门跟前，隔着门说）：抱歉得很，沈先生，不能让您进来。

沈：怎么啦？你们怎么啦？

德：我不能告诉您，可是我不能放您进来。沈先生，您请便吧。

沈（考虑了片刻）：不成。非得知道了是怎么回事我才走。

德（绝望）：嗳呀！我求您——走开！

沈（慢而坚强）：非得知道是怎么回事。您把门开开，从从容容的告诉我。您不让我进来，我决不进来，可是我非弄明白是怎么回事不可。

德（对洛，惊惶地小声说）：他不肯走。怎么办？（洛琳凄惨地摇摇头。)要是我告诉他——!(洛琳吓得两手高举。)要是我不告诉他句话,他是不肯走的。我要想法子婉转点儿。他知道了是怎么回事,马上就会走开。我决不让他跟咱们见面。(硬硬头皮把门闩拉开,把门打开一英寸光景,用肩膀顶住门。)请您别进来。我们见不得您的面。您一定要我们说,那也只有说吧,可是我们从此不能再见您的面了。

沈:有那么利害吗?

德:还要利害些!比您能想到的全都利害些。(极大地努力。)沈先生,人家在那儿说咱们的闲话呢。

沈:"咱们"?

德:您跟我们。到处都在流传着——怪难听的话。唉,想不到会遇到今儿这么一天!

沈(耐烦地):大小姐,请您把详细情形给我说说。

德(快要哭出来):我们从来没往坏里头想。自愿给您做点事儿,也无非是街坊邻舍应有的情谊,您一个人住家简直没法子对付。他们说出这些话来,真是罪过,真是混帐。

沈(无穷地忍耐):说出什么话来?

德:他们说——(一泻到底)——他们说您该快点儿把我们俩娶一个过去了!(姐妹二人哆嗦着等待结果。结果来了:先是一声低低的口哨;接着,使她们大为惊异,一阵错不了的格格的笑声。德琳从门口往后退;门慢慢打开,沈普生出现,满脸的笑。)

沈:这早已是陈谷子烂芝麻了。几个礼拜头里我就听见过。不瞒你们说,要不然我还想不到这个呢。

德(不懂):想不到什么?

沈(坦然):咦,当然是向你们求婚啦。

德（张大了嘴收不拢）：难道你——？

沈：对的,我是真心。到明天礼拜天恰好两个礼拜了,要是你们两位不弃,不嫌我冒昧。(对洛琳。)我那会走来要说的就是这句话。世界上的事情真是难于逆料啊!

德：可是——我们从来没觉得呢。

沈：嗯——你们自然不会觉得。这也跟做菜一样,您懂吧;我的手段实在不高明得很。现在是已经和盘托出了。您不生气吧,我希望?

德：喔,不。可是,沈先生——

沈：好,去多想想吧,好不好?这可以节省些,省钱,省事。我也还储蓄了几镑钱。当然我不能说是年轻,可是咱们也都差不多。要说老,也还不算怎么老。我决不愿意拆散你们姐妹;我想咱们三个可以舒舒服服的在一块儿,虽然我当然只能娶你们一个。你们去谈谈吧,我今儿个晚上再过来。(沈下。洛琳坐下,深深地感动。德琳愣了一会之后,跑出门去叫唤。)

德：沈先生!……请您回来一下!

沈（回来）：嗯?

德（非常为难似的）：请您原谅我自问您一声,——您肯不肯告诉我,您打算——嗯——打算跟她求爱的是哪一个呢?

沈：这个,您又要笑话我了。哪一位吗?说老实话,连我也不知道哪一位。(高兴地。)好在这倒没有关系。您两位自己解决一下就是了;我是无所谓的。

德（禁不住格格地笑了笑）：啊,沈先生!谁听见过这种事情?(坐下。)

沈（轻轻地笑着）：就是这个话了。笑吧,您笑吧。二小姐也笑了吗？（瞅着洛琳，她也在局促地笑着。）现在咱们可放得心了。我想我可以进来坐坐，不至于招人家胡说八道了。（关门，坐下，两只手放在膝盖上，欢容满面地顾盼两位小姐。）对了，我倒好像那烟火里的猫儿——不知道走哪条路是好。我这么想想，又那么想想，想来想去得不着个结论。您懂吧，我一直看见您二位在一块，竟没有法子把你们分开，正如同我没有法子把牛奶跟水分开一样。可是我刚才已经说过，这实在没有关系。只要你们两位自己商量一下，得个解决——

德（重重地）：这我们不能够。

沈（询问的目光朝洛琳一瞥）：不能够？

洛（摇摇头）：这不象句话。

沈（认了）：好，您说不行就不行。可是我还是不懂——唔！（他两眼望着地下，心里盘算着这个问题。两位施小姐，紧张地沉默着，眼睛朝前直视。沈先生抬起头来，朝着洛琳的方向看。）

洛（不接他的眼光，匆遽地）：姐姐最会料理事情。（沈先生带希望地看着德琳。）

德（急急地）：洛琳最会做菜。

沈（两手一拍膝盖）：问题就在这儿了！你们俩拼起来就是天字第一号；世界上再也找不出一个更好的太太了。问题就在这儿了；我也想不出一个解决办法——至少在基督教国土里没办法。（沉思地。）啊！那些异教徒土耳其人——他们倒还真懂点儿事，是不是？

德（大不以为然）：沈先生，您这是什么话！

沈：这是不用打算的，我知道。可是我想不出第二个办法。（忽然有了主意。)咱们来转个铜子儿,转下来是谁就是谁。

德(越发不以为然):我们家不许有这种事!

沈:为什么不可以。这也跟掣签差不多,那可是《圣经》里有过的老规矩。照我所知道,这是那些长老们常用的办法——只是他们用的是银元罢了。银元铜元还不是一个样儿?

德(将信将疑):这太象打钱了,我不能想象亚伯拉罕和以撒会打钱。可是要是您拿得稳这是《圣经》里有过的——

沈:毫无问题是《圣经》里的办法,我决不骗你。(对洛琳)是不是,二小姐?

洛(羞缩地):我记得《箴言》里有一句,"掣签能止息争竞。"

沈(胜利地):你看,是不是?"掣签能止息争竞!"针对着咱们的情形!还是《箴言》里头的话呢!咱们的事情,交给所罗门那个家伙是再合式没有了。你看他处置那真假母亲的案子!那里头也有两个女的!嗯,怎么样?(他用询问的眼光看着德琳,德琳半信半疑地摇摇头,可是不再反对。沈先生伸手去口袋里摸索,掏出一把钱,挑出一个拈起来。)好,要是转出来是老女王,那就是大小姐;要是手拿叉耙的年轻姑娘,那就是二小姐。转!(他把铜元转起来,可是抓的时候笨手笨脚地没有抓住。铜元滚到一个墙角落里。他爬在地下去找,两位小姐勇敢地努力安坐不动。)嗳,岂有此理!(站起,手里拿着铜元。)要是个三合土地板就好了!

德(无力地):怎么啦?

沈:掉在地板缝里了。竖在那儿,边儿朝上,既不是字,也不是背。连所罗门也没办法。可是我又不懂了,怎么我那边的厨房是三合土地板,你们这边的厨房又是木板地呢?

洛:这是当初盖房子的时候我们父亲干的事儿。他晚上爱把皮

523

鞋脱掉,三合土太冷了,光穿袜子要生冻疮的。
沈(坐下):好,你看,天底下的事情真难预料!
洛(严肃地):注定了的。
德(同样严肃地):这是个信号,一点不假。父亲的眼睛此刻正在我们身上,我相信。沈先生,我看这个事情根本没有意思,咱们最好不再提起。
沈:我不懂这个道理。我看不出有什么理由,只因为你们父亲他老人家不爱穿拖鞋,就叫我要结婚也结不成。无非得另外找个办法罢了。(他又思索起来。)
洛(胆小地):要是我们等个一半天,沈先生也别上我们这里来,也许他的心会告诉他。
沈(将信将疑地):也许会;可是,也许不会。我的心哪,它是个老糊涂,不中用了。
德:"离亲,离亲,"这是句老话——离开来会更加相思的。
沈:这句话是不错;可是更加相思你们俩,那就怎么办呢?咱们的问题怎么解决呢?可要是你们要我这么办,我也愿意试试看,虽然我怕这没有多大用处。(立起身来。)怪事,真是怪事!活象小说书里的那些离奇故事。那些小说书里真有好故事,虽然人家告诉我那里边一大半都是鬼话;照我看起来——
德(顿脚):我真是不耐烦跟你说话,你把我们搅得这个样儿,不说跪下来请罪,还小说书长小说书短的!年纪这么一把了,还三心二意的拿不定个主意!我真是不耐烦跟你说话!
沈(钦佩地注视她):啊!好快的性子!您让我觉得又回到老家里,跟我姐姐在一块。她也是这么个霹雳火脾气。也不知有多少回,什么事儿慢了一点,惹她生了气,就是当头一擀面杖。可是出嫁之后再没有比她好的太太了——还当了两回子呢。我不知道——(继续凝思地注视德琳,直到洛琳不由自主的动了一动,他才转过眼光来朝对她。)唉,我不知道。人家说"物以类聚",我自己是个好静不好动的人。再要拿品貌来说……(看看这个又望望那个,抓抓头。)唉,我不知道。(对洛琳。)好吧,二小姐,我想不出别的法子,只能试试你的办法吧。(走到门口,停步。)可是啊,我真愿意当初生在异教徒国里。(出去。姐妹二人坐着不动,也不言语。两个人中间,有生以来头一次有了一重幕布,这一个觉得在那一个面前有点局促不安。还是德琳先打破这个僵局。)

德(站起来,硬强强的说):快四点半了。该动手烤面包了。

洛(站起来,继续她的工作):我来做个大蛋糕。

德(嗤之以鼻):你要做你做。我是不能欣赏你的大蛋糕,从来就不欣赏;你也知道的。可是不必管我,你要做你做。

洛(害了怕,可是也不退让):我想我要做一个。(走到壁橱跟前。)面粉在哪儿?

德:篮子里呀!还会在哪儿?(她捡起篮子,砰的一声放在桌子上,把里面的纸包一个个取出,有的放在桌子上,有的放在壁橱里。)诺!做你的蛋糕去!我去看看鸡儿去。(由侧门出。)

洛(揉着面忽然住手,凄惨地对钟诉苦):唉,爷爷!姐姐怎么了,跟我说话这么恶狠狠的?我又怎么了?差点儿照样儿回答她!……唉!(没精打彩地继续她的工作。)做不出个好糕来了,我怕是,爷爷。我的心全不在这上头……嗯!你看我差点儿把鸡蛋也忘了!(走出侧门,马上提了一篮子鸡蛋进来,拿起一个蛋来打在一个杯子里。正在她打蛋的时候,德琳回来了,眼睛在桌子上迅速地一扫,看见鸡蛋篮子,马上变了一个石头人。)

德 (指着篮子,紧张地说在喉咙底下):你拿了那些温杜蛋。

洛 (吓得有一会儿说不出话,然后无力地):就算拿了!

德 (提高嗓子):你知道我今天要让托贝抱这些蛋的!

洛 (战栗,抓住桌子支撑住身子):就算我知道!

德 (嗓子再提高一调):那末你怎么会拿那些蛋的呢?

洛:我——我爱拿什么蛋就——就拿什么蛋——嗯!

德 (用她最高的嗓子,一停也不停):真是使坏,我一个一个留下来给托贝的蛋,你拿了去,你明知道就在咱们说话的此刻,她正在木箱里抱那个木头蛋,心也抱碎了,毛也抱掉了,可怜的热心的小美人!你使坏使到拿我的蛋——

洛 (还想讥讽,可怜不中用):喔,你跟你的宝贝鸡蛋!(放声大哭。)

德 (跑到她面前):妹妹!好妹妹!(两人拥抱,眼泪和在一块。)……想想看!这么些年,没有顶过一句嘴,这会儿——唉!该死的臭男人!

洛 (觉得刺耳):姐姐!

德 (骂得起劲):该死的臭男人,我骂他!但愿当初没有看见他。给他一鼻子灰也活该!

洛:姐姐!咱们已经等于答应了他了啊!(坐下。)而且,他这个人决不肯去的。别看他低言悄语的,牛劲儿大着呢。

德 (恶意的):容易得很,给他七天期还不就结了!

洛:姐姐呀,不能啊!多好的个人——一天里头让两位姑娘拒绝了,还要让人家赶出房子!咱们不能啊!

德 (松下来):狠是也有点太狠。可是咱们这个样子下去是不成的,这是很明显的了。

洛:也许他会有个决定呢。

德:那更不成又不成。他要挑只能在咱们里头挑一个;那一个怎么办呢?你倒说说看。

洛(长长的吸一口气):好姐姐——我——我不太热心嫁人。

德(严厉地):洛琳,书架上有《圣经》。你要能说这句话,你把手放在那上头去再说一遍。

洛(两手掩面):我——不能!

德:嗯;我也不能。现在咱们两个追一个男人。而且到了咱们这个岁数——多丢人!两个不要脸的老婆子——一点也不假。

洛(战栗):喔,别,姐姐!

德(不放松):两个——不要脸的——老——婆子!可是不能让它这个样子!谢天谢地,我脑子里还有几分清明,尽管我心里是一团糊涂。不能让它这个样子。他在这儿多待一天,事情更加坏一天。他为什么不能先有个决定再开口呢!就不会搅成这个局面了啊。

洛:他是逼得说出来的啊。

德:是的。我不能太怪他。这是命运,我想;命运该去管他的打仗啊,杀人哪,暴死啊这些的,不该来播弄象咱们这种安分守己与世无争的人哪。好,不能让命运处处顺利。不能让这个地方有一个酸天醋地的妻子,也不能有一个胡思乱想的姐妹。

洛:姐姐!你这些话多难听啊!

德:我不得不说得明白些,这是我的责任。这件事情总之免不了痛苦;可是不管怎么样,咱们还能有个选择,能痛苦得不丢人。他非走不可!

洛(在窗口):姐姐!他回来了!而且,喔,还戴上了手套了呢!

德:手套!那末他已经拿定主意了!可惜太晚了,我不能让他说出名字,我要拦住他。要是咱们知道了是谁,会更加受不了。(低声而快。)洛琳,你心肠太软,当不了这个差使。你把他交给我;你别言语;而且不管怎么样,别哭出来。咱们不得不硬硬心,要不然一辈子也撵他不走。嗳!(她们咬紧牙齿准备受罪。门开,沈普生出现。他的手上套着一双庞大的黑羊皮手套;一大朵蔷薇花插在他的衣襟上;堆满一脸的笑。)

德(脱口而出):沈先生,请您另外找房子吧,从今天起一个礼拜搬家。(沈普生的笑容慢慢地粉碎,慢慢地让一种开不出口的惊诧替代了。他的目光巡视室中,寻找天崩地裂的痕迹。洛琳开始呻吟起来。)

沈(无力地):我是个糊糊涂涂的笨老头儿,我知道;我好像不大能明白这是怎么个道理。

德(狂暴地):没有什么怎么个道理!——请你别哼哼唧唧的,妹妹!——全是没道理,没道理到了透顶,该赶快打住了。你也不必问为什么,你问了我们也不能告诉你。我们并不愿意叫你为难,跟你分手我们很难受;可是你非走不可,而且不能问为什么。

沈(镇静下来,安详而尊严地说):倘若我没有弄错,小姐,咱们曾经谈过关于婚姻的话。

德:无聊的话。没有比那些更无聊的话了。那些话非收回不可。

沈(顽固地继续说):倘若我没有弄错,您二位叫我回去把主意拿拿定——也可以说把我的心拿拿定——要是我办得到的话。

德：太晚了。不必再说了；您要肯不再说下去,我们一辈子感激不尽。

沈(先看看他衣襟上的纽扣眼儿,又看看他的手套,找它们做见证)：倘若我没有弄错,我现在回到这里来报告您二位,我已经终于得了一个合乎常规的结论。我来报告——对于另外一位小姐自然还是尊敬,她是配谁都配得上的——我来报告我已经选定了一位小姐,我愿意跟她缔结良缘。这位小姐的芳名是——

德(两只手蒙住耳朵,打断他的话)：别说！你不能说！不准你说！我们已经为难得不得了了；别叫我们更为难。无论你选定的是谁,她的回答是只有一个"不"字。洛琳,是不是？(洛琳默然同意。德琳继续说下去,语气软和了一点。)我们依旧感谢您的好意,希望您别恨我们,我们也一辈子对您只有好感；倘若天意另有安排,我们两个,不管哪一个,都会引以为荣,您总还记得我们说过这个话,就在那铜子儿夹住在地板缝里的时候,——嗳,您请便吧,别站在那儿朝人瞪眼,象死猪一样！

沈(挺挺腰)：很好,小姐。(他开始脱手套。)我不是勉强人家要我的人。(一心用在手套上。)我也不埋怨人……我也不问为什么……我也不提名道姓。(他把手套卷成一个球。)

德(微微抽噎)：您这要把它弄坏的。您拿来给我。(她把手套取过来,抹平,叠在一块,把一只翻转来套住那一只,然后还给他。)

沈：谢谢您。买来到个人家去送殡的,结果并没有去；一直没戴过,今天才头一回戴上。(把手套放进口袋。)事情的变化真是出人意料……(把衣襟上的花摘下,放在桌子上。)这是打算送给中选的小姐的,名字我是不说了……早了早好,我想我该走了。(伸手去口袋里摸索。)那头的客店里有空铺——人家告诉我那个客店里的床铺挺不错——我那点儿东西回头我叫人来拿。(一面数着在桌子上放下几个银元。)三个先令——这个礼拜跟下个礼拜的房钱,这是按咱们英国的法律。

德(大为感动):沈先生,我们决不能拿——

沈(举手拦止):请您原谅,小姐,这是国家的法律,我不愿意欠谁的钱。再没有什么了,我想。(在门口。)再会。

德:您不拉拉手就走吗?

沈:不,我觉得不必了。这是一个好基督徒该做的事,我知道;可是我应该生在异教徒国里——一点儿也不错。(沈下。凄惨的静默,最后让洛琳的嚎啕声打破。)

洛:他要一辈子瞧不起咱们了。

德(勇敢地蔑视她自己的苦恼):咱们应该怎么样就怎么样,他瞧得起瞧不起全没有关系。至少我个人不在乎。(摘下来的花吸引住她的目光。她把花捡起,偎在她脸上。)

洛(伸出手来):给我。我来养着它。

德(一下子把花藏在身子背后):打算送给中选的小姐的。也许你以为——

洛:你有权利以为,我也有权利以为——(她们用仇视的目光相对。危机终于过去,洛琳又呜咽起来,德琳则采取决然的行动。)

德:这个样儿不成!(她走到火炉跟前,把花扔在里头。)一了百了,这样的个结局也好——任它化为尘与灰。妹妹,哭没有用,还是做活有用,至少人家这么说。烤面包是时候了。来,赶快!

(姐妹俩不声不响地努力工作。)

——幕下

《沈普生先生》的作者查尔斯·李(Charles Lee)是英国人,曾写过好几本描写英国西部乡村生活的短篇集。这是他的第一个剧本,脱胎于一个同名的短篇小说。这里边的性格描写的精到,幽默的自然,剧情结束的恰当,都是不可多得的。这个短剧写于1911年,在1927年同时获得英国戏剧协会组织的社区戏剧节(Festival of Community Drama)里霍华德·德·沃尔登勋爵(Lord Howard de Walden)奖杯和纽约"小剧院"竞赛里的戴维·贝拉斯戈(David Belasco)奖杯,也可见得它的确有站得住的道理。这个剧,以表现在它里边的那一个生活片段而论,当然是一个喜剧,可是德琳和洛琳这姐妹俩的一生又何尝不是一个大悲剧呢?